Linux-Kernel-Programmierung

Michael Beck, Harald Böhme,
Mirko Dziadzka, Ulrich Kunitz,
Robert Magnus, Dirk Verworner

Linux-Kernel-Programmierung

Algorithmen und Strukturen der Version 1.0

2. korrigierte Auflage

 ADDISON-WESLEY PUBLISHING COMPANY

Bonn • Paris • Reading, Massachusetts • Menlo Park, California • New York
Don Mills, Ontario • Wokingham, England • Amsterdam • Milan • Sydney
Tokyo • Singapore • Madrid • San Juan • Seoul • Mexico City • Taipei, Taiwan

Die Deutsche Bibliothek – CIP-Einheitsaufnahme

Linux-Kernel-Programmierung : Algorithmen und Struktur der Version 1 /
Michael Beck ... – Bonn ; Paris ; Reading, Mass. [u.a.] : Addison-Wesley, 1994
  ISBN 3-89319-803-2
NE: Beck, Michael

© 1994 Addison-Wesley (Deutschland) GmbH
2. Auflage 1994 / 1. unveränderter Nachdruck 1994

Satz: Dirk Verworner, Bad Dürrenberg. Gesetzt aus der Palatino 10pt
Belichtung: CD GmbH, Neuler
Druck und Bindung: Paderborner Druck Centrum
Produktion: Claudia Lucht, Bonn
Umschlaggestaltung: Hommer Grafik-Design, Haar bei München

Das verwendete Papier ist aus chlorfrei gebleichten Rohstoffen hergestellt und alterungsbeständig. Die Produktion erfolgt mit Hilfe umweltschonender Technologien und unter strengsten Auflagen in einem geschlossenen Wasserkreislauf unter Wiederverwertung unbedruckter, zurückgeführter Papiere.

Text, Abbildungen und Programme wurden mit größter Sorgfalt erarbeitet. Verlag, Übersetzer und Autoren können jedoch für eventuell verbliebene fehlerhafte Angaben und deren Folgen weder eine juristische Verantwortung noch irgendeine Haftung übernehmen.
Die vorliegende Publikation ist urheberrechtlich geschützt. Alle Rechte vorbehalten. Kein Teil dieses Buches darf ohne schriftliche Genehmigung des Verlages in irgendeiner Form durch Fotokopie, Mikrofilm oder andere Verfahren reproduziert oder in eine für Maschinen, insbesondere Datenverarbeitungsanlagen, verwendbare Sprache übertragen werden. Auch die Rechte der Wiedergabe durch Vortrag, Funk und Fernsehen sind vorbehalten.
Die in diesem Buch erwähnten Soft- und Hardwarebezeichnungen sind in den meisten Fällen auch eingetragene Warenzeichen und unterliegen als solche den gesetzlichen Bestimmungen.

Inhaltsverzeichnis

Vorwort   x

Vorwort der Autoren zur 1. Auflage   x

Vorwort zur 2. korrigierten Auflage   xii

1 Linux – Das Betriebssystem   **1**
    1.1 Wesentliche Eigenschaften 2
    1.2 Linux-Distributionen 5

2 Die Übersetzung des Kerns   **7**
    2.1 Wo finde ich was? 7
    2.2 Die Übersetzung 11
    2.3 Zusätzliche Konfigurationsmöglichkeiten 13

3 Einführung in den Kern   **17**
    3.1 Algorithmen und Datenstrukturen 21
       3.1.1 Die Task-Struktur 22
       3.1.2 Die Prozeßtabelle 28
       3.1.3 Files und Inodes 30
       3.1.4 Dynamische Speicherverwaltung 32
       3.1.5 Warteschlangen 34
       3.1.6 Systemzeit und Zeitgeber (Timer) 35
       3.1.7 Signale 37
       3.1.8 Interrupts 38

	3.1.9	Booten des Systems	40
	3.1.10	Timerinterrupt	42
	3.1.11	Scheduler	44
3.2		Implementation von Systemaufrufen	47
	3.2.1	Wie funktionieren Systemaufrufe eigentlich?	48
	3.2.2	Beispiele für einfache Systemaufrufe	50
	3.2.3	Beispiele für komplexere Systemaufrufe	52
	3.2.4	Implementation eines neuen Systemaufrufes	63

4 Die Speicherverwaltung 67
- 4.1 Die Speicherverwaltung des 386 69
- 4.2 Segmentierung 70
- 4.3 Paging 74
- 4.4 Speicherinitialisierung unter Linux 77
- 4.5 Der logische Adreßraum eines Prozesses 80
  - 4.5.1 Der Nutzerbereich 81
  - 4.5.2 Der Systemruf sys_brk() 83
  - 4.5.3 Memory Mapping und virtuelle Speicherbereiche 84
  - 4.5.4 Das Kernelsegment 89
  - 4.5.5 Dynamische Speicherreservierung im Kernelmodus 90
- 4.6 Das Caching der Blockgeräte 93
- 4.7 Paging unter Linux 98
  - 4.7.1 Das Finden einer freien Seite 101
  - 4.7.2 Seitenfehler und das Zurückladen einer Speicherseite 105

5 Interprozeßkommunikation 107
- 5.1 Synchronisation im Kern 110
- 5.2 Kommunikation über Dateien 112
  - 5.2.1 Das Sperren ganzer Dateien 113
  - 5.2.2 Sperren von Dateibereichen 114
- 5.3 Pipes 118
- 5.4 Debugging mit ptrace() 120
- 5.5 System V IPC 125
  - 5.5.1 Zugriffsrechte, Nummern und Schlüssel 125
  - 5.5.2 Semaphore 126
  - 5.5.3 Messagequeues 130
  - 5.5.4 Shared Memory 134
  - 5.5.5 Die Befehle ipcs und ipcrm 139
- 5.6 IPC mit Sockets 140
  - 5.6.1 Ein einfaches Beispiel 141
  - 5.6.2 Die Implementation von Unix-Domain-Sockets 146

6 Das LINUX-Dateisystem 151
6.1 Grundlagen 152
6.2 Die Repräsentation von Dateisystemen im Kern 154
6.2.1 Das Mounten 154
6.2.2 Superblock-Operationen 157
6.2.3 Die Inode 159
6.2.4 Inode-Operationen 162
6.2.5 Die Filestruktur 166
6.2.6 File-Operationen 166
6.2.7 Das Öffnen einer Datei 169
6.3 Das *proc*-Dateisystem 171

7 Gerätetreiber unter Linux 177
7.1 Zeichen- und Blockgeräte 179
7.2 Polling- und Interruptbetrieb 180
7.2.1 Polling 181
7.2.2 Interruptbetrieb 182
7.2.3 Bottom Halfs – Die unteren Interrupthälften 184
7.2.4 DMA-Betrieb 186
7.3 Die Hardware 187
7.3.1 Hardwareerkennung 191
7.4 Die Implementation eines Treibers 193
7.4.1 Die Setup-Funktion 195
7.4.2 Init 196
7.4.3 Open und Release 198
7.4.4 Read und Write 199
7.4.5 IOCTL 202
7.4.6 Select 203
7.4.7 Lseek, Readdir, MMap und Fsync 205

8 Netzwerkimplementation 207
8.1 Einführung und Überblick 208
8.1.1 Das Schichtenmodell der Netzwerkimplementation 210
8.1.2 Die Reise der Daten 210
8.2 Wichtige Strukturen 215
8.2.1 Die `socket`-Struktur 216
8.2.2 Die Struktur `sk_buff` – Pufferverwaltung im Netzwerk . . . 216
8.2.3 Der INET-Socket – spezieller Teil eines Sockets 219
8.2.4 Protokolloperationen in der `proto`-Struktur 222
8.2.5 Die allgemeine Struktur einer Socketadresse 225
8.2.6 Echte Geräte der Netzwerkimplementation 226

- 8.3 Abstrakte Netzwerkgeräte unter LINUX 226
  - 8.3.1 Ethernet 232
  - 8.3.2 SLIP und PLIP 233
  - 8.3.3 Das Loopback-Gerät 234
- 8.4 ARP – Address Resolution Protocol 234
- 8.5 IP 236
  - 8.5.1 Allgemeines über IP 236
  - 8.5.2 Funktionen des IP 238
  - 8.5.3 Routing 241
- 8.6 UDP 243
  - 8.6.1 Funktionen des UDP 243
  - 8.6.2 Weitere Funktionen 245
- 8.7 TCP 245
  - 8.7.1 Allgemeines zum TCP 245
  - 8.7.2 Der TCP-Kommunikationsendpunkt .. 246
  - 8.7.3 Funktionen des TCP 248
- 8.8 Die Packet-Schnittstelle – eine Alternative? 252

A Systemaufrufe 255
- A.1 Die Prozeßverwaltung 256
- A.2 Das Dateisystem 282
- A.3 Die Kommunikation 302
- A.4 Die Speicherverwaltung 305
- A.5 Die Initialisierung 307
- A.6 Und der ganze Rest 308
- A.7 Nachbemerkungen 309

B Kernnahe Kommandos 311
- B.1 free – Übersicht über den Systemspeicher 311
- B.2 ps – Ausgabe der Prozeßstatistik 312
- B.3 Nachträgliche Kernkonfiguration 317
- B.4 top – Die CPU-Charts 318
- B.5 Init – Primus inter pares 319
- B.6 shutdown – Das Herunterfahren des Systems 325
- B.7 strace – Observierung eines Prozesses 326
- B.8 Konfiguration des Netzwerk-Interfaces 327
- B.9 traceroute – Der Ariadnefaden im Internet 328
- B.10 Konfiguration einer seriellen Schnittstelle 330
- B.11 Konfiguration einer parallelen Schnittstelle 333

C Das *proc*-Dateisystem 335

D Der Bootprozeß   **343**
D.1 Ablauf des Bootens 343
D.2 LILO – der Linux-Lader 346
D.2.1 MS-DOS-MBR startet LILO 346
D.2.2 LILO wird von einem Bootmanager gestartet 346
D.2.3 LILO im Master-Boot-Record 347
D.2.4 LILO-Dateien 347
D.2.5 LILO-Boot-Parameter 352
D.2.6 LILO-Startmeldungen 354
D.2.7 Fehlermeldungen 355

L Literaturverzeichnis   **357**

I Index   **361**

Vorwort

Creating an operating system has been (and still is) an exciting project, and has been made even more rewarding through the extensive (and almost uniformly positive) feedback from users and developers alike.

One of the problems for people wanting to get to know the kernel internals better has been the lack of documentation, and fledgling kernel hackers have had to resort to reading the actual source code of the system for most of the details. While I think that is still a good idea, I'm happy that there now exists more documentation like this explaining about Linux use and internals.

Hope you have a good time with Linux and this book,

Linus Torvalds
Helsinki, 28.4.1994

Vorwort der Autoren zur 1. Auflage

LINUX gibt es seit etwa 2 Jahren. Was einst als Programmierübung des Informatikstudenten LINUS TORVALDS begann, ist heute eines der erfolgreichsten Free-Software Projekte und macht kommerziellen Systemen ernsthaft Konkurrenz. Dies ist das Ergebnis der freiwilligen Arbeit einer weltweiten Programmierergemeinde, die durch ein effektives Kommunikationsmedium, das Internet, verbunden sind. Die freie Verfügbarkeit von LINUX hat zu seiner raschen Verbreitung beigetragen. Sicher ist es schwer, die Zahl der LINUX-Nutzer zu schätzen. In Deutschland sind es mit Sicherheit schon mehrere Zehntausend.

Vor circa eineinhalb Jahren haben wir, die Autoren, das LINUX-System für uns entdeckt. Ein Grund dafür besteht sicherlich darin, daß wir jetzt für unsere heimischen PCs ein „richtiges" UNIX-System haben, ohne dafür gleich Tausende von Mark, die man als Student sowieso nicht hat, auf den Tisch legen zu müssen.

Der andere, vielleicht wichtigere Grund besteht für uns, und sicherlich auch für einen Großteil der LINUX-Gemeinde in der Welt, in der Verfügbarkeit der Quelltexte des LINUX-Systems. Es macht einfach Spaß, in den Interna eines Betriebssystems zu wühlen, eigene Ideen auszuprobieren und das System in allen Belangen an seine eigenen Wünsche anzupassen. Dieses Buch wendet sich an alle, die genauso denken, aber auch an die, die einfach nur entdecken wollen, wie ein 32-Bit-Betriebssystem funktioniert.

Der LINUX-Kern hat im Laufe der Zeit an Umfang zugenommen. Einen wirklich guten Überblick kann man sich nicht mehr allein verschaffen. Da Dokumentationen dünn gesät sind (die einzige Dokumentation, die wir kennen, ist der Entwurf des *Linux Kernel Hackers Guide* [Joh93]), haben wir im Sommersemester 1993 ein

LINUX-Seminar begonnen. Jeder, der sich bei uns mit LINUX beschäftigte, gab einen Einblick in sein Interessengebiet, in sein Wissen und seine Erfahrungen beim „Kernel Hacking". Im Seminar kam es häufig zu spannenden Diskussionen um Modellierungskonzepte, Implementationsvarianten und Details, die unterschiedlich aufgefaßt wurden. Wir haben im Rahmen dieses Seminars begonnen, unser Wissen über das LINUX-System aufzuschreiben, um anderen einen einfacheren Einstieg zu ermöglichen. Dieses Wissen liegt nun – überarbeitet – in diesem Buch vor.

Da die Entwicklung von LINUX sehr schnell vorwärts schreitet, konnten wir uns für das Schreiben des Buches nicht allzuviel Zeit lassen. Wir teilten deswegen die einzelnen Kapitel des Buches entsprechend den Interessengebieten der Autoren auf. Ulrich Kunitz schrieb die Einleitung, das Kapitel über die Speicherverwaltung und das Kapitel über die Interprozeßkommunikation. Mirko Dziadzka zeichnet für die Einführung in den Kern verantwortlich. Harald Böhme, unser Netzexperte, hätte sicherlich ein ganzes Buch schreiben müssen, um die Netzwerkimplementation umfassend zu erläutern. Hier konnte er nur in die Materie einführen. Robert Magnus fiel die undankbare Aufgabe zu, die Referenz der Systemaufrufe auszuarbeiten und die systemnahen Kommandos zu erläutern. Die weiteren Kapitel teilten sich die anderen Autoren auf.

Beim Schreiben eines deutschen Buchs über ein Betriebssystem ist man immer wieder mit dem Problem der korrekten Übersetzung englischer Fachbegriffe konfrontiert. Im Buch ist bei der Einführung eines Begriffs die englische Originalbezeichnung und deren deutsche Übersetzung angegeben. Oft wurde, wo es dem Sprachgefühl nicht widersprach, die englische Bezeichnung weiterverwendet.

Im Text sind Bezeichner aus Quelltexten in der Schriftart `Courier` gesetzt. Parameter, die sich aus einem speziellen Kontext ergeben, sind in einem kursiven Font gesetzt. Zum Beispiel:

```
% make Argument
```

Da nicht alle Leser dieses Buches Zugang zum Internet haben, sind auf der beiliegenden CD die Slackware-Distribution 1.2.0 und die deutsche LST-Distribution 1.7 enthalten. Sie lassen sich, nachdem mit Hilfe der MS-DOS-Programme `GZIP.EXE` und `RAWRITE.EXE` entsprechende Startdisketten erzeugt worden sind, direkt von der CD installieren. Die Autoren möchten sich ausdrücklich bei Patrick J. Volkerding und dem Linux-Support-Team Erlangen, namentlich Ralf Flaxa und Stefan Probst, für die gewiß sehr umfangreiche Arbeit an diesen Distributionen bedanken.

Die CD enthält darüber hinaus den LINUX-Kernel Version 1.0.9, die Quellen der im Anhang B erläuterten Programme sowie die Quellen der GNU-C-Bibliothek und der G++-Bibliothek. Darüber hinaus sind Texte aus dem Linux-Documentation-Project und die Internet-RFCs enthalten. Die Dateien sind nicht komprimiert und können unter LINUX mit dem `mount`-Kommando in die Verzeichnisstruktur eingebunden werden.

Der Inhalt des Buches entspricht unserem heutigen Wissen über den LINUX-Kern 1.0, und dieses Wissen ist mit Sicherheit nicht vollständig. Wir sind für alle Korrekturen, Anregungen, Hinweise und Kommentare dankbar. Über E-Mail sind wir unter der Adresse linux@informatik.hu-berlin.de zu erreichen. Wer keinen E-Mail-Zugang besitzt, kann uns auch schreiben:

```
Linux-Team
Humboldt-Universität zu Berlin
Institut für Informatik
10099 Berlin
```

Danksagung

Dieses Buch wäre ohne die Arbeit vieler anderer Menschen nicht möglich gewesen. An erster Stelle möchten wir uns bei den LINUX-Hackern in der ganzen Welt und natürlich bei LINUS TORVALDS bedanken. Ein weiterer Dank geht an die *Free Software Foundation* (auch unter dem Namen GNU bekannt). Ohne GNU-Software wäre LINUX nicht das, was es ist.

Danken wollen wir auch den Mitarbeitern und Studenten am Institut für Informatik der Humboldt-Universität zu Berlin und am Fachbereich Allgemeine Informatik der Fachhochschule Furtwangen, die uns bei unserer Arbeit unterstützt haben.

Zuletzt noch einen Dank an die unzähligen Korrekturleser, allen voran Ralf Kühnel, deren akribische Korrekturen uns eine große Hilfe waren.

Viel Spaß beim Lesen und der Beschäftigung mit Linux!

Berlin/Furtwangen, den 1.5.94

	Michael Beck,	Harald Böhme,	Mirko Dziadzka,
	Ulrich Kunitz,	Robert Magnus,	Dirk Verworner

Vorwort zur 2. korrigierten Auflage

Da unser Buch auf reges Interesse gestoßen ist, wird es nun in der zweiten Auflage veröffentlicht. Wir haben die Gelegenheit genutzt, um größere und kleinere Fehler zu korrigieren. Die zum Buch beiliegende CD ist geändert und aktualisiert worden.

Berlin/Furtwangen, den 16.8.94

	Michael Beck,	Harald Böhme,	Mirko Dziadzka,
	Ulrich Kunitz,	Robert Magnus,	Dirk Verworner

1

Linux – Das Betriebssystem

Linux is obsolete!
ANDREW S. TANENBAUM

LINUX ist ein frei verfügbares Betriebssystem für PCs. Es umfaßt Teile der Funktionalität von UNIX System V, der POSIX-Spezifikation und BSD. Wesentliche Teile des LINUX-Kerns, um den es in diesem Buch gehen soll, wurden von LINUS TORVALDS, einem finnischen Informatik-Studenten, entwickelt. Er stellte die Programmquellen des Kerns unter die *GNU Public License*. Damit hat jedermann das Recht, sie zu kopieren.

Die erste Version des LINUX-Kerns war im November 1991 im Internet verfügbar. Es bildete sich schnell eine Gruppe von LINUX-Aktivisten. Sie treiben die Entwicklung dieses Betriebssystems voran. Zahlreiche Nutzer testen neue Versionen und tragen dazu bei, die Software fehlerfrei zu machen.

Die LINUX-Software wird unter offenen und verteilten Bedingungen entwickelt. „Offen" meint, daß jeder, der dazu in der Lage ist, sich beteiligen kann. Das bedeutet, daß die LINUX-Aktivisten schnell, effektiv und vor allem weltweit kommunizieren müssen. Das Medium dafür ist das Internet. So verwundert es nicht, daß ein großer Teil der Entwicklungen von begabten Studenten stammen, die an ihren Universitäten und Colleges auf das Internet zugreifen können. Diesen Studenten standen Entwicklungssysteme mit eher bescheidener Ausstattung zur Verfügung[1]. Aus diesem Grund ist LINUX zweifellos das 32-Bit-Betriebssystem, das die wenigsten Ressourcen verbraucht, ohne an Funktionalität einzubüßen.

---

[1] LINUS TORVALDS mußte seinen 386er in Raten bezahlen.

Da LINUX unter den Bedingungen der GNU Public License verbreitet wird, hat man Zugriff auf alle Quellen. Man kann selbständig Fehler aufspüren, Systeme und Funktionsweisen erkunden. Der eigentliche Reiz für die Autoren des Buches besteht aber im „Herumexperimentieren" am System.

LINUX hat auch Nachteile. Es ist genauso ein „Programmierersystem" wie UNIX. Kryptische Kommandos, schwer überschaubare Konfigurationen und nicht immer durchgängige Dokumentation erschweren nicht nur Anfängern die Nutzung. Es scheint aber so, als ob diese Nachteile von vielen in Kauf genommen werden, um mancher Beschränkung (technologischer als auch finanzieller Art) proprietärer Systeme wie MS-DOS zu entkommen. Seit dem Erscheinen des LINUX-Anwenderhandbuchs hat sich die Situation zumindest für deutsche Nutzer sehr verbessert.

LINUX läuft auf PCs mit einem 386er oder dazu kompatiblem Prozessor. Es unterstützt eine Vielzahl von Peripheriehardware. Der PC sollte für eine problemlose Installation über wenigstens 3 MByte RAM verfügen. An Implementationen für andere Architekturen wird gearbeitet. Für den Commodore Amiga gibt es bereits lauffähige Versionen, deren Stabilität noch nicht der PC-Version entspricht.

LINUX unterstützt im Prinzip jede frei verfügbare UNIX-Software. So kann man mit GNU-C++ objektorientiert programmieren oder unter dem X-Window-System Grafiken erstellen. Spiele wie Tetris stehen genauso zur Verfügung wie Entwicklungssysteme für grafische Oberflächen. Viele Mailboxen werden mit diesem System betrieben. Durch die TCP/IP-Unterstützung können LINUX-Rechner in bestehende Netze eingebunden werden. Einige Softwarehersteller setzen das System zur Softwareentwicklung ein. Dieses Buch entstand natürlich mit LaTeX unter LINUX.

1.1 Wesentliche Eigenschaften

LINUX erfüllt fast alle Anforderungen, die heute an ein modernes UNIX-ähnliches Betriebssystem gestellt werden.

Multitasking. LINUX unterstützt echtes Multitasking. Alle Prozesse laufen völlig unabhängig voneinander. Damit braucht kein Prozeß dafür Sorge zu tragen, anderen Prozessen Rechenzeit abzugeben.

Multiuser. LINUX erlaubt mehreren Nutzern gleichzeitig, mit dem System zu arbeiten.

386 Protected Mode. LINUX läuft im eigentlichen 386er Modus der CPU und kann damit die Möglichkeiten der 386er Prozessorarchitektur nutzen (u.a. 4 Gigabyte Adreßraum). Die Speicherschutzmechanismen des Prozessors werden verwendet, um den Zugriff eines Prozesses auf Speicher des Systemkerns oder anderer Prozesse zu verhindern. Dies trägt entscheidend zur Sicherheit des Systems bei.

Demand Load Executables. Es werden nur die Teile eines Programms in den Speicher geladen, die auch wirklich zur Ausführung benötigt werden. Bei der Erzeugung eines neuen Prozesses mittels `fork()` wird nicht sofort Speicher für Daten angefordert, sondern der Datenspeicher des Elternprozesses zwischen beiden Prozessen geteilt. Greift dann der neue Prozeß irgendwann schreibend auf einen Teil des Datenspeichers zu, muß dieser Teil vor der Modifizierung erst kopiert werden. Dieses Konzept wird *Copy On Write* bezeichnet.

Paging. Trotz aller Maßnahmen, den physischen Speicher effektiv zu verwenden, kann es vorkommen, daß dieser vollständig in Benutzung ist. Von LINUX werden dann 4 KByte große Speicherseiten, sogenannte *Pages*, gesucht, die frei gemacht werden können. Seiten, deren Inhalt auf Festplatte gespeichert ist (z.B. Code aus Programmdateien), werden verworfen. Alle anderen Seiten werden auf Festplatte ausgelagert. Wird auf eine Speicherseite wieder zugegriffen, muß sie wieder zurückgeladen werden. Dieses Verfahren wird *Paging* genannt. Es unterscheidet sich vom *Swapping* älterer UNIX-Varianten. Das schreibt den gesamten Speicher eines Prozesses auf die Festplatte, was ohne Zweifel wesentlich ineffektiver ist.

Dynamischer Cache für Festplatten. MS-DOS-Nutzer kennen das Problem, daß man für ein Festplattencache-Programm wie SMARTDRIVE Speicher mit einer festen Größe reservieren muß. LINUX paßt die Größe des verwendeten Cache dynamisch der aktuellen Speichernutzungssituation an. Ist momentan kein Speicher mehr frei, wird die Größe des Cache reduziert und damit freier Speicher zur Verfügung gestellt. Wird wieder Speicher freigegeben, wird der Cachebereich vergrößert.

Shared Libraries. Bibliotheken sind eine Sammlung von Routinen, die ein Programm zur Abarbeitung benötigt. Es gibt eine Reihe von Standardbibliotheken, die mehrere Prozesse gleichzeitig benutzen. Naheliegend ist also, den Programmcode für diese Bibliotheken nur einmal in den physikalischen Speicher zu laden und nicht für jeden Prozeß extra. Genau dies ist mit *Shared Libraries* möglich. Da diese Bibliotheken erst zur Laufzeit des Programms zu dessen Code hinzugeladen wird, spricht man auch von dynamisch gebundenen Bibliotheken. So ist es kein Wunder, daß in anderen Betriebssytemwelten dieses Konzept als *Dynamic Link Libraries* bekannt ist.

Unterstützung der POSIX-Systemschnittstelle, teilweise System V und BSD. POSIX 1003.1 definiert eine minimale Schnittstelle zu einem UNIX-ähnlichen Betriebssystem. Diese Schnittstelle ist durch C-Funktionsdeklarationen beschrieben. Mittlerweile wird dieser Standard von allen neueren und anspruchsvollen Betriebssystemen unterstützt. LINUX Version 1.0 unterstützt POSIX 1003.1 vollständig. Zusätzliche Systemschnittstellen der UNIX-Entwicklungslinien System V und BSD sind auch implementiert.

Verschiedene Formate von ausführbaren Dateien. Es ist sicher wünschenswert, Programme, die in anderen Systemumgebungen laufen, unter LINUX auszuführen. Es wird zur Zeit ein Emulator für MS-DOS entwickelt. Andere Projekte, an denen gearbeitet wird, sind WINE, welches die Abarbeitung von MS-Windows-Programmen unter dem X-Window-System ermöglichen soll, und die Kompatibilität zum ELF-Format und dem COFF-Format ausführbarer Dateien in System V. Für eine Ausführung von Binärdateien anderer PC-UNIX-Systeme muß allerdings noch eine Emulation der Systemrufschnittstelle dieser Systeme benutzt werden.

Virtuelle Konsolen. Ein PC hat normalerweise nur einen Bildschirm und eine Tastatur. Das könnte bedeuten, daß man zu einem Zeitpunkt nur eine interaktive Shell ausführen kann. Oft möchte man aber mehrere interaktive Shells ausführen und zwischen ihnen wechseln. Durch das Konzept der virtuellen Konsolen, zwischen denen man durch die Tastenkombination `Alt`+`Funktionstaste` umschaltet, wird genau dies möglich.

Emulation des numerischen Koprozessors im Kern. Damit brauchen Programme nicht zu testen, ob auf dem PC, auf dem sie gerade laufen, ein Koprozessor vorhanden ist. Wenn dieser fehlt, werden die entsprechenden Befehle in Routinen zur Ausnahmebehandlung ausgeführt. Aus der Sicht des Programmierers ist demnach die Existenz eines Koprozessors transparent.

Unterstützung von nationalen Tastaturen und Fonts. Unter Linux kann man mit den unterschiedlichsten nationalen Tastaturen und Zeichensätzen arbeiten. Da der von der ISO, der internationalen Standardisierungsorgansisation, definierte Zeichensatz *Latin1* auch deutsche Umlaute enthält, ist die Verwendung anderer Zeichensätze in Deutschland nicht unbedingt notwendig.

Verschiedene Dateisysteme. LINUX unterstützt verschiedene Dateisysteme. Das zur Zeit gebräuchlichste Dateisystem ist das zweite erweiterte Dateisystem (*ext2*). Es unterstützt Dateinamen von bis zu 255 Zeichen und hat eine Reihe von Merkmalen, die es gegenüber herkömmlichen UNIX-Dateisystemen sicherer machen.

Ein weiteres implementiertes Dateisystem ist das MS-DOS-Dateisystem. Man kann also auf Daten der MS-DOS-Partition in der selben Art und Weise wie auf Daten in Linux-Partitionen zugreifen. Durch das MS-DOS-Dateisystem wird die Vergabe von Zugriffsrechten allerdings nur für das gesamte Dateisystem unterstützt. Mit dem ISO-9660-Dateisystem kann der Nutzer auf Daten einer CD-ROM zugreifen. Über das NFS-Dateisystem wird in Netzwerken transparent auf Dateisysteme anderer Rechner zugegriffen. Weitere unterstützte Dateisysteme sind das HPFS von OS/2 und Dateisysteme des System V. Welches kommerzielle Betriebssystem kann schon mit einer solchen Vielfalt aufwarten?

TCP/IP, PLIP und SLIP-Unterstützung. LINUX kann in lokale UNIX-Netze integriert werden. Im Prinzip können alle Netzdienste, wie das *Network File System* und Remote Login, benutzt werden. SLIP unterstützt die Nutzung des TCP/IP-Protokolls über serielle Leitungen. Damit ist mit einem Hochgeschwindigkeitsmodem die Einbindung in das Internet über das öffentliche Telefonnetz möglich. PLIP ist die Implementation eines ähnlichen Protokolls für die parallele Druckerschnittstelle des PCs. Die Kommunikation mit PLIP ist schneller als mit SLIP, sollte also zur direkten Verbindung zweier Rechner ohne Ethernet-Karten bevorzugt werden.

BSD-Sockets. Der Netzwerk-Code benötigt natürlich Mittel zur Interprozeßkommunikation zwischen verschiedenen Rechnern. Als Schnittstelle werden die BSD-Sockets bereitgestellt.

System V IPC. LINUX stellt damit *Message Queues*, *Semaphore* und *Shared Memory* bereit. Dies sind die klassischen Varianten der Interprozeßkommunikation.

LINUX unterstützt kein *Multiprocessing*, die gleichzeitige Abarbeitung von Prozessen auf mehreren Prozessoren. Es ist versucht worden *Multithreading*, die Unterteilung eines Prozesses in einzelne Programmflüsse, auf sehr einfache Art und Weise zu unterstützen. Allerdings sind die mit Multithreading verbundenen Probleme doch komplexer. Bedauerlicherweise gibt es keine abstrakte Hardwareschnittstelle, welche die Portierung auf andere Rechnerarchitekturen vereinfachen würde.

1.2 Linux-Distributionen

Zur Installation von LINUX ist eine Distribution notwendig. Sie besteht aus einer Boot-Diskette und weiteren Disketten, meist im MS-DOS-Format. Diese Disketten können auch auf einer CD-ROM zusammengefaßt sein. Installationsskripte ermöglichen es auch unerfahrenen Benutzern, lauffähige Systeme zu installieren. Vorteilhaft ist, daß viele Softwarepakete schon an LINUX angepaßt und entsprechend konfiguriert sind. Dies erspart eine Menge Arbeit. In der LINUX-Gemeinde gibt es immer wieder Diskussionen über die Qualität einzelner Distributionen. Dabei wird oft übersehen, daß das Zusammenstellen einer solchen Distribution eine sehr umfangreiche und komplexe Aufgabe ist, die oft unentgeltlich ausgeführt wird.

Sehr weit verbreitet ist die Slackware-Distribution. Mittlerweile gibt es auch eine Reihe deutscher Linux-Distributionen, die sich durch deutsche Installationsskripte, Menüs und Softwareanpassungen auszeichnen. Auf der CD-ROM zum

Buch sind die Slackware und die deutsche LST enthalten. Man kann Distributionen auch auf FTP-Servern, in Mailboxen, bei Public-Domain-Vertrieben und einigen Buchhandlungen bekommen. Bezugsquellen findet man in einschlägigen Fachzeitschriften oder in den LINUX-Newsgruppen der Netnews.

Um die Beispiele in diesem Buch nachvollziehen zu können, sind die Kernquellen, der GNU-C-Compiler, ein Editor und die gebräuchlichsten UNIX-Programme (`ls`, `grep`, `make` etc.) zu installieren.

2

Die Übersetzung des Kerns

> *Ein System ist alles, was keines hat,*
> *Hardware das, was beim Runterfallen klappert,*
> *und Software das, wovon man logisch erklären kann,*
> *warum es nicht funktioniert.*
>
> Johannes Leckebusch

Bevor wir uns in den folgenden Kapiteln genauer mit dem Innenleben des LINUX-Kerns beschäftigen, werden wir hier einen Überblick über die Quellen und die Übersetzung des Kerns geben.

Da die Quelltexte schon einen recht großen Umfang angenommen haben, sind die einzelnen Teile des Kerns in unterschiedlichen Verzeichnissen zu finden.

2.1 Wo finde ich was?

Im LINUX-System findet man die Quellen normalerweise unter /usr/src/linux. Außerdem existiert oft ein symbolischer Link von /linux auf das Verzeichnis /usr/src/linux. In den folgenden Kapiteln sind Verzeichnisangaben deshalb immer relativ zu diesem Verzeichnis. Die genaue Verzeichnisstruktur ist in Abbildung 2.1 dargestellt.

Der Kern von LINUX ist allgemein gesehen nichts anderes als ein „normales" C-Programm und es gibt eigentlich nur zwei wesentliche Unterschiede. Die normale Eintrittsfunktion, in C-Programmen als `main(int argc, char **argv)` bekannt, heißt bei LINUX `start_kernel(void)` und erhält keine Argumente

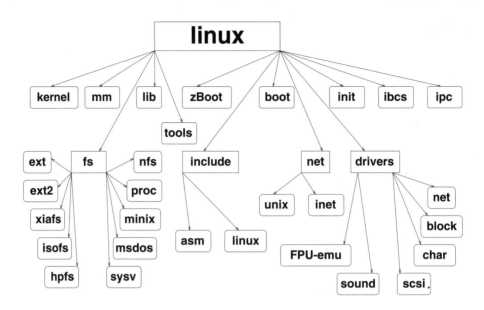

Abbildung 2.1: Die Verzeichnisstruktur der LINUX-Quellen

übergeben. Außerdem existiert die Umgebung des „Programms" noch nicht. Aus diesen Gründen ist vor dem Aufruf der ersten C-Funktion einiges an Vorarbeit zu leisten. Die Assembler-Quellen, die diese Aufgabe wahrnehmen, befinden sich im Verzeichnis **boot/**. Des weiteren konfigurieren sie die Hardware, weshalb dieser Teil sehr maschinenspezifisch ist.

Von einer entsprechenden Assemblerroutine wird der Kern an die absolute Adresse 0x100000 (1 Mbyte) geladen. Es erfolgt die Installation der Interruptserviceroutinen, der globalen Deskriptortabellen und der Interruptdeskriptortabellen, die nur während der Initialisierungsphase benutzt werden. Die Adreßleitung A20 wird zugelassen, und der Prozessor schaltet in den Protected Mode.

Die oben erwähnte Funktion start_kernel() befindet sich im Verzeichnis **init/**. Ihre Aufgabe ist es, den Kern korrekt zu initialisieren, wobei die übergebenen Boot-Parameter Berücksichtigung finden. Des weiteren wird der erste Prozeß ohne den Systemruf fork(), sozusagen „von Hand", erzeugt. Er wird auch als *idle*-Prozeß bezeichnet, da er die gesamte Rechenzeit aufbraucht, die von anderen Prozessen nicht genutzt wird. Das weitere Hochfahren des Systems wird durch den zweiten Prozeß fortgesetzt.

Im Verzeichnis **kernel/** befindet sich, wie der Name vermuten läßt, der zentrale Teil des Kerns. Dort sind die wichtigsten Systemrufe (wie fork(), exit() usw.) implementiert. Außerdem wird der Mechanismus, der von allen Systemrufen zum Übergang in den System-Modus benutzt wird, definiert. Weitere wichtige Teile sind das Zeitmanagement (Systemzeit, Timer usw.), der Scheduler, die DMA- und Interruptrequest-Verwaltung und die Signalbehandlung.

Die Speicherverwaltung des Kerns befindet sich im Verzeichnis **mm/**. Sie umfaßt das Anfordern und Freigeben von Speicher im Kern, das Auslagern momentan nicht benutzter Speicherseiten (Paging), das Einblenden von Datei- und Speicherbereichen an bestimmten Adressen (siehe mmap(), Seite 305) und die virtuelle Speicherschnittstelle.

Die virtuelle Dateisystemschnittstelle befindet sich im Verzeichnis **fs/**. In dessen Unterverzeichnissen sind die Implementationen der konkreten Dateisysteme, die LINUX unterstützt, enthalten.

Die beiden wichtigsten Dateisysteme sind *proc* und *ext2*. Das erste wird für das Systemmanagement benötigt. Das andere ist z.Zt. „das" Standarddateisystem für LINUX. Weiterhin unterstützt LINUX:

fs/minix/ LINUX wurde zunächst mit dem *minix*-Dateisystem entwickelt. Da es aber nur Dateinamen bis zu 14 Zeichen und eine maximale Größe von 64 MB zuläßt, wurde bald ein neues geschrieben.

fs/ext/ Das *ext*-Dateisystem war das erste, das speziell für LINUX entwickelt wurde. Es unterstützt bis zu 255 Zeichen lange Dateinamen. Die maximale Größe eines solchen Dateisystems darf 4 GB (immerhin sind das 4.194.304 Blöcke bzw. 4.294.967.296 Byte) nicht überschreiten.

fs/ext2/ Der wesentliche Unterschied zu *ext* besteht in der internen Verwaltung der freien Blöcke, die jetzt in Bitmaps statt in verketteten Listen organisiert sind. Dadurch ist insbesondere die Zugriffsgeschwindigkeit drastisch gestiegen. Des weiteren ist *ext2* fehlertoleranter und stabiler.

fs/proc/ Auf das *proc-Filesystem* greifen Systemadministrationswerkzeuge (wie ps, free oder top) zu. Hier werden Informationen über den Kern und alle Prozesse bereitgestellt. Bestimmte Systemeinstellungen lassen sich auch ändern. Dies ist eine von den Systemrufen unabhängige Schnittstelle zum LINUX-Kern. Es existiert außerdem ein Unterverzeichnis für jeden Prozeß und einige Teile des Kerns.

fs/hpfs/ In diesem Verzeichnis befindet sich eine vorläufige Implementierung des *High Performance File Systems* von IBM, welches bei OS/2 verwendet wird. Die implementierte Funktionalität ist erstmal auf das Lesen eingeschränkt, da die Struktur des Dateisystems nicht offengelegt wurde und teilweise auf Annahmen beruht.

fs/nfs/ Das von SUN entwickelte *Network File System* (NFS) ist ein Dateisystem, das über das Netzwerk propagiert werden kann. Besonders in größeren lokalen Netzen wird davon häufig Gebrauch gemacht. Es erlaubt, eigene Dateisysteme zu exportieren sowie solche anderer Rechner, auch nicht unter LINUX laufender Systeme, zu importieren.

fs/isofs/ Das *isofs* ist eine Umsetzung des ISO-9660-Dateisystems, welches häufig auf CD-ROM benutzt wird. Die Abbildung von längeren Dateinamen auf dem Standard entsprechende Namen wird unterstützt.

fs/msdos/ Mit dem MS-DOS-Dateisystem kann man nicht nur auf Disketten-Laufwerke, sondern auch auf Festplattenpartitionen zugreifen. Somit ist es nun auch möglich, LINUX-Prozessen Zugriff auf MS-DOS-Partitionen zu gewähren.

fs/xiafs/ Eine Alternative zum *ext2*-Dateisystem ist das von QI FRANK XIA entwickelte *xiafs*. Diese Weiterentwicklung des *minix*-Dateisystems unterstützt, analog dem *ext*-Dateisystem, längere Dateinamen und größere Partitionen. Das *xiafs* konnte sich in der europäischen LINUX-Gemeinde jedoch nicht so recht durchsetzen.

fs/sysv/ Das jüngste Kind der LINUX-Dateisystemfamilie ermöglicht den Zugriff auf drei verschiedene, unter SYSTEM V gebräuchliche Dateisysteme, Xenix FS, SystemV/386 FS und Coherent FS.

Jedes Betriebssystem benötigt Treiber für die Hardwarekomponenten. Diese befinden sich im Verzeichnis **drivers/** und lassen sich, den Unterverzeichnissen entsprechend, in Gruppen einteilen. Im einzelnen sind dies:

drivers/FPU-emu/ die Emulation der Fließkommaarithmetik des mathematischen Koprozessors, die nur zum Einsatz kommt, wenn kein solcher vorhanden ist,

drivers/block/ die Geräte, die blockweise arbeiten (z.B. Festplatten),

drivers/char/ die zeichenorientierten Geräte,

drivers/net/ die Treiber für verschiedene Netzwerkkarten,

drivers/sound/ die Soundkartentreiber und

drivers/scsi/ die Zweischichtenimplementation des SCSI-Interface.

In **ipc/** sind die Quellen für die klassische Interprozeßkommunikation (IPC) nach System V zu finden. Dazu gehören Semaphore, *Shared Memory* und *Message Queues* (altdeutsch: Nachrichtenwarteschlangen).

Die Implementationen verschiedener Netzwerkprotokolle (TCP/IP, ARP usw.) sowie der Code für Sockets der UNIX- und Internetdomain wurden im Verzeichnis **net/** eingeordnet. Der Nutzer kann, wie auch in anderen UNIX-Systemen üblich, auf untere Protokollschichten (z.B. IP und ARP) zugreifen. Dieser Teil ist wegen seiner Komplexität noch nicht abgeschlossen. Es wurden Beiträge von verschiedenen Personen zur Entwicklung geleistet. Dabei hat sich jetzt die kontinuierliche Arbeit von ALAN COX durchgesetzt.

Teile der Funktionalität der Standard-C-Bibliothek ist in **lib/** implementiert, so daß man selbst im Kern so programmieren kann wie in C.

Da der Kern in gepackter Form auf das Bootmedium geschrieben wird, sind auch Funktionen zum Entpacken notwendig. Diese Funktionen findet man im Verzeichnis **zBoot/**. Dabei wird der von dem Programm `gzip` bekannte Komprimierungsalgorithmus verwendet.

Zur Umwandlung des Kerns in eine Form, die man von Diskette oder von Festplatte laden kann, sind im Verzeichnis **tools/** Werkzeuge bereitgestellt. So bindet das Programm `build` die Assemblerroutinen aus dem Verzeichnis boot/ vor den gepackten C-Teil des Kernels.

Das wohl wichtigste Verzeichnis für die kernnahe Programmierung ist das Verzeichnis **include/**. Es enthält die kernspezifischen Includedateien.

Da sich diese von Version zu Version ändern können, ist es einfacher, im Verzeichnis /usr/include/ symbolische Links auf die beiden Unterverzeichnisse **include/linux/** und **include/asm/** anzulegen. Durch Austausch der LINUX-Kernquellen werden somit auch die Header-Dateien aktualisiert.

2.2 Die Übersetzung

Das Generieren eines neuen Kerns erfolgt im wesentlichen in drei Schritten. Zu Beginn wird der Kern mit

```
# make config
```

konfiguriert.

Dabei wird das Bash-Skript `Configure` gestartet. Es liest die Datei `config.in`, in der die Konfigurations-Optionen des Kerns mit ihren Standardbelegungen definiert sind, ein und fragt ab, welche Komponenten in den Kern aufzunehmen sind. Dabei ist es ratsam, den Kern der Hardware des Rechners anzupassen, um so einen möglichst kleinen und schnellen LINUX-Kern zu erhalten.

Während dieses Vorganges werden die beiden Dateien `<linux/autoconf.h>`

und `.config` erstellt. Über `.config` wird der Ablauf der Übersetzung gesteuert, während `<linux/autoconf.h>` für die bedingte Compilierung innerhalb der Kern-Quellen sorgt. Danach schreibt `Configure` die geänderten Werte als neue Standardbelegungen nach `config.in` zurück. Man kann somit seine Konfiguration wieder „zurücklesen".

Erweiterungspakete für den Kern sollten diese Datei um Einträge der Form:

```
bool 'PC-Speaker and DAC driver support' CONFIG_PCSP n
```

ergänzen, damit sie bei der Konfiguration hinzugefügt oder entfernt werden können. Weitere Möglichkeiten der Konfigurierung des LINUX-Kerns werden im nächsten Abschnitt beschrieben, sind aber im Normalfall nicht nötig.

Im zweiten Schritt werden die Abhängigkeiten der Quelltexte neu berechnet. Dies geschieht mit

```
# make depend
```

und stellt einen rein technischen Vorgang dar. Dabei wird die Eigenschaft des GNU-C-Compilers ausgenutzt, Abhängigkeiten für die *Makefile*s erstellen zu können. Diese Abhängigkeiten werden in den Dateien `.depend` der einzelnen Unterverzeichnisse gesammelt und später in das Makefile eingefügt.

Die eigentliche Übersetzung des Kerns beginnt nun mit einem schlichten Aufruf:

```
# make
```

Danach sollte man die Datei `zImage` im obersten Verzeichnis der Quellen vorfinden. Mit Hilfe von `make` können aber auch noch weitere Aktionen realisiert werden. So generiert das Target `zdisk` nicht nur einen Kern, sondern erstellt danach auch eine Bootdiskette. Das Target `zlilo` kopiert den generierten Kern nach `/vmlinuz`. Dann erfolgt die Installation des LINUX-Kerns durch den Aufruf des Linux-Loaders, der jedoch auch vorher konfiguriert werden sollte (siehe Abschnitt D.2.4).

Für Arbeiten an Teilen des LINUX-Kerns (zum Beispiel beim Schreiben eines neuen Treibers) ist es nicht nötig, den kompletten Kern neu zu übersetzen bzw. die Abhängigkeiten zu überprüfen. Statt dessen kann man mit

```
# make drivers
```

nur die Quellen im Unterverzeichnis `drivers/`, d.h. die Treiber, übersetzen lassen. Dabei wird kein neuer Kern erstellt. Will man den Kern neu binden, so sollte man

```
# make SUBDIRS=drivers
```

aufrufen. Diese Vorgehensweise ist auch für die Verzeichnisse `fs/`, `lib/`, `mm/`, `ipc/`, `kernel/`, `drivers/` und `net/` möglich.

2.3 Zusätzliche Konfigurationsmöglichkeiten

Unter besonderen Umständen kann es notwendig sein, innerhalb der Quellen Einstellungen zu ändern.

So können im zentralen Makefile zusätzlich noch das Root-Device, der verwendete Bildschirmmodus und die Größe einer RAM-Disk in Blöcken definiert werden. Da diese Informationen dem Kern aber auch vom Bootmanager LILO übergeben werden können (siehe Abschnitt D.2.5), ist dies nur für die Erstellung einer Bootdiskette von Bedeutung. Jedoch selbst da kann man sie nachträglich mit dem Programm `rdev` (siehe Anhang B.3) ändern.

Im folgenden werden die Dateien des LINUX-Kerns beschrieben, an denen man Änderungen vornehmen kann.

drivers/char/serial.c: Im Normalfall hat man mit den seriellen Schnittstellen keine Probleme, da die meisten PCs nur zwei davon besitzen und diese standardmäßig die IRQs 4 (COM1) und 3 (COM2) nutzen. Hat man mehr serielle Schnittstellen aufgrund einer speziellen Hardware (wie internes Modem, Faxkarte ...), kann optional die automatische IRQ-Erkennung sowie die Unterstützung von diversen Spezialkarten (AST Fourport Karte u.a.) zugeschaltet werden. Dazu müssen lediglich die Präprozessor-Makros (z.B. `CONFIG_AUTO_IRQ`) am Anfang der Datei definiert werden. Dort befindet sich auch eine Erklärung dieser und weiterer Makros. Weiterhin kann man auch die Standardeinstellungen für die seriellen Schnittstellen im Feld `rs_table[]` ändern. Es enthält Einträge der Struktur `async_struct`:

```
/* UART CLK   PORT IRQ     FLAGS     */
{ BASE_BAUD, 0x3F8, 4, STD_COM_FLAGS },              /* ttyS0 */
     ...
{ BASE_BAUD, 0x000, 0, 0 },    /* ttyS14 (user configurable) */
{ BASE_BAUD, 0x000, 0, 0 },    /* ttyS15 (user configurable) */
     ...
```

Dabei sind die Einträge für `ttyS14` und `ttyS15` für die eigene Konfiguration bestimmt. Nach einer erneuten Übersetzung des Kerns können jetzt die Geräte /dev/ttyS14 (und cua14) bzw. /dev/ttyS15 (und cua15) genutzt werden. Falls diese noch nicht existieren, müssen sie angelegt werden.

Zu erwähnen bleibt, daß die Parameter auch zur Laufzeit des Systems mit dem Programm `setserial` (siehe Anhang B.10) geändert werden können.

include/linux/lp.h: Die parallelen Schnittstellen werden im allgemeinen im *Pollingbetrieb* (siehe Abschnitt 7.2) betrieben, d.h. der Gerätetreiber fragt sie ständig[1] ab. Dies ist bei häufiger Benutzung der parallelen Schnittstellen zuwei-

---
[1] Das Abfragen der parallelen Schnittstelle geschieht natürlich nur, wenn ein Prozeß auf sie zugreift.

len etwas lästig, da es unnötige Rechenzeit beansprucht. Es besteht deshalb die Möglichkeit, in dieser Datei IRQs für die einzelnen Schnittstellen festzulegen. Des weiteren kann durch Änderung des Feldes `lp_table[]` am Ende der Datei eine vierte parallele Schnittstelle hinzugefügt bzw. I/O-Adressen geändert werden.

Dieses Feld hat folgenden Aufbau:

```
struct lp_struct lp_table[] = {
    /* PORT   IRQ FLAGS CHARS        TIME         WAIT         QUEUE BUF */
    { 0x3bc,  0,  0,LP_INIT_CHAR,LP_INIT_TIME,LP_INIT_WAIT,NULL,NULL},
    { 0x378,  0,  0,LP_INIT_CHAR,LP_INIT_TIME,LP_INIT_WAIT,NULL,NULL},
    { 0x278,  0,  0,LP_INIT_CHAR,LP_INIT_TIME,LP_INIT_WAIT,NULL,NULL},
};
#define LP_NO 3
```

Auch bei den parallelen Schnittstellen kann durch geeignete I/O-Control-Aufrufe oder das Programm `tunelp` (siehe Anhang B.11) das Verhalten der Schnittstelle zur Laufzeit geändert werden.

drivers/net/CONFIG: Wenn die automatische Erkennung von Netzwerkkarten nicht funktioniert, ist es unter Umständen notwendig, I/O-Adressen, IRQs oder DMA-Kanäle fest einzustellen. Die genaue Konfiguration einer solchen Karte kann in dieser Datei festgelegt werden. Die Datei wird später in das Makefile eingefügt.

drivers/net/Space.c: Für mehrere Netzwerkkarten reichen die Möglichkeiten der CONFIG-Datei nicht mehr aus.

Diese Datei enthält die anfängliche Konfiguration der Netzwerkgeräte. So können die konstant definierten `device`-Strukturen `eth1_dev`, ... geändert werden.

```
static struct device eth1_dev = {
/* NAME RECVMEM MEM I/O-BASE IRQ FLAGS NEXT_DEV    INIT        */
  "eth1", 0,0,   0,0, 0xffe0, 0, 0,0,0, &eth2_dev, ethif_probe};
```

Die I/O-Adresse −0x20 (bzw. 0xffe0) bedeutet hier, daß dieses Gerät nicht auf Vorhandensein getestet wird. Man kann dies vermeiden, indem man eine Null für den automatischen Test oder die entsprechende I/O-Adresse angibt. Über den Bootparameter

ether=irq, port, mem_start, mem_end, name

läßt sich die Einstellung beim Hochfahren des Systems nachträglich ändern.

include/linux/fs.h: Für LINUX-Rechner in größeren Netzwerken kann es notwendig sein, mehr als 32 Dateisysteme aufzusetzen. Die Anzahl der Dateisysteme wird aber durch das Präprozessormakro NR_SUPER (32) eingeschränkt. So können in dieser Datei einige Limits, wie etwa die maximale Anzahl der vom System geöffneten Dateien NR_OPEN (Standard 256), geändert werden.

include/linux/tasks.h: Die maximale mögliche Anzahl (`NR_TASKS`) der Prozesse ist in dieser Datei auf 128 festgelegt und kann, falls nötig, geändert werden (siehe auch Abschnitt 3.1.2).

Die Konfigurationsmöglichkeiten des LINUX-Kerns sind damit sicher nicht erschöpft. In den folgenden Kapiteln werden an der ein oder anderen Stelle weitere Möglichkeiten beschrieben.

Abschließend muß nochmals darauf hingewiesen werden, daß die in diesem Abschnitt beschriebenen Änderungen der Kern-Quellen meist nicht nötig sind und nur im Bedarfsfall durchgeführt werden sollten.

3

Einführung in den Kern

> *Wenn man nicht weiß, wohin man mit einer Ansammlung von Sourcecode unterwegs ist, überrascht es kaum, daß das Ergebnis kein Musterbeispiel für strukturiertes Programmieren ist.*
>
> Derek Partridge
>
> *Djikstra probably hates me*
>
> LINUS TORVALDS

In diesem Kapitel soll der grundlegende Aufbau des Systemkerns und das Zusammenspiel der wichtigsten Komponenten im Mittelpunkt stehen. Es ist Grundlage für das Verständnis der weiteren Kapitel. Bevor es jedoch so richtig losgeht, hier noch einige allgemeine Bemerkungen zum LINUX-Kern.

LINUX ist nicht auf dem Reißbrett entstanden, sondern hat sich evolutionär entwickelt und entwickelt sich noch weiter. Jede Funktion des Kerns wurde mehrfach geändert und erweitert, um Fehler zu beheben und neue Features einzubauen. Wer selbst schon an so einem großen Projekt gearbeitet hat, der weiß, wie schnell Programmcode unübersichtlich und fehlerhaft werden kann. LINUS TORVALDS hat es trotzdem geschafft, den Kern relativ übersichtlich zu gestalten und immer wieder von alten Überbleibseln zu säubern.

Trotzdem ist der LINUX-Kern sicherlich nicht in allen Punkten ein gutes Beispiel für strukturiertes Programmieren. Es gibt "Magic-Numbers" im Programmtext statt Konstantendeklarationen in Headerfiles, Inline-Funktionen statt Funktionsaufrufen, `goto`-Anweisungen statt einem einfachen `break`, Assembleranweisungen statt C-Code, und viele andere Unschönheiten mehr. Viele dieser Merkmale unstrukturierten Programmierens wurden jedoch bewußt eingearbeitet. Große Teile des Systemkerns sind extrem zeitkritisch. Der Programmcode ist also auf ein gutes Laufzeitverhalten und nicht auf gute Lesbarkeit optimiert. Die in diesem und in den nächsten Kapiteln vorgestellten Algorithmen stellen einen Kompromiß zwischen den Original-Quelltexten und gut lesbarem Programmcode dar, wobei darauf geachtet wurde, daß die Veränderungen leicht nachvollziehbar sind.

Allgemeine Architektur. Seit den Anfängen von UNIX hat sich die interne Struktur von Betriebssystemen stark geändert. Damals war es revolutionär, daß der größte Teil des Kerns in einer höheren Programmiersprache, C, geschrieben wurde. Heute ist so etwas selbstverständlich. Der aktuelle Trend geht in Richtung einer Micro-Kernel-Architektur wie zum Beispiel dem Mach-Kern (vgl. [Tan86]). Auch das Experimental-UNIX MINIX (vgl. [Tan90]) ist ein solches Beispiel. Der eigentliche Kern stellt dabei nur das notwendige Minimum an Funktionalität zur Verfügung und wird deswegen wieder klein und kompakt. Auf diesen Kern aufbauend wird die restliche Funktionalität des Betriebssystems in unabhängige Module, nachladbare Bibliotheken oder eigene Prozesse verlagert. Der große Vorteil dieser Architekturen ist eine offensichtlich wartungsfreundlichere Struktur des Systems. Einzelne Komponenten arbeiten unabhängig voneinander und können leichter ausgetauscht werden. Die Entwicklung neuer Komponenten wird vereinfacht.

Daraus ergibt sich auch der Nachteil dieser Architekturen. Micro-Kernel-Architekturen erzwingen die Einhaltung der definierten Schnittstellen zwischen den einzelnen Komponenten und verhindern damit trickreiche Optimierungen. Dadurch wird das System etwas langsamer als traditionelle monolithische Kerne. Dieser leichte Geschwindigkeitsnachteil wird gern in Kauf genommen, da die heutige UNIX-Hardware in der Regel schnell genug ist, und da der Vorteil der einfacheren Wartbarkeit des Systems die Entwicklungskosten senkt.

Micro-Kernel-Architekturen repräsentieren sicherlich die Zukunft in der Betriebssystementwicklung. LINUX hingegen entstand auf der „langsamen" 386-Architektur, der unteren Grenze für ein vernünftiges UNIX-System. Gutes Laufzeitverhalten durch Ausreizen aller Optimierungsmöglichkeiten stand bei der Entwicklung mit im Vordergrund. Dies ist ein Grund dafür, warum LINUX in der klassischen monolithischen Kernarchitektur realisiert ist.

Trotz des monolithischen Ansatzes ist LINUX keine chaotische Ansammlung von Programmcode. Bestimmte weniger zeitkritische Komponenten des Kerns werden nur über sauber definierte Schnittstellen angesprochen. Ein gutes Beispiel hierfür ist das Virtuelle Filesystem (VFS), welches eine abstrakte Schnittstelle zu allen dateiorientierten Operationen darstellt. Auf das VFS gehen wir im Kapitel 6 näher ein.

Das Chaos findet sich eher im Detail. An zeitkritischen Stellen sind Programmteile oftmals in Assembler oder „handoptimiertem" C-Code geschrieben und damit schwer zu verstehen. Zum Glück sind diese Programmfragmente in der Regel recht gut kommentiert.

Der gesamte LINUX-Kern der Version 1.0 besteht aus ca. 165000 Zeilen C-Code und ca. 5400 Zeilen Assembler. Die folgende Tabelle gibt Auskunft darüber, wie sich der Programmcode auf die einzelnen Komponenten verteilt. Man sieht, daß der

	C-Code ohne .h Files	asm-Anweisungen
Gerätetreiber	77500	3270
Netzwerk	15500	
VFS-Layer	8000	
10 Filesysteme	26500	
Initialisierung		1675
„Rest"	12500	450

Tabelle 3.1: Verteilung der Quelltexte auf die einzelnen Komponenten

Assembler-Code vorwiegend zum Booten des Systems und zur Ansteuerung der Hardware benötigt wird. Das war auch nicht anders zu erwarten. Man sieht aber auch, daß so etwas „nebensächliches" wie die Implementation der Dateisysteme oder der Gerätetreiber einen großen Anteil an den Kernquellen hat. Die zentralen Routinen zur Prozeßverwaltung etc. nehmen dagegen nur einen relativ kleinen Teil des Codes ein.

Es ist möglich, daß der Dateisystemcode, der Netzwerkcode und diverse Gerätetreiber demnächst aus dem Kern ausgelagert werden. Sie werden dann als eigenständige, unabhängige Module über das Module-Interface bei Bedarf nachgeladen. Langsam geht also auch bei LINUX, erzwungen durch die wachsende Kerngröße, der Trend in Richtung Micro-Kernel.

Prozesse und Tasks. Aus der Sicht eines unter LINUX ablaufenden Prozesses stellt sich der Kern als ein Anbieter von Dienstleistungen dar. Einzelne Prozesse existieren unabhängig nebeneinander und können sich nicht direkt beeinflussen. Der eigene Speicherbereich ist vor dem Zugriff fremder Prozesse geschützt.

Die interne Sicht auf ein laufendes LINUX-System ist etwas anders. Auf dem Rechner läuft nur ein Programm – das Betriebssystem – welches auf alle Ressourcen zugreifen kann. Die verschiedenen Tasks werden durch Koroutinen realisiert, d.h. daß jede Task selbst entscheidet, ob und wann sie die Steuerung an eine andere Task abgibt. Eine Konsequenz daraus ist, daß ein Fehler in der Kernprogrammierung das ganze System blockieren kann. Jede Task kann auf alle Ressourcen anderer Tasks zugreifen und diese modifizieren.

Bestimmte Teile einer Task laufen in einem weniger privilegierten User-Modus des Prozessors ab. Diese Teile der Task erscheinen nach außen hin (in der externen Sicht auf den Kern) als Prozesse. Die Abbildung 3.1 soll das verdeutlichen.

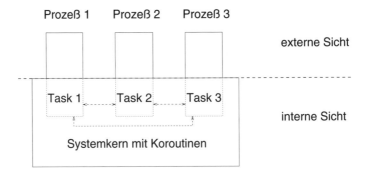

Abbildung 3.1: Verhältnis von interner und externer Sicht auf die Prozesse

Im folgenden wollen wir allerdings auf eine exakte Unterscheidung der Begriffe Task und Prozeß verzichten und diese Begriffe synonym gebrauchen. Wenn sich die Task im privilegiertem System-Modus befindet, kann sie verschiedene Zustände annehmen. Abbildung 3.2 zeigt die wichtigsten dieser Zustände. Die Pfeile geben die möglichen Zustandsübergänge in diesem Diagramm an. Die folgenden Zustände sind möglich:

In Ausführung. Die Task ist aktiv und befindet sich im nicht privilegierten *User Mode*. In dem Fall arbeitet der Prozeß ganz normal das Programm ab. Dieser Zustand kann nur durch einen Interrupt oder einen Systemaufruf verlassen werden. Im Abschnitt 3.2 werden wir sehen, daß Systemaufrufe auch nur Spezialfälle von Interrupts sind. In jedem Fall wird der Prozessor in den privilegierten System-Modus geschaltet und die entsprechende Interruptroutine aktiviert.

Interruptroutine. Die Interruptroutinen werden aktiv, wenn die Hardware eine Ausnahmebedingung signalisiert, sei es, daß neue Zeichen an der Tastatur anliegen oder daß der Zeitgeberbaustein alle 10 Millisekunden ein Signal sendet. Weitere Informationen zu Interruptroutinen sind in Abschnitt 3.1.8 enthalten.

Systemaufruf. Systemaufrufe werden durch softwaremäßig ausgelöste Interrupts aufgerufen. Nähere Informationen dazu findet man im Abschnitt 3.2. Ein Sy-

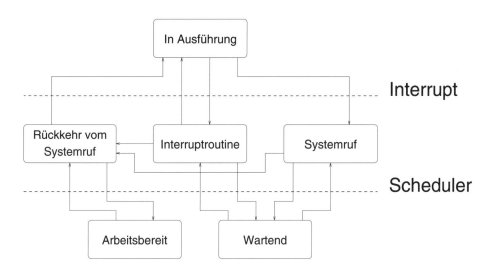

Abbildung 3.2: Zustandsgraph eines Prozesses

stemaufruf hat die Möglichkeit, seine Arbeit explizit zu unterbrechen, um auf ein Ereignis zu warten.

Wartend. Der Prozeß wartet auf ein externes Ereignis. Erst nachdem dieses eingetreten ist, setzt der Prozeß seine Arbeit fort.

Rückkehr vom Systemaufruf. Dieser Zustand wird automatisch nach jedem Systemaufruf und nach einigen Interrupts erreicht. Hier wird geprüft, ob der Scheduler aufgerufen werden muß und ob Signale zu behandeln sind. Der Scheduler kann den Prozeß in den Zustand „Arbeitsbereit" überführen und einen anderen Prozeß aktivieren.

Arbeitsbereit. Der Prozeß bewirbt sich um den Prozessor, dieser ist aber im Moment von einem anderen Prozeß belegt.

3.1 Algorithmen und Datenstrukturen

In diesem Kapitel werden wichtige Datenstrukturen des LINUX-Kerns beschrieben. Das Verständnis dieser Strukturen und ihres Zusammenspiels ist Voraussetzung für das Verständnis der weiteren Kapitel.

3.1.1 Die Task-Struktur

Einer der wichtigsten Begriffe in einem Multitaskingsystem wie LINUX ist die *Task* (oder auch *Prozeß*). Die Datenstrukturen und Algorithmen zur Prozeßverwaltung sind der zentrale Kern von LINUX.

Die Beschreibung aller Eigenschaften eines Prozesses erfolgt in der Struktur `task_struct`, welche im folgenden erläutert wird. Auf die ersten Komponenten der Struktur wird auch aus Assemblerroutinen heraus zugegriffen. Dieser Zugriff erfolgt nicht wie in C üblich über die Namen der Komponenten, sondern über ihren Offset relativ zum Anfang der Struktur. Deswegen darf man den Anfang der Task-Struktur auch nicht modifizieren, ohne daß vorher alle Assemblerroutinen überprüft und gegebenfalls angepaßt werden.

```
struct task_struct
{
    long state;
```

`state` enthält eine Codierung für den aktuellen Zustand des Prozesses. Wenn der Prozeß auf die Zuteilung der CPU wartet oder gerade läuft, hat `state` den Wert `TASK_RUNNING`. Wenn der Prozeß auf bestimmte Ereignisse wartet (Stichwort *blockierende Systemaufrufe*) und deswegen im Moment stillgelegt ist, hat `state` den Wert `TASK_INTERRUPTIBLE` oder `TASK_UNINTERRUPTIBLE`. Der Unterschied zwischen diesen Werten besteht darin, daß im Zustand `TASK_INTERRUPTIBLE` ein Prozeß durch Signale wieder aktiviert werden kann, während er im Zustand `TASK_UNINTERRUPTIBLE` typischerweise direkt oder indirekt auf eine Hardwarebedingung wartet und damit keine Signale akzeptiert. `TASK_STOPPED` beschreibt einen Prozeß, der von einem anderen Prozeß durch den Systemaufruf `ptrace` überwacht wird und die Steuerung an den überwachenden Prozeß übergeben hat. `TASK_ZOMBIE` beschreibt einen Prozeß, der beendet wurde, dessen Task-Struktur sich aber noch in der Prozeßtabelle befinden muß (vgl. Systemaufrufe `exit()` und `wait()` in Abschnitt 3.2.3). Ein Prozeß hat den Zustand `TASK_SWAPPING`, wenn er auf das Einlagern einer Speicherseite wartet.

```
    long counter;
    long priority;
```

`counter` enthält die Zeit in Ticks (siehe Abschnitt 3.1.10), die der Prozeß noch laufen kann, ehe zwangsweise ein Scheduling durchgeführt wird. Der Scheduler wählt immer den Prozeß mit dem höchsten `counter`-Wert. Damit stellt `counter` so etwas wie die dynamische Priorität eines Prozesses dar. `priority` enthält die statische Priorität des Prozesses. Sie bewegt sich zwischen 1 und einem in der Funktion `schedule()` (siehe Abschnitt 3.1.11) hartkodiertem Maximum von 35. Die statische Priorität kann vom Prozeß über den Systemaufruf `nice()` (siehe Abschnitt 3.2.2 und Anhang A) modifiziert werden. Der Schedulingalgorithmus

Kapitel 3.1   Algorithmen und Datenstrukturen

(siehe Abschnitt 3.1.11) verwendet `priority`, um im Bedarfsfall einen neuen Wert für `counter` zu ermitteln.

```
unsigned long signal;
unsigned long blocked;
```

`signal` enthält die Bits aller für den Prozeß eingetroffenen Signale. `blocked` enthält die Bits aller Signale, die der Prozeß erst später bearbeiten möchte, d.h. deren Bearbeitung im Moment blockiert ist. Da diese beiden Komponenten 32-Bit-Größen sind, unterstützt LINUX nicht mehr als 32 Signale. Eine Aufhebung dieser Einschränkung setzt Modifikationen an vielen Stellen des Kerns voraus. Die Auswertung dieser Signalflags erfolgt in der Routine `ret_from_sys_call()`. Sie wird nach jedem Systemaufruf (Abschnitt 3.2) und nach langsamen Interrupts (Abschnitt 3.1.10) aufgerufen.

```
unsigned long flags;
int errno;
int debugreg[8];
```

`errno` enthält den Fehlercode des letzten fehlerhaften Systemaufrufes. Dieser wird bei der Rückkehr vom Systemaufruf in die globale Variable `errno` kopiert (siehe Abschnitt 3.2). `flags` enthält die Systemstatusflags `PF_TRACED` und `PF_TRACESYS`, welche die Verfolgung eines laufenden Programmes mit `ptrace` bzw. `trace()` erlauben. Nähere Informationen zu diesen Systemaufrufen findet der interessierte Leser in Abschnitt 5.4 und Anhang A.

`debugreg` enhält die Debuggingregister des 80386. Sie werden im Moment nur vom Systemaufruf `ptrace()` benutzt.

Damit endet der hartkodierte Teil der Task-Struktur. Die folgenden Komponenten der Task-Struktur sind der Übersicht halber zu Gruppen zusammengefaßt.

Prozeßrelationen. Alle Prozesse sind mit Hilfe der folgenden beiden Komponenten in eine doppelt verkettete Liste eingetragen.

```
struct task_struct *next_task;
struct task_struct *prev_task;
```

Den Anfang und das Ende dieser Liste enthält die Variable `init_task`.

Prozesse existieren in einem UNIX-System nicht unabhängig voneinander. Jeder Prozeß (außer dem Prozeß `init_task`) hat einen Elternprozeß, der ihn mit Hilfe des Systemaufrufs `fork()` (siehe Abschnitt 3.2.3 und Anhang A) erzeugt hat. Daraus ergeben sich Verwandtschaftsbeziehungen zwischen den Prozessen, die durch die folgenden Komponenten repräsentiert werden:

```
struct task_struct *p_opptr; /* original parent */
struct task_struct *p_pptr;  /* parent */
```

```
struct task_struct *p_cptr;   /* youngest child */
struct task_struct *p_ysptr;  /* younger sibling */
struct task_struct *p_osptr;  /* older sibling */
```

`p_pptr` ist ein Zeiger auf die Task-Struktur des Elternprozesses. Damit ein Prozeß auf alle seine Kinderprozesse zugreifen kann, enthält die Task-Struktur den Eintrag für den zuletzt erzeugten Kindprozeß – das „jüngste" Kind (youngest child). Die Kindprozesse desselben Elternprozesses sind untereinander wiederum durch `p_ysptr` (younger sibling = nächst jüngeres Kind) und `p_osptr` (older sibling = nächst älteres Kind) als doppelt verkettete Liste verbunden. Die Abbildung 3.3 versucht, die Verwandtschaftsbeziehungen zwischen Prozessen etwas zu klären.

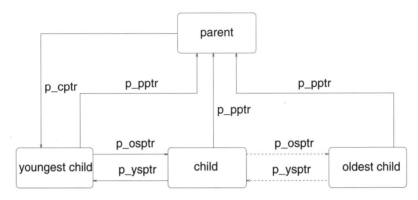

Abbildung 3.3: Verwandtschaftsbeziehungen von Prozessen

Speicherverwaltung. Die folgenden Komponenten geben die Adressen (bezüglich des Adreßraums des Prozesses) an, an denen bestimmte Code- oder Datenbereiche des Prozesses beginnen. Die hier erfolgte Gleichsetzung von Adressen und dem Typ `unsigned long` ist typisch für reine 32-Bit-Systeme und kann auf neuen Rechnerarchitekturen zu Problemen führen.

```
unsigned long start_code, end_code;
unsigned long end_data, start_brk, brk,
unsigned long start_stack,start_mmap;
unsigned long arg_start, arg_end, env_start, env_end;
```

Wenn ein Prozeß im Kernel-Mode arbeitet, braucht er einen eigenen (vom User-Mode verschiedenen) Stack. Die Adresse des Stacks ist in folgenden Komponenten gespeichert:

```
unsigned long saved_kernel_stack;
unsigned long kernel_stack_page;
```

Kapitel 3.1 Algorithmen und Datenstrukturen

Sowohl die virtuelle Speicherverwaltung als auch die Routinen zur Interprozeßkommunikation benötigen Einträge in der Task-Struktur. Weitergehende Informationen sind in Kapitel 4 und Kapitel 5 enthalten.

```
struct  vm_area_struct  * mmap;
struct  vm_area_struct  *stk_vma;
struct  shm_desc *shm;
struct  sem_undo *semun;
```

Prozeßidentifikation. Jeder Prozeß besitzt eine eindeutige Prozeßidentifikationsnummer (pid), ist einer Prozeßgruppe (pgrp) und einer Sitzung (session) zugeordnet. Jede Sitzung hat einen führenden Prozeß (leader).

```
int pid, pgrp, session, leader;
```

Zur Realisierung der Zugriffsrechte besitzt jeder Prozeß eine Nutzeridentifikation (*User Identification*, uid) und die Gruppenidentifikation (*Group Identification*, gid). Diese werden beim Erzeugen eines neuen Prozesses durch fork() (siehe Abschnitt 3.2.3 und Anhang A) vom Elternprozeß an den Kindprozeß vererbt. Für die eigentliche Zugriffskontrolle werden allerdings die effektive Nutzeridentifikation (euid) und die effektive Gruppenidentifikation (egid) benutzt. Normalerweise gilt (uid == euid) && (gid == egid).

Eine Ausnahme ergibt sich bei sogenannten set-uid-Programmen, bei denen die Werte euid bzw. egid auf die Nutzer-ID bzw. die Gruppen-ID des Eigentümers der ausführbaren Datei gesetzt wird. Dadurch ist eine kontrollierte Vergabe von Privilegien möglich. LINUX erlaubt, wie die meisten moderneren UNIX-Derivate, die gleichzeitige Zuordnung eines Prozesses zu mehreren Nutzergruppen. Diese Gruppen werden bei der Kontrolle der Zugriffsrechte auf Dateien berücksichtigt. Jeder Prozeß kann maximal NGROUPS Gruppen angehören, die in der Komponente groups der Task-Struktur abgespeichert werden. Daß hier für die Gruppennummer gid ein anderer Datentyp als für das Feld groups verwendet wird, mag auf den ersten Blick verwundern, wird aber dadurch erklärt, daß groups auch den Wert NOGROUP == -1 für nicht benutzte Einträge enthalten kann.

```
unsigned short uid,euid,suid;
unsigned short gid,egid,sgid;
int groups[NGROUPS];
```

Files. Ein Prozeß, der eine Datei mit open() oder creat() eröffnet, erhält vom Kern einen Filedeskriptor für die weitere Referenzierung dieser Datei. Filedeskriptoren sind kleine Integerzahlen. Die Zuordnung der Filedeskriptoren zu den Dateien erfolgt unter LINUX über das Feld filep[]. Filedeskriptoren werden als

Index in diesem Feld benutzt. Man findet auf diese Weise den dem Filedeskriptor zugeordneten Filepointer, mit dessen Hilfe man dann auf die Datei zugreifen kann.

Das Feld `close_on_exec` enthält eine Bitmaske aller benutzten Filedeskriptoren, die beim Systemaufruf `exec()` geschlossen werden sollen. Der Datentyp `fd_set` ist groß genug, um `NR_OPEN` Bits aufzunehmen.

```
struct file * filep[NR_OPEN];
fd_set close_on_exec;
```

Ein Prozeß kann über den Systemaufruf `umask()` den Zugriffsmodus von neu zu erzeugenden Dateien beeinflussen. Die mit `umask()` gesetzten Daten werden dazu in der Komponente `umask` abgelegt.

```
unsigned short umask;
```

Unter UNIX besitzt jeder Prozeß ein aktuelles Verzeichnis (`pwd`)[1], welches bei der Auflösung relativer Pfadnamen benötigt wird und mit dem Systemaufruf `chdir()` geändert werden kann. Jeder Prozeß verfügt weiterhin über ein eigenes Wurzelverzeichnis `root`, das zum Auflösen absoluter Pfadnamen benutzt wird. Dieses Root-Verzeichnis kann nur vom Superuser geändert werden (Systemaufruf `chroot()`). Da dies nur in wenigen Fällen genutzt wird (z.B. anonymous FTP), ist diese Tatsache weniger bekannt. Eine weitere wichtige Komponente ist `executable`. Sie beschreibt die Datei, die das Programm enthält, welches gerade vom Prozeß ausgeführt wird. Diese Datei darf nicht gelöscht oder modifiziert werden, da der Paging-Algorithmus (vgl. Abschnitt 4.7.1) bei Bedarf Seiten aus dieser Datei nachladen muß.

Der Unterschied zwischen den oben vorgestellten Filepointern und den hier benutzten Komponenten vom Typ `inode` wird im Abschnitt 3.1.3 näher beschrieben.

```
struct inode * pwd;
struct inode * root;
struct inode * executable;
```

Zeitmessung. Für jeden Prozeß werden verschiedenen Zeiten gemessen. Die Zeitmessung wird unter LINUX grundsätzlich in Ticks vorgenommen. Diese Ticks werden von einem Zeitgeberbaustein der Hardware alle 10 Millisekunden erzeugt und vom Timerinterrupt gezählt. In Abschnitt 3.1.6 und Abschnitt 3.1.10 gehen wir genauer auf die Zeitmessung unter LINUX ein.

`utime` und `stime` enthalten die Zeit, die der Prozeß im Nutzer-Modus bzw. im System-Modus verbracht hat. `cutime` und `cstime` enthalten die Summen

---

[1] Die Abkürzung `pwd` steht hier höchstwahrscheinlich in Anlehnung an das UNIX-Kommando `pwd` – Print Working Directory, welches den Namen des aktuellen Verzeichnisses ausgibt.

Kapitel 3.1 Algorithmen und Datenstrukturen 27

der entsprechenden Zeiten aller Kindprozesse. Die Werte können mit Hilfe des Systemaufrufs `times()` abgefragt werden.

```
long utime, stime, cutime, cstime
```

UNIX unterstützt verschiedene prozeßspezifische Timer. Zum einem gibt es den Systemaufruf `alarm()`, der dafür sorgt, daß dem Prozeß nach einer bestimmten Zeit das Signal `SIGALRM` gesandt wird. Neuere UNIX-Systeme unterstützen zusätzlich Intervall-Timer (siehe `setitimer()` und `getitimer()` auf Seite 270).

```
unsigned long timeout;
unsigned long it_real_value, it_prof_value, it_virt_value;
unsigned long it_real_incr, it_prof_incr, it_virt_incr;
```

Die Komponenten `it_{real,prof,virt}_value` enthalten die Zeitspanne in Ticks, nach der der Timer angelaufen ist. In `it_{real,prof,virt}_incr` befinden sich die notwendigen Werte, um den Timer nach Ablauf wieder zu initialisieren. Näheres dazu findet sich auch bei der Beschreibung des Timerinterrupts in Abschnitt 3.1.10.

Schließlich enthält die Task-Struktur noch den Zeitpunkt, zu dem der Prozeß gestartet wurde:

```
long start_time;
```

Verschiedenes. Die folgenden Komponenten lassen sich nicht in die obigen Gruppen einordnen.

```
struct wait_queue *wait_chldexit;
```

Ein Prozeß, der den Systemaufruf `wait4()` ausführt, soll bis zur Beendigung eines Kindprozesses unterbrochen werden. Dazu trägt er sich in die Warteschlange `wait_chldexit` seiner eigenen Task-Struktur ein, setzt sein Statusflag auf den Wert `TASK_INTERRUPTIBLE` und gibt die Steuerung an den Scheduler ab. Wenn ein Prozeß beendet wird, signalisiert er dies seinem Elternprozeß über diese Warteschlange. Näheres findet sich im Abschnitt über Warteschlangen (siehe Abschnitt 3.1.5), im Abschnitt zum Systemaufruf `exit()` (Abschnitt 3.2.3) sowie in den Quelltexten zum Systemaufruf `wait4()` (`kernel/exit.c`).

```
struct sigaction sigaction[32];
```

Jeder Prozeß kann festlegen, wie er auf Signale reagieren möchte. Dies wird in der Struktur `sigaction` festgelegt (siehe Seite 273).

```
struct rlimit rlim[RLIM_NLIMITS];
```

Jeder Prozeß kann mit Hilfe der Systemaufrufe `setrlimit()` und `getrlimit()` (siehe Seite 271) seine Limits für die Verwendung von Ressourcen kontrollieren. Sie werden in der Struktur `rlim` abgespeichert.

```
    int exit_code, exit_signal;
```
Der Return-Code des Programmes und das Signal, mit dem das Programm abgebrochen wurde. Diese Informationen kann ein Elternprozeß nach dem Ende eines Kindprozesses abfragen.

```
    char comm[16];
```
Der Name des vom Prozeß ausgeführten Programms ist in der Komponente comm gespeichert. Dieser Name wird neben dem Debugging nur zum Generieren eines aussagekräftigen Namens für Core-Files benutzt. LINUX-Core-Files haben einen Namen der Form „core.Programmname".

```
    struct vm86_struct * vm86_info;
    unsigned long screen_bitmap;
    struct desc_struct *ldt;
```
Diese Einträge wurden speziell für die MS-DOS- und Windows-Emulatoren aufgenommen. Diese benötigen mehr Informationen und andere Speicherverwaltungsroutinen als ein normales UNIX-Programm.

```
    struct tss_struct tss;
} /* struct task_struct */
```
Die tss-Struktur enthält alle Informationen über den aktuellen Prozessorstatus zum Zeitpunkt des letzten Übergangs vom Nutzer-Modus in den System-Modus. Hier sind alle Prozeßregister gerettet, damit sie bei der Rückkehr in den Nutzer-Modus wieder restauriert werden können.

3.1.2 Die Prozeßtabelle

Jeder Prozeß belegt genau einen Eintrag in der Prozeßtabelle.

Sie ist in LINUX statisch angelegt und in der Größe auf NR_TASKS (Datei <linux/tasks.h>) Tasks beschränkt.

```
struct task_struct *task[NR_TASKS];
```

In älteren Versionen des LINUX-Kerns konnte man alle vorhandenen Prozesse ermitteln, indem man die Prozeßtabelle task nach Einträgen durchsuchte. In den neueren Versionen gibt es dafür die in der Struktur task_struct vorhandenen Verkettungen next_task und prev_task. Als Anfang und Ende dieser doppelt verketteten Liste dient die Task init_task.

```
struct task_struct init_task;
```

Sie wird beim Starten des Systems (in Abschnitt 3.1.9 beschrieben) mit der ersten Task initialisiert. init_task ist nur dafür verantwortlich, nicht benötigte Systemzeit zu konsumieren (Idle-Prozeß). Sie fällt deswegen etwas aus dem Rahmen und sollte nicht wie eine normale Task behandelt werden.

Viele Algorithmen im Kern müssen jede einzelne Task berücksichtigen. Um dies zu erleichtern, wurde das Makro

```
#define for_each_task(p)
```

wie folgt definiert:

```
for( p = &init_task ; ( p = p->next_task) != &init_task ; )
```

Wie man sieht, wird die `init_task` übergangen. Der Eintrag für die aktuell laufende Task ist über die globale Variable

```
struct task_struct *current;
```

zu erreichen.

Eine spezielle Bedeutung haben für LINUX außerdem die Einträge `task[0]` und `task[1]`. `task[0]` ist die oben erwähnte `init_task`, welche beim Starten des Systems als erste erzeugt wird und eine gewisse Sonderrolle einnimmt. `task[1]` ist der Prozeß mit der PID 1. Er ist der erste „richtige" Prozeß in einem Unix-System. Da dieser Prozeß in der Regel das Programm `init` ausführt, wird er auch als Init-Prozeß bezeichnet. Auf diese Prozesse wird im Kern öfter über `task[0]` und `task[1]` zugegriffen, deswegen sollte diese Zuordnung nicht verändert werden.

Die statische Größe der Prozeßtabelle ist ein Anachronismus in modernen Unix-Betriebssystemen. In LINUX hat sie zwei Gründe. Zum einen liegt das in der Entwicklungsgeschichte von LINUX begründet. Es ist einfacher, ein Feld zu reservieren, als eine dynamische Speicherverwaltung einzusetzen. Die Entwicklung in LINUX geht aber dahin, daß statische Begrenzungen, wie etwa die maximale Anzahl der Prozesse, aufgehoben werden. Deswegen wurden in der oben beschriebenen `task_struct` auch die Komponenten `next_task` und `prev_task` eingeführt, die es im Zusammenhang mit `init_task` erlauben, alle aktiven Prozesse zu referenzieren. Damit ist es unnötig geworden, alle Prozeßeinträge in einer Tabelle unterzubringen.

Der zweite Grund für eine Beschränkung der Größe der Prozeßtabelle liegt in der Hardware begründet, auf der LINUX heute größtenteils läuft. Auf (aus heutiger Sicht) langsamen 386er-Maschinen macht es Sinn, die Anzahl der Prozesse im System zu beschränken, da das Antwortverhalten des Systems sonst für interaktives Arbeiten zu schlecht wird. Mit der weiteren Verbreitung schnellerer Hardware entfällt auch dieses Argument. Vieles deutet darauf hin, daß die Prozeßtabelle in zukünftigen Versionen von LINUX dynamisch vergrößert werden kann.

3.1.3 Files und Inodes

UNIX-Systeme unterscheiden traditionell zwischen der Filestruktur und der Inode-Struktur. Die Inodestruktur[2] beschreibt eine Datei. Dabei ist der Begriff Inode mehrfach belegt. Sowohl die Datenstruktur im Kern als auch die Datenstrukturen auf der Festplatte beschreiben (jede aus ihrer Sicht) eine Datei und werden deswegen Inodes genannt. Wir reden im folgenden immer von der im Hauptspeicher liegenden Datenstruktur. Inodes enthalten Informationen, wie etwa den Eigentümer und die Zugriffsrechte der Datei. Zu jeder im System benutzten Datei gibt es *genau einen* Inode-Eintrag im Kern.

Filestrukturen (die Datenstrukturen vom Type `struct file`) enthalten dagegen die Sicht eines Prozesses auf diese (durch eine Inode repräsentierte) Datei. Zu dieser Sicht auf die Datei gehören Attribute, wie etwa der Modus in dem die Datei benutzt werden kann (read, write, read+write), oder die aktuelle Position der nächsten I/O-Operation.

Filestruktur. Die Struktur `file` ist in `include/linux/fs.h` definiert.

```
struct file
{
    mode_t f_mode;
    off_t f_pos;
    unsigned short f_count;
    struct inode * f_inode;
    struct file_operations * f_op;
    ...
};
```

`f_mode` beschreibt den Zugriffsmodus, in dem die Datei eröffnet wurde (nur Lesen, Lesen und Schreiben oder nur Schreiben).

`f_pos` enthält die Position des Schreib/Lesezeigers, an der die nächste I/O-Operation vorgenommen wird. Dieser Wert wird durch jede I/O-Operation sowie durch den Systemaufruf `lseek()` aktualisiert.

`f_count` ist ein einfacher Referenzzähler. Mehrere Filedeskriptoren können auf denselben Filepointer verweisen. Da diese durch `fork()` vererbt werden, kann auch aus verschiedenen Prozessen auf den selben Filepointer verwiesen werden. Beim Eröffnen einer Datei wird der `f_count` auf 1 initialisiert. Jedes Kopieren des Filedeskriptors (durch die Systemaufrufe `dup()`, `dup2()` oder `fork()`) erhöht den Referenzzähler um 1, während er bei jedem Schließen einer Datei (durch `close()`, `exit()` oder `exec()`) um 1 dekrementiert wird. Die Filestruktur wird erst freigegeben, wenn kein Prozeß mehr auf sie verweist.

---

[2] Der Name Inode ist ein Kunstwort, eigentlich heißt es I-Node – der Knoten vom Typ I. In den ersten UNIX-Implementationen wurde der Teil, der heute als Inode bekannt ist, in einer Struktur mit dem Namen „i" verwaltet.

Kapitel 3.1 Algorithmen und Datenstrukturen

`f_inode` ist ein Verweis auf die Inode (die eigentliche Beschreibung der Datei). `f_op` verweist auf eine Struktur von Funktionspointern, die alle Fileoperationen referenzieren. LINUX unterstützt im Vergleich zu anderen UNIX-Systemen sehr viele Filesystemtypen. Jedes Filesystem realisiert die Zugriffe auf andere Art. Deswegen ist in Linux ein „Virtuelles Filesystem" (VFS) realisiert worden. Die Idee besteht darin, daß die auf dem Filesystem operierenden Funktionen nicht direkt, sondern über eine file(system)spezifische Funktion aufgerufen werden. Diese filesystemspezifischen Operationen sind Teil der Struktur `struct file` (bzw. `struct inode`). Das entspricht dem Prinzip virtueller Funktionen in objektorientierten Programmiersprachen.

Betrachten wir dazu als Beispiel den Systemaufruf `lseek`.

```
int sys_lseek(unsigned int fd, off_t offset,
            unsigned int origin)
{
   struct file * file;

   file = current->filep[fd];
   ...
   if (file && file->f_op && file->f_op->lseek)
      return file->f_op->lseek(file->f_inode,
          file, offset, origin);
   ...
}
```

Inodes. Die Inode-Struktur

```
struct inode
{
```

ist ebenfalls in `include/linux/fs.h` definiert. Viele Komponenten dieser Struktur können über den Systemaufruf `stat()` abgefragt werden.

```
   dev_t i_dev;
   unsigned long i_ino;
```

`i_dev` ist eine Beschreibung des Geräts (die Plattenpartition), auf der sich die Datei befindet. `i_ino`[3] identifiziert die Datei innerhalb des Geräts. Das Paar (`dev`, `ino`) beschreibt die Datei damit systemweit eindeutig.

```
   umode_t i_mode;
   uid_t i_uid;
   gid_t i_gid;
```

---

[3] ino steht hier auch für die Inode. Damit ist in diesem Fall die Blocknummer der Datenstruktur auf der Festplatte gemeint, welche die Datei auf dem externen Speicher beschreibt.

```
    off_t i_size;
    time_t i_mtime;
    time_t i_atime;
    time_t i_ctime;
```

Diese Komponenten beschreiben die Zugriffsrechte der Datei, ihre Eigentümer (Nutzer und Gruppe), die Größe in Bytes (`i_size`), die Zeiten der letzten Änderung (`i_mtime`), des letzten Zugriffs (`i_atime`) sowie der letzten Änderung der Inode (`i_ctime`).

```
    struct inode_operations * i_op;
```

Wie die Filestruktur besitzt auch die Inodestruktur einen Verweis auf eine Struktur, die Zeiger auf Funktionen enthält, die auf Inodes anwendbar sind (siehe Abschnitt 6.2.4).

```
    union {
        struct pipe_inode_info pipe_i;
        ...
    } u;
} /* struct inode */
```

Zum Schluß kommen noch filesystemspezifische Informationen.

3.1.4 Dynamische Speicherverwaltung

Unter LINUX wird der Speicher seitenweise verwaltet. Eine Seite umfaßt 4096 Bytes. Grundoperation zum Anfordern einer neuen Seite ist die Funktion

```
unsigned long __get_free_page(int priority);
```

welche in der Datei `mm/swap.c` definiert ist. `priority` steuert das Verhalten von `__get_free_page()`, wenn im Hauptspeicher keine Seite mehr frei ist. Dabei sind folgende Werte für `priority` zulässig:

GFP_BUFFER: Die angeforderte Seite wird aus der Freispeicherliste entnommen. Wenn diese leer ist, kehrt die Funktion mit einem Fehler zurück. Hier wird also nicht versucht, eine andere Seite auf einen externen Datenträger auszulagern. Dies ist für weniger kritische Anwendungsfälle sinnvoll, zum Beispiel für das Anfordern eines Puffers für das Dateisystem (*file caching*).

GFP_ATOMIC: Die angeforderte Seite wird der Freispeicherliste entnommen. Wenn diese leer ist, wird auf eine zweite Freispeicherliste für Notfälle zurückgegriffen. Ist diese auch leer, kehrt `__get_free_page()` mit einem Fehler zurück. Hier wird ebenfalls nicht versucht, eine andere Seite freizugeben, indem sie auf einen externen Datenträger ausgelagert wird. `GFP_ATOMIC` wird benutzt, wenn eine

Interruptroutine Speicher benötigt. Speicheranforderungen von Interruptroutinen müssen sofort behandelt werden und dürfen auch keine I/O-Operationen auslösen.

GFP_KERNEL: Die angeforderte Seite wird der Freispeicherliste entnommen. Wenn diese leer ist, wird eine benutzte Seite gesucht, welche auf einen externen Massenspeicher ausgelagert werden kann. Dieses Auslagern kann eine gewisse Zeit in Anspruch nehmen, und der Prozeß kann dadurch unterbrochen werden. `__get_free_page()` blockiert solange, bis eine leere Seite gefunden wird.

GFP_USER: Identisch zu `GFP_KERNEL`.

Eine angeforderte Seite kann mit der Funktion

```
void free_page(unsigned long addr);
```

freigegeben werden. Dadurch wird die Seite wieder in die Freispeicherliste eingetragen.

Obwohl `__get_free_page()` die Grundoperation für die Anforderung einer Seite darstellt, sollte man sie in dieser Form nicht benutzen. Besser geeignet ist die Funktion

```
unsigned long get_free_page( int priority);
```

Sie initialisiert den angeforderten Speicher zusätzlich mit Nullen. Das ist aus zwei Gründen wichtig. Erstens erwarten einige Teile des Kerns, daß neu angeforderter Speicher mit 0 initialisiert ist (z.B. der Systemaufruf `exec()`). Andererseits handelt es sich um eine Sicherheitsmaßnahme. Wenn die Seite vorher schon benutzt wurde, enthält sie vielleicht Daten eines anderen Nutzers (z.B. Paßwörter), die dem aktuellen Prozeß nicht zugänglich gemacht werden sollen.

Normalerweise ist der C-Programmierer an den Umgang mit `malloc()` und `free()` zur Speicherverwaltung gewohnt. Etwas ähnliches gibt es auch im LINUX-Kern. Die Funktion

```
void *kmalloc(size_t size, int priority);
```

arbeitet analog zu `malloc()`. Das Argument `priority` gibt an, wie `kmalloc()` neue Speicherseiten mit `get_free_page()` anfordern soll. Eine wesentliche Einschränkung besteht darin, daß maximal 4072[4] Bytes angefordert werden können. Das Gegenstück zu `kmalloc()` ist die Funktion

```
void kfree( void * ptr);
```

welche einen mit `kmalloc()` angeforderten Speicherbereich wieder freigibt. Die Einschränkung von `kmalloc()` auf eine Speicherseite führte zur Einführung eines weiteren Schnittstelle. Über die Funktion

---
[4] 4096 Bytes abzüglich Verwaltungsinformationen.

```
void * vmalloc( unsigned long size )
```
können beliebig große Speicherbereiche angefordert und über
```
void vfree( void *addr )
```
wieder freigegeben werden. Beide Schnittstellen existieren im Moment gleichberechtigt im Kern. Weitere Informationen zur Funktionsweise der Speicherverwaltung unter LINUX findet der Leser in Kapitel 4.

3.1.5 Warteschlangen

Oftmals ist ein Prozeß vom Eintreten bestimmter Bedingungen abhängig. Sei es, daß ein read()-Systemaufruf darauf warten muß, daß die Daten von der Festplatte in den Speicherbereich des Prozesses geladen werden oder daß ein Elternprozeß mit wait() auf das Ende eines Kindprozesses wartet – in jedem Fall ist nicht bekannt, wie lange ein Prozeß warten muß.

Dieses „Warten bis eine Bedingung erfüllt ist" wird in Linux mit Hilfe der Warteschlangen (wait queues) realisiert. Eine Warteschlange ist nichts anderes als eine zyklische Liste, welche als Elemente Zeiger in die Prozeßtabelle enthält.

```
struct wait_queue {
   struct task_struct * task;
   struct wait_queue * next;
};
```

Warteschlangen sind sehr empfindliche Gebilde und werden oftmals auch aus Interruptroutinen heraus modifiziert. Warteschlangen sollten nur mit Hilfe der folgenden beiden Funktionen modifiziert werden. Sie sorgen durch Sperren der Interrupts dafür, daß die Warteschlange nicht gleichzeitig aus einer Interruptroutine heraus modifiziert wird. Damit bleibt die Konsistenz gewahrt.

```
void add_wait_queue(struct wait_queue **queue,
     struct wait_queue *entry);

void remove_wait_queue(struct wait_queue **queue ,
     struct wait_queue *entry);
```

queue enthält die zu modifizierende Warteschlange und entry den hinzuzufügenden oder zu entfernenden Eintrag.

Ein Prozeß, der auf ein bestimmtes Ereignis warten will, trägt sich nun in eine solche Warteschlange ein und gibt die Steuerung ab. Zu jedem möglichen Ereignis gibt es eine Warteschlange. Wenn das entsprechende Ereignis eintritt, werden alle Prozesse in dieser Warteschlange wieder aktiviert und können weiterarbeiten. Diese Semantik wird durch die Funktionen

```
void sleep_on(struct wait_queue **p);
void interruptible_sleep_on(struct wait_queue **p)
```

realisiert. Sie setzen den Status des Prozesses (`current->state`) auf den Wert `TASK_UNINTERRUPTIBLE` bzw. `TASK_INTERRUPTIBLE`, tragen den aktuellen Prozeß (`current`) in die Warteschlange ein und rufen den Scheduler auf. Damit gibt der Prozeß die Steuerung freiwillig ab. Er wird erst wieder aktiv, wenn der Status des Prozesses auf `TASK_RUNNING` gesetzt wurde. Das geschieht in der Regel dadurch, daß ein anderer Prozeß die Funktionen

```
void wake_up(struct wait_queue **p)
void wake_up_interruptible(struct wait_queue **p)
```

aufruft, um alle in der Warteschlange eingetragenen Prozesse zu wecken.

```
void sleep_on( struct wait_queue **queue )
{
   struct wait_queue entry = { current , NULL };
   current->state = TASK_UNINTERRUPTIBLE;
   add_wait_queue( queue , &entry );
   schedule();
   remove_wait_queue( queue , &entry );
}

void wake_up( struct wait_queue **queue )
{
   struct wait_queue *p = *queue;
   do
   {
      p->task->state = TASK_RUNNING ;
      p = p->next;
   } while ( p != *queue );
}
```

Ein Beispiel für die Benutzung dieser Funktionen findet sich im Abschnitt 3.2.4

3.1.6 Systemzeit und Zeitgeber (Timer)

Im LINUX-System gibt es genau eine interne Zeitbasis. Sie wird in vergangenen Ticks seit dem Starten des Systems gemessen. Ein Tick entspricht dabei 10 Millisekunden. Diese Ticks werden von einem Zeitgeberbaustein der Hardware generiert und vom Timerinterrupt (siehe Abschnitt 3.1.10) in der globalen Variablen `jiffies` gezählt. Alle im folgenden genannten Systemzeiten beziehen sich immer auf diese Zeitbasis.

Wofür braucht man Timer? Viele Gerätetreiber möchten eine Meldung erhalten, wenn das Gerät nicht bereit ist. Andererseits muß bei der Bedienung eines langsamen Gerätes vielleicht etwas gewartet werden, ehe die nächsten Daten gesendet werden können. Um dies zu unterstützen, bietet LINUX die Möglichkeit, Funktionen zu einem definierten zukünftigen Zeitpunkt zu starten.

Im Laufe der Entwicklung von LINUX haben sich zwei Formen von Zeitgebern herausgebildet. Zum einen gibt es 32 reservierte Zeitgeber der Form:

```
struct timer_struct {
   unsigned long expires;
   void (*fn)(void);
} timer_table[32];
```

Jeder Eintrag enthält einen Zeiger auf eine Funktion (fn) und einen Zeitpunkt expires, zu dem diese Funktion aufgerufen werden soll.

Zum anderen gibt es ein neueres Interface der Form:

```
struct timer_list {
   struct timer_list *next;
   struct timer_list *prev;
   unsigned long expires;
   unsigned long data;
   void (*function)(unsigned long);
};

extern void add_timer(struct timer_list * timer);
extern int  del_timer(struct timer_list * timer);
```

Die Einträge next und last in dieser Struktur dienen der internen Verwaltung aller Timer in einer doppelt verketteten sortierten Liste next_timer. Die Komponente expires gibt den Zeitpunkt an, zu dem die Funktion function mit dem Argument data aufgerufen werden soll. Die beiden Funktionen add_timer() und del_timer() dienen der Verwaltung der Timer-Liste . Man beachte, daß add_timer() die Bedeutung der Komponente expire ändert. Als Argument für add_timer beschreibt expire den Zeitpunkt, zu dem der Timer ablaufen soll. Nachdem add_timer() die Struktur in die Liste eingetragen hat, bedeutet expire die Zeitdifferenz, nach der die Funktion aufzurufen ist.

Dazu ein kleines Beispiel. Die Systemzeit jiffies habe den Wert 10, und es werden die Timer a, b und c mit den Ausführungszeiten 50, 20 und 100 gesetzt. Danach ergibt sich das in Abbildung 3.4 dargestellte Bild im Speicher.

Man beachte, daß alle Zeiten relativ zum davor eingetragenen Timer sind, die Zeit des ersten Timers ist relativ zur aktuellen Systemzeit. Nachdem 5 Zeittakte vergangen sind, sieht das Ganze wie in Abbildung 3.5 aus. Es hat sich also lediglich der Eintrag im ersten Timer geändert.

Kapitel 3.1 Algorithmen und Datenstrukturen

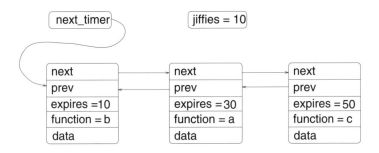

Abbildung 3.4: Aufbau der Timerliste zum Zeitpunkt `jiffies=10`

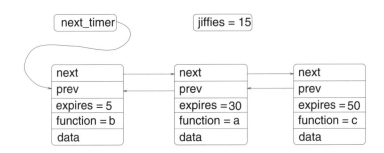

Abbildung 3.5: Aufbau der Timerliste zum Zeitpunkt `jiffies=15`

3.1.7 Signale

Eine der ältesten Möglichkeiten der Interpozeßkommunikation unter UNIX sind Signale. Der Kern benutzt Signale, um Prozesse über bestimmte Ereignisse zu informieren; der Anwender benutzt Signale typischerweise, um Prozesse abzubrechen oder interaktive Programme in einen definierten Zustand zu überführen.

Alle Signale werden duch die Funktion `send_sig()` (in `kernel/exit.c`) versandt. Sie erhält als Argumente neben der Signalnummer und der Beschreibung des Prozesses, welcher das Signal empfangen soll (genauer gesagt, einen Zeiger auf den Eintrag des Prozesses in der Task-Struktur), noch ein drittes Argument, die Priorität des Senders. Im Moment werden nur zwei Prioritäten unterstützt. Das Signal kann von einem Prozeß gesandt worden sein, oder es wurde vom Kern generiert. Der Kern darf jedem Prozeß ein Signal senden, ein normaler Nutzerprozeß darf dies nur unter bestimmten Bedingungen. Er muß dafür entweder Superuser-Rechte besitzen oder die selbe UID und GID wie der Empfängerprozeß haben. Eine Ausnahme bildet das Signal SIGCONT. Dieses darf auch von einem beliebigen Prozeß derselben Sitzung gesendet werden.

Wenn die Berechtigung zum Senden des Signals vorliegt und der Prozeß dieses Signal nicht ignorieren möchte, wird es dem Prozeß geschickt. Dies geschieht, indem das der Signalnummer entsprechende Bit in der Komponente signal der Taskstruktur des empfangenden Prozesses gesetzt wird. Damit ist das Signal gesendet. Es erfolgt noch keine Behandlung des Signals durch den empfangenden Prozeß. Dies geschieht erst, wenn der Scheduler den Prozeß wieder in den Zustand TASK_RUNNING versetzt (vgl. Abschnitt 3.1.11).

Wenn der Prozeß vom Scheduler wieder aktiviert wird, wird vor dem Umschalten in den Nutzer-Modus die Routine ret_from_sys_call (Abschnitt 3.2.1) abgearbeitet. Diese ruft beim Vorliegen von Signalen für den aktuellen Prozeß die Funktion do_signal() auf, welche die eigentliche Signalbehandlung übernimmt.

Offen ist noch die Frage, wie diese Funktion für den Aufruf der vom Prozeß definierten Signalbehandlungsroutine sorgt. Das wurde trickreich gelöst. Die Funktion do_signal() manipuliert den Stack und die Register des Prozesses. Der Instruktion-Pointer eip des Prozesses wird auf den ersten Befehl der Signalbehandlungsroutine gesetzt. Desweiteren wird der Stack um die Parameter der Signalbehandlungsroutine ergänzt. Wenn nun der Prozeß seine Arbeit fortsetzt, sieht es für ihn so aus, als ob die Signalbehandlungsroutine wie eine normale Funktion aufgerufen wurde.

Das ist die prinzipielle Vorgehensweise, die allerdings in der realen Implementation um zwei Punkte erweitert wird.

Zum einen erhebt LINUX den Anspruch, POSIX-kompatibel zu sein. Der Prozeß kann angeben, welche Signale während der Abarbeitung einer Signalbehandlungsroutine blockiert werden sollen. Das wird dadurch realisiert, daß der Kern vor dem Aufruf der nutzerdefinierten Signalbehandlungsroutine die Signalmaske current->blocked um weitere Signale ergänzt. Ein Problem besteht nun darin, daß die Signalmaske nach der Abarbeitung der Signalbehandlungsroutine wieder restauriert werden muß. Deswegen wird als Return-Adresse der Signalbehandlungsroutine auf dem Stack ein Befehl eingetragen, der den Systemaufruf sigreturn aufruft. Dieser übernimmt dann die Aufräumarbeiten nach dem Beenden der nutzerdefinierten Signalbehandlungsroutine.

Die zweite Erweiterung ist eine Optimierung. Müssen mehrere Signalroutinen aufgerufen werden, so werden auch mehrere Stackframes angelegt, so daß nicht für jede Signalroutine eine Umschaltung in den Kernel-Mode erfolgen muß.

3.1.8 Interrupts

Zur Kommunikation der Hardware mit dem Betriebssystem werden Interrupts verwendet. Auf die Programmierung von Interruptroutinen werden wir im Ab-

Kapitel 3.1   Algorithmen und Datenstrukturen

schnitt 7.2.2 näher eingehen. Hier interessieren wir uns mehr für den prinzipiellen Ablauf beim Aufruf eines Interrupts. Der zugehörige Code findet sich in den Dateien `kernel/irq.c` und `include/asm/irq.h`.

LINUX kennt 2 Arten von Interrupts, schnelle und langsame. Man könnte sogar von drei Arten sprechen, die dritte Art stellen Systemaufrufe dar. Sie werden über Softwareinterrupts ausgelöst. In diesem Kapitel beschäftigen wir uns jedoch nur mit den Hardwareinterrupts.

Langsame Interrupts   sind die Normalform. Während sie behandelt werden, sind andere Interrupts zulässig. Nachdem ein langsamer Interrupt abgearbeitet wurde, werden vom System regelmäßig auszuführende zusätzliche Aktivitäten durchgeführt – zum Beispiel wird der Scheduler aufgerufen. Ein typisches Beispiel für einen langsamen Interrupt ist der Timer-Interrupt (Abschnitt 3.1.10).

Beim Ablauf eines Interrupts werden folgende Aktivitäten ausgeführt.

```
PSEUDO_CODE interrupt(intr_num, intr_controller, intr_mask)
{
```

Als erstes werden alle Register gerettet und dem Interruptcontroller der Empfang dieses Interrupts bestätigt. Gleichzeitig wird der Empfang von Interrupts des gleichen Typs gesperrt.

```
    SAVE_ALL; /* Makro aus include/asm/irq.h */
    ACK(intr_controller, intr_mask);
```

In der Variable `intr_count` wird die Verschachtelungstiefe der Interrupts notiert, anschließend werden weitere Interrupts zugelassen und die eigentliche Interruptroutine aufgerufen. Dieser wird auch eine Kopie des Registersatzes des unterbrochenen Prozesses übergeben. Die Register werden von einigen Interrupthandlern (z.B. auch vom Timerinterrupt) benutzt, um zu unterscheiden, ob der Interrupt den Nutzerprozeß oder den Systemkern unterbrochen hat.

```
    ++intr_count;
    sti();
    do_IRQ(intr_num, Register)
```

Nachdem die eigentliche Interruptroutine erfolgreich abgearbeitet wurde, wird jetzt dem Interruptcontroller mitgeteilt, daß wieder Interrupts von diesem Typ akzeptiert werden. Desweiteren wird der Interruptzähler dekrementiert.

```
    UNBLK(intr_controller, intr_mask)
    --intr_count;
```

Dann wird die Funktion `ret_from_sys_call()` (`kernel/sys_call.S`) aufgerufen. Sie erledigt nach jedem langsamen Interrupt und nach jedem Systemaufruf (daher auch der Name) allgemeinere Verwaltungsarbeiten (Abschnitt 3.2). Diese

Funktion kehrt nie zurück. Sie übernimmt das Restaurieren der mit SAVE_ALL gespeicherten Register und führt das zum Abschluß einer Interruptroutine nötige iret aus.

```
    ret_from_sys_call();
} /* PSEUDO_CODE interrupt */
```

Schnelle Interrupts werden für kurze, wenig zeitaufwendige Arbeiten benutzt. Wärend sie behandelt werden, sind alle anderen Interrupts gesperrt, es sei denn, die jeweilige Behandlungsroutine gibt sie explizit frei. Ein typisches Beispiel ist der Tastaturinterrupt (drivers/char/keyboard.c).

```
PSEUDO_CODE fast_interrupt(intr_num, intr_controller,
                           intr_mask)
{
```

Zuerst werden auch hier Register gerettet, jedoch nur die, die von einer normalen C-Funktion modifiziert werden. Wenn man in der Behandlungsroutine Assemblercode benutzen will, so muß man also vorher die restlichen Register retten und anschließend wieder restaurieren.

```
    SAVE_MOST; /* Makro aus include/asm/irq.h */
```

Auch die Benachrichtigung des Interruptcontrollers und das Hochsetzen der Variable intr_count erfolgt analog zu den langsamen Interrupts. Diesmal wird aber vor dem Aufrufen des eigentlichen Interrupthandlers die Entgegennahme von weiteren Interrupts nicht gestattet (kein Aufruf von sti()).

```
    ACK(intr_controller, intr_mask);
    ++intr_count;
    do_fast_IRQ(intr_num)
    UNBLK(intr_controller, intr_mask)
    --intr_count;
```

Die Interruptbehandlung ist beendet. RESTORE_MOST restauriert die gesicherten Register und ruft anschließend iret auf, um den unterbrochenen Prozeß fortzusetzen.

```
    RESTORE_MOST; /* Macro aus include/asm/irq.h */
} /* PSEUDO_CODE fast_interrupt */
```

3.1.9 Booten des Systems

Das Booten eines UNIX-Systems (eigentlich jedes Betriebssystems) hat etwas Magisches an sich. Das soll in diesem Abschnitt etwas transparenter gemacht werden.

In Anhang D wird erklärt, wie LILO (der LInux LOader) den LINUX-Kern findet und in den Speicher lädt. Er beginnt dann seine Arbeit am Eintrittspunkt `start:`, der sich in der Datei `boot/setup.S` befindet. Wie der Name schon sagt, handelt es sich hierbei um Assemblercode, welcher die Initialisierung der Hardware übernimmt. Nachdem wichtige Hardwareparameter ermittelt wurden, erfolgt die Umschaltung des Prozessors in den Protected Mode.

Anschließend bewirkt der Assemblerbefehl

`jmp 0x1000 , KERNEL_CS`

den Sprung zur Startadresse des 32-Bit-Codes des eigentlichen Betriebssystemkerns und es geht bei `startup_32:` in der Datei `boot/head.S` weiter. Hier werden weitere Teile der Hardware initialisiert (insbesondere die MMU (Page-Table), der Coprozessor und die Interruptdeskriptortabelle), sowie die Umgebung (Stack, Environment, ...), welche benötigt wird, um die C-Funktionen des Kerns auszuführen. Nach der vollständigen Initialisierung wird dann die erste C-Funktion, `start_kernel()`, aus `init/main.c` aufgerufen.

Zunächst erfolgt die Sicherung aller Daten, die der bisherige Assemblercode über die Hardware ermittelt hat. Anschließend werden alle Module des Kerns initialisiert. Nun wird die Routine:

`move_to_user_mode();`

aufgerufen, die den Prozessor vom privilegierten Modus in den nicht privilegierten Modus umschaltet. Ein Zurückschalten in den privilegierten Modus ist jetzt nur noch über Interrupts (und damit auch über die LINUX-Systemaufrufe) möglich. Damit ist der erste Prozeß (Prozeß 0, `init_proc`) geschaffen und läuft. Im folgenden verhält er sich wie ein normaler LINUX-Prozeß. Die Routine `fork()` erzeugt den Prozeß 1. Dieser führt die restliche Initialisierung des Systems aus.

```
if(!fork())
    init();
```

Der Prozeß 0 ist anschließend nur noch damit beschäftigt, nicht benötigte Rechenzeit zu verbrauchen.

```
for(;;)
    idle();
```

`fork()` und `idle()` sind hierbei zwei ganz normale LINUX-Systemaufrufe.[5] Der Prozeß 1 führt die Funktion `init()` aus, welche die restliche Initialisierung erledigt. Unter anderem wird hier durch den Systemaufruf `setup()` das Root-Dateisystem gemountet.

---

[5] Das stimmt nicht ganz. Da der Prozeß 0 eine Sonderrolle einnimmt, arbeitet `fork()` etwas anders als gewohnt. Prozeß 0 und Prozeß 1 arbeiten nach dem `fork()` über demselben Speicherbereich - speziell auch über demselben Stack. Deswegen führt Prozeß 0 nach `fork()` nur noch Operationen aus, die nicht den Stack benutzen.

Anschließend wird eine Verbindug zur Konsole hergestellt und die Dateideskriptoren 0, 1 und 2 werden eröffnet.

Danach wird versucht, eines der Programme /etc/init, /bin/init oder /sbin/init auszuführen. Diese starten dann normalerweise die unter LINUX laufenden Hintergrundprozesse und sorgen dafür, daß auf jedem angeschlossenen Terminal das Programm getty läuft – ein Nutzer kann sich beim System anmelden.

Für den Fall, daß keines der oben genannten Programme existiert, wird versucht, eine Shell zu starten und die Datei /etc/rc abzuarbeiten, so daß der Superuser das System reparieren kann.

3.1.10 Timerinterrupt

Jedes Betriebssystem braucht eine Zeitmessung und eine Systemzeit. Realisiert wird die Systemzeit in der Regel dadurch, daß die Hardware in bestimmten Abständen einen Interrupt auslöst. Die so angestoßene Interruptroutine übernimmt das „Zählen" der Zeit. Die Systemzeit wird unter LINUX in Ticks seit dem Start des Systems gemessen. Ein Tick entspricht 10 Millisekunden, der Timerinterrupt wird also 100 mal in der Sekunde ausgelöst. Die Zeit wird in der Variablen

```
unsigned long jiffies;
```

gespeichert, welche nur vom Timerinterrupt modifiziert werden darf.

Dieser Mechanismus stellt jedoch nur die interne Zeitbasis zur Verfügung. Anwendungen interessieren sich aber bevorzugt für die „reale Zeit". Diese wird in der Variablen

```
struct timeval xtime;
```

mitgeführt und ebenfalls vom Timerinterrupt aktualisiert.

Der Interruptroutine werden beim Auftreten des Timerinterrupts die geretteten Register als Parameter übergeben. Sie unterscheidet anhand dieser Register, ob sich der unterbrochene Prozeß gerade im Nutzer-Modus oder im System-Modus befindet. Zuerst wird natürlich die Systemzeit aktualisiert:

```
static void do_timer(struct pt_regs * regs)
{
   jiffies++;
   xtime = ...
```

Falls die Task 0 aktiv ist oder die aktuelle Task ihre Rechenzeit verbraucht hat, wird sobald als möglich der Scheduler aufgerufen. Diesen Vorgang steuert die Variable need_resched.

Kapitel 3.1 Algorithmen und Datenstrukturen

```
if (current == task[0] || (--current->counter)<=0) {
   current->counter=0;
   need_resched = 1;
}
```

Damit ist die eigentliche Arbeit des Timerinterrupts beendet.

Je nachdem, ob sich der unterbrochene Prozeß im Nutzer-Modus oder im System-Modus befand, wird die jeweilige Zeitstatistik für diesen Prozeß aktualisiert.

```
#define USER_MODE() ((VM_MASK & regs->eflags) || (3 & regs->cs))

if (USER_MODE())
   current->utime++;
else
   current->stime++;
```

Jeder Prozeß kann eigene Zeitgeber setzen, zum Beispiel mit den Systemaufrufen `alarm()` und `setitimer()`. Der Intervall-Timer für die virtuelle Zeit wird aktualisiert, wenn sich der unterbrochene Prozeß im Nutzer-Modus befand. Wenn der Timer abgelaufen ist, wird dem Prozeß das Signal SIGVTALRM gesandt.

```
if (USER_MODE() && current->it_virt_value &&
    !(--current->it_virt_value))
{
    current->it_virt_value = current->it_virt_incr;
    send_sig(SIGVTALRM,current,1);
}
```

Der Intervall-Timer ITIMER_PROF wird immer für die aktuelle Task aktualisert. Der abgelaufene Timer bewirkt, daß SIGPROF an den Prozeß geschickt wird.

```
if (current->it_prof_value && !(--current->it_prof_value)) {
   current->it_prof_value = current->it_prof_incr;
   send_sig(SIGPROF,current,1);
}
```

Problematischer ist es mit den Intervall-Timern für die reale Zeit. Sie müssen für alle Tasks (nicht nur für die aktuelle) aktualisiert werden. Eigentlich wäre hier Code der Form

```
for_each_task(p)
   if (p->it_real_value && !(--p->it_real_value)) {
       p->it_real_value = p->it_real_incr;
       send_sig(SIGALRM,p,1);
   }
```

möglich. Da der Timerinterrupt aber alle 10 Millisekunden ausgeführt wird, ist diese zeitkritische Arbeit in den Scheduler verlegt worden (siehe Abschnitt 3.1.11). Der Timerinterrupt muß nur dafür sorgen, daß die entsprechenden Informationen nicht verlorengehen.

```
    itimer_ticks++;

    if (itimer_ticks > itimer_next)
        need_resched = 1;
```

LINUX besitzt einige systemweite Timer, die vom Timerinterrupt mitverwaltet werden müssen. Um den Timerinterrupt nicht allzusehr zu belasten, wird hier nur festgestellt, ob einer der Timer abgelaufen ist. Wenn dies der Fall sein sollte, wird die „bottom-half" des Timerinterrupts, der zeitunkritische Teil der Timerbehandlung (vgl. Abschnitt 3.1.8 und Abschnitt 3.2.1) als aktiv gekennzeichnet, um zum nächst möglichen Zeitpunkt die den Timern zugeordneten Funktionen auszuführen.

```
    for (mask=1, tp=timer_table+0 ; mask ; tp++, mask+=mask) {
        if (mask > timer_active)
            break;
        if (!(mask & timer_active))
            continue;
        if (tp->expires > jiffies)
            continue;
        mark_bh(TIMER_BH);
    }
    cli();
    if (next_timer) {
        if (next_timer->expires) {
            next_timer->expires--;
            if (!next_timer->expires)
                mark_bh(TIMER_BH);
        } else {
            lost_ticks++;
            mark_bh(TIMER_BH);
        }
    }
    sti();
} /* do_timer */
```

3.1.11 Scheduler

Der Scheduler ist für die Zuteilung der Ressource "Prozessor" (also der Rechenzeit) an die einzelnen Prozesse verantwortlich. Nach welchen Kriterien das geschieht,

Kapitel 3.1   Algorithmen und Datenstrukturen   45

ist von Betriebssystem zu Betriebssystem verschieden. UNIX-Systeme bevorzugen traditionell interaktive Prozesse, um kurze Antwortzeiten zu ermöglichen und dem Benutzer dadurch das System subjektiv schneller erscheinen zu lassen.

Der Scheduling-Algorithmus von LINUX ist in der Funktion schedule() implementiert.

Sie wird an zwei verschiedenen Stellen aufgerufen. Zum einen gibt es Systemaufrufe, die die Funktion schedule() aufrufen (in der Regel indirekt durch den Aufruf von sleep_on (vgl. Abschnitt 3.1.5).

Zum anderen wird nach jedem Systemaufruf und nach jedem Interrupt von der Routine ret_from_sys_call das Flag need_resched geprüft. Wenn es gesetzt ist, wird der Scheduler ebenfalls aufgerufen. Da zumindest der Timerinterrupt regelmäßig aufgerufen wird und dabei bei Bedarf auch das Flag need_resched setzt, wird der Scheduler mindestens alle 0,7 Sekunden (10 Millisekunden pro Timerinterrupt und eine maximale dynamische Prozeßpriorität von 69) aufgerufen.

Die Funktion schedule() besteht aus zwei Teilen. Zunächst wird geprüft, ob es Prozesse gibt, die wieder in den Zustand TASK_RUNNING überführt werden müssen. Dafür gibt es verschiedene Gründe. Zum einen kann der Prozeß ein Signal erhalten haben, welches ihn aktiviert, zum anderen kann der prozeßspezifische Timer abgelaufen sein. Beide Ursachen werden am Quellcode demonstriert:

```
asmlinkage void schedule(void)
{
    int c;
    struct task_struct * p;
    struct task_struct * next;
    unsigned long ticks;
```

Die Variablen itimer_ticks und itimer_next werden asynchron vom Timerinterrupt aktualisiert. Deswegen werden in diesem Code-Abschnitt (zwischen den Makros cli() und sti()) die Interrupts kurzzeitig gesperrt.

```
    cli();
    ticks = itimer_ticks;
    itimer_ticks = 0;
    itimer_next = ~0;
    sti();

    need_resched = 0;

    for_each_task(p) {
```

Jeder Prozeß kann einen Intervall-Timer initialisieren und erhält dann in definierten Abständen das Signal SIGALRM zugesandt. Die Realisierung dieses Algorithmus gehört eigentlich in die Behandlungsroutine für den Timerinterrupt. Aus

Performance-Gründen ist dieser Code jedoch in den Scheduler verlagert worden. `ticks` enthält die Anzahl der seit dem letzten Aufruf des Schedulers bearbeiteten Timerinterrupts.

```
if (ticks && p->it_real_value) {
    if (p->it_real_value <= ticks) {
        send_sig(SIGALRM, p, 1);
        if (!p->it_real_incr) {
            p->it_real_value = 0;
            goto end_itimer;
        }
        do {
            p->it_real_value += p->it_real_incr;
        } while (p->it_real_value <= ticks);
    }
    p->it_real_value -= ticks;
    if (p->it_real_value < itimer_next)
        itimer_next = p->it_real_value;
}
end_itimer:
```

Wenn sich der Prozeß im Zustand `TASK_INTERRUPTIBLE` befindet und ein Signal eingetroffen ist, welches vom Prozeß nicht ignoriert wird, so wird der Status des Prozesses auf `TASK_RUNNING` gesetzt. Dasselbe passiert, wenn ein prozeßspezifisches Timeout abgelaufen ist.

```
    if (p->state != TASK_INTERRUPTIBLE)
        continue;

    if (p->signal & ~p->blocked) {
        p->state = TASK_RUNNING;
        continue;
    }

    if (p->timeout && p->timeout <= jiffies) {
        p->timeout = 0;
        p->state = TASK_RUNNING;
    }
}   /* for_each_task(p) */
```

Nachdem nun der Status aller Prozesse aktualisiert wurde, beginnt das eigentliche Scheduling. Es wird der Prozeß gesucht, dessen `counter` den höchsten Wert enthält, der also die höchste dynamische Priorität besitzt. Falls ein solcher Prozeß mit einer positiven dynamischen Priorität existiert, so wird dieser als nächster zu aktivierender Prozeß ausgewählt.

Falls alle laufbereiten Prozesse (`state = TASK_RUNNING`) eine dynamische Priorität von 0 haben, wird die dynamische Priorität aller Prozesse (also auch der im Moment inaktiven Prozesse) mit Hilfe der statischen Priorität `priority` neu ermittelt. Danach hat wieder jeder Prozeß eine dynamische Priorität größer 0, und der Scheduling Algorithmus wird neu (und diesmal erfolgreich) gestartet.

Wenn es keinen laufbereiten Prozeß gibt, so wird im nächsten Schritt die `init_task`, der Idle-Prozeß, aktiviert. Dieser Prozeß ist nur dazu da, nicht benötigte Rechenzeit zu konsumieren (siehe Abschnitt 3.1.9)

```
start_schedule:

c = -1;
next = &init_task;
for_each_task(p) {
   if( p->state == TASK_RUNNING && p->counter > c ) {
      c= p->counter;
      next = p;
   }
}

if (c == 0) {
```

Die Priorität aller Prozesse wird neu berechnet. Damit wartende Prozesse nicht eine beliebig hohe Priorität erreichen können, wird die dynamische auf das doppelte der statischen Priorität beschränkt.

```
   for_each_task(p)
      p->counter = (p->counter >> 1) + p->priority;
   goto start_schedule;
} /* if ( c == 0 ) */
```

Zu diesem Zeitpunkt enthält `next` entweder einen lauffähigen Prozeß c > 0, oder es gibt keinen lauffähigen Prozeß (c == -1) und `next` zeigt auf `init_task`. In jedem Fall wird die Task, auf die `next` zeigt, als nächste aktiviert.

```
   switch_to(next);
} /* schedule() */
```

3.2 Implementation von Systemaufrufen

Die Funktionalität des Betriebssystems wird den Prozessen mit Hilfe von Systemaufrufen zur Verfügung gestellt. In diesem Kapitel wollen wir uns mit der Implementation von Systemaufrufen unter LINUX beschäftigen.

3.2.1 Wie funktionieren Systemaufrufe eigentlich ?

Ein Systemaufruf setzt einen definierten Übergang vom Nutzer-Modus in den Kern-Modus voraus. Das ist in LINUX nur durch Interrupts möglich. Für die Systemaufrufe wurde deshalb der Interrupt 0x80 reserviert.

Normalerweise ruft man als Nutzer immer eine Bibliotheksfunktion (wie etwa fork()) auf, um bestimmte Aufgabe auszuführen. Diese Bibliotheksfunktion (in der Regel aus den _syscall-Makros in include/linux/unistd.h generiert) schreibt ihre Argumente und die Nummer des Systemaufrufs in definierte Übergaberegister und löst anschließend den Interrupt 0x80 aus. Wenn die zugehörige Behandlungsroutine zurückkehrt, wird der Returnwert aus dem entsprechenden Übergaberegister gelesen, und die Bibliotheksfunktion ist beendet.

Die eigentliche Arbeit wird von der Interruptroutine erledigt. Diese beginnt bei der Einsprungadresse _system_call in der Datei kernel/sys_call.S.

Leider ist diese Funktion vollständig in Assembler geschrieben. Hier wird der besseren Lesbarkeit halber ein C-Äquivalent dieser Funktion beschrieben. Wo immer im Assemblertext symbolische Marken vorkommen, haben wir sie auch in den C-Text als Marken übernommen.

sys_call_num und sys_call_args entsprechen der Nummer des Systemaufrufs (vgl. include/linux/unistd.h) und dessen Argumenten.

```
PSEUDO_CODE system_call( int sys_call_num , sys_call_args )
{
_system_call:
```

Zuerst werden alle Register des Prozesses gerettet.

```
    SAVE_ALL; /* Makro aus sys_call.S */
```

Wenn sys_call_num einen legalen Wert repräsentiert, wird die der Nummer des Systemaufrufs zugeordnete Behandlungsroutine aufgerufen. Diese ist im Feld sys_call_table (in der Datei kernel/sched.c definiert) eingetragen. Falls für den Prozeß das Flag PF_TRACESYS gesetzt ist, wird dieser von seinem Elternprozeß überwacht. Die dazu notwendigen Arbeiten erledigt die Funktion syscall_trace() (kernel/ptrace.c). Sie ändert den Zustand des aktuellen Prozesses auf TASK_STOPPED, sendet dem Elternprozeß das Signal SIGTRAP und ruft den Scheduler auf. Der aktuelle Prozeß wird unterbrochen, bis der Elternprozeß ihn wieder aktiviert. Da das vor und nach jedem Systemaufruf erfolgt, hat der Elternprozeß vollständige Kontrolle über das Verhalten des Kindprozesses.

```
    if (sys_call_num >= NR_syscalls)
       errno = -ENOSYS;
    else {
       if (current->flags & PF_TRACESYS) {
          syscall_trace();
```

Kapitel 3.2 Implementation von Systemaufrufen

```
            errno=(*sys_call_table[sys_call_num])(sys_call_args);
            syscall_trace();
      }
      else
            errno=(*sys_call_table[sys_call_num])(sys_call_args);
}
```

Die eigentliche Arbeit des Systemaufrufs ist jetzt erledigt. Bevor der Prozeß weiterarbeiten kann, gibt es aber eventuell noch einige administrative Aufgaben zu erledigen. Der folgende Code wird jedoch nicht nur nach jedem Systemaufruf abgearbeitet, sondern auch nach jedem „langsamen" Interrupt. Deswegen kommen hier auch einige nur für Interruptroutinen wichtige Anweisungen vor. Da Interruptroutinen durchaus geschachtelt vorkommen können, verwaltet die Variable `intr_count` die Verschachtelungstiefe der Interruptroutinen. Wenn sie ungleich 0 ist, dann wurde eine andere Interruptroutine unterbrochen und die Routine kehrt sofort zurück.

```
ret_from_sys_call:
   if (intr_count)
      goto exit_now:
```

Da Interrupts eine „bottom-half" besitzen können (siehe Abschnitt 7.2.3), ruft die Funktion `do_botton_half()` (`kernel/irq.c`) alle als aktiv gekennzeichneten „botton-half's" auf.

```
   if (bh_mask & bh_active) {
handle_bottom_half:
         ++intr_count;
         sti();
         do_bottom_half()
         --intr_coun;
   }
         sti();
```

Ab jetzt werden Interrupts generell wieder zugelassen. Interruptroutinen selbst laufen zwar eventuell mit gesperrten Interrupts (z.B schnelle Interrupts oder solche, die `cli()` aufrufen), die folgenden Aktionen können jedoch durch Interrupts unterbrochen werden.

Falls nun ein Scheduling angefordert wurde (`need_resched`), der Prozeß nicht mehr bereit ist weiterzulaufen (`current->state != TASK_RUNNING`) oder die ihm zustehende Rechenzeit abgelaufen ist (`current->counter == 0`), wird der Scheduler aufgerufen. Dadurch wird ein anderer Prozeß aktiv. Die Funktion `schedule()` kehrt erst wieder zurück, wenn der Prozeß vom Scheduler neu aktiviert wurde. In den Assemblerquellen wird anschließend wieder zur Marke ret_from_sys_call verzweigt, was dazu dient, andere markierte, aber noch nicht abgearbeitete „bottom-half's" zu bearbeiten.

```
    if (need_resched || current->state != TASK_RUNNIG ||
        current->counter == 0 )
    {
reschedule:
        schedule();
        /* goto ret_from_sys_call; */
    }
```

Falls für den aktuellen Prozeß Signale gesendet wurden und der Prozeß ihre Annahme nicht blockiert hat, werden sie jetzt abgearbeitet. Der Prozeß 0 (`init_task`) nimmt keine Signale entgegen. Die Funktion `do_signal()` ist in Abschnitt 3.1.7 näher beschrieben.

```
    if (current != init_task
        && (current->signal & ~current->blocked)) {
        signal_return:
        do_signal();
    }
```

Damit ist alles erledigt, und der Systemaufruf (bzw. der Interrupt) kehrt zurück. Dazu werden zuerst alle Register restauriert, und anschließend wird mit dem Assemblerbefehl `iret` die Interruptroutine beendet.

```
exit_now:
    RESTORE_ALL; /* Macro aus kernel/sys_call.S */
} /* PSEUDO_CODE system_call */
```

3.2.2 Beispiele für einfache Systemaufrufe

Im folgenden wollen wir uns die Implementation einiger Systemaufrufe genauer ansehen. Dabei soll die Benutzung der oben erläuterten Algorithmen und Datenstrukturen demonstriert werden.

getpid

`getpid()` ist ein sehr einfacher Systemaufruf - er liest lediglich einen Wert aus der Task-Struktur und liefert diesen zurück:

```
asmlinkage int sys_getpid(void)
{
    return current->pid;
}
```

nice

Der Systemaufruf `nice()` ist etwas komplizierter. `nice()` erwartet als Argument eine Zahl, um die die statische Priorität des aktuellen Prozesses modifiziert werden soll.

Alle Systemaufrufe, die Argumente verarbeiten, müssen diese auf ihre Plausibilität hin überprüfen.

```
asmlinkage int sys_nice(long increment)
{
    int newpriority;
```

Nur der Superuser darf seine eigene Priorität erhöhen. Man beachte, daß ein größeres Argument von `nice()` eine geringere Priorität bedeutet. Deswegen ist der Name increment für das Argument von `nice` etwas irreführend.

```
    if (increment < 0 && !suser())
        return -EPERM;
```

`suser()` ist derzeit als Makro `current->uid == 0` definiert und überprüft damit, ob der aktuelle Prozeß Superuser-Privilegien hat.[6]

Jetzt kann die neue Priorität des Prozesses ermittelt werden. Dabei wird sichergestellt, daß sich die Priorität eines Prozesses immer im Bereich von 1 bis 35 bewegt.

```
    newpriority = current->priority - increment;
    if (newpriority < 1)
        newpriority = 1;
    if (newpriority > 35)
        newpriority = 35;
    current->priority = newpriority;
    return 0;
} /* sys_nice */
```

pause

`pause()` unterbricht die Programmausführung solange, bis der Prozeß durch ein Signal wieder aktiviert wird. Dazu wird lediglich der Status des aktuellen Prozesses auf `TASK_INTERRUPTIBLE` gesetzt und anschließend der Scheduler aufgerufen. Dadurch wird eine andere Task aktiv. Der Prozeß kann nur wieder aktiv werden,

---

[6] Es ist geplant, diese Abfrage in späteren LINUX-Versionen durch eine Funktion zu ersetzen, die zusätzlich protokolliert, ob ein Prozeß Superuser-Privilegien in Anspruch nimmt oder nicht. Deswegen sollte die `suser()`-Bedingung erst *nach* allen anderen Abfragen, welche zum Fehlschlagen des Systemaufrufs führen könnten, durchgeführt werden. Leider wird diese Regel im aktuellen LINUX-Kern nicht immer eingehalten.

wenn der Status des Prozesses wieder auf TASK_RUNNING gesetzt wird. Dies geschieht beim Eintreffen eines Signals (vgl. Abschnitt 3.1.11). Danach kehrt der Systemaufruf pause () mit dem Fehler ERESTARTNOHAND zurück und führt (wie in Abschnitt 3.1.7 beschrieben) die notwendigen Aktionen zur Signalbehandlung durch.

```
asmlinkage int sys_pause(void)
{
   current->state = TASK_INTERRUPTIBLE;
   schedule();
   return -ERESTARTNOHAND;
}
```

3.2.3 Beispiele für komplexere Systemaufrufe

Jetzt wollen wir uns etwas komplexeren Systemaufrufen zuwenden. In diesem Abschnitt werden wir die Systemaufrufe zur Prozeßverwaltung (fork(), execve(), exit() und wait()) beschreiben.

fork

fork() ist die einzige Möglichkeit, einen neuen Prozeß zu starten. Das geschieht, indem eine (fast) identische Kopie des Prozesses erzeugt wird, welcher fork() aufgerufen hat.

fork() ist eigentlich ein recht aufwendiger Systemaufruf. Es müssen alle Daten des Prozesses kopiert werden. Das können durchaus einige Megabyte sein. Im Laufe der Entwicklung von UNIX wurden verschiedene Wege eingeschlagen, um den Aufwand für fork() so gering wie möglich zu halten. In dem häufig vorkommenden Fall, daß nach fork() direkt exec() aufgerufen wird, ist das Kopieren der Daten nicht notwendig. Sie werden nicht benötigt. In den UNIX-Systemen der BSD-Reihe wurde deswegen der Systemaufruf vfork() etabliert. Er erzeugt wie fork() einen neuen Prozeß, teilt das Datensegment aber zwischen beiden Prozessen auf. Dies ist eine recht unsaubere Lösung, da ein Prozeß die Daten des anderen Prozesses beinflussen kann. Um diese Beeinflussung so gering wie möglich zu halten, wird die weitere Ausführung des Elternprozesses solange gestoppt, bis der Kindprozeß endweder durch exit() beendet wurde oder durch exec() ein neues Programm gestartet hat.

Neuere UNIX-Systeme wie z.B. LINUX schlagen einen anderen Weg ein. Sie benutzen die Technik *Copy-On-Write*. Hintergedanke dabei ist, daß mehrere Prozesse durchaus gleichzeitig auf denselben Speicher zugreifen dürfen – solange sie die Daten nicht modifizieren.

Kapitel 3.2 Implementation von Systemaufrufen

Die Speicherseiten werden also unter LINUX beim Systemaufruf fork() nicht kopiert, sondern vom alten und vom neuen Prozeß gleichberechtigt benutzt. Allerdings werden die von beiden Prozessen benutzten Speicherseiten als schreibgeschützt markiert – sie können von den Prozessen also nicht modifiziert werden. Wenn nun einer der Prozesse eine Schreiboperation auf diesen Speicherseiten ausführen will, wird von der Speicherverwaltungshardware (MMU) ein Seitenfehler (page fault) ausgelöst, der Prozeß unterbrochen und der Kern benachrichtigt. Erst jetzt kopiert der Kern die mehrfach benutzte Speicherseite und teilt jedem der Prozesse seine eigene Kopie zu. Dieses Verfahren erfolgt vollständig transparent – d.h. die Prozesse merken nichts davon. Der große Vorteil dieses Copy-On-Write-Verfahrens besteht darin, daß aufwendiges Kopieren von Speicherseiten nur dann stattfindet, wenn dieses auch benötigt wird.

Neuere Betriebssystemkonzepte kennen außer dem Begriff des Prozesses noch den Begriff des Threads. Darunter versteht man einen unabhängigen "Faden" im Programmablauf eines Prozesses. Mehrere Threads können innerhalb eines Prozesses parallel und unabhängig voneinander abgearbeitet werden. Der wesentliche Unterschied zum Konzept eines Prozesses besteht darin, daß die verschiedenen Threads innerhalb eines Prozesses auf demselben Speicher operieren und sich damit gegenseitig beinflussen können. Es gibt verschiedene Konzepte zur Implementation von Threads. Einfache Varianten kommen ohne Unterstützung durch den Betriebssystemkern aus. Nachteile bestehen bei diesen Konzeptionen darin, daß das Scheduling der einzelnen Threads vom Nutzerprogramm vorgenommen werden muß. Für den Betriebssystemkern handelt es sich um einen normalen Prozeß. Das führt dazu, daß ein blockierender Systemaufruf (z.B. ein read() vom Terminal) den ganzen Prozeß und damit alle Threads blockiert. Ideal wäre es aber, wenn nur der Thread, der den Systemaufruf verwendet hat, blockiert. Dies setzt aber eine Unterstützung des Thread-Konzepts durch den Kern voraus. Neuere UNIX-Versionen (z.B. Solaris 2.x) bieten diese Unterstützung.

LINUX wird eventuell in späteren Version auch Unterstützung für Threads liefern. Der aktuelle Stand ist die Bereitstellung des (linuxspezifischen) Systemaufrufs clone(), welcher die nötige Kernelunterstützung zur Implementation von Threads liefern soll. clone() arbeitet ähnlich wie fork(), erzeugt also eine neue Task. Der wesentliche Unterschied zu fork() besteht darin, daß nach dem Systemaufruf clone() beide Tasks auf demselben Speicher arbeiten. Bisher scheint es allerdings noch keine Implementation von Threads zu geben, die auf clone() basiert. Deswegen soll hier auf clone() nicht weiter eingegangen werden.

Kommen wir nun zur Implementation von fork().

```
asmlinkage int sys_fork(struct pt_regs regs)
{
    struct pt_regs * childregs;
    struct task_struct *p;
```

Als erstes wird der notwendige Speicherplatz für die neue Task-Struktur alloziert und ein leerer Eintrag im `task[]`-Array gesucht.

```
if (!(p = (struct task_struct*)__get_free_page(GFP_KERNEL)))
   goto bad_fork;
nr = find_empty_process();
if (nr < 0)
   goto bad_fork_free;
task[nr] = p;
```

Der Kindprozeß p erbt alle Einträge des Elternprozesses.

```
*p = *current;
```

Einige der Eintragungen müssen für einen neuen Prozeß jedoch auch neu initialisiert werden.

```
p->flags &= ~(PF_PTRACED|PF_TRACESYS);
p->signal = 0;
p->it_real_value = p->it_virt_value = p->it_prof_value = 0;
p->it_real_incr = p->it_virt_incr = p->it_prof_incr = 0;
p->utime = p->stime = 0;
p->cutime = p->cstime = 0;
p->min_flt = p->maj_flt = 0;
p->cmin_flt = p->cmaj_flt = 0;
p->start_time = jiffies;

if (!(p->kernel_stack_page = __get_free_page(GFP_KERNEL)))
   goto bad_fork_cleanup;
...
```

Jetzt werden die Register des neuen Prozesses gesetzt. Ein neuer Prozeß beginnt sein Leben in der Kernel-Routine `ret_from_sys_call` mit dem Returnwert 0 (`childregs->eax = 0`).

```
p->tss.es = KERNEL_DS;
p->tss.cs = KERNEL_CS;
p->tss.ss = KERNEL_DS;
p->tss.ds = KERNEL_DS;
p->tss.fs = USER_DS;
p->tss.gs = KERNEL_DS;
p->tss.ss0 = KERNEL_DS;
p->tss.esp0 = p->kernel_stack_page + PAGE_SIZE;
p->tss.tr = _TSS(nr);
childregs = ((struct pt_regs *)(p->kernel_stack_page
                                 + PAGE_SIZE)) - 1;
p->tss.esp = (unsigned long) childregs;
```

Kapitel 3.2 Implementation von Systemaufrufen

```
p->tss.eip = (unsigned long) ret_from_sys_call;
*childregs = regs;
childregs->eax = 0;
```

Falls der aktuelle Prozeß den Coprozessor benutzt hat, muß dessen aktueller Status für die neue Task abgespeichert werden.

```
if (last_task_used_math == current)
    __asm__("clts\n\t"
            "fnsave %0\n\t"
            "frstor %0\n\t"
            :"=m" (p->tss.i387));
```

Jetzt muß die Speicherverwaltung aktualisiert werden. Der vom Elternprozeß benutzte Speicher muß für den Kindprozeß kopiert werden. Tiefergehende Informationen zur Speicherverwaltung finden Sie im Kapitel 4.

```
p->semun = NULL; p->shm = NULL;
if (copy_vm(p) || shm_fork(current, p))
    goto bad_fork_cleanup;

dup_mmap(p);
```

Die Dateideskriptoren des Elternprozesses werden auch vom Kindprozeß mitbenutzt. Desweiteren erbt der Kindprozeß auch das aktuelle Verzeichnis, das Wurzelverzeichnis und das gerade ausgeführte Programm vom Elternprozeß. Da die entsprechenden Datenstrukturen jetzt an einer weiteren Stelle benutzt werden, muß der Referenzzähler inkrementiert werden.

```
for (i = 0 ; i < NR_OPEN ; ++i )
    if ((f = p->filp[i]) != NULL)
        f->f_count++;
if (current->pwd)
    current->pwd->i_count++;
if (current->root)
    current->root->i_count++;
if (current->executable)
    current->executable->i_count++;
```

Abschließend wird der Zustand der neuen Task auf TASK_RUNNING gesetzt, damit er vom Scheduler aktiviert werden kann. Die alte Task (der Elternprozeß) kehrt vom Systemaufruf mit der Prozeßidentifikationsnummer (PID) des neuen Prozesses zurück.

```
p->counter = current->counter >> 1;
p->state = TASK_RUNNING;
return p->pid;
```

Falls bei den obigen Aktionen etwas schiefgegangen ist, verzweigt fork() zu einer der folgenden Marken und beseitigt das eventuell angerichtete Chaos. Es werden alle allozierten Speicherseiten freigegeben sowie Referenzen beseitigt.

```
bad_fork_cleanup:
   task[nr] = NULL;
   REMOVE_LINKS(p);
   free_page(p->kernel_stack_page);
bad_fork_free:
   free_page((long) p);
bad_fork:
   return -EAGAIN;
} /* sys_fork */
```

execve

Der Systemaufruf execve() erlaubt es einem Prozeß, sein ausführendes Programm zu wechseln. LINUX erlaubt mehrere Formate für ausführbare Dateien. Sie werden, wie in UNIX üblich, an den sogenannten „Magic-Numbers" – den ersten zwei Bytes einer ausführbaren Datei erkannt. Traditionell verwendet jedes UNIX-System sein eigenes Format für ausführbare Datein. In den letzten Jahren haben sich jedoch zwei Standards herausgebildet – das COFF[7]-Format und das ELF-Format. Die Unterstützung dieser beiden Formate wird zur Zeit entwickelt.

Desweiteren unterstützt LINUX die aus der BSD-Welt stammenden Script-Dateien. Wenn eine Datei mit den beiden Zeichen #! beginnt, wird sie nicht direkt geladen, sondern einem in der ersten Zeile der Datei spezifizierten Interpreter-Programm zur Bearbeitung übergeben. Die bekannte Version davon ist eine Zeile der Form

```
#!/bin/sh
```

am Anfang von Shell-Scripten. Ein Aufruf dieser Datei (d.h. ein execve()) ist äquivalent zum Aufruf der Datei /bin/sh mit der ursprünglichen Datei als Argument.

Der Systemaufruf execve führt nacheinander folgende Schritte aus:

```
static int do_execve(char *filename, char **argv, char **envp,
                     struct pt_regs * regs)
{
```

Zuerst wird versucht, aus dem Namen des auszuführenden Programms die zugehörige Datei (ihre Inode) zu finden. Die Struktur bprm (<linux/binfmt.h>) wird benutzt, um alle Informationen über die Datei zu speichern.

---

[7] COFF steht für Common Object File Format

```
struct linux_binprm bprm;

retval = open_namei(filename, 0, 0, &bprm.inode, NULL);
bprm.filename = filename;
bprm.argc = count(argv);
bprm.envc = count(envp);
```

`restart_interp:`

Danach können die Zugriffsrechte für die Datei geprüft werden:

```
if (!S_ISREG(bprm.inode->i_mode)) {
   retval = -EACCES;
   goto exec_error2;
}
```

...

Anhand des ersten Blocks der Datei kann entschieden werden, auf welche Weise diese Datei zu laden ist. Deswegen werden hier die ersten 128 Byte der Datei gelesen:

```
retval = read_exec(bprm.inode,0,bprm.buf,128);
if (retval < 0)
   goto exec_error2;
```

Wenn die Datei mit „#!" beginnt, handelt es sich um eine Scriptdatei. Aus der ersten Zeile der Datei wird ein neuer Aufruf von `execve` generiert (neuer Dateiname und neue Argumente) und anschließend noch einmal von vorne begonnen:

```
if ((bprm.buf[0] == '#') && (bprm.buf[1] == '!'))  {

   ... Hier wird die erste Zeile interpretiert ...
   bprm.argc = ...
   bprm.argv = ...
   interp    = ...


   retval = open_namei(interp, 0, 0, &bprm.inode, NULL);
   if (retval)
      goto exec_error1;
   goto restart_interp;
}
```

Nachdem der Sonderfall der Script-Dateien abgehandelt wurde, folgt jetzt der Versuch, die ausführbare Datei zu laden. LINUX verwendet für jedes ihm bekannte

Dateiformat eine eigene Funktion zum Laden der Datei. Sie werden nacheinander aufgerufen und „gefragt", ob sie die Datei laden können. Wenn die Datei geladen werden kann, endet `execve()` erfolgreich, wenn nicht, liefert es ENOEXEC zurück.

```
fmt = formats;
do {
   if (!fmt->load_binary)
      break;
   retval = (fmt->load_binary)(&bprm, regs);
   if (retval == 0) {
      iput(bprm.inode);
      return 0;
   }
   fmt++;
} while (retval == -ENOEXEC);

return(retval);
} /* do_execve() */
```

Die eigentliche Arbeit wird also von der Funktion `fmt->load_binary` erledigt. Betrachten wir eine solche Funktion einmal genauer:

```
int load_aout_binary(struct linux_binprm *bprm,
                     struct pt_regs *regs)
{
```

`bprm->buf` enthält die ersten 128 Bytes der zu ladenden Datei. Zuerst wird anhand dieses Dateianfangs geprüft, ob es sich um das richtige Dateiformat handelt. Wenn dies nicht der Fall ist, liefert diese Funktion den Fehler ENOEXEC. Daraufhin kann `execve()` weitere Formate überprüfen.

```
ex = *((struct exec *) bprm->buf);
if ((N_MAGIC(ex) != ZMAGIC && N_MAGIC(ex) != OMAGIC &&
   N_MAGIC(ex) != QMAGIC) ||
   ex.a_trsize || ex.a_drsize ||
   bprm->inode->i_size < ex.a_text+ex.a_data+ ..... )
{
   return -ENOEXEC;
}

...
```

Wenn diese Prüfungen erfolgreich abgeschlossen wurden, wird das neue Programm geladen. Dazu wird als erstes der Speicher des Prozesses freigegeben, er enthält ja noch das alte Programm. Nach dieser Freigabe, kann `execve()` nicht mehr in das alte Programm zurückkehren. Wenn jetzt ein Fehler beim Laden der Datei auftritt, muß der Prozeß abgebrochen werden.

Kapitel 3.2 Implementation von Systemaufrufen

```
flush_old_exec(bprm);
```

Jetzt kann die Task-Struktur aktualisiert werden.

```
current->end_code = N_TXTADDR(ex) + ex.a_text;
current->end_data = ex.a_data + current->end_code;
current->start_brk = current->brk = current->end_data;
current->start_code += N_TXTADDR(ex);
current->rss = 0;
current->suid = current->euid = bprm->e_uid;
current->mmap = NULL;
current->executable = NULL;
current->sgid = current->egid = bprm->e_gid;
current->executable = bprm->inode;
```

Die Datei, die das neue Programm enthält, wird geöffnet. Anschließend werden das Text-Segment und das Daten-Segment mit do_mmap() in den Speicher eingeblendet. Man beachte, daß do_mmap() die Datei hier nicht lädt, sondern nur die Page-Tabellen aktualisiert und dem Paging-Algorithmus damit angibt, woher er die Speicherseiten bei Bedarf laden kann. Das Paging ist im Abschnitt 4.7 beschrieben.

```
fd = open_inode(bprm->inode, O_RDONLY);

file = current->filp[fd];

error = do_mmap(file, N_TXTADDR(ex), ex.a_text,
    PROT_READ | PROT_EXEC,
    MAP_FIXED | MAP_SHARED, N_TXTOFF(ex));

error = do_mmap(file, N_TXTADDR(ex) + ex.a_text, ex.a_data,
    PROT_READ | PROT_WRITE | PROT_EXEC,
    MAP_FIXED | MAP_PRIVATE, N_TXTOFF(ex) + ex.a_text);
```

Jetzt wird das BSS-Segment geladen. Es enthält unter UNIX die uninitialisierten Daten eines Prozesses. Dafür wird einfach über die Funktion sys_brk() genügend Speicher reserviert. Anschließend wird der Instruction-Pointer auf den Anfang des Programmcodes gesetzt. Wenn der execve()-Systemaufruf jetzt seine Arbeit beendet, wird die Programmausführung des Prozesses an der neuen Adresse fortgesetzt.

```
  sys_brk(current->brk+ex.a_bss);
  regs->eip = ex.a_entry;
  return 0;
} /* load_aout_binary */
```

exit und wait

Ein Prozeß wird immer durch den Aufruf der Kernfunktion do_exit() beendet. Dies geschieht entweder direkt durch den Systemaufruf exit() oder indirekt beim Auftreten eines Signals, welches nicht abgefangen werden kann.

Eigentlich hat do_exit() nicht viel zu tun. Es müssen nur die vom Prozeß belegten Ressourcen freigegeben und eventuell andere Prozesse benachrichtigt werden. Hier steckt jedoch viel Aufwand im Detail, weswegen die folgende Beschreibung der Funktion do_exit() auch stark gekürzt ist.

```
void do_exit(long code)
{
   struct task_struct *p;
   int i;
```

Wenn ein Prozeß seine Arbeit beendet, müssen alle Kindprozesse einen neuen Elternprozeß bekommen. Standardmäßig erbt der Prozeß 1 alle Kindprozesse.

```
   for_each_task(p) {
      if (p->p_pptr == father)
         if (task[1])
            p->p_pptr = task[1];
         else
            p->p_pptr = task[0];
   }
```

Jetzt werden alle belegten Ressourcen freigegeben. Dazu gehören Dateipointer, die Inodes der vom Prozeß belegten Dateien und der vom Prozeß belegte Speicher.

```
   for (i=0 ; i<NR_OPEN ; i++)
      if (current->filp[i])
         sys_close(i);

   if (current->semun) sem_exit();
   if (current->shm) shm_exit();

   free_page_tables(current);

   iput(current->pwd); current->pwd = NULL;
   iput(current->root); current->root = NULL;
   iput(current->executable); current->executable = NULL;

   if (current->ldt) {
      vfree(current->ldt);
      current->ldt = NULL;
      for (i=1 ; i<NR_TASKS ; i++) {
```

Kapitel 3.2 Implementation von Systemaufrufen

```
            if (task[i] == current) {
               set_ldt_desc(gdt+(i<<1)+FIRST_LDT_ENTRY,
                  &default_ldt, 1);
               load_ldt(i);
            }
        }
    }
```

Für den Prozeß wird jetzt (außer der Task-Struktur) kein Speicherplatz mehr benötigt. Er wird zu einem Zombie-Prozeß. Der Prozeß bleibt solange ein Zombie-Prozeß, bis der Elternprozeß den Systemaufruf `wait()` ausführt.

```
    current->state = TASK_ZOMBIE;
    current->exit_code = code;
```

Jetzt erhält der Elternprozeß ein Signal, das ihn vom Ableben benachrichtigt. Es kann sein, daß der Elternprozeß bereits mit dem Systemaufruf `wait()` auf das Ende eines Kindprozesses wartet. Hiermit wird er wieder aktiviert:

`wake_up_interruptible(&current->p_pptr->wait_chldexit);`

Zusätzlich werden alle Kindprozesse beendet. Schließlich ruft `exit()` den Scheduler auf und erlaubt anderen Prozessen die Weiterarbeit. Da der Status des aktuellen Prozesses `TASK_ZOMBIE` ist, kehrt die Funktion `schedule()` an dieser Stelle nie mehr zurück.

```
    schedule();
} /* do_exit */
```

Der Systemaufruf `wait4()` ermöglicht das Warten auf das Ende eines Kindprozesses und die Abfrage des vom Kindprozeß gelieferten Exit-Codes. `wait4()` wartet dabei, je nach übergebenem Argument, entweder auf einen bestimmten Kindprozeß, einen Kindprozeß aus einer bestimmten Prozeßgruppe oder auf jeden Kindprozeß. Genauso läßt sich steuern, ob `wait4()` wirklich auf das Ende eines Kindprozesses warten oder ob er nur bereits beendete Kindprozesse beachten soll. Da all diese Fallunterscheidungen ziemlich langweilig sind, beschreiben wir im folgenden eine modifizierte Version von `wait4()`, deren Semantik ungefähr der von `wait()` entspricht. (Normalerweise ist `wait()` eine Bibliotheksfunktion, die `wait4()` mit passenden Argumenten aufruft.)

```
int sys_wait( ... )
{
repeat:
```

`wait()` besteht aus zwei Teilen. Zuerst wird geprüft, ob es bereits einen Kindprozeß im Zustand `TASK_ZOMBIE` gibt. Wenn ja, haben wir den gesuchten Prozeß gefunden und wait() kann erfolgreich zurückkehren. Vorher werden noch statistische Daten aus der Prozeßtabelle des Kindprozesses übernommen (verbrauchte Systemzeit, Exit-Code, ...) und anschließend die Task-Struktur des Kindprozesses freigegeben. Dies ist die einzige Möglichkeit, einen Prozeßeintrag wieder aus der Prozeßtabelle zu entfernen.

```
nr_of_childs = 0;
for (p = current->p_cptr ; p ; p = p->p_osptr) {
   ++nr_of_childs;

   if(p->state == TASK_ZOMBIE) {
      current->cutime += p->utime + p->cutime;
      current->cstime += p->stime + p->cstime;
      current->cmin_flt += p->min_flt + p->cmin_flt;
      current->cmaj_flt += p->maj_flt + p->cmaj_flt;
      if (ru != NULL)
         getrusage(p, RUSAGE_BOTH, ru);
      flag = p->pid;
      if (stat_addr)
         put_fs_long(p->exit_code, stat_addr);

      release(p);

      return flag;

   }
}
```

Falls es keine Kindprozesse gibt, kehrt wait() sofort zurück.

```
if (nr_of_childs == 0)
   return 0;
```

Falls es doch Kindprozesse gibt, wird auf das Ende eines der Kindprozesse gewartet. Dazu trägt sich der Elternprozeß in die dafür bestimmte Warteschlange seiner eigenen Task-Struktur ein. Wie wir oben gesehen haben, weckt jeder Prozeß beim Systemaufruf exit() alle in dieser Warteschlange wartenden Prozesse mit Hilfe der Funktion wake_up() auf. Dadurch ist garantiert, daß der Elternprozeß vom Ende eines Kindprozesses informiert wird.

```
interruptible_sleep_on(&current->wait_chldexit);
```

Das beim Beenden eines Kindprozesses von exit() gesendete Signal SIGCHLD wird ignoriert. Falls zwischendurch ein Signal empfangen wurde (immerhin kann interruptible_sleep_on auch von einem Signal wieder angestoßen worden sein), wird der Systemaufruf mit einer Fehlermeldung beendet. Ansonsten wissen wir, daß es jetzt einen Kindprozeß gibt, der sich im Zustand TASK_ZOMBIE befindet, und können wieder von vorne anfangen, ihn zu suchen.

```
    current->signal &= ~(1<<(SIGCHLD-1));

    if (current->signal & ~current->blocked)
        return -EINTR;

    goto repeat;

} /* sys_wait */
```

3.2.4 Implementation eines neuen Systemaufrufes

Nachdem wir nun einige Systemaufrufe betrachtet haben, soll in diesem Abschnitt gezeigt werden, wie man unter LINUX einen neuen Systemaufruf implementiert. Damit sollte man immer vorsichtig sein, da Programme, die das so modifizierte Betriebssystem nutzen, nicht mehr portabel sind.

Das Beispiel, an dem wir die Implementation eines neuen Systemaufrufes dokumentieren wollen, ist (eher) akademischer Natur. Das liegt daran, daß LINUX im Prinzip alle wichtigen Systemaufrufe schon enthält. Es geht um die Implementation eines Semaphors zur Prozeßsynchronisation.

```
#include <linux/wait.h>
#include <linux/errno.h>
#include <asm/system.h>
#include <linux/sched.h>
```

Wenn ein Prozeß den Semaphor belegen will, dieser aber schon belegt ist, muß der Prozeß auf die Freigabe des Semaphors warten. Dazu benötigen wir eine Warteschlange.

```
static struct wait_queue * semop_wait = NULL;
```

Wir benutzen die Variable sem_pid, um den Zustand des Semaphors zu speichern. Wenn der Semaphor nicht belegt ist, enthält sem_pid den Wert 0, ansonsten die Prozeßnummer des den Semaphor belegenden Prozesses.

```
static long sem_pid;  /* 0 ==> unbenutzt */

int sys_semop(int semop_type)
{
    int ret = 0;
    int ok = 0;
```

Wenn `semop_type` den Wert 1 hat, wollen wir den Semaphor belegen. Wenn `sem_pid` mit der eigenen Prozeß-ID übereinstimmt, hat dieser Prozeß den Semaphor schon belegt und wir kehren erfolgreich zurück.

Ansonsten warten wir mit `sleep_on()` solange, bis `sem_pid` den Wert 0 hat. Hierbei ist zu beachten, daß `sleep_on()` zurückkehren kann, obwohl der Semaphor belegt ist. Dies ist dann der Fall, wenn mehrere Prozesse in der Warteschlange gewartet haben. Sie werden nämlich alle zur selben Zeit von `wake_up()` wieder in den Zustand `TASK_RUNNING` versetzt. Der Prozeß, der dann vom Scheduler als erster wieder aktiviert wird, kann den Semaphor belegen. Man beachte, daß hier keine kritischen Bereiche (race condition) vorliegen, da der Prozeß im Kernelmode (also während des Systemaufrufes) nicht von einem anderen Prozeß unterbrochen werden kann, sondern die Steuerung immer freiwillig abgeben muß. Es kann also nicht passieren, daß zwischen dem Test von `sem_pid` auf 0 und dem Setzen von `sem_pid` ein anderer Prozeß den Semaphor belegt.

```
switch(semop_type) {
case 1: /* semaphor belegen */
   if(sem_pid == current->pid) return 0;
   while(sem_pid != 0)
              sleep_on(&semop_wait);
   /* Hier gilt immer sem_pid == 0 ! */
   sem_pid = current->pid;
   return 0;
```

Wenn `semop_type` den Wert 0 hat, soll der Semaphor freigegeben werden. Wir gestatten das Freigeben des Semaphors nur dem Prozeß, der ihn zuvor belegt hat. Nachdem der Semaphor freigegeben wurde (`sem_pid = 0`), werden alle in der Warteschlange `semop_wait` wartenden Prozesse mit `wake_up()` wieder aufgeweckt.

```
case 0: /* semaphor freigeben */
   if (!sem_pid) return 0;
   if (sem_pid == current->pid) {
      sem_pid = 0;
      if(semop_wait) wake_up(&semop_wait);
      return 0;
   }
   return -EPERM;
default:
   return -EINVAL;
}
} /* sys_semop */
```

Was passiert, wenn ein Prozeß den Semaphor belegt, anschließend aber aus irgendeinem Grunde abgebrochen wird? Der Semaphor ist immer noch belegt und kann nie mehr benutzt oder freigegeben werden. Deswegen ist es eine gute Idee, in den Systemaufruf `exit()` die Freigabe des Semaphors einzubauen. Dazu muß die Funktion `sys_exit()` lediglich um folgende Zeile ergänzt werden:

```
sys_semop(0);
```

Um den neuen Systemaufruf in den Kern einzubinden, sind nur wenige Schritte nötig. Als erstes muß man dem Systemaufruf einen Namen und eine eindeutige Nummer zuordnen. Die Datei `include/linux/unistd.h` enthält für jeden dem System bekannten Systemaufruf einen Eintrag der Form

```
#define __NR_<sys_call_name>    <sys_call_number>
```

Hier fügen wir unseren Systemaufruf mit der nächsten freien Nummer hinzu

```
#define __NR_semop    135
```

Die Datei `kernel/sched.c` enthält die initialisierte Tabelle

```
fn_ptr sys_call_table[] =
{ sys_setup , sys_exit ,  ... ,  sys_bdflush };
```

In diese Tabelle tragen wir an der Position 135 (`__NR_semop`) einen Zeiger auf die Funktion ein, die den Systemaufruf behandelt. In unserem Falle gilt also danach

```
fn_ptr sys_call_table[] =
{ sys_setup , sys_exit ,  ... ,  sys_bdflush, sys_semop };
```

Der Konvention folgend, legen wir den obigen Quelltext unseres neuen Systemaufrufes in der Datei `kernel/semop.c` ab. Es empfiehlt sich, für eigene Systemaufrufe auch eigene Dateien zu benutzen, da dann die Portierung auf eine neuere Version des LINUX-Kerns leichter fällt.

Wenn wir jetzt noch im `Makefile` den Eintrag für `OBJS` um die Datei `semop.o` ergänzen, sind wir schon fast fertig. Jetzt kann, wie in Kapitel 2 beschrieben, ein neuer Kern generiert und installiert werden. Dieser unterstützt dann den neuen Systemaufruf.

Wir sollten für den Anwender eine Bibliotheksfunktion bereitstellen, die es erlaubt, den neuen Systemaufruf auch zu benutzen. Dafür verwenden wir folgendes kleine C-Programm:

```
#include <linux/unistd.h>

_syscall1(int, semop, int, semop_type)
```

Das Makro `_sycall1()` aus `unistd.h` expandiert dann zu folgender Funktionsdefinition:

```
int semop(int semop_type)
{
   long __res;
   __asm__ volatile ("int $0x80"
      : "=a" (__res)
      : "0" (__NR_semop),"b" ((long)(semop_type)));
   if (__res >= 0)
      return (int) __res;
   errno = -__res;
   return -1;
}
```

Damit ist die Implementation des neuen Systemrufs fertig.

4

Die Speicherverwaltung

> *Datenspeicher bestehen aus Tausenden von Speicherzellen. Die einzelnen Zellen müssen daher nach einem sinnreichen und möglichst einfachen System geordnet sein.*
>
> John S. Murphy

Obiges Zitat stammt aus einem Buch, das 1958 in der Originalausgabe erschienen ist. Die Anforderungen an ein Speicherverwaltungssystem haben sich seitdem stark geändert und einige tausend Speicherzellen reichen heute für die wenigsten Anwendungen aus. Allerdings ist das Verlangen nach Einfachheit und Zweckdienlichkeit heute genauso aktuell wie damals.

Ein Multitaskingsystem wie LINUX stellt besondere Anforderungen an die Speicherverwaltung. Der von einzelnen Prozessen und dem Kern benutzte Speicher sollte vor dem Zugriff anderer Prozesse geschützt sein. Dieser Speicherschutz ist entscheidend für die Stabilität eines Multitaskingsystems. Er verhindert, daß ein Prozeß wahllos in den Speicher anderer Prozesse hineinschreibt und diese zum Absturz bringt. Dies kann z.B. passieren, wenn in einem C-Programm die Grenzen einer Feldvariablen überschritten werden.

Ein weiteres Argument für den Speicherschutz ist die Tatsache, daß jede noch so fragwürdige Methode der Programmierung, wie z.B. die unkontrollierte Änderung von Systemdaten, benutzt wird, wenn sie nicht von vornherein ausgeschlossen wird. Speicherschutz hält also Programmierer davon ab, Dinge zu tun, die die Stabilität eines Systems beeinträchtigen.

Der Arbeitsspeicher (RAM) war, ist und bleibt eine knappe Ressource. Der Speicherbedarf von Anwendungen und der üblicherweise verfügbare Arbeitsspeicher scheinen wechselseitig in die Höhe getrieben zu werden. LINUX-Software wie der GNU-C-Compiler oder das X-Window-System stellen hier keine Ausnahme dar. Da ein Multitaskingsystem wie LINUX mehrere Prozesse quasiparallel abarbeitet, ist es sehr schnell möglich, daß der Speicherbedarf aller auszuführenden Prozesse die Größe des Arbeitsspeichers, des primären Speichers, übersteigt. Das Speicherverwaltungssystem sollte in der Lage sein, dieses Problem mit Hilfe von sekundärem Speicher (Bereiche auf Festplatten) zu lösen. Zusätzlich kann es auch notwendig sein, Prozesse auszuführen, deren Speicherbedarf allein schon größer als der primäre Speicher ist.

Wenn zwei Prozesse eines Programms quasiparallel abgearbeitet werden, müssen zumindest die Daten der beiden Prozesse in unterschiedlichen physischen Speicherbereichen abgelegt sein. Das bedeutet, daß Daten derselben Variable für jeden Prozeß an unterschiedlichen physischen Adressen gespeichert werden. Die bei weitem eleganteste Methode, mit diesem Problem umzugehen, ist die Einführung eines virtuellen Adreßraums für jeden Prozeß. Das Speichersystem muß die virtuellen Adressen des Prozesses auf die physischen abbilden. Man spricht auch von logischen Adressen und analog dazu von logischen Adreßräumen .

Weiter oben haben wir gezeigt, warum der Speicher eines Prozesses vor anderen zu schützen ist. Dadurch können zwei Prozesse keine Informationen durch das gegenseitige Verändern von Speicherbereichen austauschen. Jede Art der Interprozeßkommunikation muß dann über Systemrufe erfolgen. Der Aufruf eines Systemrufs ist aber mit einer Reihe von Operationen verbunden, z.B. der mehrmaligen Sicherung von Registern auf den Stack, dem Kopieren von Speicherbereichen, etc. Wenn Prozesse bestimmte Speicherbereiche untereinander teilen könnten, wäre man in der Lage, die Interprozeßkommunikation effizienter zu gestalten.

Dieses Konzept, *Shared Memory*, läßt sich nicht nur zur Kommunikation mit Prozessen verwenden. So ließen sich z.B. auch Bereiche aus Dateien in den Speicher eines Prozesses einblenden. Man kann unter Umständen viele wiederholte Systemrufe zum Lesen und Schreiben einsparen.

Eine effiziente Implementation einer modernen Speicherverwaltung ist ohne Hardwareunterstützung nicht denkbar. Der 386 bietet mit seiner MMU (Memory Management Unit) die entsprechende Funktionalität. Deshalb werden wir uns im nächsten Abschnitt mit dem Speichermanagement des 386 befassen. Erst danach wenden wir uns wieder dem LINUX-Systemkern zu.

Die Speicherverwaltungskonzepte haben sich mit den Betriebssystemen entwickelt. Die von LINUX verwendeten Konzepte stellen den „State of the art" für klassische UNIX-Systeme dar. Für die hier aufgeführten Probleme wurden und werden andere Lösungen verwendet. Interessierten Lesern sei [Bac86] zur Lektüre empfohlen.

4.1 Die Speicherverwaltung des 386

Mit dem 80386 stellte Intel einen Prozessor vor, dessen Speicherverwaltungsmechanismen moderne Betriebssystemkonzepte unterstützen. Diese sind allerdings nur im Protected Mode verfügbar. Intels Nachfolgetypen 80486 und Pentium sowie die 386/486-Prozessoren anderer Hersteller verwenden die gleichen Speichermanagementkonzepte. Es gib allerdings minimale Unterschiede. Der 386 wertet das Schreibschutzbit (WP-Bit) eines Eintrags in der Page-Tabelle nur im Usermodus des Prozessors aus. 486-Prozessoren sind in der Lage dieses Bit in allen Modi auszuwerten. Eine Meldung beim Starten des LINUX-Kerns weist darauf hin.

Der physische Speicher wird in *Pages* (Speicherseiten) strukturiert. Pages dienen zur Behandlung von zeitweise auf unterschiedlichen Medien abgelegten Speicherbereichen. Eine Page ist 4 KByte groß. Ein Protected-Mode-Programm arbeitet in einem *logischen Adreßraum*. Er besteht aus ein oder mehreren Segmenten, die unterschiedlich groß sein können. Eine logische Adresse muß sich demnach aus einem Segmentselektor und einem Offset, das auf eine Byteposition im ausgewählten Segment zeigt, zusammensetzen. Diese muß durch den Prozessor in eine physische Adresse übersetzt werden, die in den RAM des Rechners zeigt. Die Umsetzung erfolgt in zwei Schritten. In der ersten Phase, der Segmentübersetzung, wird die logische Adresse in eine *lineare Adresse* umgewandelt. Eine solche Adresse ist immer 32 Bit breit. Demzufolge ist der lineare Adreßraum 4 GByte groß. Die lineare Adresse wird im zweiten Schritt, der Page-Übersetzung, auf eine physische Adresse abgebildet.

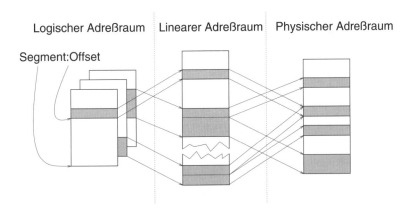

Abbildung 4.1: Adreßübersetzung beim 386

Jeder dieser beiden Schritte kann so konfiguriert sein, daß die Adresse nicht verändert wird. So kann man vier verschiedene Speicherverwaltungsmodelle unterscheiden. Im Modell FLAT sind logische, lineare und physische Adresse identisch, d.h. es findet effektiv keine Adreßumsetzung statt. Im Modell SEGMENTED entspricht die lineare der physischen Adresse. Es wird kein Paging verwendet. Im Modell PAGED entspricht die logische der linearen Adresse, der lineare Adreßraum wird nicht segmentiert. Im allgemeinsten Speichermodell, SEGMENTED & PAGED, werden beide Umsetzungen vorgenommen. Dieses Speichermodell wird bei LINUX eingesetzt.

4.2 Segmentierung

Der logische Adreßraum kann aus vielen einzelnen Segmenten zusammengesetzt sein. Da die Segmente selber wieder bis zu 4 GByte groß sein können, übersteigt der logische Adreßraum im allgemeinen den physischen Adreßraum um ein Vielfaches. Deshalb wird auch oft von einem virtuellen Adreßraum gesprochen. Es gibt allerdings für den logischen Adreßraum eine obere Schranke von 64 Terabyte. Der lineare und der physische Adreßraum sind durch die Adreßbreite von 32 Bit auf 4 GByte beschränkt.

Der *Segmentselektor* wählt ein bestimmtes Speichersegment aus. Er ist ein Zeiger auf einen *Segmentdeskriptor*, der in einer Deskriptortabelle gespeichert ist. Er enthält ein *TI-Bit*, das anzeigt, ob der Selektor in die globale oder die lokale Deskriptortabelle zeigt. Die zwei *RPL-Bits* (*Requested Privilege Level Bit*) geben die Privilegierungsstufe beim Zugriff auf dieses Segment an.

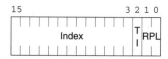

Abbildung 4.2: Struktur eines Segmentselektors

Der i386 kann im Codesegmentregister CS, dem Stacksegmentregister SS, und den 4 Datensegmentregistern DS, ES, FS und GS Segmentselektoren speichern. Bei jedem Speicherzugriff müßte nun der entsprechende Segmentdeskriptor aus dem physischen Speicher gelesen werden. Um dies zu vermeiden, gibt es einen transparenten Segmentdeskriptorcache, in dem die zu den Segmentselektoren in den Segmentregistern gehörenden Segmentdeskriptoren gespeichert werden.

Ein Segmentdeskriptor ist eine 8 Byte große Datenstruktur, die ein Segment beschreibt. Neben den Segmentdeskriptoren gibt es noch Gatedeskriptoren, die der Ablaufsteuerung dienen. Es werden zwei Klassen von Deskriptoren unterschieden, die System- und die normalen Deskriptoren.

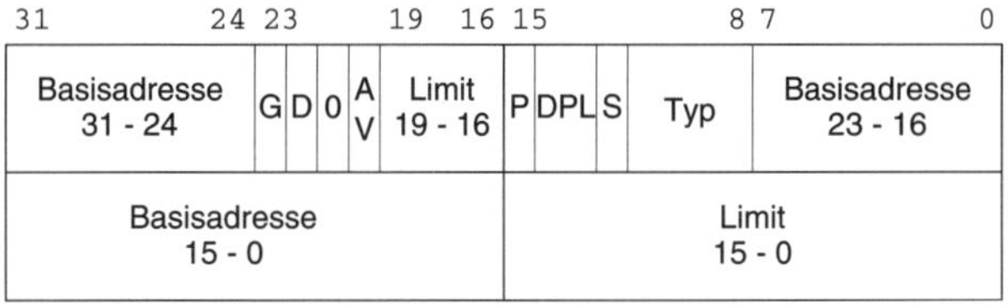

Basisadresse 31 - 24	G	D	0	AV	Limit 19 - 16	P	DPL	S	Typ	Basisadresse 23 - 16
Basisadresse 15 - 0							Limit 15 - 0			

Abbildung 4.3: Allgemeine Struktur eines Segmentdeskriptors

Die *32-Bit-Basisadresse* ist die Anfangsadresse des Speichersegments im linearen Adreßraum. Bei der Adreßübersetzung einer logischen in eine lineare Adresse wird der Offsetwert innerhalb des Segments zur Basisadresse addiert. Die Länge des Segments wird durch einen *20-Bit-Limitwert* und das *Granularitätsbit G* definiert. Das Granularitätsbit legt fest, ob der Limitwert in Einheiten zu 1 Byte oder 4 KByte angegeben ist. Damit ist es möglich, die Segmentgröße bis zu 1 MByte in Byteschritten bzw. bis zu 4 GByte in 4 KByte-Schritten zu bestimmen.

Ist das *Präsenzbit P* in einem Segmentdeskriptor nicht gesetzt, wird bei einem Zugriff auf das Segment eine Ausnahme (Exception) signalisiert, und in der Ausnahmebehandlungsroutine kann dann das Segment verfügbar gemacht werden. Das Präsenzbit muß durch den Programmierer gesetzt werden. Er ist also in der Lage, den Zugriff auf Segmente zu steuern.

Das *Formatbit D* bestimmt, ob das referenzierte Segment ein echtes 32-Bit-Segment oder ein 80286-kompatibles Segment ist. Das *Verfügbarkeitsbit AV* wird durch den Prozessor nicht benutzt. Es kann vom Programmierer frei verwendet werden. Die *Deskriptorprivilegierungsstufe* (DPL – Descriptor Privilege Level) legt die Privilegierungsstufe des Segments fest. Nur wenn die aktuelle Privilegierungsstufe der Task (CPL – Current Privilege Level) als auch die Zugriffsprivilegierungsstufe (RPL – Requested Privilege Level) des Selektors kleiner oder gleich der Deskriptorprivilegierungsstufe ist, darf die Task auf das Segment zugreifen. Beim Zugriff auf ein Stacksegment muß die CPL der Task gleich der DPL des Stacksegments sein.

Das nichtgesetzte *S-Bit* kennzeichnet Systemsegmentdeskriptoren. Bei Codesegmentdeskriptoren und Daten- und Stacksegmentdeskriptoren ist dieses Bit gesetzt. Die in den Abbildungen von Deskriptoren mit 0 gekennzeichneten Bits müssen auf diesen Wert gesetzt werden und dürfen nicht modifiziert werden. Die Systemsegmentdeskriptoren beschreiben Speichersegmente, die systemspezifische Daten enthalten. Eine Übersicht über die beim i386 verwendeten Systemdeskriptoren gibt Tabelle 4.1.

Ein Task-State-Segment speichert die Informationen für die hardwaregestützte

Systemdeskriptor	Typkennung	
Local Descriptor Table (LDT)	0010	0x2
inactive Task State Segment (inactive TSS)	1001	0x9
active Task State Segment (active TSS)	1011	0xB

Tabelle 4.1: Systemdeskriptoren des i386

Taskverwaltung. Das *Aktivbit B* des Deskriptors gibt an, ob die Task gerade aktiv ist oder nicht.

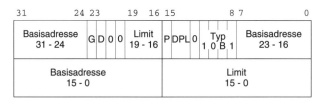

Abbildung 4.4: Struktur von Systemdeskriptoren für Task-State-Segmente

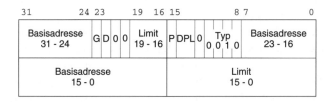

Abbildung 4.5: Struktur der Systemdeskriptoren für lokale Deskriptortabellen

Der LDT-Deskriptor verwaltet das Segment einer lokalen Deskriptortabelle. Normale Segmentdeskriptoren sind die Deskriptoren für Programmcodesegmente und Daten- bzw. Stacksegmente.

Das *Zugriffsbit A* wird gesetzt, wenn auf das Segment zugegriffen wird. Das *Anpassungsbit C* gibt an, ob bei einem Aufruf eines Programmcodesegments die Privilegierungsstufe der Task angepaßt werden soll oder nicht. Es hat eine besondere Bedeutung bei der Interruptbehandlung. Das *Lesebit R* bestimmt, ob der Speicher eines Programmcodesegments, lesbar oder nur ausführbar ist. Das *Schreibbit W* bei einem Daten- oder Stacksegmentdeskriptor legt fest, ob das Segment nur gelesen

Kapitel 4.2 Segmentierung

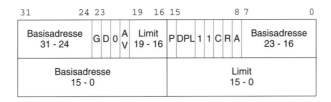

Abbildung 4.6: Struktur eines Segmentdeskriptors für Programmcodesegmente

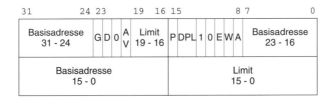

Abbildung 4.7: Struktur eines Segmentdeskriptors für Daten- bzw. Stack-Segmente

oder modifiziert werden kann.

Bei einem Daten- bzw. Stacksegmentdeskriptor kann mit dem *Ausdehnungsrichtungsbit E* das Vorzeichen des Segmentoffsets festgelegt werden. Dies kann genutzt werden, um eigene Stacksegmente zu definieren, deren Größe modifizierbar sein muß, ohne daß sich die logischen Adressen in diesem Segment verändern. Der Offset 0xFFFFFFFF zeigt immer noch auf das zweite Byte im Segment, 0xFFFFFFFD auf das vierte. Diese Eigenschaft wird aber von LINUX nicht verwendet.

Stacks wachsen in Richtung kleinerer Offsets. Werden diese Offsets negiert, wächst der Stack real in Richtung größerer linearer Adressen. So kann man den Stackpointer mit Null initialisieren. Bei Pushoperationen wird der Zeiger verkleinert, zeigt aber real durch die Negierung immer noch in das Segment. Vergrößert man das Segment, braucht man alte Zeiger nicht zu ändern, weil sie immer noch auf dieselben Daten zeigen.

Die Deskriptortabellen dienen der Speicherung von Deskriptoren. In einem System mit einem 386-kompatiblen Prozessor, der im *Protected Mode* läuft, gibt es eine *Globale Deskriptortabelle (GDT)*, *Lokale Deskriptortabellen (LDT)* sowie eine *Interruptdeskriptortabelle (IDT)*. Segmentdeskriptoren werden nur in globalen und lokalen Deskriptortabellen gespeichert. Die Interruptdeskriptortabelle enthält maximal 256 Interruptgatedeskriptoren und spielt bei der Speicherverwaltung keine primäre Rolle. GDT und LDTs sind Speichersegmente variabler Länge bis zu einer

Größe von 64 KByte. Demzufolge können maximal 8192 8-Byte-Deskriptoreinträge in einer Tabelle gespeichert werden. Ist in einem Segmentregister der Wert Null gespeichert, wird bei einem Zugriffsversuch über dieses Register eine Ausnahmeunterbrechung generiert. Deshalb kann der erste Eintrag einer Deskriptortabelle nicht für einen Segmentdeskriptor genutzt werden[1]. Er wird üblicherweise mit einem Nulldeskriptor initialisiert. Ansonsten ist die Reihenfolge der Einträge in GDT und LDTs irrelevant.

TSS- und LDT-Deskriptoren können nur in der GDT gespeichert werden. Die lokale Deskriptortabelle darf auf sekundären Speicher ausgelagert werden. Es ist möglich, daß mehrere Segmentdeskriptoren auf dieselben Bereiche des linearen Adreßraums zeigen. Man spricht dann von Aliassegmenten.

4.3 Paging

Paging dient der Realisierung virtueller Adreßräume. In einem solchen Adreßraum muß die Reihenfolge von Speicherseiten nicht mehr der im physischen Speicher entsprechen. Ein Teil der Seiten braucht sich gar nicht im phyischen Speicher zu befinden. Sie können in den automatisch aufgerufenen Ausnahmebehandlungsroutinen generiert oder aus sekundären Speichern (z.B. Festplattenbereichen) in den primären, physischen Speicher nachgeladen werden. Bei 386-kompatiblen Prozessoren läßt sich das Paging abschalten.

Bei der Page-Übersetzung wird die lineare Adresse in einen Zeiger auf ein Pagedirectory, einen Index in eine Page-Tabelle und ein Offset zerlegt. Die Summe aus dem Eintrag aus der Page-Tabelle, auf die im Pagedirectory verwiesen wird, und dem Offset ergibt die physische Adresse.

Ein Pagedirectory und eine Page-Tabelle haben jeweils die Größe einer Speicherseite (4 KByte). Da eine Page-Tabelle somit maximal 1024 (4096 / 4) gültige 32-Bit-Einträge besitzen kann, werden von einer Page-Tabelle maximal 4 MByte adressiert. Ein Pagedirectory hat wiederum maximal 1024 Einträge und kann somit 4 GByte adressieren. Demzufolge ist es möglich, den gesamten physischen Adreßraum mit einem einzigen Pagedirectory zu verwalten.

Ein *Pagedirectory-Eintrag* besteht aus der Page-Tabellenadresse. Da eine Page-Tabelle immer an einer 4-KByte-Grenze beginnt, sind die unteren 12 Bit der Adresse Null und werden im Pagedirectory für andere Zwecke verwendet.

Das *Zugriffsbit A* zeigt an, ob auf die durch diesen Eintrag angegebene Page-Tabelle zugegriffen wurde. Dies ist immer der Fall, wenn in dem durch die Page-Tabelle verwalteten Speicherbereich gelesen oder geschrieben wird. Das Rücksetzen dieses Bit erfolgt nicht automatisch, sondern muß vom Programmierer

---
[1] Mit diesem Wissen kann man die maximale Größe des logischen Adreßraums bestimmen.

Kapitel 4.3 Paging

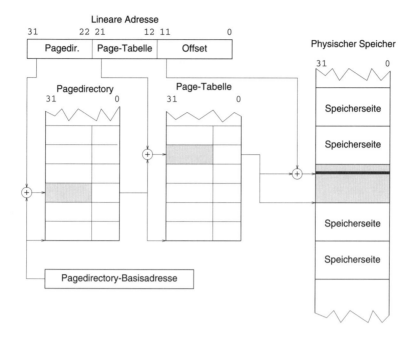

Abbildung 4.8: Schematische Darstellung der Page-Übersetzung

vorgenommen werden.

Das *D-Bit* wird bei einem Directoryeintrag nicht verwendet. Es kann auf beliebige Werte gesetzt werden.

Das *Präsenzbit P* gibt an, ob dieser Pagedirectory-Eintrag für eine Page-Übersetzung genutzt werden kann oder nicht. Im letzteren Fall wird eine entsprechende Ausnahmeunterbrechung generiert, wobei auf dem Stack ein Fehlercode und im Steuerregister CR3 die lineare Adresse gespeichert wird, die die Ausnahme hervorgerufen hat. Mit Hilfe dieser Informationen kann die Ausnahmebehandlungsroutine die Ursache für die Unterbrechung ermitteln und davon abhängig Maßnahmen

Abbildung 4.9: Struktur eines Pagedirectory-Eintrags

zum Laden der Speicherseite einleiten. Wichtig ist auch, daß beliebige Informationen in den verbleibenden 31 Bit des Pagedirectory-Eintrages gespeichert werden können, wenn das Präsenzbit nicht gesetzt ist.

Ist das *U/S-Bit* gesetzt, darf von Anwendungsprogrammen auf die Page-Tabelle zugegriffen werden, sonst nur vom Betriebssystem. Das gesetzte *R/W-Bit* erlaubt Lesen und Schreiben auf die durch die Page-Tabelle verwalteten Seiten, andernfalls ist nur lesender Zugriff erlaubt.

Abbildung 4.10: Struktur eines Page-Tabelleneintrags

Ein Page-Tabelleneintrag besteht aus einer Pageframe-Adresse. Diese Adresse zeigt auf den Beginn einer Speicherseite im physischen Speicher. Da diese auch wieder auf eine 4-KByte-Grenze zeigt, können auch hier die unteren 12 Bit für andere Zwecke benutzt werden.

Das *Dirty-Bit D* zeigt an, ob auf die zugehörige Speicherseite ein schreibender Zugriff ausgeführt worden ist. Dieses Bit muß vom Betriebssystem zurückgesetzt werden. Es kann benutzt werden, um das Schreiben einer Speicherseite auf ein sekundäres Medium zu vermeiden, falls dort schon eine Kopie dieser Seite vorhanden ist, und seit dem letzten Laden der Seite kein schreibender Zugriff erfolgte.

Die restlichen Bits haben die gleiche Semantik wie beim Pagedirectory-Eintrag, wobei sie sich jetzt nur auf die durch den Eintrag referenzierte Speicherseite beziehen. Bedauerlicherweise wird beim Paging des 386 und dazu kompatibler Prozessoren neben dem Schreibschutz kein Schutz vor dem Ausführen von Code in einer Speicherseite unterstützt. Dies macht es fast unmöglich, den mmap-Systemruf von BSD mit der vollständigen Semantik zu implementieren.

Da der indirekte Zugriff über Page-Tabellen auf den physischen Speicher sehr aufwendig und mit mehreren Leseoperationen verbunden ist, gibt es einen Translation-Lookaside-Puffer (TLB), der die physischen Adressen der 32 zuletzt benutzten Speicherseiten enthält. Der Prozessor aktualisiert die D- und A-Bits des Pagedirectories sowie der zugehörigen Page-Tabelle automatisch. Verändert aber die Task das Pagedirectory bzw. die Page-Tabelle, muß sie den TLB durch Neuladen der Pagedirectory-Basisadresse wieder aktualisieren.

[Cla90] bietet eine kompakte Übersicht zur 386/486-Programmierung und lieferte die Vorlage für die hier dargestellten Abbildungen.

4.4 Speicherinitialisierung unter Linux

Ein 386/486 befindet sich nach einem Reset im Real Mode. Dort kann nur auf das unterste Megabyte des Hauptspeichers zugegriffen werden[2]. Bei der PC-Architektur sind in diesem Bereich Teile des Videospeichers und des ROM-BIOS oberhalb von 640 KByte eingeblendet.

Den Start von LINUX übernimmt entweder der Multi-Bootlader LILO oder der Bootsektorcode des Kerns. Nachdem eine Setup-Routine und der komprimierte Kernelcode in den Speicher geladen und noch einige Hardware-Parameter durch BIOS-Routinen gelesen wurden, wird die Adreßleitung A20 zugelassen und in den Protected Mode umgeschaltet.

Die globale Deskriptortabelle ist so initialisiert, daß die ersten 8 Megabyte des Speichers eins zu eins in Code- und Datensegment abgebildet sind. Das Paging ist noch ausgeschaltet. Dann wird der komprimierte Kernelcode ab der Adresse 0x100000 entpackt und gestartet. Der Setupcode initialisiert dort das Pagedirectory swapper_pg_dir und eine Page-Tabelle. Die Page-Tabelle bildet die ersten vier Megabyte des physischen Speichers eins zu eins ab. Für die oberen 4 MByte des Code- und Datensegments wird kein physischer Speicher zugewiesen. Speicherzugriffe auf solche Adressen würden damit zu Seitenfehlern führen. Im Pagedirectory ist die Page-Tabelle zweimal referenziert. Der lineare Adreßraum hat danach die in Abbildung 4.11 wiedergegebene Struktur. Wie ersichtlich ist, ist diese Page-Tabelle an den Adressen 0x0 und 0xC0000000 (3 Gigabyte) in das Pagedirectory eingetragen.

Die globale Deskriptortabelle wird danach neu initialisiert. Sie hat jetzt das in Tabelle 4.2 angegebene Aussehen. Da die Kernelspeichersegmente an der linearen Adresse 0xC0000000 beginnen, wird zum Beispiel die logische Adresse KERNEL_DS:0x0000002F auf die lineare Adresse 0xC000002F abgebildet. Diese lineare Adresse entspricht der physischen Adresse 0x0000002F. Trotz des Umwegs über die lineare Adresse entsprechen die logischen Adressen immer noch den physischen Adressen. Der Platz für die Deskriptoren der lokalen Deskriptortabelle und des Taskstatussegments ist in der globalen Deskriptortabelle schon reserviert.

Diese Startvorgänge sind in den Assemblerdateien bootsect.S und setup.S des Verzeichnisses boot/, in der Datei head.S aus zBoot und in head.S ebenfalls aus boot programmiert. Der Code wird auch in der angegebenen Reihenfolge der Quelldateien durchlaufen. Beim Start von LINUX mit LILO wird der Code aus setup.S angesprungen, ohne bootsect.S zu benutzen.

Erst nach der Reinitialisierung der globalen Deskriptortabelle wird die Funktion start_kernel() aus init/main.c aufgerufen. Sie richtet mit der Funktion paging_init() das Pagedirectory und die zugehörigen Page-Tabellen für das

---

[2] Nach Manipulation der Adreßleitung A20 kann man noch einmal 64 KByte hinzugewinnen.

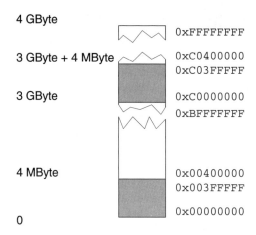

Abbildung 4.11: Linearer Adreßraum während des Systemstarts

gesamte noch nicht vom Kern verwendete *Extended Memory* ein. Bisher wurden nur die ersten vier Megabyte des Hauptspeichers referenziert.

Danach werden die einzelnen Initialisierungsroutinen für die verschiedenen Komponenten, insbesondere Gerätetreiber, des LINUX-Kerns aufgerufen. Als Beispiel sei hier der Aufruf zur Initialisierung zeichenorientierter Geräte (*Character Devices*) gezeigt.

```
memory_start = chr_dev_init(memory_start,memory_end);
```

Die Variable `memory_start` kann heraufgesetzt werden. Sie gibt an, ab welcher Adresse im *Extended Memory* der Speicher noch nicht benutzt wird. Durch das Inkrementieren dieser Variable wird Speicher für die gerade zu initialisierenden Systemkomponenten reserviert.

Nach dem Aufruf der Initialisierungsroutine kennt der Kern die Adresse im *Extended Memory*, ab der freier Speicher zur Verfügung steht, und welcher Bereich im *Low Memory* noch nicht benutzt wird.

Im Verlauf der weiteren Abarbeitung von `start_kernel()` wird dann die Funktion `mem_init()` aufgerufen. Diese initialisiert die Datenstruktur `mem_map`, die zur Verwaltung von freien Speicherseiten dient. Die Datenstruktur ist ein Feld von 16 Bit breiten Einträgen. Für jede Seite im physischen Speicher gibt es einen Eintrag. Er gibt an, wieviele Prozesse diese Speicherseite in ihren Page-Tabellen referenzieren.

Speicherseiten, die vor dem Aufruf von `mem_init()` schon benutzt werden, und der Speicherbereich für das BIOS und die Adapterkarten im *Low Memory* werden als reserviert gekennzeichnet. Zu diesem Zeitpunkt sind Bereiche für Code,

Deskriptor	lineare Basisadresse	maximale lineare Adresse	Privilegierungsstufe
Nulldeskriptor			
unbenutzter Deskriptor			
Kernelcode	0xC0000000	0xFFFFFFFF	0
Kerneldaten	0xC0000000	0xFFFFFFFF	0
Nutzercode	0x00000000	0xBFFFFFFF	3
Nutzerdaten	0x00000000	0xBFFFFFFF	3
unbenutzter Deskriptor			
unbenutzter Deskriptor			
Platz für LDT Task 0			
Platz für TSS Task 0			
⋮			
Platz für LDT Task NR_TASKS			
Platz für TSS Task NR_TASKS			

Tabelle 4.2: Globale Deskriptortabelle

einschließlich Pagedirectory und Page-Tabellen, Daten und Stack des Kerns, der von den Initialisierungsroutinen reservierte Speicher sowie die erste Seite im physischen Speicher schon belegt.

Diese erste physische Seite wird durch mem_init() vor Zugriffen geschützt, um im Kern Schreib- bzw. Leseversuche auf NULL-Zeiger aufzuspüren, die auftreten, wenn ein Zeiger nicht initialisiert wurde. In der Ausnahmebehandlungsroutine für Zugriffsschutzverletzungen kann in einem solchen Fall eine entsprechende Meldung auf die Konsole geschrieben werden. Diese Maßnahme unterstützt das Debugging von neuem oder modifiziertem Kernelcode. Außerdem könnte diese Seite des physischen Speichers vom BIOS oder von 386SL/486SL-Prozessoren verwendet werden, so daß es sich für LINUX nicht empfiehlt, in irgendeiner Form darauf zuzugreifen.

Die Initialisierung des Speichers ist mit Ausführung von mem_init() beendet. Eine Zusammenfassung über die Speicherbenutzung wird ausgegeben. Für einen Rechner mit 8 MByte RAM könnte diese so aussehen:

```
Memory 7180k/8192k available (408k kernel code, 384k reserved,
220k data)
```

Es sind also 408 KByte durch den Kernelcode und 220 KByte durch die Kerneldaten belegt. 384 KByte, der Speicher zwischen 640 KByte (0xA0000) und 1 MByte (0x100000), sind reserviert. Das ist der Speicherbereich im Low Memory, indem das ROM-BIOS des Rechners und der Adapterkarten sowie Speicher von Adapterkarten eingeblendet ist. Unter LINUX wird darauf verzichtet, dort noch nach freiem RAM-Speicher zu suchen. Man sollte also, wenn das möglich ist, den Rechner mit dem BIOS-Setup so zu konfigurieren, daß in diesem Bereich kein RAM eingeblendet ist. LINUX macht von dort befindlichem freiem RAM-Speicher keinen Gebrauch. Das bringt auch keine Nachteile für den Betrieb von MS-DOS, wenn dessen Speichermanager verwendet wird. Dieser nutzt Paging, um unter diesem Adreßbereich wieder Speicher einzublenden. Im angegebenen Beispiel können 7180 KByte der 8 MByte von Nutzerprozessen und dem Cache verwendet werden.

Wenn der Kern mit Soundkartenunterstützung übersetzt worden ist, wird in `mem_init()` noch die Funktion `sound_mem_init()` aufgerufen. Diese alloziert Speicher für die konfigurierten Soundkarten, indem in der Tabelle `mem_map` zusammenhängende Blöcke von physischen Speicherseiten als reserviert markiert werden. Die Steuerung von Soundkarten erfolgt mit Hilfe von DMA (Direct Memory Access). Dabei ist es notwendig, größere Speicherbereiche (z.B. 64 KByte) an Adressen, die durch die Größe dieser Speicherbereiche teilbar sind, zu allozieren. Die Soundkartengerätetreiber belegen den Speicher nicht durch die übliche Initialisierungsroutine, bei denen die Reservierung durch die Erhöhung der Startadresse des freien Speichers (`start_mem`) erfolgt. Würde diese Strategie für die Soundkartentreiber benutzt, bliebe der Speicher von `start_mem` bis zur nächsten für den DMA-Bereich verwendbaren Adresse ungenutzt.

Nach Aufruf der Funktion `mem_init()` werden noch eine Reihe von Initialisierungsroutinen gestartet, wobei durch die Pufferinitialisierung (`buff_init()`) Speicherseiten für den Puffercache belegt werden. Mit der Initialisierung von zwei Prozessen ist LINUX gestartet. Nach dem Start des Systems mit komprimiertem Kern ist der physische Adreßraum wie in Abbildung 4.12 strukturiert.

4.5 Der logische Adreßraum eines Prozesses

Wie schon in Abschnitt 4.2 erwähnt, besteht der virtuelle Adreßraum einer x86-Task aus mehreren Segmenten. Einem Prozeß unter LINUX wird ein Kernel- und ein Nutzersegment zur Verfügung gestellt. Man unterscheidet das Kerneldatensegment und das Kernelcodesegment, analog dazu Nutzerdaten- und Nutzercodesegment. Die zusammengehörigen Daten- und Codesegmente überlagern denselben linearen Adreßraum, nur die Zugriffsrechte sind anders gesetzt. Codesegmente sind lesbar und ausführbar, Datensegmente sind lesbar und beschreibbar.

Ein Nutzerprozeß kann seine lokale Deskriptortabelle modifizieren, um neue Segmente zu definieren und seinen virtuellen Adreßraum zu erweitern. Dies wird zum Beispiel vom Windows-Emulator WINE benutzt, um die auf Segmenten basierende Speicherverwaltung von MS-Windows nachzubilden.

Kapitel 4.5 Der logische Adreßraum eines Prozesses

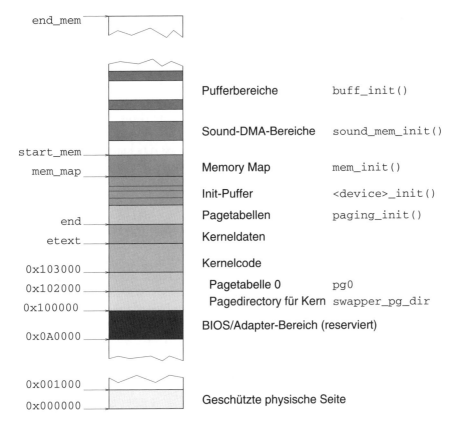

Abbildung 4.12: Schematische Darstellung der Struktur des physischen Speichers vor dem Erzeugen der zweiten Task (nicht maßstabsgetreu)

4.5.1 Der Nutzerbereich

Im Nutzermodus, Privilegierungsstufe 3, kann ein Prozeß nur auf den Nutzerbereich zugreifen. Offensichtlich unterscheidet sich dessen Inhalt von dem anderer Prozesse. Demzufolge müssen sich die Pagedirectories oder zumindest einzelne Page-Tabellen der Prozesse unterscheiden.

So hat ein Prozeß im allgemeinen ein eigenes Pagedirectory, teilt aber die Kernelpagetabellen mit anderen Prozessen. Das Kopieren des Pagedirectories und der Page-Tabellen erfolgt während des Systemrufs fork()[3]. Der Systemruf clone()

---

[3] Weitere Informationen zu fork() und clone() finden Sie auf Seite 258.

unterscheidet sich von fork() unter anderem dadurch, daß auf die Kopie der Page-Tabellen verzichtet werden kann.

Die Struktur des Nutzerbereichs ist in Abbildung 4.13 dargestellt. Der Nutzerbereich eines jeden Prozesses, außer dem „Idle"-Prozeß (Prozeßnummer 0), ist durch das Laden bzw. Einblenden einer Binärdatei durch Aufruf von execve() initialisiert worden. Ein durch fork() erzeugter Prozeß übernimmt diese Struktur vom Vaterprozeß. Beim Starten von Shell-Scripten wird die Binärdatei der Shell mit dem Shell-Script als Argument geladen bzw. eingeblendet. Zur Zeit sind bei LINUX Binärdateien im a.out-Format üblich. Das ist das klassische UNIX-Format für Binärdateien. Es können aber auch Dateien im COFF- und ELF-Format ausgeführt werden. Bei diesen Formaten ist der Nutzerbereich anders strukturiert.

Der Header einer Datei im a.out-Format, dessen Struktur in a.out.h definiert ist, legt fest, in welchen Adreßbereich der Code (TXT-Segment) und die initialisierten Daten (DATA-Segment) zu laden sind und welcher Bereich für die nicht statisch initialisierten Daten (Segment BSS) zu verwenden ist.

LINUX unterstützt *Shared Libraries* durch Einblenden der entsprechenden Binärdatei in den Nutzerbereich. Jede Bibliothek besitzt einen zugewiesenen Adreßbereich. Einen Überblick gibt Tabelle 4.3. Die Endadressen werden sich sicherlich bei neuen Versionen der Bibliotheken ändern. Für die Binärdateien der Bibliotheken wird auch das a.out-Format verwendet, die Einsprungadresse legt im Gegensatz zu normalen ausführbaren Dateien den Beginn des TXT-Bereichs fest.

Bibliothek	Beginn TXT-Segment	Ende BSS-Segment
libc.so.4.4.4	0x60000000	0x600C6D20
libX11.so.3	0x60200000	0x6024E358
libXt.so.3	0x602A0000	0x602E72F0
ld.so	0x62F00000	0x62F04000
libXaw.so.3	0x60300000	0x6032E000
libvga.so.1.0.3	0x63B00000	0x63B17E68
libf2c.so.0.9	0x60600000	0x60683C30
libm.so.4.4.4	0x600E0000	0x600FA000
libabi.so.0.1	0x70000000	0x7000C000

Tabelle 4.3: Adreßbereiche für Shared Libraries

Am oberen Ende des Nutzerbereichs sind die Umgebungsvariablen und die Argumente des Prozesses als Folge von nullterminierten Zeichenketten gespeichert. Darunter befinden sich Zeigertabellen für die Argumente und Umgebungsvariablen, auf die in einem C-Programm mit argv bzw. environ verwiesen wird. Erst daran anschließend beginnt der Stack.

Kapitel 4.5 Der logische Adreßraum eines Prozesses

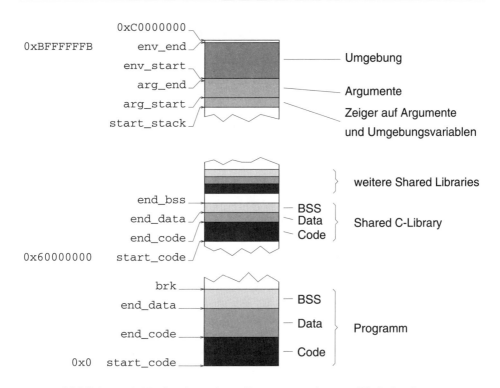

Abbildung 4.13: Struktur eines Prozesses, dessen Binärdatei vom Format a.out ist

4.5.2 Der Systemruf sys_brk()

Der Wert brk aus einem Prozeßtabelleneintrag zeigt bei Start des Prozesses auf das Ende des BSS-Segments für nicht statisch initialisierte Daten. Durch Veränderung dieses Zeigers kann der Prozeß dynamisch Speicher allozieren und wieder freigeben. Gewöhnlich geschieht das beim Aufruf der Standard-C-Funktion malloc(). Einträge in die Prozeßtabelle können natürlich nur im Kern modifiziert werden, die Benutzung eines Systemrufs wird also notwendig.

Mit sys_brk() kann man den aktuellen Wert des Zeigers ermitteln bzw. ihn auf einen neuen Wert setzen. Ist das Argument kleiner als der Zeiger auf das Ende des Prozeßcodes, wird der aktuelle Wert von brk zurückgegeben. Andernfalls wird versucht, den Wert neu zu setzen.

Dabei wird die Konsistenz eines neuen Werts überprüft. So wird ein neuer Wert zurückgewiesen, wenn das System nicht in der Lage wäre, den angeforderten Speicher (primär und sekundär) zur Verfügung zu stellen. Für die logischen

Adressen unterhalb des aktuellen brk-Werts werden physische Speicherseiten erst zugewiesen, wenn auf sie zugegriffen wird.

Es wäre theoretisch möglich, daß ein Prozeß brk auf eine Adresse in den Shared Libraries, die ab 1 GByte starten, gesetzt wird. Dies ist aber nur in dem seltenen Fall möglich, wenn der zur Verfügung stehende primäre und sekundäre Speicher größer als 1 GByte ist. Es wäre aber denkbar, einen PC mit soviel sekundärem Speicher auszustatten. Allerdings ist weder LINUX noch die PC-Architektur für solche Speichergrößen ausgelegt.

4.5.3 Memory Mapping und virtuelle Speicherbereiche

Shared Libraries (gemeinsam genutzte Bibliotheken) werden verwendet, um den für den Programmcode benötigten Speicher zwischen mehreren Prozessen zu teilen. Da eine solche Bibliothek sehr groß sein kann, wäre es von Nachteil, wenn ihr gesamter Code ständig in den physischen Speicher geladen wäre. Die laufenden Prozesse werden sicherlich nicht gleichzeitig alle in der Bibliothek enthaltenen Funktionen nutzen. Das Laden des Codes nichtbenutzter Funktionen verbraucht Speicherressourcen und ist überflüssig. Bei großen Programmen gibt es sicherlich auch Codeabschnitte, die von einem Prozeß nie durchlaufen werden, da zum Beispiel bestimmte Programmfunktionen nicht genutzt werden. Das Laden dieser Programmteile ist genausowenig notwendig wie das von nicht benutzten Abschnitten einer Bibliothek.

Sind mit einer ausführbaren Datei zwei Prozesse gestartet worden, muß der Programmcode nicht zweimal in den Hauptspeicher geladen werden. Beide Prozesse können gemeinsam denselben Code im primären Speicher ausführen. Es ist auch möglich, daß große Teile des Datensegments dieser Prozesse übereinstimmen. Diese könnten ebenfalls zwischen den Prozessen geteilt werden, solange keiner der beiden Prozesse diese Daten modifiziert. Ein Prozeß, der einen so geteilten Speicherbereich modifiziert, muß vorher eine private Kopie dieses Speicherbereichs anfertigen, auf den er dann schreibend zugreifen kann. Dieses Konzept wird als *Copy-On-Write* bezeichnet.

Reserviert ein Prozeß sehr große Mengen Speicher mit Hilfe von sys_brk(), so wäre die Allozierung von freien physischen Speicherseiten Verschwendung. Der Prozeß wird diesen Speicher erst später vollständig nutzen, möglicherweise nie. Die Idee für die Lösung dieses Problems ist folgende. In der Page-Tabelle wird für den gesamten neu reservierten Bereich auf eine mit Null initialisierte Speicherseite verwiesen. Auf diese darf der Prozeß nur lesend zugreifen. Schreibt der Prozeß nun in diesen Bereich, wird eine neue Speicherseite alloziert und kopiert. Dabei wird das Konzept „Copy-On-Write" für Speicherseiten innerhalb des Adreßraums eines Prozesses angewendet.

Kapitel 4.5 Der logische Adreßraum eines Prozesses

LINUX benutzt *Memory Mapping*, um all diese Dinge zu realisieren. Dazu wird das Nutzersegment des logischen Adreßraums eines Prozesses in mehrere virtuelle Speicherbereiche unterteilt, die mit der Datenstruktur vm_area verwaltet werden.

```
struct vm_area_struct {
   struct task_struct * vm_task;      /* VM-Bereichsparameter */
   unsigned long vm_start;
   unsigned long vm_end;
   unsigned short vm_page_prot;
   struct vm_area_struct * vm_next;   /* verkettete Listen */
   struct vm_area_struct * vm_share;  /* verkettete Listen */
   struct inode * vm_inode;
   unsigned long vm_offset;
   struct vm_operations_struct * vm_ops;
};
```

Die Komponenten vm_start und vm_end legen die Anfangs- und Endadresse des durch die Struktur verwalteten virtuellen Speicherbereichs fest.
vm_task ist ein Zeiger auf den Eintrag in der Prozeßtabelle, dem der Speicherbereich zugeordnet ist. Die Schutzattribute für Speicherseiten aus diesem Bereich werden durch vm_page_prot bestimmt. Sie legen fest, ob eine Seite nur lesbar oder beschreib- und lesbar sein soll und ob auf sie Copy-On-Write angewendet werden soll. Der Zeiger vm_next verkettet die vm_area-Strukturen eines Prozesses zu einer linearen Liste. Die Verwaltungsfunktionen für diese Liste stellen sicher, daß die Einträge nach ihren Anfangsadressen sortiert sind, sich nicht überschneiden und angrenzende, kompatible Adreßbereiche miteinander verschmolzen werden. Der Zeiger vm_share wird momentan nicht genutzt.

Der Inode-Zeiger vm_inode verweist auf die Datei oder das Gerät, dessen Inhalt ab dem Offset vm_offset in den virtuellen Speicherbereich eingeblendet ist. Ist dieser Zeiger auf NULL gesetzt, wird von einem anonymen Mapping gesprochen. Wird ein virtueller Speicherbereich anonym eingeblendet, zeigen alle Page-Tabelleneinträge für diesen Bereich auf ein und dieselbe Speicherseite, die vollständig auf Null gesetzt ist. Schreibt der Prozeß dann auf eine Seite in diesem Bereich, wird durch Copy-On-Write-Behandlungsroutinen eine neue physische Speicherseite initialisiert und in die Page-Tabelle eingetragen. Damit alloziert LINUX nur Speicherseiten für anonyme virtuelle Speicherbereiche, wenn auf diese auch schreibend zugegriffen wird. Dieser Mechanismus wird bei sys_brk() verwendet.

Da die virtuellen Speicherbereiche nur reserviert werden, kommt es bei einem Zugriff auf Speicher eines solchen Bereichs zu einem Seitenfehler. Entweder existiert für die Seite noch kein Eintrag im Pagedirectory oder auf die referenzierte Speicherseite ist kein schreibender Zugriff erlaubt. Der Prozessor generiert eine

Seitenfehler-Ausnahmeunterbrechung, und der Prozessor springt in die entsprechende Behandlungsroutine. Diese Routine ruft dann die Operationen auf, die die benötigten Speicherseiten bereitstellen. Zeiger auf solche Operationen gibt es in vm_ops. Darüber hinaus enthält vm_ops Zeiger für zusätzliche Operationen, die das Einrichten und Freigeben eines virtuellen Speicherbereichs organisieren. Die Struktur vm_operations_struct definiert die möglichen Funktionszeiger, die es ermöglichen, unterschiedlichen Bereichen verschiedene Operationen zuzuordnen.

```
struct vm_operations_struct {
    void (*open)(struct vm_area_struct * area);
    void (*close)(struct vm_area_struct * area);
    void (*nopage)(int error_code,
            struct vm_area_struct * area,
            unsigned long address);
    void (*wppage)(struct vm_area_struct * area,
            unsigned long address);
    int (*share)(struct vm_area_struct * from,
            struct vm_area_struct * to,
            unsigned long address);
    int (*unmap)(struct vm_area_struct *area,
            unsigned long, size_t);
};
```

Die Funktionen open(), wppage() und unmap() werden zur Zeit nicht benutzt. Die Einrichtung des Speicherobjekts vom Typ vm_area_struct wird von den Funktionen generic_mmap() und anon_mmap() übernommen.

Speicherschutzverletzungen werden zur Zeit nicht in wppage() behandelt, sondern in der zentralen Behandlungsroutine do_wp_page(), die eigentlich diese Funktion aufrufen müßte.

Das Entfernen von virtuellen Speicherbereichen aus dem Adreßraum eines Prozesses wird ebenfalls in der zentralen Funktion do_unmap() ohne Aufruf von unmap() realisiert. Diese Inkonsequenz ist in LINUX häufig zu beobachten.

Die Funktion close() gibt den Speicher der Inode-Struktur der eingeblendeten Datei frei. Da LINUX das Einblenden von Dateien mit Schreibzugriff noch nicht unterstützt, werden beim Ausführen dieser Operation keine Dateiblöcke auf die Festplatte zurückgeschrieben.

Mit nopage() werden Fehler beim Zugriff auf die Speicherseite behandelt. Diese Funktion reserviert eine freie Seite im physischen Speicher. Dann wird getestet, ob es noch einen Prozeß gibt, der diese Seite mit dem aktuellen Prozeß teilen könnte. Dabei wird share() aus vm_ops aufgerufen. Es prüft, ob zwei virtuelle Speicherbereiche verschiedener Prozesse zueinander kompatibel sind. Für ausführbare Dateien, die den Programmcode des jeweiligen Prozesses enthalten, werden diese Tests nicht durchgeführt. Es gibt auch keinen Grund anzunehmen, daß die zugehörigen virtuellen Speicherbereiche nicht zueinander kompatibel sind.

Das Memory Mapping wird innerhalb des LINUX-Kerns intensiv eingesetzt, um den Programmcode, die Datenbereiche und die Shared Libraries in das Nutzersegment einzublenden. Dazu wird die Funktion do_mmap() verwendet.

```
int do_mmap(struct file * file, unsigned long addr,
            unsigned long len, unsigned long prot,
            unsigned long flags, unsigned long off)
```

Bei einem Aufruf von do_mmap() ist file entweder NULL oder zeigt auf eine Datenstruktur vom Typ file, in deren Operationsteil ein Funktionszeiger für mmap eingetragen ist. Die Komponente len gibt die Länge des einzublendenden Speicherbereichs an und off das Offset in der durch file bezeichneten Datei. Mit prot legt der Aufrufer fest, welchen Zugriffsschutz der virtuelle Speicherbereich bekommt. Tabelle 4.4 zeigt eine Übersicht.

In flags werden Attribute für den virtuellen Speicherbereich angegeben. Mit MAP_FIXED kann festgelegt werden, daß der Speicherbereich exakt an der angegeben Adresse einzublenden ist. Die Flags MAP_SHARED und MAP_PRIVATE steuern die Behandlung von Speicheroperationen im virtuellen Speicherbereich. Bei MAP_SHARED werden alle Schreiboperationen in ein und denselben Speicherseiten ausgeführt. Bei MAP_PRIVATE werden bei einem Schreibzugriff die Speicherseiten dupliziert. Das Setzen von MAP_PRIVATE schaltet also Copy-On-Write für die entsprechenden Seiten ein. LINUX in der Version 1.0 unterstützt nicht alle möglichen Kombinationen von flags und prot, außerdem entspricht das erwartete Verhalten nicht dem realen Verhalten. Tabelle 4.5 faßt unterstützte Kombinationen sowie erwartetes und reales Verhalten für das Einblenden von Dateien zusammen. Tabelle 4.6 zeigt dieses Verhalten für anonymes Einblenden von virtuellen Speicherbereichen.

Wert	Erläuterung
PROT_READ	Bereich kann gelesen werden.
PROT_WRITE	Bereich kann beschrieben werden.
PROT_EXEC	Bereich kann ausgeführt werden.
PROT_NONE	Auf den Bereich kann nicht zugegriffen werden. Dies wird zur Zeit nicht unterstützt.

Tabelle 4.4: Werte für das Argument prot der Kernfunktion do_mmap()

prot	MAP_SHARED (erwartetes) Verhalten	reales	MAP_PRIVATE (erwartetes) Verhalten	reales
PROT_NONE	---	n.u.	---	n.u.
PROT_READ	r--	rCx	r--	rCx
PROT_WRITE	-w-	n.u.	-c-	rcx
PROT_EXEC	--x	rCx	--x	rCx
PROT_READ | PROT_WRITE	rw-	n.u.	rc-	rcx
PROT_READ | PROT_WRITE | PROT_EXEC	rwx	n.u.	rcx	rcx

n.u. – nicht unterstützt
rwx – klassische UNIX-Zugriffsattribute
-c- – Copy-On-Write
-C- – Copy-On-Write, wenn der erste Zugriff auf die Speicherseite ein Schreibzugriff ist; kein Copy-On-Write, wenn erster Zugriff Lesezugriff

Tabelle 4.5: Mögliche Kombinationen der Schutzattribute mit MAP_SHARED oder MAP_PRIVATE beim Einblenden von Dateien sowie das resultierende Verhalten

Die Tabellen zeigen, daß die Implementation des Systemrufs mmap() noch nicht vollständig und abweichend von der üblichen Semantik ist. Nichts destotrotz löst sie die am Anfang dieses Abschnitts beschriebenen Probleme. Der Systemruf sys_mmap() ist eigentlich nur für MAP_PRIVATE oder MAP_SHARED kombiniert mit PROT_READ vernünftig einzusetzen. Der Bibliotheksruf mmap() wird darauf abgebildet.

```
#include <sys/mman.h>

extern caddr_t mmap(caddr_t addr, size_t len, int prot,
                    int flags, int fd, off_t off);
```

Der Dateideskriptor fd muß vor dem Aufruf geöffnet sein. Für anonymes Mapping ist das zusätzliche Flag MAP_ANON zu verwenden.

prot	MAP_SHARED (erwartetes) Verhalten	reales	MAP_PRIVATE (erwartetes) Verhalten	reales
PROT_NONE	---	n.u.	---	n.u.
PROT_READ	r--	rcx	r--	rcx
PROT_WRITE	-w-	rcx	-c-	rcx
PROT_EXEC	--x	rcx	--x	rcx
PROT_READ | PROT_WRITE	rw-	rcx	rc-	rcx
PROT_READ | PROT_WRITE | PROT_EXEC	rwx	rcx	rcx	rcx

n.u. – nicht unterstützt
rwx – klassische UNIX-Zugriffsattribute
-c- – Copy-On-Write

Tabelle 4.6: Mögliche Kombinationen der Schutzattribute mit MAP_SHARED und MAP_PRIVATE beim anonymen Einblenden sowie das resultierende Verhalten

4.5.4 Das Kernelsegment

Beim Aufruf einer Systemfunktion geht ein Prozeß in den Systemmodus über. Im allgemeinen wird dabei durch eine Bibliotheksfunktion der Softwareinterrupt 128 (0x80) erzeugt. Durch den Prozessor wird dann der in der Interruptdeskriptortabelle gespeicherte Gatedeskriptor gelesen. Bei LINUX ist das ein Trapgatedeskriptor, der auf die Assemblerroutine _system_call aus kernel/sys_call.S zeigt. Der Prozessor springt auf diese Addresse, wobei der Segmentselektor CS auf das Kernelcodesegment zeigt. Danach werden die Segmentselektoren in DS und ES auf das Kerneldatensegment gesetzt. Da die Page-Tabellen ab der linearen Adresse 0xC0000000 für alle Prozesse identisch sind, ist somit sichergestellt, daß jeder Prozeß im Kernelmodus denselben Speicher vorfindet. In den Kernelsegmenten stimmen die physischen Adressen mit den logischen Adressen überein.

Das Segmentregister FS wird mit dem Nutzerdatensegmentselektor geladen. Demnach muß im Kernelmodus auf Nutzerdaten über das Segmentregister FS zugegriffen werden. Dabei könnte es zu einer allgemeinen Schutzverletzung kommen, wenn die referenzierte Adresse über die Segmentgrenze 0xC0000000 hinausragt. Außerdem wäre es bei einem Schreibzugriff möglich, daß die Adresse innerhalb einer schreibgeschützten Speicherseite liegt. Da aber der 386 die Schreibschutzbits im Kernelmodus ignoriert, kann dies zu Problemen führen, wenn die zugehörige Speicherseite nur per Copy-On-Write eingeblendet ist. Ein Nutzerprozeß wäre also in der Lage, über eine Systemroutine Speicher anderer Prozesse zu modifizieren. Der 486 und der Pentium können vorteilhafterweise diese Schutzbits auch im Kernelmodus beachten. Um die genannten Probleme zu verhindern, müssen Systemroutinen vor dem Zugriff auf das Nutzersegment die Funktion `verify_area()` aufrufen. Sie testet, ob auf den angegeben Bereich des Nutzersegments lesend oder schreibend zugegriffen werden darf. Ist dies der Fall, wird der Wert Null zurückgegeben.

```
#define VERIFY_READ   0 /* vor lesendem Zugriff */
#define VERIFY_WRITE  1 /* vor schreibendem Zugriff */

int verify_area(int type, void * addr,  unsigned long size)
```

Die Programmiersprache C kennt das Modell eines in mehrere Segmente geteilten logischen Adreßraums nicht. Mit dem GNU-C-Compiler übersetzte Programme greifen nur auf Daten des Segments zu, auf das der Selektor in Register `DS` verweist. So ist es ohne in den C-Quelltext eingebettete Assembleranweisungen nicht möglich, auf Daten in anderen Segmenten zuzugreifen. Genau dies muß aber eine Systemroutine tun, wenn sie Daten im Nutzersegment, auf das im Register `FS` verwiesen wird, lesen will.

In `include/asm/` sind Assemblerroutinen definiert, die den Zugriff auf das Nutzerdatensegment erlauben. Es gibt Routinen zum Lesen und Schreiben von Bytes (`get_user_byte()` und `put_user_byte()`), von Wörtern (Funktionen `get_user_word()` und `put_user_word()`), für Werte vom Typ long (Funktionen `get_user_long()` und (`put_user_long()`) sowie für ganze Speicherbereiche (`memcpy_fromfs()` und `memcpy_tofs()`). Diese Funktionen sind jeweils mit ihren Pendants mit fs (`get_fs_long` für `get_user_long()`) identisch. Diese Funktionen können, da sich möglicherweise die Speicherseite nicht im Arbeitsspeicher befindet, ein Scheduling auslösen. Der Prozeß wird in einem solchen Fall in den Zustand `TASK_UNINTERRUPTIBLE` gesetzt.

4.5.5 Dynamische Speicherreservierung im Kernelmodus

Im Systemkern ist es häufig notwendig, Speicher zum Beispiel für temporäre Puffer zu allozieren. Im LINUX-Kern werden dazu die Funktionen `kmalloc()` und `kfree()` verwendet. Sie sind in der Datei `mm/kmalloc.c` enthalten.

```
void * kmalloc (size_t size, int priority);
void kfree_s (void *ptr, int size);
#define kfree(x) kfree_s((x), 0)
```

Die Funktion `kmalloc()` versucht, Speicher mit der Größe `size` zu reservieren. Das Attribut `priority` wird an die Funktion `get_free_page()` weitergereicht und steuert deren Abarbeitung. Die dabei verwendbaren Werte werden in Abschnitt 4.7.1 erläutert. Mit dem Makro `kfree()` kann der reservierte Speicher wieder freigegeben werden. Der Funktion `kfree_s()` ist aus Kompatibilitätsgründen zu alten Kernelversionen vorhanden. Damals war `kfree_s()` mit Angabe der Größe des allozierten Bereichs schneller, durch eine neue Implementation von `kmalloc()` gibt es nun keine Unterschiede mehr. Allerdings können diese Funktionen nur Bereiche bis zu einer Größe von 4072 Byte[4] verwalten.

Der reservierte Speicher ist aus Effizienzgründen nicht initialisiert. Bei der Benutzung sollte darauf geachtet werden, daß der Prozeß durch den Aufruf von `kmalloc()` unterbrochen werden könnte, da die möglicherweise aufgerufene Funktion `get_free_page()` blockiert, wenn keine freien Speicherseiten vorhanden sind.

Da im LINUX-Kern Version 1.0 nur jeweils eine physische Speicherseite mit der Funktion `get_free_page()` reserviert werden kann, ist es notwendig, den Freispeicher in den von `kmalloc()` allozierten Speicherseiten zu verwalten. Die zentrale Datenstruktur dabei ist die Tabelle `sizes[]`, die Deskriptoren für verschiedene Speicherbereichsgrößen enthält. In diesen Deskriptoren ist ein Zeiger auf eine lineare Page-Deskriptorliste enthalten. Ein Page-Deskriptor verwaltet jeweils eine Speicherseite. Dieser Page-Deskriptor ist am Anfang jeder von `kmalloc()` genutzten Speicherseite abgelegt. Innerhalb der Speicherseite werden alle freien Speicherblöcke in einer linearen Liste verwaltet. Alle Speicherblöcke in Seiten, die in einer Liste zusammengefaßt sind, haben dieselbe Größe.

Ein Block hat wiederum einen Blockheader, der, wenn der Block frei ist, einen Zeiger auf das nächste Element enthält oder sonst die reale Größe des im Block allozierten Speicherbereichs. Abbildung 4.14 enthält eine Übersicht. Diese Struktur ist eine sehr effektive Implementation eines Freispeicherverwaltungssystems, das an das Buddy-System[5] angelehnt ist, aber die Besonderheiten des 386-Prozessors berücksichtigt.

In alten Kernelversionen war `kmalloc()` die einzige Möglichkeit, dynamisch Speicher zu reservieren. Das führte dazu, daß einige Initialisierungsroutinen beim Starten des Kerns sehr viel Speicher belegten oder Strukturen mit mehreren Zeigern auf kleinere Speicherbereiche verwendet wurden. Die Funktion `vmalloc()` und das zugehörige `vfree()` schaffen Abhilfe. Mit ihnen kann man Speicher in Vielfachen von 4 KByte reservieren. Beide Funktionen werden in `mm/vmalloc.c` definiert.

---

[4] Frühere Kernelversionen konnten mit `kmalloc()` bis zu 4096 Byte eine ganze Speicherseite reservieren. Sollen Speicherbereiche in Vielfachen von 4 KByte alloziert werden, kann man jetzt `vmalloc()` verwenden.

[5] Das Buddy-System wird in [Tan86] erläutert.

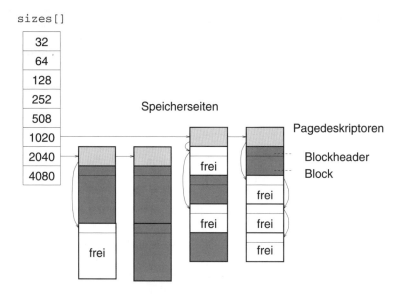

Abbildung 4.14: Strukuren für kmalloc()

```
void * vmalloc(unsigned long size);
void * vfree(void * addr);
```

Für size kann auch eine nicht durch 4096 teilbare Größe angegeben werden, sie wird dann aufgerundet. Sind kleinere Bereiche als 4072 Byte zu reservieren, ist die Verwendung von kmalloc() sinnvoller. Der maximale Wert für size ist durch den zur Verfügung stehenden freien physischen Speicher beschränkt. Weil der von vmalloc() reservierte Speicher nicht ausgelagert wird, sollten Kernelprogrammierer nicht allzu großzügig damit umgehen. Da vmalloc() die Funktion get_free_page() aufruft, ist es möglich, daß der Prozeß blockiert wird, um auf Schreib- beziehungsweise Leseanforderungen an Geräte zu warten.

Nach dem Aufrunden von size wird eine Adresse gesucht, an die der zu allozierende Bereich in das Kernelsegment vollständig eingeblendet werden kann. Wie schon erläutert, wird im Kernelsegment der gesamte physische Speicher ab dessen Beginn eingeblendet, so daß die logischen Adressen den physischen Adressen entsprechen.

Für vmalloc() muß nun oberhalb des Endes des physischen Speichers der zu allozierende Speicher eingeblendet werden, da mit get_free_page() (siehe 4.7.1) nur einzelne, nicht notwendigerweise hintereinander liegende Speicherseiten zu allozieren sind. Die Suche beginnt ab der nächsten auf einer 8 MByte Grenze liegenden Adresse hinter dem physischen Speicher. Die dortigen Adressen könnten durch vorhergehende `vmalloc`-Aufrufe schon belegt worden sein. Zwischen den einzelnen reservierten Bereichen wird jeweils eine Speicherseite freigelassen, um Zugriffe abzufangen, die über den allozierten Speicherbereich hinausgehen.

`vmalloc()` blendet die freien Seiten in den gerade ermittelten virtuellen Adreßbereich ein. Sollte es notwendig sein, neue Page-Tabellen zu erzeugen, werden diese als reserviert in die *Memory Map* eingetragen. Das verhindert das Auslagern dieser Speicherseiten.

LINUX verwaltet die so erzeugten virtuellen Kerneladreßbereiche auf einfache Art und Weise mit Hilfe einer linearen Liste. Die zugehörige Datenstruktur `vm_struct` beinhaltet die virtuelle Adresse des Bereichs und dessen Größe, die auch die nicht in die Page-Tabelle eingetragene Seite umfaßt. Sie soll, wie schon erwähnt, Adreßbereichsüberschreitungen aufzeigen. Der reservierte Speicherbereich ist demnach 4 KByte kleiner als der in `vm_struct` enthaltene Wert. Daneben ist noch ein Zeiger auf das nächste Listenelement und wiederum eine nicht benutzte Komponente zu finden.

4.6 Das Caching der Blockgeräte

Bei der Beurteilung der Leistungsfähigkeit eines Computersystems ist die Zugriffsgeschwindigkeit auf Blockgeräte ein entscheidender Faktor. LINUX benutzt hier ein dynamisches Cachesystem, das den von Kern und Prozessen ungenutzten Hauptspeicher als Puffer für die Blockgeräte verwendet. Steigt der Bedarf an Hauptspeicher an, wird der Platz für den Puffer wieder verkleinert. Zusätzlich versucht LINUX, den Pufferspeicher direkt für eingeblendete virtuelle Speicherbereiche zu benutzen. Damit wird die zusätzliche Benutzung einer Speicherseite und das Kopieren der einzelnen Dateiblöcke in diese Speicherseite vermieden.

Dateien sind auf Blockgeräten gespeichert. Diese können Anforderungen zum Lesen und Schreiben von Datenblöcken bearbeiten. Dabei kann für ein Gerät die Blockgröße 512, 1024, 2048 oder 4096 Byte betragen. Diese Blöcke müssen durch ein Puffersystem im Speicher gehalten werden. Ein Zugriff auf das Gerät sollte nur in zwei Fällen erfolgen. Ein Block ist zu laden, wenn er noch nicht im Puffer vorhanden ist. Er ist zu schreiben, wenn der Pufferinhalt des Blockes nicht mehr mit dem auf dem externen Medium übereinstimmt. Dazu wird nach einer Schreiboperation der betroffene Block im Puffer als „dirty" gekennzeichnet. Durch eine Schreiboperation wird niemals direkt auf das externe Medium geschrieben. LINUX unterstützt das `O_SYNC`-Flag des `open`-Systemrufs nicht. Das Medium wird erst aktualisiert, nachdem der Kern dazu durch `sys_sync()` oder `sys_fsync()` explizit aufgefordert worden ist bzw. der von diesem Block benutzte Speicher für andere Zwecke verwendet werden soll.

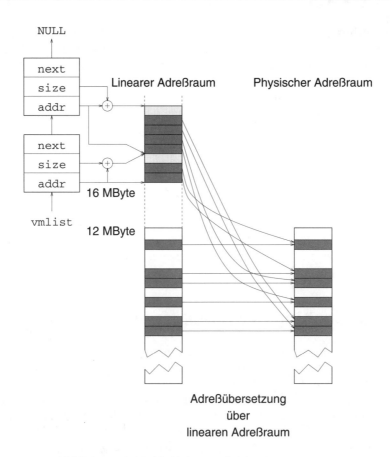

Abbildung 4.15: Funktionsweise von vmalloc()

Die Implementation des LINUX-Puffercaches basiert offensichtlich, wenn auch modifiziert, auf der in „The Design of the UNIX (R) Operating System" von Maurice J. Bach [Bac86] beschriebenen. Wir haben schon festgestellt, daß der Puffercache einzelne Blöcke unterschiedlicher Größen verwalten muß. Dazu wird jedem Block eine buffer_head-Datenstruktur zugeordnet. Der Einfachheit halber wird sie im folgenden als Pufferkopf bezeichnet. Die Definition dafür steht in include/linux/fs.h:

```
struct buffer_head {
    char * b_data;
    unsigned long b_size;
    unsigned long b_blocknr;
```

```
    dev_t b_dev;
    unsigned short b_count;
    unsigned char b_uptodate;
    unsigned char b_dirt;
    unsigned char b_lock;
    unsigned char b_req;
    struct wait_queue * b_wait;
    struct buffer_head * b_prev;
    struct buffer_head * b_next;
    struct buffer_head * b_prev_free;
    struct buffer_head * b_next_free;
    struct buffer_head * b_this_page;
    struct buffer_head * b_reqnext;
};
```

Der Zeiger b_data zeigt auf den Block mit den Daten, einen extra reservierten Bereich des physischen Speichers. Er hat die Größe bsize. Der Wert von b_dev gibt das Gerät an, auf dem der Block abgespeichert ist, und b_blocknr die Nummer dieses Blocks auf dem zum Gerät gehörigen Speichermedium. In b_count ist die Zahl der Prozesse abgelegt, die den Block gerade benutzen. Das Flag b_uptodate zeigt an, daß der Puffer ordnungsgemäß vom externen Medium gelesen worden ist. Der Block muß auf das Medium zurückgeschrieben werden, wenn b_dirt gesetzt ist. Der Zugriff auf den Block und den Pufferkopf ist gesperrt, wenn b_lock gesetzt ist. In einem solchen Fall müssen sich Prozesse in die Warteschlange b_wait stellen.

Unter LINUX werden alle Puffer, belegte wie freie, in einer doppelt verketteten Ringliste verwaltet. Der Zeiger auf das erste Element ist free_list[6]. Wir werden im folgenden von der Pufferliste sprechen. Die für die Pufferliste notwendigen Zeiger b_prev_free und b_next_free sind ebenfalls im Pufferkopf zu finden. Freie Puffer in dieser Liste sind an dem Wert 0 für die Gerätenummer b_dev zu erkennen. Mit Hilfe der Ringliste ist ein einfacher LRU-Algorithmus (*least recently used algorithm*) implementiert. Der zuletzt benutzte Puffer wird immer an das Ende der Liste angehängt. Dazu muß nur der entsprechende Pufferkopf aus der Pufferliste ausgehängt und vor dem ersten Element der Ringliste eingefügt werden.

Darüber hinaus gibt es noch eine lineare Liste, unused_list, in der sich Pufferköpfe befinden, denen noch kein Pufferbereich für einen Datenblock zugewiesen wurde. Diese Liste benutzt wie die Pufferliste den Zeiger b_next_free.

Wurde einem Puffer ein Gerät und eine Blocknummer zugeordnet, wird er außerdem in eine offene Hashtabelle eingetragen. Bei offenem Hashing besteht die Hashtabelle aus Zeigern auf Listen, so daß die Anzahl der Einträge nur durch den zur Verfügung stehenden Speicher beschränkt ist. Allerdings verlangsamt sich der

---

[6] Bei Bach [Bac86] werden in dieser Liste nur die nicht benutzten Puffer verwaltet.

Suchvorgang mit zunehmender Zahl der Einträge. Die Listen sind als Ringlisten implementiert, wobei die Komponenten b_prev und b_next des Pufferkopfs genutzt werden. Die Hashfunktion benutzt die Gerätenummer und die Blocknummer als Argumente.

```
#define _hashfn(dev,block) (((unsigned)(dev^block))%NR_HASH)
```

Unter LINUX ist die gebräuchliche Blockgröße 1024 Byte. Demnach passen vier Blöcke dieser Größe in eine Speicherseite. Um die Verwaltung zu vereinfachen, wird mit Hilfe des Zeigers b_this_page eine lineare Liste der Pufferköpfe der Blöcke einer Speicherseite implementiert.

Für die Bearbeitung von Lese- und Schreibanforderung gibt es im Pufferkopf den Zeiger b_reqnext. Wird durch den Gerätetreiber gerade eine Anforderung bearbeitet, ist das Flag b_req gesetzt.

Ein typisches Szenario sieht nun wie folgt aus. Eine Systemroutine ruft die Funktion bread() auf. Ihre Definition steht in der Datei fs/buffer.c.

```
struct buffer_head * bread(dev_t dev, int block, int size)
```

Zuerst wird überprüft, ob für den Block block zum Gerät dev nicht schon ein Puffer vorhanden ist. Dies geschieht mit Hilfe der Hashtabelle. Wird der Puffer gefunden und das Flag b_uptodate ist gesetzt, kehrt bread() zurück. Wenn das Flag nicht gesetzt ist, muß der Puffer durch Lesen des externen Mediums aktualisiert werden, und die Routine kann zurückkehren.

Komplizierter ist der Fall, wenn noch kein Puffer für den zu lesenden Block existiert. Jetzt wird getestet, ob ein freier Puffer in der Pufferliste vorhanden ist, wenn ja, muß nur noch der Block in den Puffer gelesen werden. Ansonsten wird erst ein entsprechender Pufferkopf alloziert, wobei aus Effizienzgründen immer gleich eine ganze Speicherseite von Pufferköpfen erzeugt wird und die nichtgenutzten Köpfe zunächst in die Liste unused_list eingetragen werden. Bevor LINUX wiederum ein neue Speicherseite für die Pufferköpfe reserviert, wird unused_list geleert.

Dann wird dem Pufferkopf ein Speicherbereich zur Aufnahme des Blocks zugeordnet. Da nur eine gesamte Speicherseite angefordert werden kann, generiert die Funktion create_buffers mehr Puffer als momentan benötigt werden. Sie trägt alle erzeugten Puffer in die Pufferliste free_list ein.

Zum Lesen des Blocks wird die Funktion ll_rw_block() verwendet, die die entsprechende Anforderung für den Gerätetreiber erzeugt. Sie ist in ll_rw_blk.c im Verzeichis drivers/block/ enthalten. Nach Absetzen der Gerätetreiberanforderung muß der aktuelle Prozeß allerdings noch auf die Abarbeitung dieser Anforderung warten. Mit brelse() sollte der von bread() zurückgegebene Speicherblock, wenn er nicht mehr benötigt wird, freigegeben werden.

Kapitel 4.6   Das Caching der Blockgeräte

Wird in den Puffer geschrieben, muß das Flag `b_dirt` gesetzt werden. Dann wird beim Systemruf `sys_sync()` der Block auf das externe Medium geschrieben. Alle Synchronisationsroutinen stützen sich auf `sync_buffers()`.

```
static int sync_buffers(dev_t dev, int wait)
```

Der Parameter `dev` kann auf 0 gesetzt werden, um alle Blockgeräte zu aktualisieren. Mit `wait` wird durch die aufrufende Funktion gesteuert, ob die Routine auf das Ausführen der Schreibanforderungen durch die Gerätetreiber warten soll. Wenn nicht, werden alle Einträge in der Pufferliste nach beschriebenen Puffern durchsucht. Findet `sync_buffers()` solche, generiert es durch den Aufruf der Routine `ll_rw_block()` die notwendigen Schreibanforderungen an die Gerätetreiber.

Komplizierter ist der Fall, wenn auf die erfolgreiche Ausführung der Schreiboperationen gewartet werden soll. Dann sind drei Durchgänge notwendig, um alle modifizierten Puffer wenigstens einmal auf Platte zu schreiben. Im ersten Durchgang werden für alle modifizierten und nicht gesperrten Blöcke entsprechende Anforderungen generiert. Im zweiten Durchgang wird auf die Beendigung aller blockierten Operationen gewartet. Allerdings kann es jetzt möglich sein, daß ein im ersten Durchgang durch eine Leseoperation blockierter Puffer während des Wartens durch einen anderen Prozeß modifiziert wurde. Darum werden auch in diesem Durchgang für modifizierte Puffer Schreibanforderungen generiert. Im dritten Durchgang wird nur noch auf das Beenden aller die Puffer blockierenden Operationen gewartet. Hier zeigt sich ein besonderer Vorteil der asynchronen Ansteuerung der Gerätetreiber. Während im ersten Durchgang Daten auf die Festplatte geschrieben werden, kann LINUX schon nach den nächsten Kandidaten, die geschrieben werden sollen, suchen.

Für das Einblenden von Dateibereichen in virtuelle Speicherbereiche des Nutzersegments eines Prozesses steht die Funktion `bread_page()` zur Verfügung. Ihre Implementation ist wiederum in `fs/buffer.c` enthalten.

```
unsigned long bread_page(unsigned long address, dev_t dev,
                         int b[], int size, int prot)
```

Diese Funktion soll die Blöcke der Tabelle `b[]` mit der Blockgröße `size` vom Gerät `dev` in eine Speicherseite laden. Wenn im Parameter `prot` das Schutzattribut, das Lesen und Schreiben erlaubt, nicht gesetzt ist, versucht LINUX, die Speicherseite gleichzeitig für die Puffer und den virtuellen Adreßbereich zu nutzen. Dazu muß aber geprüft werden, ob die Puffer zu den Blöcken in der richtigen Reihenfolge innerhalb einer Speicherseite zusammengefaßt sind. Ist dies nicht der Fall wird versucht, alle Blöcke in eine Speicherseite vom Gerät einzulesen. Sind aber einzelne Blöcke der Seite schon gelesen worden, wird darauf verzichtet. Können die Pufferblöcke nicht in den virtuellen Adreßraum des Prozesses eingeblendet werden, kopiert `bread_page()` den Inhalt der Blöcke in die Speicherseite an der Adresse `address`.

Der Puffercache nutzt bei entsprechendem Bedarf den gesamten zur Verfügung stehenden RAM des Rechners bis auf eine kleine Reserve an Speicherseiten voll aus. Die Anzahl dieser Seiten wird durch der Variable `min_free_pages` festgelegt. Sie liegt bei Systemen mit weniger als 4 MByte physischen Speicher bei 20 und für Systeme mit größerem Speicher bei 200. LINUX und auch Windows NT bieten mit dem dynamische Puffercache einen Leistungsvorteil gegenüber anderen PC-Betriebssystemen.

4.7 Paging unter Linux

Der RAM-Speicher in einem Rechner ist immer begrenzt und im Vergleich zu Festplatten relativ teuer. So kam man schon recht früh auf die Idee, momentan nicht-genutzte Bereiche aus dem primären Speicher (dem RAM) in sekundäre Speicher (zum Beispiel eine Festplatte) auszulagern. Die Eigenschaft von UNIX, gleichzeitig mehr Prozesse abarbeiten zu können, als Platz für sie im primären Speicher ist, hat sicherlich wesentlich zur Verbreitung von UNIX beigetragen.

Das traditionelle Auslagerungsverfahren war das Swapping, bei dem ganze Prozesse aus dem Hauptspeicher auf das sekundäre Medium ausgelagert und wieder eingelesen wurden. Dieses Verfahren löste nicht das Problem, Prozesse mit größerem Speicherbedarf als dem vorhandenen primären Speicher auszuführen. Außerdem ist das Auslagern und Einlesen eines gesamten Prozesses sehr ineffektiv.

Mit der Einführung neuer Hardwarearchitekturen (VAX) wurde das Konzept des *Demand Paging* entwickelt. Mit Hilfe einer *Memory Management Unit* wird der gesamte Speicher in Speicherseiten eingeteilt, wobei immer nur einzelne Speicherseiten auf Anforderung eingelesen und ausgelagert werden. Da die 386- und 486-Prozessoren die Verwaltung von Speicherseiten unterstützen, wird von LINUX Demand Paging verwendet. Dabei werden Speicherseiten, die ohne Schreiberlaubnis direkt mit `do_mmap()` in den virtuellen Adreßbereich eines Prozesses eingeblendet worden sind, nicht ausgelagert, sondern verworfen. Ihr Inhalt kann wieder aus den eingeblendeten Dateien gelesen werden. Speicherseiten des Kernelsegments dürfen aus einem einfachen Grund nicht ausgelagert werden: Routinen und Datenstrukturen, die Speicherseiten aus dem sekundären Speicher zurücklesen, müssen immer im primären Speicher vorhanden sein. Dazu wird einfach das gesamte Kernelsegment gegen das Auslagern gesperrt.

LINUX kann zwei Arten von Auslagerungsbereichen auf externen Medien bereitstellen. Bei der ersten wird ein ganzes Blockgerät als Auslagerungsbereich benutzt. Typischerweise ist einem solchen Blockgerät eine Partition auf einer Festplatte zugeordnet. Die zweite Art von Auslagerungsbereichen sind Dateien mit

Kapitel 4.7 Paging unter Linux

einer festen Größe in einem Dateisystem. Dem in LINUX üblichen, etwas lockeren Umgang mit Begriffen ist es zu verdanken, daß diese Bereiche irreführend als Swapgeräte beziehungsweise Swapdateien bezeichnet werden. Korrekterweise müßte von Paging-Geräten und -Dateien gesprochen werden. Da sich aber nun die beiden nicht ganz korrekten Begriffe eingebürgert haben, werden wir sie auch so übernehmen. Mit dem Begriff Auslagerungsbereich kann im folgenden sowohl ein Swapgerät als auch eine Swapdatei bezeichnet sein.

Für Swapgerät und Swapdatei ist eine gemeinsame Struktur definiert. In den ersten 4096 Byte ist eine Bitmap enthalten. Gesetzte Bits zeigen an, daß die Speicherseite, deren Nummer im Auslagerungsbereich mit dem Offset des Bits zum Anfang des Bereichs übereinstimmt, für Auslagerungen zur Verfügung steht. Ab dem Byte 4086 ist noch die Zeichenkette "SWAP-SPACE" als Kennung abgelegt. Demnach können nur 4086 * 8 - 1 = 32687 Speicherseiten in einem Swapgerät oder einer Swapdatei verwaltet werden. Im Verhältnis zu den heute üblichen Plattengrößen ist das nicht allzuviel. Für die meisten Anwendungen ist aber diese Speichergröße mehr als ausreichend. Außerdem gibt es die Möglichkeit, mehrere Swapdateien und -geräte parallel zu benutzen. LINUX legt diese Anzahl mit MAX_SWAPFILES auf 8 fest. Dieser Wert kann auf 64 hochgesetzt werden[7]. Für fast alle Anwendungsfälle dürfte der für Auslagerungsbereiche bereitstellbare Platz ausreichend sein.

Die Verwendung eines Swapgeräts ist effektiver als die einer Swapdatei. In einem Swapgerät ist eine Seite immer in aufeinanderfolgenden Blöcken abgespeichert. In einer Swapdatei können dagegen die einzelnen Blöcke abhängig von der Fragmentierung des benutzten Dateisystems beim Einrichten der Datei unterschiedliche Blocknummern besitzen. Diese Blöcke müssen noch über die Inode der Swapdatei ermittelt werden. Bei einem Swapgerät ergibt sich der erste Block schon aus dem Offset der auszulagernden beziehungsweise einzulesenden Speicherseite. Die restlichen folgen auf den ersten Block. Bei einem Swapgerät muß für eine Speicherseite nur eine Lese- bzw. Schreibanforderung abgesetzt werden, bei einer Swapdatei entsprechend des Quotienten von Speicherseitengröße und Blockgröße mehrere. Im typischen Fall (bei der Verwendung einer Blockgröße von 1024 Byte) sind das vier separate Anforderungen, die nicht unbedingt hintereinanderliegende Bereiche des externen Mediums lesen müssen. Bei einer Festplatte werden dadurch Bewegungen des Schreib-/Lesekopfes verursacht, die dann auch auf die Lesegeschwindigkeit Einfluß haben.

Durch den Systemruf sys_swapon() wird ein Swapgerät oder eine Swapdatei im Kern angemeldet.

---

[7] Dies kann man aus der Definition des Makros SWP_TYPE in mm/swap.c
#define SWP_TYPE(entry) (((entry) & 0xfe) >> 1)
und aus der Tatsache schließen, daß für einen speziellen Fall der Typ SHM_SWP_TYPE == 0x41 definiert worden ist.

```
int sys_swapon(const char * specialfile);
```

Der Parameter ist der Name des Geräts beziehungsweise der Datei. Die Systemroutine füllt die Struktur `swap_info_struct` für einen Eintrag in der Tabelle `swap_info`.

```
static struct swap_info_struct {
   unsigned long flags;
   struct inode * swap_file;
   unsigned int swap_device;
   unsigned char * swap_map;
   unsigned char * swap_lockmap;
   int pages;
   int lowest_bit;
   int highest_bit;
   unsigned long max;
} swap_info[MAX_SWAPFILES];
```

Ist in `flags` das Bit `SWP_USED` gesetzt, wird der Eintrag in der Tabelle `swap_info` vom Kern schon für einen anderen Auslagerungsbereich genutzt. Der Kern setzt das Flag `SWP_WRITEOK`, wenn alle Initialisierungsschritte für den Auslagerungsbereich abgeschlossen sind. Verweist die Struktur auf eine Swapdatei, ist der Inode-Zeiger `swap_file` gesetzt, andernfalls ist die Nummer des Swapgeräts in `swap_device` eingetragen. Der Zeiger `swap_map` zeigt auf eine mit `vmalloc()` allozierte Tabelle, in der jeder Speicherseite des Auslagerungsbereichs ein Byte zugeordnet ist. In diesem Byte wird gezählt, wieviele Prozesse auf diese Speicherseite verweisen. Kann die Speicherseite nicht benutzt werden, ist der Wert in `swap_map` auf `0x80` beziehungsweise `128` gesetzt. In der Tabelle `swap_lockmap` gibt es für jede Speicherseite des Auslagerungsbereichs ein Bit. Ein gesetztes Bit signalisiert einen aktuellen Zugriff auf die Speicherseite. Es dürfen dann keine neuen Schreib- oder Leseanforderungen erzeugt werden. In der Integer-Komponente `pages` ist die Anzahl der Speicherseiten abgelegt, die in diesen Auslagerungsbereich geschrieben werden dürfen. Die Werte von `lowest_bit` und `highest_bit` geben das maximale Offset einer Speicherseite im Auslagerungsbereich an. In `max` ist der um eins erhöhte Wert von `highest_bit` gespeichert, da dieser häufig benötigt wird.

Mit dem Systemruf `sys_swapoff()` kann versucht werden, eine Swapdatei oder ein Swapgerät wieder beim Kern abzumelden. Dazu muß aber im Hauptspeicher oder in den anderen Auslagerungsbereichen genug Speicher vorhanden sein, um die im abzumeldenden Auslagerungsbereich befindlichen Speicherseiten aufzunehmen.

```
asmlinkage int sys_swapoff(const char * specialfile);
```

4.7.1 Das Finden einer freien Seite

Im Kern wird immer dann, wenn physischer Speicher reserviert werden muß, die Funktion `get_free_page()` beziehungsweise `__get_free_page()` aufgerufen. Sowohl `vmalloc()` als auch `kmalloc()` benutzen diese Routinen. Die Funktion `get_free_page()` setzt nach dem Aufruf `__get_free_page()` die gesamte Seite auf Null. Das kostet Prozessorzeit und wird, wenn es nicht unbedingt erforderlich ist, in den meisten Fällen vermieden.

Bleibt also nur noch die Funktionsweise von `__get_free_page()` zu erklären. Diese Funktion ist in der Datei `mm/swap.c` enthalten.

```
unsigned long __get_free_page(int priority)
{
   unsigned long result, flag;
   static unsigned long index = 0;

   save_flags(flag);
repeat:
   REMOVE_FROM_MEM_QUEUE(free_page_list,nr_free_pages);
   if (priority == GFP_BUFFER)
      return 0;
   if (priority != GFP_ATOMIC)
      if (try_to_free_page())
         goto repeat;
   REMOVE_FROM_MEM_QUEUE(secondary_page_list,
                         nr_secondary_pages);
   return 0;
}
```

Der Parameter `priority` steuert die Abarbeitung der Funktion. Die zulässigen Werte sind in der Tabelle 4.7 zusammengefaßt.

`GFP_ATOMIC` ist für den Aufruf von `__get_free_page` aus Interruptbehandlungsroutinen heraus gedacht, und `GFP_BUFFER` wird in der Puffercache-Verwaltung benutzt, um zu verhindern, daß für den Cache Speicherseiten aus Prozessen verworfen beziehungsweise ausgelagert werden oder gar Puffer geleert werden. Werden die Parameter `GFP_USER` und `GFP_KERNEL` benutzt, wird möglicherweise der Prozeß unterbrochen und das Scheduling aufgerufen.

Der Kern verwaltet zwei Listen mit ungenutzten Speicherseiten. Implementiert sind sie als Zeiger (`free_page_list` bzw. `secondary_page_list`) auf eine Speicherseite, an deren Beginn der Zeiger auf die nächste Speicherseite steht. Dort steht am Anfang der letzten Seite `NULL`.

Über die Anzahl der in den Listen befindlichen Speicherseiten geben die Variablen `nr_free_pages` und `nr_secondary_pages` Auskunft. Die sekundäre Speicherseitenliste `secondary_page_list` wird beim Freigeben von Speicher-

Priorität	Erläuterung
GFP_BUFFER	Es soll nur eine Speicherseite zurückgegeben werden, wenn im physischen Speicher noch eine freie vorhanden ist.
GFP_ATOMIC	Die Funktion __get_free_page darf nicht den laufenden Prozeß unterbrechen, aber es sollte nach Möglichkeit eine Speicherseite zurückgegeben werden.
GFP_USER	Der laufende Prozeß darf zum Auslagern von Speicherseiten unterbrochen werden.
GFP_KERNEL	Dieser Parameter entspricht GFP_USER.

Tabelle 4.7: Prioritäten für die Funktion __get_free_page()

seiten priorisiert gefüllt, da sie für GFP-ATOMIC-Rufe genutzt wird und immer freie Seiten enthalten sollte. In der Datei include/linux/mm.h wird mit der Konstante MAX_SECONDARY_PAGES festgelegt, daß die sekundäre Liste mit 10 Seiten gefüllt sein sollte.

Um zu verhindern, daß gerade neu belegte Speicherseiten beim nächsten Ruf von __get_free_page ausgelagert oder verworfen werden, sind die letzten NR_LAST_FREE_PAGES (32) in einer Tabelle gespeichert.

Die Funktion __get_free_page() versucht, eine Seite aus der Liste mit den freien Speicherseiten zu belegen. Schlägt das fehl, kehren Aufrufe mit dem Parameter GFP_BUFFER zurück, und Aufrufe mit GFP_ATOMIC bedienen sich aus der sekundären Liste mit freien Speicherseiten. In den restlichen Fällen wird die Funktion try_to_free_page() aufgerufen. Konnte eine freie Speicherseite gefunden werden, wird an den Anfang von __get_free_page() gesprungen. Schlägt try_to_free_page() fehl, wird die sekundäre Liste genutzt. Wenn diese leer ist, kann __get_free_page() seine Aufgabe nicht erfüllen. LINUX kann dann keinen freien Speicher mehr finden.

```
static int try_to_free_page(void)
{
   int i=6;

   while (i--) {
      if (shrink_buffers(i))
         return 1;
      if (shm_swap(i))
         return 1;
```

Kapitel 4.7 Paging unter Linux

```
        if (swap_out(i))
            return 1;
    }
    return 0;
}
```

Wie zu erkennen ist, wird in maximal sechs Durchläufen versucht, wenigstens eine frei Seite zu finden. Dabei werden die entsprechenden Funktionen mit steigender Priorität aufgerufen. Die Funktion `shrink_buffers()` sucht unter einer mit wachsender Priorität größeren Anzahl von Pufferköpfen in der Pufferliste `free_list` nach unbenutzten Puffern, deren `b_count` gleich 0 ist. Dabei werden modifizierte Puffer auf die Festplatte geschrieben. Bei höchster Priorität wird sogar auf das Ende von Schreib- oder Leseoperationen gewartet. Ist `shrink_buffers()` erfolgreich, wurde wenigstens eine Speicherseite in die Liste der freien Speicherseiten oder in die sekundäre Liste eingetragen. Die Funktion `shm_swap()` versucht, Speicherbereiche auszulagern, die über die Shared-Memory-Funktionen der System-V-Interprozeßkommunikation (siehe Kapitel 5) reserviert worden sind.

Die Funktion `swap_out()` ist sehr interessant, da sie ein Verfahren verwendet, um Prozesse, die in der letzten Zeit häufig Seiten ein- und ausgelagert haben, weniger intensiv nach verwerfbaren bzw. auslagerbaren Speicherseiten zu durchsuchen. Dazu wird ein Wert `swap_cnt` berechnet, der für jeden Prozeß angibt, wieviele Speicherseiten auszulagern sind, bevor `swap_out()` sich mit dem nächsten Prozeß beschäftigt. Die Suche nach verwerfbaren bzw. auslagerbaren Speicherseiten von `swap_out()` beginnt immer nach der Speicherseite des Prozesses, bei der die Funktion das letzte Mal verlassen wurde. Dieses Verfahren wird in [Tan86] als „Clock"-Algorithmus bezeichnet. Der Prioritäts-Parameter steuert die Anzahl Prozesse, die von `swap_out()` maximal während eines Aufrufs durchsucht werden.

Betrachten wir die Berechnung von `swap_cnt` etwas genauer. Eine Neuberechnung, das heißt ein Periodenwechsel, findet immer dann statt, wenn `swap_out()` zu einem neuen Prozeß wechselt und der Wert von `swap_cnt` gleich Null ist.

$$\Delta\mathtt{maj\_flt} \;=\; \mathtt{maj\_flt} - \mathtt{old\_maj\_flt}$$

$\Delta\mathtt{maj\_flt}$ ist die Anzahl der Speicherseitenfehler in der letzten Periode, bei deren Behandlung auf sekundäre Medien zugegriffen werden mußte.

$$\mathtt{dec\_flt}' \;=\; \frac{3}{4} \cdot \mathtt{dec\_flt} + \Delta\mathtt{maj\_flt}$$

$$\text{dec\_flt}'' = \begin{cases} \frac{\text{SWAP\_RATIO}}{\text{SWAP\_MIN}} & \text{dec\_flt}' \geq \frac{\text{SWAP\_RATIO}}{\text{SWAP\_MIN}} \\ \text{dec\_flt}' & \text{sonst.} \end{cases}$$

Die Variable `dec_flt` wichtet die Seitenfehler nach dem Alter der Periode, in der sie auftraten. Aus diesem Wert wird `swap_cnt` bestimmt. Dabei geben SWAP_MIN und SWAP_MAX den minimal beziehungsweise maximal möglichen Wert von `swap_cnt` an. Sie sind auf 4 und 32 festgelegt. SWAP_RATIO ist auf 128 festgelegt.

$$\text{swap\_cnt} = \begin{cases} \text{SWAP\_MIN} & \text{dec\_flt}' \geq \frac{\text{SWAP\_RATIO}}{\text{SWAP\_MIN}} \\ \text{SWAP\_MAX} & \text{dec\_flt}' \leq \frac{\text{SWAP\_RATIO}}{\text{SWAP\_MAX}} \\ \frac{\text{SWAP\_RATIO}}{\text{dec\_flt}'} & \text{sonst.} \end{cases}$$

Die Funktion `swap_out()` versucht nun, Speicherseiten für den gerade untersuchten Prozeß mit Hilfe der Funktion `try_to_swap_out()` auszulagern bzw. zu verwerfen.

In `try_to_swap_out()` wird eine Seite aus dem virtuellen Adreßbereich des Prozesses daraufhin untersucht, ob sie überhaupt im Speicher vorhanden und nicht reserviert ist. Ist das Zugriffsbit PAGE_ACCESSED für diese Speicherseite gesetzt, wird es gelöscht und die Funktion erfolglos beendet. Damit ist in LINUX eine einfache Alterungsfunktion für Speicherseiten realisiert. Zuletzt genutzte Speicherseiten werden nicht so schnell ausgelagert. Diese Verfahren ist von ANDREW S. TANENBAUM in [Tan86] als *„Second Chance"* beschrieben worden.

Die Funktion `try_to_swap_out()` ist auch erfolglos, wenn die Speicherseite in der Tabelle der letzten mit `__get_free_page()` reservierten Speicherseiten `last_free_pages()` enthalten ist.

Ist die Seite beschrieben worden, wird sie nur ausgelagert, wenn sie lediglich von einem Prozeß genutzt wird. Dann ist `mem_map[PAGE_NR(page)]` gleich eins. Dabei werden die Nummer des Auslagerungsbereichs und die Seitennummer des Bereichs in den die Seite geschrieben wird, in der Page-Tabelle vermerkt.

Ist die Seite nicht modifiziert, wird aber von mehreren Prozessen referenziert, streicht `free_page()` sie nur aus der entsprechenden Page-Tabelle des aktuellen Prozesses.

Der Rückgabewert von `try_to_free_page()` ist Null, wenn die Seite nicht freigegeben werden konnte. Er ist größer als eins, wenn die Seite zwar aus dem Pagedirectory des aktuellen Prozesses gestrichen wurde, aber noch in anderen Page-Tabellen referenziert ist. Nur wenn die Funktion eins zurückgibt, wurde eine Speicherseite in eine der beiden Listen mit freien Speicherseiten (`free_page_list` und `secondary_page_list`) eingetragen. Wenn das der Fall ist oder wenn die durch die Priorität gesteuerte Anzahl von Prozessen durchsucht worden ist, kehrt `swap_out()` zurück.

Eine Speicherseite wird mit `free_page()` freigegeben. Dabei wird der entsprechende Wert in `mem_map[]` dekrementiert und wenn er 0 erreicht hat, wird die Seite in die Listen der freien Speicherseiten eingetragen. Die sekundäre Liste wird als erstes wieder aufgefüllt.

4.7.2 Seitenfehler und das Zurückladen einer Speicherseite

Kann der 386 auf eine Speicherseite nicht zugreifen, generiert er eine Seitenfehler-Ausnahmeunterbrechung (*Page Fault*). Dabei wird ein Fehlercode auf den Stack geschrieben und die lineare Adresse, für die die Unterbrechung verursacht wurde, im Register `CR2` gespeichert.

Unter LINUX wird die Routine `do_page_fault()` aufgerufen.

```
asmlinkage void do_page_fault(struct pt_regs *regs,
                              unsigned long error_code)
```

Ihr werden die Werte der Register beim Auftreten der Unterbrechung und die Fehlernummer übergeben. Wenn die entsprechende Adresse im Nutzerbereich des Prozesses liegt, wird abhängig davon, ob eine Schreibschutzverletzung oder der Zugriff auf eine nicht im primären Speicher vorhandene Speicherseite vorlag, die Funktion `do_wp_page()` beziehungsweise die Funktion `do_no_page()` aufgerufen.

```
void do_no_page(unsigned long error_code, unsigned long address,
                struct task_struct *tsk, unsigned long user_esp);

void do_wp_page(unsigned long error_code, unsigned long address,
                struct task_struct * tsk, unsigned long user_esp);
```

In `do_wp_page()` wird die Speicherseite kopiert, wenn Copy-On-Write erlaubt ist, und die Kopie in das Pagedirectory des Prozesses, der den Fehler ausgelöst hat, eingetragen.

Die Funktion `do_no_page()` ruft die `no_page`-Behandlungsfunktion aus der zugehörigen `vm_area`-Struktur auf. Diese wird bei einer eingeblendeten Datei die Blöcke der Speicherseite lesen. Stößt `do_no_page()` auf eine ausgelagerte Speicherseite, wird `swap_in()` aufgerufen. Dies erkennt man an einem nichtleeren Page-Tabelleneintrag, dessen Präsenzbit nicht gesetzt ist.

```
void swap_in(unsigned long *table_ptr);
```

Der Funktion wird ein Zeiger auf den Page-Tabelleneintrag übergeben. Nach einer Reihe von Konsistenzprüfungen wird der Eintrag daraufhin getestet, ob die Speicherseite gar nicht ausgelagert sondern nur von mehreren Prozessen mit System-V-IPC-Funktionen geteilt worden ist. In diesem Fall ruft swapin() die Funktion shm_no_page() (siehe Abschnitt 5.5.4) auf. Der Normalfall besteht aber im Einladen der Seite. Dazu werden im Page-Tabelleneintrag das Dirty-Bit und die Bits für eine private Speicherseite (Präsenz-, Nutzer- und Lese/Schreib-Bit) gesetzt. Die Freigabe der Seite im Auslagerungsbereich erfolgt mit swap_free(). Die Funktion swap_in() wartet auf das Ende von Leseanforderungen für die Speicherseite und dekrementiert den Eintrag für die freizugebende Seite in der Tabelle swap_map um eins.

5

Interprozeßkommunikation

> *Is simplicity best*
> *Or simply the easiest*
> Martin L. Gore

Es gibt viele Anwendungen, in denen es notwendig ist, daß Prozesse kooperieren. Dies ist zum Beispiel immer dann der Fall, wenn Prozesse sich eine Ressource (z.B. einen Drucker) teilen müssen. Dabei ist auszuschließen, daß mehrere Prozesse gleichzeitig auf die Ressource zugreifen, also Daten an den Drucker senden. Diese Situation wird Wettbewerbsbedingung (*Race Condition*) genannt. Kommunikation zwischen den Prozessen muß dies verhindern. Der Ausschluß von Wettbewerbsbedingungen ist aber nur eine Einsatzmöglichkeit von Interprozeßkommunikation, die von uns einfach nur als Austausch von Informationen zwischen Prozessen eines oder mehrerer Rechner verstanden wird.

Es gibt viele verschiedene Arten der Interprozeßkommunikation. Sie unterscheiden sich unter anderem durch ihre Effektivität. Die Übermittlung einer kleineren natürlichen Zahl könnte mit Hilfe von zwei Prozessen realisiert werden, wobei der eine die entsprechende Anzahl an Kindprozessen erzeugt und der andere diese zählt.

Dieses nicht ganz ernst gemeinte Beispiel ist sicherlich sehr aufwendig, langsam und indiskutabel. Gemeinsam genutzter Speicher, *Shared Memory*, kann dieses Problem effektiver und schneller lösen.

Unter LINUX kann man zahlreiche Formen von Interprozeßkommunikation verwenden. Sie unterstützen Ressourcenteilung, Synchronisation, verbindungslosen beziehungsweise verbindungsorientierten Datenaustausch oder Kombinationen davon. Synchronisationsmechanismen dienen dem Auschluß der oben erwähnten Wettbewerbsbedingungen.

Verbindungsloser und verbindungsorientierter Datenaustausch unterscheiden sich von den ersten beiden Varianten durch andere semantische Modelle. In diesen Modellen sendet ein Prozeß Nachrichten an einen Prozeß oder eine bestimmte Gruppe von Prozessen.

Beim verbindungsorientierten Datenaustausch müssen die Kommunikationspartner erst eine Verbindung aufbauen, bevor die Kommunikation erfolgen kann. Bei einem verbindungslosen Datenaustausch versendet ein Prozeß nur Datenpakete, die mit einer Zieladdresse oder mit einem Nachrichtentyp versehen sein können, und überläßt es der Infrastruktur, die Pakete zuzustellen. Dem Leser sind diese Modelle aus dem täglichen Leben bestens vertraut. Beim Telefonieren benutzt er das Modell vom verbindungsorientierten Datenaustausch und beim Versenden von Briefen das verbindungslose Modell.

Es ist möglich, basierend auf dem einen Konzept (z.B. verbindungslosem Nachrichtenaustausch) andere Konzepte (möglicherweise Semaphore) zu realisieren. Unter LINUX werden alle Möglichkeiten der Interprozeßkommunikation zwischen Prozessen desselben Systems mit geteilten Ressourcen, Kerneldatenstrukturen, und dem Synchronisationsmechanismus „Warteschlange" realisiert. Allerdings stehen im Kern auch Semaphore für die Synchronisation zur Verfügung, die aber letztlich auch Warteschlangen benutzen.

LINUX-Prozesse können Speicher mit System-V-Shared-Memory teilen. Das Dateisystem ist von vornherein so implementiert, daß Dateien und Geräte gleichzeitig von mehreren Prozessen genutzt werden können. Um beim Zugriff auf Dateien Wettbewerbsbedingungen zu vermeiden, können verschiedene Dateisperrmechanismen verwendet werden. System-V-Semaphore können von einem Prozeß als Synchronisationsmechanismus genutzt werden.

Die einfachste Variante eines verbindungslosen Datenaustauschs sind die Signale. Signale kann man als sehr kurze Nachrichten auffassen, die an einen bestimmten Prozeß oder eine Prozeßgruppe gesendet werden (siehe Kapitel 3). In dieser Kategorie stehen unter LINUX noch Messagequeues (Nachrichtenwarteschlangen) und die Datagramm-Sockets der INET-Adreßfamilie zur Verfügung. Die Datagramm-Sockets stützen sich auf den UDP-Teil des TCP/IP-Codes ab. Sie können netzwerktransparent verwendet werden (siehe Kapitel 8).

Für den verbindungsorientierten Datenaustausch stehen *Pipes*, *Named Pipes*, die in der deutschen Literatur auch als FIFOs[1] bezeichnet werden, UNIX-Domain-Sockets und Stream-Sockets der INET-Adreßfamilie zur Verfügung. Die Stream-Sockets sind die Schnittstelle zum TCP-Teil des Netzwerks und werden unter ande-

---

[1] FIFO ist ein Anglizismus und steht für First-In/First-Out, was das Verhalten einer Pipe sehr gut beschreibt.

rem für die Realisierung von Diensten wie FTP und TELNET verwendet. Auch sie werden im Kapitel 8 erläutert. Die Verwendung des Socket-Programmierinterfaces stellt nicht in jedem Fall eine Interprozeßkommunikation dar. Der gegenüberliegende Kommunikationsendpunkt in einem Netz muß kein Prozeß sein. Es kann sich zum Beispiel um ein Programm eines Betriebssystems handeln, das keine Prozesse kennt.

Im Buch von MAURICE J. BACH, „Design and Implementation of the UNIX(R) Operating System", [Bac86] wird der Systemruf `ptrace()` als eine Variante der Interprozeßkommunikation aufgeführt. Mit ihm kann ein Prozeß die Abarbeitung eines anderen Prozesses bis hin zur Einzelschrittausführung steuern und sowohl Speicher als auch Register des Prozesses modifizieren. Er wird vor allem für Debugging-Zwecke benutzt. Die Implementation wird in diesem Kapitel diskutiert.

Tabelle 5.1 faßt noch einmal die von LINUX unterstützten Arten der Interprozeßkommunikation zusammen. Da NFS auf Datagramm-Sockets basiert, ist die Möglichkeit, Dateien über ein NFS-Dateisystem zu teilen, nicht aufgeführt. Der Systemruf `mmap()` ist nicht vollständig implementiert. Es kann also kein Shared Memory über anonymes Einblenden wie bei BSD-Systemen realisiert werden. Auch das System V Transport Library Interface wird nicht unterstützt.

	Ressourcenteilung	Synchronisationsmethode	Datenaustausch	
			verbindungslos	verbindungsorientiert
Kern	Datenstrukturen Puffer	Warteschlangen Semaphore	Signale	
Prozeß	System-V-Shared Memory Dateien	System-V-Semaphore File Locking	Signale System-V-Messagequeues	Pipes Named Pipe
		Lock-Datei		UNIX-Domain-Sockets
Netz			Datagramm-Sockets (UDP)	Stream-Sockets (TCP)

Tabelle 5.1: Von LINUX unterstützte Arten der Interprozeßkommunikation

5.1 Synchronisation im Kern

Da der Kern die Systemressourcen verwaltet, muß der Zugriff von Prozessen auf diese Ressourcen synchronisiert werden. Ein Prozeß wird, wenn er einen Systemruf ausführt, nicht durch den Scheduler unterbrochen, solange er nicht blockiert oder selber `schedule()` aufruft, um anderen Prozessen die Ausführung zu ermöglichen. Bei der Kernelprogrammierung sollte darauf geachtet werden, daß Funktionen wie `get_free_page(GFP_KERNEL)` und `down()` blockieren können. Der Kern kann allerdings auch durch Interruptbehandlungsroutinen unterbrochen werden. So kann es auch zu Wettbewerbsbedingungen kommen, wenn der Prozeß überhaupt keine Funktionen ausführt, die blockieren können.

Die Wettbewerbsbedingungen zwischen dem aktuellen Prozeß und den Interruptroutinen werden durch das Löschen des Interruptflags des Prozessors beim Eintritt in den kritischen Abschnitt und Zurücksetzen des Flags beim Austritt ausgeschlossen. Bei gelöschtem Interruptflag werden vom Prozessor bis auf den nichtmaskierbaren Interrupt (NMI), der bei der PC-Architektur zur Anzeige von RAM-Fehlern dient, keine Hardwareinterrupts zugelassen. Der NMI sollte im normalen Betrieb nicht auftreten. Diese Methode hat den Vorteil, daß sie sehr einfach ist, aber den Nachteil, daß eine zu freizügige Verwendung das System verlangsamt.

Nun kann es im normalen Betrieb vorkommen, daß im Kern auf bestimmte Ereignisse, zum Beispiel das Schreiben eines Blocks auf die Festplatte, gewartet werden muß. Der aktuelle Prozeß sollte blockieren, um anderen Prozessen die Ausführung zu ermöglichen.

Wie schon in Abschnitt 3.1.5 erläutert, gibt es dafür Warteschlangen. Mit der Funktion `sleep_on()` kann sich ein Prozeß in eine Warteschlange eintragen. Mit `wake_up()` beziehungsweise `wake_up_interruptible()` werden die Prozesse wieder geweckt, das heißt in den Zustand `TASK_RUNNING` überführt. Diese Routinen nutzen die Funktionen `add_wait_queue()` und `remove_wait_queue()`, die einen Eintrag in eine Warteschlange einfügen beziehungsweise daraus streichen. Sie werden aber auch von Interruptroutinen verwendet, so daß Wettbewerbsbedingungen auszuschließen sind. Realisiert ist das folgendermaßen:

```
struct wait_queue {
   struct task_struct * task;
   struct wait_queue * next;
};
```

Die Warteschlange ist eine einfach verkettete Ringliste von Zeigern in die Prozeßtabelle.

```
extern inline void add_wait_queue(struct wait_queue ** p,
                                  struct wait_queue * wait)
{
```

Kapitel 5.1 Synchronisation im Kern

```
   unsigned long flags;
      ...
   save_flags(flags);
   cli();
   if (!*p) {
      wait->next = wait;
      *p = wait;
   } else {
      wait->next = (*p)->next;
      (*p)->next = wait;
   }
   restore_flags(flags);
}
```

Hier sieht man sehr gut, wie der gegenseitige Ausschluß über das Interruptflag funktioniert. Vor dem Eintritt in den kritischen Bereich wird das EFLAGS-Register des Prozessors in der Variablen flags gespeichert, und das Interruptflag wird mit cli() gelöscht. Beim Austritt wird flags zurückgeschrieben und das Interruptflag durch restore_flags() wieder auf seinen alten Wert zurückgesetzt. Ein einfaches sti() wäre nur dann korrekt, wenn zuvor Interrupts erlaubt waren, was aber nicht der Fall sein muß.

Im kritischen Bereich wird die Struktur wait in die durch den Zeiger p referenzierte Liste eingehängt. Die Funktion remove_wait_queue() hat prinzipiell die gleiche Struktur wie add_wait_queue().

```
extern inline void remove_wait_queue(struct wait_queue ** p,
                                     struct wait_queue * wait)
{
   unsigned long flags;
   struct wait_queue * tmp;
      ...
   save_flags(flags);
   cli();
   if ((*p == wait) &&
         ...
      ((*p = wait->next) == wait)) {
      *p = NULL;
   } else {
      tmp = wait;
      while (tmp->next != wait) {
         tmp = tmp->next;
            ...
```

```
        }
        tmp->next = wait->next;
    }
    wait->next = NULL;
    restore_flags(flags);
       ...
}
```

Diese beiden Funktionen wurden verwendet, um Kernel-Semaphore zu implementieren. Semaphore sind Zählervariablen, die in jedem Fall inkrementiert werden, aber nur dann dekrementiert werden können, wenn ihr Wert größer Null ist. Im anderen Fall wird der dekrementierende Prozeß blockiert. Unter LINUX wird er in eine Warteliste für die Semaphore eingetragen.

```
struct semaphore {
    int count;
    struct wait_queue * wait;
};
```

Die Funktionen down() und up() führen die üblichen Semaphoroperationen aus. Die Funktion down() muß den Prozeß in die Warteschlange eintragen, wenn der Zähler gleich Null ist, und up() muß alle Prozesse in der Warteschlange aufwecken. Hardware-Interrupts dürfen nur up() aufrufen, da sie außerhalb eines Prozesses laufen und somit nicht pausieren können.

5.2 Kommunikation über Dateien

Eigentlich ist die Kommunikation über Dateien die älteste Variante, zwischen Programmen Daten auszutauschen. Programm A schreibt Daten in eine Datei und Programm B liest diese Daten wieder aus. In einem System, wo zu jedem Zeitpunkt nur ein Programm abgearbeitet werden kann, ist das völlig unproblematisch.

In einem Multitaskingsystem können jedoch beide Programme als Prozesse zumindest quasiparallel abgearbeitet werden. Wettbewerbsbedingungen führen dabei meist zu Inkonsistenzen der Daten in der Datei, die daraus resultieren, daß ein Prozeß einen Datenbereich liest, bevor der andere dessen Modifikation abgeschlossen hat oder beide Prozesse gleichzeitig denselben Speicherbereich modifizieren.

Es werden also Sperrmechanismen benötigt. Die einfachste Methode ist natürlich das Sperren der ganzen Datei. Hier bietet LINUX wie andere UNIX-Derivate eine Reihe von Möglichkeiten. Allgemeiner und effizienter ist die Sperrung von Dateibereichen. Es wird zwischen absoluter (*mandatory*) und kooperativer (*advisory*)

Dateizugriffssperrung unterschieden[2]. Bei kooperativer Zugriffssperrung ist nach dem Setzen einer Sperre das Lesen und Schreiben der Datei weiterhin möglich.

Allerdings schließen sich Sperren entsprechend der durch ihre Typen bestimmten Semantik aus. Bei absoluter Sperrung werden Lese- bzw. Schreiboperationen im gesperrten Bereich blockiert. Bei kooperativer Sperrung müssen also alle auf die Datei zugreifenden Prozesse vor Lese- und Schreiboperationen die notwendigen Sperren setzen und wieder freigeben. Hält sich ein Prozeß nicht an diese Regel, sind Inkonsistenzen möglich. Absolute Zugriffssperrung schützt jedoch genauso wenig vor dem Fehlverhalten von Prozessen. Prozesse können, falls sie Schreibzugriffsrechte auf die Datei besitzen, durch das Schreiben auf ungesperrte Bereiche Inkonsistenzen erzeugen. Die Probleme, die bei fehlerhaften Programmen auftreten, wenn absolute Sperrung eingesetzt wird, sind sehr kritisch, weil die gesperrten Dateien nicht modifiziert werden können, solange der entsprechende Prozeß noch läuft. LINUX unterstützt kein absolutes Sperren. Aus den zuvor genannten Gründen und der Tatsache, daß POSIX 1003.1 absolutes Sperren nicht fordert, ist das durchaus akzeptabel.

5.2.1 Das Sperren ganzer Dateien

Zum Sperren ganzer Dateien gibt es zwei Methoden:

1. Zusätzlich zu der zu sperrenden Datei gibt es eine Hilfsdatei, die, wenn sie angelegt ist, den Zugriff verbietet. Im folgenden wird sie analog zur englischen Bezeichnung *Lock File* als Sperrdatei bezeichnet. In W. Richard Stevens „Programmieren von UNIX-Netzen" [Ste92b] sind folgende Verfahren aufgeführt:

   - Es wird ausgenutzt, daß `link()` fehlschlägt, wenn der einzurichtende Verweis auf die Datei schon vorhanden ist. Es wird eine Datei mit der Prozeßnummer als Name eingerichtet und dann versucht, einen Link auf den Namen der Sperrdatei einzurichten, der nur dann erfolgreich ist, wenn der Link noch nicht existiert. Der Verweis mit der Prozeßnummer als Name kann danach gelöscht werden. Bei Fehlschlagen kann der Prozeß (allerdings nur für eine gewisse Zeit) mittels `sleep()` pausieren und dann erneut versuchen, den Link anzulegen.

   - Hier wird die Eigenschaft des Systemrufs `creat()` genutzt, mit einem Fehlercode abzubrechen, wenn der aufrufende Prozeß nicht die entsprechenden Zugriffsrechte besitzt. Beim Erzeugen der Sperrdatei werden alle Schreibzugriffsbits gelöscht. Diese Variante ist allerdings wiederum mit aktivem

---
[2] Die deutsche Ausgabe von W. Richard Stevens „Programmieren von UNIX-Netzen" [Ste92b] verwendet die Begriffe „absoluter und relativer Dateizugriffsschutz".

Warten verbunden und kann nicht für Prozesse, die mit der Nutzernummer des Superusers laufen, verwendet werden.
- Die unter LINUX empfehlenswerte Variante ist die Benutzung der Kombination der O_CREAT- und O_EXCL-Flags beim Systemruf open(). Die Sperrdatei kann nur dann geöffnet werden, wenn sie noch nicht existiert. Im anderen Fall erhält man eine Fehlermeldung. Entsprechend POSIX kann open() nicht unterbrochen werden.

Der Nachteil aller drei Varianten ist jedoch, daß der Prozeß nach dem Fehlschlagen den Versuch wiederholen muß, eine Sperrdatei einzurichten. Meistens warten die Prozesse mit Hilfe von sleep() eine Sekunde und versuchen es erneut. Es kann aber passieren, daß der Prozeß, der die Sperrdatei angelegt hat, durch ein SIGKILL-Signal beendet wird, so daß die Sperrdatei nicht mehr gelöscht werden kann. Sie muß nun explizit gelöscht werden. Viele Programme, zum Beispiel der Mail-Reader elm, beschränken daher die Anzahl der Versuche, eine Sperrdatei anzulegen und brechen beim Überschreiten dieser Anzahl dann mit einer Fehlermeldung ab, um den Nutzer auf eine solche Situation aufmerksam zu machen.

2. Die andere Methode ist das Sperren der gesamten Datei mit Hilfe des Systemrufs fcntl(). Dieser ist auch zum Sperren von Dateibereichen geeignet; das wird im nächsten Abschnitt erläutert. Die aus BSD 4.3 stammende Bibliotheksfunktion flock() zum Sperren ganzer Dateien basiert bei LINUX auch auf diesem Systemruf.

5.2.2 Sperren von Dateibereichen

Das Sperren von Dateibereichen wird im Englischen üblicherweise als *Record Locking* bezeichnet. Man müßte dies eigentlich mit Datensatzsperrung übersetzen. Diese Bezeichnung ist aber für UNIX-Systeme wenig sinnvoll, da sie Dateien nicht in Datensätzen organisieren.

Unter LINUX ist das kooperative (*advisory*) Sperren von Dateibereichen mit dem Systemruf fcntl() möglich.

```
asmlinkage int sys_fcntl(unsigned int fd, unsigned int cmd,
                         unsigned long arg)
```

Mit fd wird ein Dateideskriptor übergeben. Für Sperrungen sind nur die kommandos F_GETLK, F_SETLK und F_SETLKW interessant. Wird eines dieser Kommandos benutzt, muß für arg ein Zeiger auf eine flock-Struktur angegeben sein. Das Kommando F_GETLK testet, ob die mit flock angegebene Sperrung möglich wäre; wenn nicht, wird die verhindernde Sperre zurückgegeben. F_SETLK setzt die Sperre. Ist das nicht möglich, kehrt die Funktion zurück. F_SETLKW blockiert, wenn die Sperre nicht gesetzt werden kann. Die letzten beiden Kommandos können eine Sperre wieder freigeben, wenn der Typ der Sperrung l_type auf F_UNLCK gesetzt ist.

```
struct flock {
    short l_type;     /* F_RDLCK, F_WRLCK, F_UNLCK, F_SHLCK,
                       * oder F_EXLCK */
    short l_whence;   /* SEEK_SET, SEEK_CUR, SEEK_END */
    off_t l_start;    /* Offset relativ zu l_whence */
    off_t l_len;      /* Länge des zu sperrenden Bereichs */
    pid_t l_pid;      /* wird bei F_GETLK zurückgegeben */
};
```

Mit dem Typ F_RDLCK wird eine Lesesperre des Dateibereichs gesetzt, mit dem Typ F_WRLCK eine Schreibsperre. Tabelle 5.2 zeigt, wie die Sperren sich gegenseitig ausschließen. Der Zugriffsmodus der teilweise zu sperrenden Datei muß dem Prozeß lesenden beziehungsweise schreibenden Zugriff erlauben.

bestehende Sperren	Setzen einer Lesesperre	Setzen einer Schreibsperre
Keine	möglich	möglich
mehr als eine Lesesperre	möglich	nicht erlaubt
eine Schreibsperre	nicht erlaubt	nicht erlaubt

Tabelle 5.2: Semantik der fcntl-Sperren

Eine Besonderheit von LINUX ist, daß für l_type auch F_SHLCK und F_EXLCK möglich sind. Sie werden von der weiter oben erwähnten Bibliotheksfunktion flock() benutzt. Sie werden unter LINUX auf F_RDLCK bzw. F_WRLCK abgebildet mit dem Unterschied, daß die zu sperrende Datei zum Lesen und Schreiben geöffnet sein muß. Wenn also ein *shared lock* als Lesesperre und ein *exclusive lock* als Schreibsperre interpretiert wird, haben wir dieselbe Semantik wie bei F_RDLCK und F_WRLCK (siehe Tabelle 5.2).

Anwendungen mit fcntl() und flock() könnten dann auch problemlos zusammenarbeiten. Allerdings ist von der Verwendung von flock() im Interesse der Portabilität von Anwendungen abzuraten.

Mit F_UNLCK können Sperren wieder aufgehoben werden. Die Anfangsposition wird mit l_whence und l_start angegeben. Für den Parameter l_whence können die von der Funktion lseek() bekannten Parameter SEEK_SET für den

Anfang der Datei, SEEK_CUR für die aktuelle Position in der Datei und SEEK_END für das Ende der Datei verwendet werden. Zu diesen Werten wird dann noch l_start addiert. LINUX rechnet SEEK_END in das aktuelle Ende der Datei um, so daß die Sperre nicht relativ zum Ende der Datei gesetzt ist. Es ist zum Beispiel nicht möglich, mit einer einzigen Sperre unabhängig von Schreiboperationen am Ende der Datei immer die letzten zwei Byte zu sperren. Damit zeigt LINUX dasselbe Verhalten wie SVR4, das sich darin von BSD unterscheidet. Der Parameter l_len bestimmt die Länge des zu sperrenden Bereichs. Ein l_len mit dem Wert von 0 ist so zu interpretieren, daß sich der Bereich bis zum aktuellen und jedem zukünftigen Ende der Datei erstreckt.

Wird bei F_GETLK eine schon gesetzte Sperre gefunden, die das Sperren des angegebenen Bereichs ausschließen würde, wird die Prozeßnummer des Prozesses, der diese Sperre gesetzt hat, in l_pid zurückgegeben.

Die Implementation dieser Funktionalität stützt sich auf eine Tabelle mit Einträgen flock-ähnlicher file_lock-Datenstrukturen ab. Zusätzlich gibt es eine lineare Liste von unbenutzten Einträgen in der Sperrtabelle.

```
struct file_lock {
    struct file_lock *fl_next;      /* einfach verkettete Liste */
    struct task_struct *fl_owner;   /* für F_GETLK, NULL in der
                                     * Freiliste */
    unsigned int fl_fd;             /* Dateideskriptor für
                                     * die Sperre */
    struct wait_queue *fl_wait;     /* Warteschlange von Prozessen,
                                     * die auf die Freigabe dieser
                                     * Sperre warten */
    char fl_type;                   /* F_RDLCK oder F_WRLCK */
    char fl_whence;
    off_t fl_start;
    off_t fl_end;
};

static struct file_lock file_lock_table[NR_FILE_LOCKS];
static struct file_lock *file_lock_free_list;
```

Der Zeiger fl_next wird zum Aufbau einer linearen Liste verwendet, die entweder alle Sperren auf eine Datei (inode->i_flock) oder alle ungenutzten Einträge in der Tabelle file_lock_table verkettet.

Die Komponente fl_owner speichert den Prozeß, der die Sperre gesetzt hat. Er wird für das Kommando F_GETLK verwendet. Steht der Eintrag in der Freiliste, ist der Wert von fl_owner NULL. In fl_fd ist der Dateideskriptor für die gesperrte Datei des fl_owner-Prozesses gespeichert.

Mit fl_type wird die Art der Sperre angegeben. Die restlichen Parameter geben den gesperrten Bereich der Datei an, wobei in der jetzigen Implementation alle Angaben so umgerechnet werden, daß fl_whence gleich SEEK_SET ist. Die Grenzen sind also in absoluten Offsets angegeben. Daraus resultiert auch die schon erwähnte System V Release 4 entsprechende Behandlung von SEEK_END.

Diese Strukturen bestimmen die Implementation der Kommandos GET_LK, SET_LK und SET_LKW. GET_LK wird durch die Funktion fcntl_getlk() aus fs/locks.c ausgeführt. Sie testet, ob der Dateideskriptor geöffnet ist und die Werte der flock-Struktur gültig sind. Dann wird die flock-Struktur in eine file_lock-Struktur kopiert. In einer Schleife testet fcntl_getlk() mit Hilfe der Funktion conflict(), ob Sperren existieren, die die angeforderte Sperrung (Struktur file_lock) ausschließen.

```
static int conflict(struct file_lock *caller_fl,
                    struct file_lock *sys_fl)
{
   if ( caller_fl->fl_owner == sys_fl->fl_owner
       && caller_fl->fl_fd == sys_fl->fl_fd)
      return 0;
   if (!overlap(caller_fl, sys_fl))
      return 0;
   switch (caller_fl->fl_type) {
   case F_RDLCK :
           return sys_fl->fl_type != F_RDLCK;
   case F_WRLCK :
           return 1; /* überlappte Region, die nicht dem
                      * Rufer gehört */
   }
   return 0;
}
```

Ist das der Fall, wird die blockierende Sperre in flock eingetragen und die Funktion kehrt zurück. Die Kommandos SET_LK und SET_LKW werden durch fcntl_setlk() ausgeführt. Diese Funktion testet, ob die Datei im richtigen Modus geöffnet ist. Dann werden alle gesetzten Sperren daraufhin geprüft, ob sie mit der aktuellen Sperre in Konflikt stehen. Dazu verwendet fcntl_setlk() conflict().

Wird ein solcher Konflikt gefunden, kehrt die Funktion bei SET_LK mit EAGAIN zurück oder blockiert bei SET_LKW. Beim Blockieren wird der aktuelle Prozeß in die Warteschlange der Sperre eingetragen. Beim Freigeben dieser Sperre werden alle Prozesse in der Warteschlange geweckt und prüfen die gesetzten Sperren wiederum auf Konflikte. Kann kein Konflikt gefunden werden, wird die Sperre in die Tabelle eingetragen.

Betrachten wir ein einfaches Szenario. In Abbildung 5.1 hat der Prozeß 1 das erste Byte der Datei und der Prozeß 2 das zweite Byte zum Lesen gesperrt. Dann versucht Prozeß 1, das zweite Byte zum Schreiben zu sperren, wobei Prozeß 1 blockiert. Danach versucht Prozeß 2, das erste Byte zu sperren. Nun blockieren beide Prozesse und warten jeweils darauf, daß der andere seine Sperre frei gibt. Dies kann aber nicht geschehen, da beide Prozesse blockiert sind. Aus dieser Situation kann man die beiden Prozesse nur erlösen, indem man ihnen ein Signal sendet. Solche Situationen werden als Deadlock bezeichnet. Die Szenarios für Deadlocks sind im allgemeinen komplexer, da mehrere Prozesse daran beteiligt sein können. Im Moment kann LINUX solche Situationen im Gegensatz zu anderen Systemen nicht aufspüren und verhindern, daß Prozeß 2 blockiert.

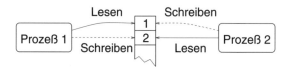

Abbildung 5.1: Ein Deadlockszenario beim Sperren von Dateien

Die Sperren werden bei einem `fork()` nicht auf den Kindprozeß übertragen, bleiben aber bei einem `execve()` bestehen. Dieses Verhalten ist POSIX-konform, aber sehr einfach zu implementieren, da auf eine Modifikation der Sperrtabelle bei beiden Systemrufen verzichtet werden kann.

5.3 Pipes

Pipes sind die klassische Methode zur Interprozeßkommunikation unter UNIX. Einem UNIX-Nutzer sollte eine Befehlszeile wie

```
% ls -l | more
```

nicht unbekannt vorkommen. Die Shell startet dann die Prozesse `ls` und `more`, die über eine Pipe miteinander verbunden sind. `ls` schreibt Daten in die Pipe und `more` liest daraus.

Eine andere Variante von Pipes sind benannte Pipes (*Named Pipes*). Sie werden auch als FIFOs bezeichnet (Pipes funktionieren ebenfalls nach dem Prinzip „first in – first out"). Im folgenden Text werden wir die Begriffe Named Pipe und FIFO synonym verwenden. Im Gegensatz zu Pipes sind FIFOs keine temporären Objekte, die solange existieren, wie noch ein Dateideskriptor für sie geöffnet ist. Sie können mit dem Kommando `mkfifo` *Pfadname* beziehungsweise `mknod` *Pfadname* `p` in einem Dateisystem erzeugt werden.

Kapitel 5.3 Pipes

```
% mkfifo fifo
% ls -l fifo
prw-r--r--   1 kunitz    users           0 Feb 27 22:47 fifo|
```

Das Verknüpfen der Standardein- aund -ausgabe zweier Prozesse ist mit FIFOs etwas umständlicher.

```
% ls -l >fifo & more <fifo
```

Offensichtlich gibt es zwischen FIFOs und Pipes viele Ähnlichkeiten. Das wird auch von der Implementation unter LINUX ausgenutzt. Die Inodes haben für Pipes und FIFOs dieselben spezifischen Komponenten.

```
struct pipe_inode_info {
    struct wait_queue * wait;   /* eine Warteschlange */
    char * base;                /* Adresse des FIFO-Puffers */
    unsigned int start;         /* Offset des aktuellen
                                 * Bereichs */
    unsigned int len;           /* Länge des aktuellen
                                 * Bereichs */
    unsigned int lock;          /* Sperre */
    unsigned int rd_openers;    /* Anzahl der Prozesse, die
                                 * Pipe/FIFO gerade zum Lesen
                                 * öffnen */
    unsigned int wr_openers;    /* dito, zum Schreiben */
    unsigned int readers;       /* Anzahl der im Moment
                                 * lesenden Prozesse */
    unsigned int writers;       /* dito, schreibende */
};
```

Der Systemruf pipe() erzeugt eine Pipe. Dazu wird eine temporäre Inode eingerichtet und base eine Speicherseite zugewiesen. pipe() gibt einen Dateideskriptor zum Lesen und einen zum Schreiben zurück. Das wird durch unterschiedliche Dateioperationsvektoren erreicht.

Bei FIFOs gibt es eine open-Funktion, die die Speicherseite zuweist und einen Dateideskriptor zurückgibt. Diesem Dateideskriptor wurde ein Operationsvektor mit Lese- und Schreiboperationen zugewiesen. Das Verhalten ist in Tabelle 5.3 zusammengefaßt. Es ist die Besonderheit zu beachten, daß einem FIFO-Dateideskriptor, wenn er nicht blockierend zum Lesen geöffnet wird und keine schreibenden Prozesse vorhanden sind, ein Operationsvektor mit speziellen Connect-Operationen zugewiesen wird. Die Connect-Leseoperation wartet beim Aufruf auf schreibende Prozesse oder kehrt mit dem Fehler EAGAIN zurück, wenn für den Dateideskriptor O_NONBLOCK gesetzt ist. Existiert ein schreibender Prozeß, wird dem Dateideskriptor der normale Operationsvektor für das Lesen von Pipes zugewiesen.

		blockierend	nicht blockierend
zum Lesen	keine schreibenden Prozesse	Blockieren	FIFO öffnen mit Connect-Operationen
	schreibende Prozesse	FIFO öffnen	FIFO öffnen
zum Schreiben	keine lesenden Prozesse	Blockieren	Fehler ENXIO
	lesende Prozesse	FIFO öffnen	FIFO öffnen
zum Lesen und Schreiben		FIFO öffnen	FIFO öffnen

Tabelle 5.3: Das Öffnen einer FIFO

FIFOs und Pipes verwenden dieselben Lese- und Schreiboperationen. Dabei wird die zur Pipe/FIFO gehörige Speicherseite als Ringpuffer interpretiert, in den ab start len Bytes geschrieben worden sind, ohne daß sie bereits wieder gelesen wurden. Dabei wird immer unterschieden, ob für den Dateideskriptor das O_NONBLOCK gesetzt wurde oder nicht. Ist es gesetzt, dürfen die Lese- und Schreiboperationen nicht blockieren. Wenn die Anzahl der zu schreibenden Bytes nicht die interne Puffergröße der Pipe (4096 Byte) übersteigt, muß die Schreiboperation atomar ausgeführt werden. Das heißt, wenn mehrere Prozesse in die Pipe/FIFO schreiben, werden Bytefolgen der einzelnen Schreiboperationen nicht zerstört. Die in LINUX implementierte Semantik werden in Tabelle 5.4 und Tabelle 5.5 zusammengefaßt. Da Prozesse beim Zugriff auf Pipes beziehungsweise FIFOs sehr häufig blockieren, müssen die Schreib- und Leseoperationen dementsprechend oft Prozesse der zur Inode gehörigen Warteschlange wecken. Dabei werden alle Prozesse in einer einzigen Warteschlange verwaltet, obwohl sie auf unterschiedliche Ereignisse warten.

5.4 Debugging mit ptrace()

Es gibt keinen Programmierer, der auf Anhieb fehlerfreie Programme schreiben kann. Jede neu entstehende Software muß getestet werden. UNIX stellt den Systemruf ptrace() bereit, der einem Prozeß die Kontrolle über einen anderen Prozeß ermöglicht. Der kontrollierte Prozeß kann schrittweise abgearbeitet, sein Speicher kann ausgelesen und modifiziert werden. Es können auch Informationen aus der Prozeßtabelle gelesen werden. Auf dem Systemruf ptrace() basieren Debugger wie etwa gdb.

	blockierend	nicht blockierend
gesperrte Pipe	Blockieren des aufrufenden Prozesses	Fehler `EAGAIN`
leere Pipe	Blockieren des rufenden Prozesses, wenn schreibende Prozesse vorhanden sind, sonst 0 zurückgeben	Fehler `EAGAIN`, wenn schreibende Prozesse existieren, sonst 0
ansonsten	maximale Anzahl von Zeichen bis zur angeforderten Position lesen	wie bei der blockierenden Operation

Tabelle 5.4: Semantik der Pipe/FIFO-Leseoperation

Dieser Systemruf ist in der Datei `kernel/ptrace.c` definiert.

```
asmlinkage int sys_ptrace(long request, long pid, long addr,
                          long data)
```

Die Funktion bearbeitet verschiedene Anforderungen, die im Parameter `request` angegeben sind. Der Parameter `pid` gibt die Prozeßnummer des zu steuernden Prozesses an.

Mit `PTRACE_TRACEME` kann ein Prozeß festlegen, daß sein Elternprozeß ihn per `ptrace()` kontrolliert, das heißt, das Trace-Flag (`PF_PTRACED`) für den Prozeß wird gesetzt.

Durch `PTRACE_ATTACH` kann der rufende Prozeß einen beliebigen Prozeß zu seinem Kindprozeß machen und dessen `PF_PTRACED`-Flag setzen. Allerdings müssen die Nutzer- und Gruppennummer des rufenden Prozesses mit der effektiven Nutzer- und Gruppennummer des zu steuernden Prozesses übereinstimmen. Dem neuen Kindprozeß wird ein `SIGSTOP`-Signal gesendet, so daß dieser im Normalfall seine Abarbeitung unterbricht. Nach dieser Anforderung hat der neue Elternprozeß diesen Prozeß unter Kontrolle.

Bis auf die Anforderung `PTRACE_KILL` werden die nachfolgenden Anforderungen nur von `sys_ptrace()` bearbeitet, wenn der Kindprozeß gestoppt ist. Mit `PTRACE_PEEKTEXT` und `PTRACE_PEEKDATA` können 32-Bit-Werte aus dem Nutzerspeicherbereich des kontrollierten Prozesses gelesen werden. LINUX unterscheidet die beiden Anforderungen nicht. Mit `PTRACE_PEEKTEXT` kann Code, mit `PTRACE_PEEKDATA` können Daten gelesen werden. Mit `PTRACE_PEEKUSR` wird ein Long-Wert aus der Struktur `user` für den Prozeß gelesen. Dort sind Informationen für das Debugging gespeichert, so zum Beispiel die Debugregister

	blockierend	nicht blockierend
kein lesender Prozeß	Signal SIGPIPE wird an den schreibenden Prozeß gesendet und Rückkehr mit Fehler EPIPE	ebenso
gesperrte Pipe	Blockieren des aufrufenden Prozesses	Fehler EAGAIN
atomares Schreiben ist möglich, aber es ist zuwenig Platz im Pipe-Puffer	Blockieren des aufrufenden Prozesses	Fehler EAGAIN
Puffer für atomares Schreiben ausreichend	Schreiben der geforderten Zahl von Bytes in den Puffer	wie bei blockierendem Schreiben
sonst	immer wieder Blockieren, bis die geforderte Zahl von Bytes geschrieben ist	maximal mögliche Zahl an Bytes schreiben

Tabelle 5.5: Semantik der Pipe/FIFO-Schreiboperation

des Prozesses. Sie werden nach einem Debugging-Trap vom Prozessor aktualisiert und durch die entsprechende Behandlungsroutine in die Prozeßtabelle geschrieben. Die user-Struktur ist virtuell. sys_ptrace() schließt aus der zu lesenden Adresse, welche Information zurückgegeben werden muß, und ermittelt diese. So werden die Register vom Stack des Kindprozesses gelesen und die Debugregister aus der Prozeßtabelle.

Mit den Anforderungen PTRACE_POKEDATA oder PTRACE_POKETEXT kann der Nutzerbereich des zu kontrollierenden Prozesses modifiziert werden. Ist der zu modifizierende Bereich schreibgeschützt, wird die entsprechende Speicherseite per Copy-On-Write kopiert. Das wird zum Beispiel dazu genutzt, an eine bestimmte Stelle des Codes einen speziellen Maschinenbefehl zu schreiben, der einen Debugging-Trap auslöst. Auf diese Art und Weise werden von Debuggern Breakpoints gesetzt. Der Code wird solange ausgeführt, bis der den Trap auslösende Maschinenbefehl (INT3) abgearbeitet wird und die Behandlungsroutine des Debugging-Traps die Ausführung des Prozesses unterbricht und den Vaterprozeß darüber informiert.

Kapitel 5.4 Debugging mit ptrace()

Es ist auch möglich, mit `PTRACE_POKEUSR` die virtuelle `user`-Struktur zu modifizieren. Die wichtigste Anwendung dieser Anforderung ist das Modifizieren der Register des Prozesses.

Der durch ein Signal (im allgemeinen `SIGSTOP`) unterbrochene Kindprozeß kann durch die Anforderung `PTRACE_CONT` fortgesetzt werden. Mit dem Argument `data` kann bestimmt werden, welches Signal der Prozessor behandeln soll, wenn er die Ausführung wieder startet. Der Kindprozeß informiert beim Empfang eines Signals den Elternprozeß und stoppt. Der Elternprozeß kann nun den Kindprozeß fortsetzen und entscheiden, ob er das Signal behandeln soll. Ist das `data`-Argument Null, wird der Kindprozeß kein Signal bearbeiten.

Die Anforderung `PTRACE_SYSCALL` setzt den Kindprozeß wie `PTRACE_CONT` fort, allerdings nur bis zum nächsten Systemruf. Die Funktion `sys_ptrace()` setzt dazu das `PF_TRACESYS`-Flag. Erreicht der Kindprozeß den Systemruf, stoppt er und erhält das `SIGTRAP`-Signal. Der Elternprozeß könnte jetzt zum Beispiel die Argumente des Systemrufs untersuchen. Wird der Prozeß mit einer erneuten `PTRACE_SYSCALL`-Anforderung fortgesetzt, stoppt der Prozeß bei der Beendigung des Systemrufs. Das Resultat und (gegebenenfalls) die Fehlervariable können vom Vaterprozeß gelesen werden.

`PTRACE_SINGLESTEP` unterscheidet sich von `PTRACE_CONT` dadurch, daß bei `PTRACE_SINGLESTEP` das Trapflag des Prozessors gesetzt wird. Der Prozeß führt also nur einen Maschinenbefehl aus und generiert einen Debuginterrupt (Nummer 1), dieser setzt das `SIGTRAP`-Signal für den Prozeß und ist wieder unterbrochen. Mit der `PTRACE_SINGLESTEP`-Anforderung kann man also den Maschinencode Befehl für Befehl abarbeiten.

Die Anforderung `PTRACE_KILL` setzt den Kindprozeß mit dem gesetzten Signal `SIGKILL` fort. Er wird abgebrochen.

Durch `PTRACE_DETACH` wird der mit `PTRACE_ATTACH` unter Kontrolle genommene Prozeß wieder vom kontrollierenden Prozeß getrennt. Der kontrollierte Prozeß erhält seinen alten Elternprozeß zurück, und die Flags `PF_PTRACED`, `PF_TRACESYS` sowie das Trapflag des Prozessors werden gelöscht.

Ein Debugger nutzt `ptrace()` folgendermaßen. Er führt `fork()` aus und ruft im Kindprozeß die Funktion mit `PTRACE_TRACEME` auf. Dort wird dann das zu inspizierende Programm mit `execve()` gestartet. Da das `PF_PTRACED`-Flag gesetzt ist, sendet der Systemruf `sys_execve()` ein `SIGTRAP`-Signal an sich selbst. `sys_execve()` gestattet nicht, mit `ptrace()` Programme, deren `SETUID`- oder `SETGID`-Bit gesetzt ist, zu bearbeiten. Man kann sich sicherlich vorstellen, welche Möglichkeiten sich für Hacker bieten würden, wenn dies nicht so wäre. Bei der Rückkehr von `execve()` wird das `SIGTRAP`-Signal bearbeitet, der Prozeß wird angehalten, und der Elternprozeß wird informiert, indem ihm ein `SIGCHLD`-Signal gesendet wird. Der Debugger wird mit einem Aufruf des Systemrufs `wait()` darauf warten. Er kann dann den Speicher des Kinds inspizieren, ihn modifizieren und Breakpoints setzen. Die einfachste Methode, das unter LINUX zu tun, ist, an die entsprechende Adresse im Code einen INT3-Maschinenbefehl zu schreiben. Dieser ist nur ein Byte lang.

Ruft der Debugger ptrace() mit der Anforderung PTRACE_CONT auf, läuft der Kindprozeß solange weiter, bis der INT3-Maschinenbefehl abgearbeitet wird. Die entsprechende Interruptbehandlungsroutine sendet das SIGTRAP-Signal an den Kindprozeß, dieser wird unterbrochen, und der Debugger wird wieder benachrichtigt. Er könnte dann zum Beispiel das zu inspizierende Programm einfach abbrechen.

Es gibt allerdings noch andere Möglichkeiten, diesen Systemruf zu nutzen. Das Programm strace gibt einen Bericht (*Trace*) über alle erfolgten Systemrufe ab. Als Beispiel sei hier die Ausgabe von strace cat motd gezeigt. Selbstverständlich nutzt strace PTRACE_SYSCALL.

```
% strace cat motd
uselib("/lib/ld.so") = 0
open("/etc/ld.so.conf", RDONLY, 0) = 3
fstat(3, [dev 3 2 ino 13901 nlnks 1 ...]) = 0
read(3, "/usr/local/lib\n/usr/X386/lib\n", 29) = 29
close(3) = 0
access("/usr/local/lib/libc.so.4", 0) = -1 (No such file or directory)
access("/usr/X386/lib/libc.so.4", 0) = -1 (No such file or directory)
access("/usr/lib/libc.so.4", 0) = -1 (No such file or directory)
access("/lib/libc.so.4", 0) = 0
uselib("/lib/libc.so.4") = 0
munmap(0x62f00000, , 16384, ) = 0
brk(0) = 0x12e4
fstat(1, [dev 3 2 ino 10030 nlnks 1 ...]) = 0
open("motd", RDONLY, 0) = 3
fstat(3, [dev 3 2 ino 13850 nlnks 1 ...]) = 0
brk(42e4) = 0x42e4
brk(5000) = 0x5000
brk(6000) = 0x6000
read(3, "Welcome to the Game!\n", 1024) = 21
write(1, "Welcome to the Game!\n", 21Welcome to the Game!
) = 21
read(3, "", 1024) = 0
close(3) = 0
close(1) = 0
fstat(1, 0xbfffff97c) = -1 (Bad file number)
exit(0) = ?
```

`ptrace()` bietet ausreichende Funktiontionalität, um Programme in Multitasking-Umgebungen zu debuggen. Als Kritikpunkt wäre zu vermerken, daß es sehr ineffektiv ist, für das Lesen und Schreiben im Adreßraum für je einen 32-Bit-Wert einen Systemruf zu benötigen.

5.5 System V IPC

Schon 1970 wurden in einer speziellen UNIX-Variante die klassischen Varianten der Interprozeßkommunikation, Semaphore, Messagequeues und Shared Memory, realisiert. Sie wurden später in System V integriert und werden heute als System-V-IPC bezeichnet. LINUX unterstützt diese Varianten, obwohl sie kein Bestandteil von POSIX sind. Zur Zeit ist Shared Memory unter LINUX die einzige Möglichkeit, Speicher zwischen mehreren Prozessen zu teilen. Die LINUX-Implementation stammt von KRISHNA BALASUBRAMANIAN.

5.5.1 Zugriffsrechte, Nummern und Schlüssel

Bei System-V-IPC werden im Kernel Objekte erzeugt. Diesen müssen eindeutige Bezeichner zugewiesen werden, um sicherzustellen, daß von den Nutzerprozessen aktivierte Operationen auch für die richtigen Objekte ausgeführt werden. Die einfachste Form eines Bezeichners ist eine Nummer. Diese Nummern werden dynamisch generiert und dem Prozeß zurückgegeben, der das Objekt erzeugt. Möchte ein vom Erzeuger-Prozeß völlig unabhängiger Prozeß auf dieses Objekt zugreifen, kann er das nicht, da ihm die Nummer nicht bekannt ist. Beide Prozesse müssen in diesem Fall einen statischen Schlüssel vereinbaren, mit dem sie das IPC-Objekt referenzieren. Die C-Bibliothek bietet die `ftok`-Funktion, die aus einem Dateiname und einem Zeichen einen eindeutigen Schlüssel generiert. Ein besonderer Schlüssel ist `IPC_PRIVATE`, der garantiert, daß kein existierendes IPC-Objekt referenziert wird. Zugriffe auf mit `IPC_PRIVATE` erzeugte Objekte sind nur über deren Objektnummer möglich.

Die Zugriffsrechte werden vom Kern analog zu UNIX System V in der Struktur `ipc_perm` verwaltet.

```
struct ipc_perm
{
   key_t  key;
   ushort uid;       /* Eigentümer */
   ushort gid;       /* Eigentümer */
   ushort cuid;      /* Erzeuger */
   ushort cgid;      /* Erzeuger */
   ushort mode;      /* Zugriffsmodi */
```

```
    ushort seq;      /* Zähler, wird für die Berechnung des
                      * Bezeichners verwendet. */
};
```

Greift ein Prozeß auf ein Objekt zu, wird die Routine `ipcperms()` aufgerufen, wobei hier wiederum die üblichen UNIX-Zugriffsflags für den Nutzer, die Gruppe und andere verwendet werden. Der Superuser hat natürlich immer Zugriff. Stimmt die Nutzernummer des zugreifenden Prozesses mit der des Eigentümers oder des Erzeugers überein, werden die Nutzerzugriffsrechte überprüft. Gleiches gilt für die Überprüfung der Gruppenzugriffsrechte.

5.5.2 Semaphore

Das Semaphor-Konzept unter System V erweitert das klassische Semaphor-Modell. Ein Array von Semaphoren kann durch einen Systemruf erzeugt werden. Es ist möglich, in einer einzigen Operation mehrere Semaphore eines Arrays zu modifizieren. Ein Prozeß kann Semapohore auf beliebige Werte setzen. Das Inkrementieren und Dekrementieren von Semaphoren kann in Schritten größer als eins erfolgen. Es ist möglich, daß der Programmierer für Operationen festlegt, daß sie bei Beenden des Prozesses rückgängig gemacht werden.

In LINUX gibt es zu jedem reservierten Semaphorarray folgende Datenstruktur:

```
struct semid_ds {
    struct ipc_perm sem_perm;   /* Zugriffsrechte */
    time_t          sem_otime;  /* Zeit der letzten
                                 * Semaphoroperation */
    time_t          sem_ctime;  /* Zeit der letzten Änderung */
    struct sem      *sem_base;  /* Zeiger auf das erste Semaphor
                                 * im Array */
    struct wait_queue *eventn;  /* Prozesse, die auf eine
                                 * Erhöhung eines bestimmten
                                 * Semaphors warten */
    struct wait_queue *eventz;  /* Prozesse, die auf den Wert 0
                                 * für ein Semaphor warten. */
    struct sem_undo *undo;      /* UNDO-Anforderungen */
    ushort          sem_nsems;  /* Anzahl der Semaphoren im
                                 * Feld */
};
```

Die Semaphore eines Arrays sind im selben Speicherbereich aufeinanderfolgend abgelegt, so daß auf ein bestimmtes Semaphor über einen Offset von base zugegriffen werden kann. Die Verwendung zweier Warteschlangen für alle Semaphoren ist eine Designentscheidung, bei der davon ausgegangen wird, daß auf

Kapitel 5.5 System V IPC

die Semaphoren in einem Array nur von wenigen Prozessen zugegriffen wird. Es wäre genauso gut denkbar, für jedes Semaphor diese beiden Warteschlangen einzuführen. Dies würde die Ausführungsgeschwindigkeit kaum merkbar herabsetzen, den Speicherbedarf aber erhöhen.

Die Struktur sem verwaltet ein einziges Semaphor:

```
struct sem {
   short    sempid;     /* Prozeßnummer der letzten
                         * Operation */
   ushort   semval;     /* Aktueller Wert */
   ushort   semncnt;    /* Anzahl der Prozesse, die auf eine
                         * Inkrementierung warten */
   ushort   semzcnt;    /* Anzahl der Prozesse, die auf den Wert
                         * Null warten */
};
```

Die Prozeßnummer sowie die Zähler werden nicht zur Verwaltung des Semaphors benötigt. Sie mußten eingeführt werden, um die Kompatiblität zu System-V-IPC zu gewährleisten. semval ist der Wert des Semaphors.

Komplexer ist die Aufgabe, einzelne Semaphor-Operationen eines Prozesses bei dessen Beendigung zurückzusetzen. Für jeden Aufruf einer Semaphor-Operation kann der Prozeß das Zurücksetzen bei der Beendigung anfordern. Bei solchen Aufrufen werden sem_undo-Strukturen dynamisch erzeugt.

```
struct sem_undo {
   struct sem_undo *proc_next;  /* lineare Liste aller UNDO-
                                 * Strukturen eines Prozesses */
   struct sem_undo *id_next;    /* lineare Liste aller UNDO-
                                 /* eines Semaphorarrays. */
   int      semid;              /* Semaphorarraynummer */
   short    semadj;             /* Wert, um den ein Semaphor
                                 * zurückgesetzt werden muß,
                                 * beim Verlassen der Routine */
   ushort   sem_num;            /* Index des Semaphors im
                                 * Array */
};
```

In einer sem_undo-Struktur werden alle rückgängig zu machenden Operationen eines Prozesses auf einem Semaphor gespeichert. Der Kern legt für ein Semaphor maximal eine sem_undo-Struktur je Prozeß an. Wird der Prozeß beendet, versucht exit(), die Semaphore entsprechend den semadj-Werten zurückzusetzen. Der Prozeß blockiert in exit(), wenn der zurückgesetzte Semaphorwert dadurch kleiner als Null würde. exit() wird fortgesetzt, wenn dies nicht mehr der Fall ist. Dieses Feature wird im Englischen häufig als *Adjust On Exit* bezeichnet. Der

Speicher der `sem_undo`-Strukturen wird nur beim Löschen des Semaphorarrays freigegeben.

Mit den erläuterten Strukturen sind die Semaphoroperationen realisiert.

```
int sys_semget (key_t key, int nsems, int semflg);
int sys_semop (int semid, struct sembuf *sops,
               unsigned nsops);
int sys_semctl (int semid, int semnum, int cmd, void *arg);
```

Sie werden zusammen mit den anderen Operationen von System V IPC über den Systemruf `sys_ipc()` aufgerufen. Dieser wiederum ruft anhand seines ersten Arguments die entsprechenden Funktionen auf. Die C-Bibliothek muß alle zugehörigen Bibliotheksrufe in einen Systemruf umsetzen. Man könnte hier von Systemrufmultiplexing sprechen.

Mit `sys_semget()` wird die Nummer eines Semaphorarrays mit `nsems` Semaphoren ermittelt. Für `semflg` können die in Tabelle 5.6 aufgelisteten Werte verwendet werden.

Flag	
0400	Leserechte für Erzeuger
0200	Schreibrechte für Erzeuger
0040	Leserechte für Erzeuger
0020	Schreibrechte für Erzeuger
0004	Leserechte für alle
0002	Schreibrechte für alle
IPC_CREAT	Ein neues Objekt soll erstellt werden, wenn es noch nicht vorhanden ist.
IPC_EXCL	Ist `IPC_CREAT` gesetzt, und es existiert schon ein solches Objekt, soll die Funktion mit Fehler `EEXIST` zurückkehren.

Tabelle 5.6: Flags für `semget()`

`semop()` führt die durch `nsops` festgelegte Anzahl von Operationen aus der Tabelle `semops` aus. Eine Operation wird durch die Struktur `sembuf` beschrieben:

```
struct sembuf {
    ushort  sem_num;        /* Index des Semaphors im Array */
    short   sem_op;         /* Operation */
    short   sem_flg;        /* Flags */
};
```

Kapitel 5.5 System V IPC

Der Wert in `sem_op` wird zu dem Semaphor addiert. Die Operation blockiert, wenn die Summe einen negativen Wert ergeben würde. Dann muß auf eine Inkrementierung des Semaphors gewartet werden. Ist `sem_op` gleich Null, blockiert der aktuelle Prozeß, wenn der Wert des Semaphors ungleich Null ist. Er blockiert nie, wenn `sem_op` größer als Null ist. Erhöht sich der Wert, werden alle Prozesse geweckt, die für dieses Semaphorarray auf ein solches Ereignis warten. Analog werden die Prozesse geweckt, die darauf warten, daß ein Semaphor aus dem Array den Wert Null erreicht.

Für `sem_flg` sind zwei Werte möglich, `IPC_NOWAIT` und `SEM_UNDO`. Bei `IPC_NOWAIT` blockiert der Prozeß nie. `SEM_UNDO` bewirkt, daß für alle Operationen in diesem Funktionsruf ein `sem_undo`-Struktur eingerichtet beziehungsweise aktualisiert wird. Der negative Operationswert wird in die `sem_undo`-Struktur eingetragen oder bei einer Aktualisierung zum alten Adjust-Wert addiert.

Mit `sys_semctl()` können die verschiedensten Kommandos, die als Parameter angegeben werden müssen, ausgeführt werden. Ein weiterer Parameter dieser Funktion ist die Union `semun`.

```
union semun {
   int val;                /* Wert für SETVAL */
   struct semid_ds *buf;   /* Puffer für IPC_STAT & IPC_SET */
   ushort *array;          /* Feld für GETALL & SETALL */
};
```

`SEM_INFO` trägt Werte in die `seminfo`-Struktur ein (siehe Tabelle 5.7). Alle Werte sind durch entsprechende Makrodefinitionen fest vorgegeben.

Für das Programm `ipcs`, das Informationen über IPC-Objekte anzeigt, gibt es die `SEM_INFO`-Variante dieses Kommandos. Sie gibt in `semusz` die Zahl der eingerichteten Semaphorarrays an und in `semaem` die Gesamtzahl der Semaphore im System. Dieses Kommando kann man in einem Nutzerprogramm nicht ohne spezielle Makrodefinitionen aufrufen.

`IPC_STAT` gibt die `semid_ds`-Struktur für ein Semaphorarray zurück. Für `ipcs` gibt es hier wiederum die `SEM_STAT`-Variante, bei der man nicht die Nummer des Semaphorarrays, sondern den Index in der Tabelle der Arrays angibt. Das Programm `ipcs` kann damit Informationen über alle Arrays ermitteln, indem es in einer Schleife von Null bis `seminfo.semmni` zählt und `semctl()` mit `SEM_STAT` und dem Zähler als Argument aufruft.

Durch `IPC_SET` ist es möglich, den Eigentümer und den Modus des Semaphorarrays neu zu setzen. Als Parameter benötigt `IPC_SET` die `semid_ds`-Struktur, wobei nur die `sem_perm`-Komponente benutzt wird. `IPC_RMID` löscht ein Semaphorarray, wenn der Aufrufer der Inhaber oder Erzeuger des Arrays ist oder wenn der Superuser `semctl()` aufgerufen hat. Die restlichen Kommandos von `sys_semctl()` sind in Tabelle 5.8 zusammengefaßt.

Komponente	Wert	Erläuterung
semmni	128	maximale Anzahl an Arrays
semmns	32	maximale Anzahle der Semaphoren je Array
semmsl	4096	maximale mögliche Zahl an Semaphoren im System
semopm	32	maximale Zahl an Operationen je `semop`-Ruf
semvmx	32767	maximaler Wert eines Semaphors
semmnu	32	von LINUX ignoriert – maximale Anzahl von `sem_undo`-Strukturen im System
semmap	4096	unter LINUX ignoriert – Anzahl der Einträge einer „Semaphore map"
semume	32	von LINUX ignoriert – maximale Zahl der `sem_undo`-Einträge für einen Prozeß
semusz	20	Größe der `sem_undo`-Struktur
semaem	16383	ignoriert – maximaler Wert für eine `sem_undo`-Struktur

Tabelle 5.7: Komponenten der `seminfo`-Struktur

5.5.3 Messagequeues

Messages, Nachrichten, bestehen aus einer Folge von Bytes. Zusätzlich enthalten IPC-Messages von System V einen Typkennzeichnung. Prozesse senden Nachrichten in die Messagequeues und können Nachrichten empfangen. Der Empfang kann auf Nachrichten eines bestimmten Typs eingeschränkt werden. Nachrichten werden in der Folge empfangen, in der sie in die Messagequeue eingetragen wurden.

Die Grundlage der Implementation unter LINUX ist die Struktur `msqid_ds`.

```
struct msqid_ds {
    struct ipc_perm msg_perm;   /* Zugriffsrechte */
    struct msg *msg_first;      /* erste Nachricht in der Warte-
                                 * schlange */
    struct msg *msg_last;       /* letzte Nachricht in der Warte-
                                 * schlange */
    time_t msg_stime;           /* Zeit des letzten Sendens */
    time_t msg_rtime;           /* Zeit des letzten Empfangens */
    time_t msg_ctime;           /* Zeit der letzten Änderung */
    struct wait_queue *wwait;   /* Prozesse, die darauf warten,
                                 * daß aus der Warteschlange
                                 * gelesen wird. */
    struct wait_queue *rwait;   /* Prozesse, die auf ein Senden
                                 * in die Warteschlange warten */
```

Kommando	Rückgabe und Funktion
GETVAL	Wert des Semaphors
GETPID	Prozeßnummer des Prozesses, der das Semaphor zuletzt modifiziert hat
GETNCNT	Anzahl der Prozesse, die auf eine Inkrementierung des Semaphors warten
GETZCNT	Anzahl der Prozesse, die auf den Wert Null warten
GETALL	Werte aller Semaphore des Arrays im Feld des Parameters semun.array
SETVAL	Wert des Semaphors wird gesetzt

Tabelle 5.8: Kommandos für sys_semctl()

```
    ushort msg_cbytes;      /* Aktuelle Zahl der Bytes in der
                             * Warteschlange */
    ushort msg_qnum;        /* Zahl der Nachrichten
                             * in der Warteschlange */
    ushort msg_qbytes;      /* Maximum der Bytes in der Warte-
                             * schlange */
    ushort msg_lspid;       /* Prozeßnummer des letzten
                             * Senders */
    ushort msg_lrpid;       /* Prozeßnummer des letzten
                             * Empfängers */
};
```

Neben Verwaltungsinformationen enthält diese Struktur auch zwei Warteschlangen, wwait und rwait. Ein Prozeß trägt sich in wwait ein, wenn die Messagequeue gefüllt ist. Das heißt, ein Senden der Nachricht ist nicht mehr möglich, ohne die maximal erlaubte Anzahl von Bytes in einer Messagequeue zu überschreiten. Die Warteschlange rwait enthält Prozesse, die darauf warten, daß Nachrichten in die Warteschlange geschrieben werden.

Die Messagequeue ist als lineare Liste implementiert, auf deren erstes Element mit msg_first und auf deren letztes Element mit msg_last verwiesen wird. Der Zeiger msg_last wird zur schnelleren Ausführung von Sendeoperationen verwaltet. Mit diesem Zeiger kann eine neue Nachricht in die Messagequeue eingehängt werden, ohne alle Elemente der Warteschlange durchlaufen zu müssen, um das letzte Element zu finden.

Eine Nachricht wird im Kern in der Struktur msg gespeichert.

```
struct msg {
    struct msg *msg_next;   /* Nächste Nachricht in der Warte-
                             * schlange */
    long  msg_type;         /* Typ der Nachricht */
    char *msg_spot;         /* Adresse des Textes der Nachricht */
    short msg_ts;           /* Länge der Nachricht */
};
```

LINUX speichert die Nachricht direkt hinter dieser Struktur, so daß der Zeiger `msg_spot` eigentlich überflüssig ist.

Wie bei den Semaphoren sind jetzt noch Funktionen zur Initialisierung, zum Senden und Empfangen von Nachrichten, zur Rückgabe von Informationen und zur Freigabe von Messagequeues notwendig. Die auszuführenden Operationen sind zwar relativ einfach, werden aber durch Zugriffsschutz und die Aktualisierung von Statistik-Daten komplexer. Die zugehörigen Bibliotheksfunktionen rufen `sys_ipc()` auf, das den Aufruf an die entsprechenden Kernfunktionen weiterreicht. Die Funktion `sys_msgget()` erzeugt eine Messagequeue. Sie verwendet die üblichen Parameter der IPC-Get-Funktionen.

```
int sys_msgget (key_t key, int msgflg)
```

key ist der angeforderte Schlüssel und `msgflg` entspricht den Flags bei `semget()` (siehe Tabelle 5.6).

Mit der Funktion `sys_msgsnd()` werden Nachrichten versendet.

```
struct msgbuf {
    long mtype;         /* Typ der Nachricht */
    char mtext[1];      /* Text der Nachricht */
};

int sys_msgsnd (int msqid, struct msgbuf *msgp, int msgsz,
                int msgflg)
```

Der Parameter `msgsz` ist die Länge des Textes in `mtext` und darf nicht größer als MSGMAX (4056) sein. Der Prozeß blockiert, wenn die neue Anzahl der Bytes in der Messagequeue den Wert der Komponente `msg_qbytes`, das erlaubte Maximum, übersteigt. Erst wenn andere Prozesse Nachrichten aus der Warteschlange gelesen haben oder nichtblockierte Signale an den Prozeß gesendet werden, setzt er die Abarbeitung fort. Das Blockieren kann mit dem Setzen des Flags IPC_NOWAIT verhindert werden.

Eine Nachricht kann mit Hilfe von `sys_msgrcv()` wieder aus der Warteschlange gelesen werden.

```
int sys_msgrcv (int msqid, struct msgbuf *msgp, int msgsz,
                long msgtyp, int msgflg)
```

Welche Nachrichten empfangen werden, wird in `msgtyp` festgelegt. Beim Wert Null wird die erste Nachricht aus der Warteschlange selektiert. Bei einem Wert größer als Null wird die erste Nachricht dieses Typ aus der Messagequeue gelesen. Ist allerdings das Flag `MSG_EXCEPT` gesetzt, wird die erste Nachricht empfangen, die nicht dem Messagetyp entspricht. Ist `msgtyp` kleiner als Null, wird die erste Nachricht des Typs mit dem kleinsten Integerwert gelesen, der kleiner oder gleich dem absoluten Wert von `msgtyp` ist. Die Länge der Nachricht muß kleiner als `msgsz` sein. Ist allerdings `MSG_NOERROR` gesetzt, werden nur die ersten `msgsz` Byte der Nachricht gelesen. Wurde keine entsprechende Nachricht gefunden, blockiert der Prozeß. Das kann man durch Setzen des `IPC_NOWAIT`-Flags verhindern.

`sys_msgctl()` ist eine weitere Funktion zur Manipulation von Messagequeues.

```
int sys_msgctl (int msqid, int cmd, struct msqid_ds *buf)
```

Diese Funktion ähnelt sehr stark `semctl()`.

Das Kommando `IPC_INFO` gibt wieder die Maxima der für Messagequeues relevanten Werte in der Struktur `msginfo` aus. Sie sind in der Tabelle Tabelle 5.9 zusammengefaßt. LINUX verwendet wiederum nur einen kleinen Teil dieser Werte.

Komponente	Wert	Erläuterung
msgmni	128	maximale Anzahl Messagequeues
msgmax	4056	maximale Größe einer Nachricht in Bytes
msgmnb	16384	Standardwert für die maximale Größe einer Messagequeue in Bytes
msgmap	16384	nicht verwendet – Anzahl der Einträge in einer „Message Map"
msgpool	2048	nicht verwendet – Größe des „Messagepools"
mstql	16384	nicht verwendet – Anzahl von „System Message Headers"
msgssz	16	nicht verwendet – Nachrichtensegmentgröße
msgseg	131072	nicht verwendet – maximale Anzahl von Segmenten

Tabelle 5.9: Komponenten der `msginfo`-Struktur

Für alle Komponenten sind in `msg.h` die entsprechenden Makros definiert. Das Kommando `MSG_INFO` ist die von `IPC_INFO` abgewandelte Variante für das Programm `ipcs`. Es gibt in `msgpool` die Anzahl der benutzten Warteschlangen, in `msgmap` die Anzahl der Nachrichten und in `msgtql` die Gesamtzahl der vom System gespeicherten Nachrichten zurück.

IPC_STAT kopiert die msqid_ds-Struktur der referenzierten Messagequeue in den Nutzerspeicherbereich. Die MSG_STAT-Variante läßt als Parameter analog zu SEM_STAT den Index in die systeminterne Tabelle der Messagequeue zu. Auch dieses LINUX-Feature wird vom Befehl ipcs benutzt.

Durch IPC_SET können der Eigentümer, der Modus und die maximal mögliche Zahl von Bytes in der Messagequeue modifiziert werden. Ein Prozeß, der keine Superuser-Rechte besitzt, darf diesen Wert nicht größer als MSGMNB (16384) setzen. Wäre das nicht so, hätte ein normaler Prozeß die Chance, durch Hochsetzen dieses Wertes und Senden von Nachrichten in die Messagequeue Kernelspeicher zu allozieren, der nicht aus dem primären Speicher ausgelagert werden kann.

Der Eigentümer oder Erzeuger der Messagequeue sowie der Superuser kann mit Hilfe von IPC_RMID die Messagequeue wieder löschen.

5.5.4 Shared Memory

Shared Memory ist die schnellste Form der Interprozeßkommunikation. Prozesse, die einen gemeinsamen Speicherabschnitt teilen, können durch normale Maschinenbefehle zum Lesen und Schreiben Daten austauschen. Bei allen anderen Verfahren ist das nur über Systemrufe möglich, indem die Daten vom Speicherbereich des einen Prozesses in den Speicherbereich des anderen Prozesses kopiert werden. Der Nachteil von Shared Memory ist, daß die Prozesse zusätzliche Synchronisationsmechanismen verwenden müssen, um Wettbewerbsbedingungen auszuschließen. Die schnellere Kommunikation bedingt einen höheren Programmieraufwand. Die Synchronisation über andere Systemrufe auszuführen, ist zwar portabel, verringert aber den Geschwindigkeitsvorteil. Eine andere Möglichkeit wäre, die Maschinenbefehle zum bedingten Setzen eines Bits der Prozessoren verschiedener Architekturen auszunutzen. Solche Befehle setzen ein Bit abhängig von seinem Wert. Da dies innerhalb eines Maschinenbefehls geschieht, kann diese Operation nicht durch Interrupts unterbrochen werden. Der gegenseitig Ausschluß läßt sich mit diesen Befehlen sehr einfach und sehr schnell realisieren.

In 4.5.3 wurde schon dargestellt, wie komplex das Teilen von Speicherbereichen ist. Dies gilt auch für System V Shared Memory.

Wie bei den anderen IPC-Varianten von System V wird ein geteiltes Speichersegment durch eine Nummer identifiziert. Diese Nummer verweist auf eine shmid_ds-Datenstruktur. Ein Prozeß kann ein solches Speichersegment mit Hilfe einer ATTACH-Operation in das Nutzersegment des virtuellen Adreßraums einblenden. Mit einer DETACH-Operation wird diese Einblendung wieder rückgängig gemacht. Der Einfachheit halber werden wir den durch die shmid_ds-Struktur verwalteten Speicher als Segment bezeichnen, obwohl dieser Begriff auch schon für die Segmente des virtuellen Adreßraums des 386 verwendet wird.

Kapitel 5.5 System V IPC

```
struct shmid_ds {
    struct  ipc_perm shm_perm;      /* Zugriffsrechte */
    int     shm_segsz;              /* Größe des geteilten
                                     * Segments */
    time_t  shm_atime;              /* letzte ATTACH-Zeit */
    time_t  shm_dtime;              /* letzte DETACH-Zeit */
    time_t  shm_ctime;              /* Zeit der letzten
                                     * Änderung */
    unsigned short  shm_cpid;       /* Prozeßnummer des
                                     * Erzeugers */
    unsigned short  shm_lpid;       /* Prozeßnummer des
                                     * Prozesses, der zuletzt
                                     * eine Operation für das
                                     * geteilte Segment aufgerufen
                                     * hat. */
    short   shm_nattch;             /* Anzahl der aktuellen
                                     * ATTACHs */
    /* neue Komponenten unter Linux */
    unsigned short  shm_npages;     /* Anzahl der Speicherseiten */
    unsigned long   *shm_pages;     /* Feld von Page-Tabellen-
                                     * einträgen */
    struct shm_desc *attaches;      /* ATTACH-Deskriptoren */
};
```

Die Moduskomponente der `ipc_perm`-Struktur wird zur Speicherung zweier zusätzlicher Flags verwendet. Das Flag SHM_LOCKED verhindert, daß Seiten des geteilten Speichersegments auf sekundäre Geräte ausgelagert werden. SHM_DEST bestimmt, daß das Segment bei der letzten DETACH-Operation freigegeben wird.

Im Feld `shm_pages` werden die Page-Tabelleneinträge der Speicherseiten gespeichert, aus denen das geteilte Speichersegment besteht. Nach dem Erzeugen eines Segments sind noch keine Speicherseiten zugewiesen, das geschieht erst, wenn auf die Speicherseite eines in einen virtuellen Adreßraum eingeblendeten Segments zugegriffen wird. In diesem Feld können auch Verweise auf ausgelagerte Speicherseiten enthalten sein.

Nach ATTACH-Operationen werden Verwaltungsinformationen in der linearen Liste `attaches` gespeichert. Die Einträge in der Liste haben folgende Struktur:

```
struct  shm_desc {
    struct task_struct *task;       /* Prozeß, der das Segment
                                     * einblendet */
    unsigned long shm_sgn;          /* Signatur für diese
                                     * ATTACH-Operation */
    unsigned long start;            /* Virtuelle Adresse des
                                     * Segments */
```

```
    unsigned long end;           /* Virtuelle Endadresse */
    struct shm_desc *task_next;  /* Liste der ATTACH-
                                  * Deskriptoren für den
                                  * Prozeß */
    struct shm_desc *seg_next;   /* Liste der ATTACH-
                                  * Deskriptoren für das
                                  * Segment */
};
```

Die Attach-Deskriptoren eines Prozesses sind in einer linearen Liste gespeichert. Der Zeiger shm in der Taskstruktur des Prozesses zeigt auf das erste Element in dieser Liste. Sie wird von shm_exit() während des Beendens des Prozesses benutzt, um alle eingeblendeten Segmente aus den Pagedirectory des Prozesses zu löschen.

Mit sys_shmget() kann ein Prozeß ein Segment erzeugen beziehungsweise darauf verweisen.

```
int sys_shmget (key_t key, int size, int shmflg)
```

Der Parameter size gibt die Größe des Segments an. Ist das Segment schon eingerichtet, kann der Parameter kleiner als die eigentliche Größe sein.

Im Parameter shmflg können wieder die in Tabelle 5.6 aufgeführten Flags gesetzt sein.

Die Funktion initialisiert nur die shmid_ds-Datenstruktur. Dem Segment werden noch keine Speicherseiten zugewiesen. Im Feld shm_pages sind nach dem Aufruf von sys_shmget() nur leere Einträge zu finden.

Die weitaus wichtigste Funktion für die Nutzung von Shared Memory ist sys_shmat(). Sie blendet das Segment in das Nutzersegment des Prozesses ein.

```
int sys_shmat (int shmid, char *shmaddr, int shmflg,
               ulong *raddr)
```

Der Parameter shmaddr kann vom Prozeß benutzt werden, um die Adresse, an die das Segment eingeblendet werden soll, festzulegen. Ist er Null, sucht sich die Funktion einen freien Bereich zwischen SHM_RANGE_START (0x40000000) und SHM_RANGE_END (0x60000000). Die gewählte Adresse wird über raddr zurückgegeben. Dieses etwas umständliche Verfahren über den Parameter mußte benutzt werden, da sonst bei der Rückkehr in den Nutzerprozeß Adressen über 2 Gigabyte als Fehlerwerte interpretiert würden.

Als Flags sind in shmflg SHM_RND, SHM_REMAP und SHM_RDONLY zugelassen. Ist SHM_RND gesetzt, wird die übergebene Adresse auf eine Speicherseitengrenze abgerundet. LINUX erlaubt nur die Einblendung eines Segments auf eine Speicherseitengrenze. Mit SHM_REMAP kann Speicher in Adreßbereiche eingeblendet werden, in denen schon Speicher eingeblendet war. Die Nutzung dieser Option ist aber nicht empfehlenswert, da virtuelle Speicherbereiche (vm_area-Strukturen) nicht berücksichtigt werden. SHM_RDONLY gibt an, ob das Segment nur lesbar oder les- und schreibbar eingeblendet wird.

Die System-V-IPC von LINUX wurden vor Einführung der virtuellen Speicherbereiche implementiert. Deshalb wurde eine sehr trickreiche Methode für das Einblenden der geteilten Speicherseiten gewählt. Während der Ausführung von sys_shmat() werden in die Page-Tabelle des Prozesses besondere Einträge geschrieben. Sie basieren auf der Signatur eines Segments. Eine Signatur kombiniert ein Flag für den Nur-Lese-Zugriff auf das Segment und die Nummer des Segments. Darüber hinaus wird der Swaptyp SHM_SWP_TYPE angegeben. sys_shmat() trägt dann noch die Nummer der Seite im Segment in diese Signatur ein und schreibt den resultierenden Wert in eine Page-Tabelle. Das Präsenzbit ist nicht gesetzt.

Greift der Prozeß auf eine Speicherseite eines neu eingeblendeten Segments zu, wird eine Seitenfehlerausnahmeunterbrechung erzeugt. Die do_no_page-Routine, die während der Ausnahmebehandlung aufgerufen wird, ruft dann die Funktion swap_in() auf, da der Page-Tabelleneintrag das Format eines Verweises in einen Auslagerungsbereich hat. swap_in() erkennt am Typ des Auslagerungsbereiches SHM_SWP_TYPE, daß es die Funktion shm_no_page() aufrufen soll. Diese Funktion ermittelt aus dem Page-Tabelleneintrag das Segment und die Nummer der Speicherseite im Segment, um den korrekten Eintrag aus shm_pages in die Page-Tabelle zu schreiben. Das Feld speichert die Page-Tabelleneinträge für die Speicherseiten des Shared-Memory-Segments.

Wenn für die Seite des Shared-Memory-Segments noch keine Speicherseite alloziert wurde, wird eine freie Seite reserviert. Der zugehörige Page-Tabelleneintrag wird in die Page-Tabelle und in das Feld shm_pages der Segmentdatenstruktur geschrieben.

Beim Kommando fork() werden die Einträge in den Page-Tabellen automatisch kopiert, die Funktion shm_fork() sorgt dafür, daß die ATTACH-Deskriptoren des Elternprozesses für die entsprechenden Segmente dupliziert werden.
shm_swap() versucht, Speicherseiten aus gemeinsam genutzten Segmenten auszulagern. Die Anzahl der dabei durchsuchten Speicherseiten wird durch das Prioritätsargument dieser Funktion gesteuert. Für jede Seite des Segments werden die Page-Tabelleneinträge der Prozesse, die diese Seite eingeblendet haben, untersucht. Ist das Acces-Bit gesetzt, wird es gelöscht. Damit wird verhindert, daß Seiten, auf die zuletzt zugegriffen wurde, ausgelagert werden. Ist das Acces-Bit nicht gesetzt, wird der zur Speicherseite gehörige Wert in der Tabelle mem_map dekrementiert und die Speicherseite aus dem Adreßraum des Prozesses ausgeblendet. Nachdem alle Prozesse, die die Shared-Memory-Seite eingeblendet hatten oder noch haben, durchlaufen worden sind, wird überprüft, ob die Speicherseite ausgelagert werden kann. Dies ist der Fall, wenn im zugehörigen mem_map-Eintrag eine 1 steht.

Erst dann wird die Speicherseite von `shm_swap()` in einen Auslagerungsbereich geschrieben. In die Tabelle der Speicherseiten des Segments (`shm_pages`) wird die Auslagerungsnummer der Seite eingetragen. Die Funktion aktualisiert die Page-Tabellen der sich die Seite teilenden Prozesse mit der Signatur des Segments, in die noch der Index der Seite eingefügt wurde. Die ausgelagerte Speicherseite kann dann wieder über den `shm_no_page`-Mechanismus eingeladen werden.

Die Funktion `sys_shmdt()` blendet ein geteiltes Segment aus dem virtuellen Speicherbereich eines Prozesses aus. Wurde das Segment schon durch das `shmctl`-Kommando als gelöscht markiert, wird die Segmentdatenstruktur freigegeben, wenn keine weiteren Prozesse das Segment eingeblendet haben.

```
int sys_shmdt (char *shmaddr)
```

Die Funktion `sys_shmctl()` ist das Pendant zu den bereits erläuterten Funktionen `sys_semctl()` und `sys_msgctl()`.

```
int sys_shmctl (int shmid, int cmd, struct shmid_ds *buf)
```

Ein Aufruf dieser Funktion mit dem `IPC_INFO`-Kommando gibt die Maximalwerte für die Benutzung der Shared-Memory-Implentation von Linux zurück. Die Tabelle 5.10 faßt die Komponenten der dazu genutzten `shminfo`-Struktur zusammen.

Komponente	Wert	Erläuterung
shmmni	128	maximale Anzahl von Shared-Memory-Segmenten
shmmax	4 169 728	maximale Größe eines Segments in Bytes
shmmin	1	minimale Größe eines Segments
shmall	4 194 304	maximale Anzahl von geteilten Speicherseiten im gesamten System
shmseg	128	erlaubte Zahl von Segmenten je Prozeß

Tabelle 5.10: Komponenten der `shminfo`-Struktur für das `IPC_INFO`-**Kommando**

In `include/linux/shm.h` sind die die zugehörigen Makrodefinitionen in Großbuchstaben definiert. Obwohl für die Größe des Segments der Wert 1 erlaubt ist, wird von LINUX immer mindestens eine Speicherseite (4096 Byte) gemeinsam genutzt.

Das `SHM_INFO`-Kommando füllt andere Komponenten der `shminfo`-Struktur. Tabelle 5.11 faßt sie zusammen.

Das Kommando `IPC_STAT` kann zum Auslesen der Segmentdatenstruktur `shmid_ds` aufgerufen werden. Die `SHM_STAT`-Variante dieses Kommandos erfüllt

Komponente	Erläuterung
used_ids	Anzahl der benutzten Segmente
shm_rss	Zahl der gemeinsam genutzten Speicherseiten
shm_tot	Gesamtzahl der gemeinsam genutzten Seiten
shm_swp	Anzahl der momentan ausgelagerten Seiten
swap_attempts	Versuche, gemeinsam genutzte Seiten auszulagern
swap_successes	Zahl der ausgelagerten gemeinsam genutzten Seiten seit dem Start des Systems

Tabelle 5.11: Komponenten der shminfo-Struktur für das SHM_INFO-Kommando

dieselbe Aufgabe, erwartet aber als Parameter nicht die Segmentnummer, sondern einen Index in die Tabelle der Segmentdatenstrukturen.

Wird sys_shmctl() mit dem Kommando IPC_SET aufgerufen, können der Eigentümer und der Zugriffsmodus für ein Segment vom alten Eigentümer oder dem Prozeß, der das Shared-Memory-Segment initialisiert hat, modifiziert werden.

Im Gegensatz zu den Funktionen sys_semctl() und sys_msgctl() kann bei dem Kommando IPC_RMID die IPC-Datenstruktur nicht in jedem Fall freigegeben werden, da es möglicherweise noch Prozesse gibt, die das Segment eingeblendet haben. Um die Segmentstruktur als gelöscht zu markieren, wird im Modusfeld der ipc_perm-Komponente das Flag SHM_DEST gesetzt.

Die Kommandos SHM_LOCK und SHM_UNLOCK erlauben es dem Superuser, das Auslagern der Seiten eines Segments zu verbieten beziehungsweise wieder zu erlauben. Schon ausgelagerte Seiten werden durch das Kommando SHM_LOCK nicht explizit zurückgeladen.

5.5.5 Die Befehle ipcs und ipcrm

Ein Nachteil der System-V-IPC ist, daß das Testen und Entwickeln von Programmen, die sie benutzen, sehr leicht zu dem Problem führen kann, daß nach Beendigung von Testprogrammen IPC-Ressourcen bestehen bleiben, ohne daß dies beabsichtigt war. Mit dem Befehl ipcs kann man die Situation untersuchen und mit ipcrm die entsprechenden Ressourcen löschen.

So könnten zum Beispiel durch ein Programm drei Semaphorarrays erzeugt worden sein. ipcs gibt Informationen über die Shared-Memory-Segmente, Semphorarrays und Messagequeues aus, auf die der Nutzer Zugriffsrechte hat.

```
% ipcs

------ Shared Memory Segments --------
shmid      owner      perms      bytes      nattch     status

------ Semaphore Arrays --------
semid      owner      perms      nsems      status
1152       kunitz     666        1
1153       kunitz     666        1
1154       kunitz     666        1

------ Message Queues --------
msqid      owner      perms      used-bytes  messages
```

Mit `ipcrm` kann nun jeweils eines dieser Semaphorarrays gelöscht werden. Für Messagequeues und Shared-Memory-Segmente kann das Kommando analog angewendet werden.

```
% ipcrm sem 1153
resource deleted
% ipcs

------ Shared Memory Segments --------
shmid      owner      perms      bytes      nattch     status

------ Semaphore Arrays --------
semid      owner      perms      nsems      status
1152       kunitz     666        1
1154       kunitz     666        1

------ Message Queues --------
msqid      owner      perms      used-bytes  messages
```

Die beiden Kommandos wären überflüssig, wenn diese Ressourcen als spezielle Dateien im Dateisystem aufgeführt wären. Dann könnte auch der `select`-Aufruf benutzt werden, um mehrere Ressourcen gleichzeitig zu überwachen. Es wäre eine interessante Programmieraufgabe, die System-V-IPC-Ressourcen in das `proc`-Filesystem zu integrieren.

5.6 IPC mit Sockets

Bis jetzt haben wir nur Formen der Interprozeßkommunikation kennengelernt, die die Kommunikation von Prozessen eines Rechners unterstützen. Die Socket-Programmierschnittstelle ermöglicht die Kommunikation über ein Netz sowie

Kapitel 5.6   IPC mit Sockets   141

lokal auf einem Rechner. Sicherlich kann nicht jede Verwendung der Socket-Programmierschnittstelle als Interprozeßkommunikation bezeichnet werden. Der Vorteil der Socketschnittstelle liegt darin, daß sie die Programmierung von Netzwerkanwendungen unter der Verwendung des unter UNIX schon lange etablierten Konzepts des Dateideskriptors gestattet. Ein besonders gutes Beispiel dafür ist der INET-Dämon. Der Dämon wartet auf ankommende Netzdienstanforderungen und ruft dann die entsprechenden Dienstprogramme mit dem Socket-Dateideskriptor als Standard-Eingabe und -Ausgabe auf. Bei sehr einfachen Diensten braucht das aufgerufene Programm keine einzige Zeile netzwerkrelevanten Codes zu enthalten.

In diesem Kapitel werden wir uns auf die Verwendung und Implementation von UNIX-Domain-Sockets beschränken. Sockets der INET-Domain werden im Kapitel 8 erklärt.

5.6.1   Ein einfaches Beispiel

Mit UNIX-Domain-Sockets können ähnlich wie bei FIFOs Programme verbindungsorientiert Daten austauschen. Im folgenden Beispiel wird gezeigt, wie das funktioniert. Für Client- und Server-Programme werden dieselben Include-Dateien verwendet.

```
/* sc.h */

#include <sys/types.h>
#include <stdio.h>
#include <sys/socket.h>
#include <sys/un.h>

#define SERVER "/tmp/server"
```

Die Aufgabe des Clients besteht darin, eine Nachricht mit seiner Prozeßnummer an den Server zu senden und die Antwort des Servers auf die Standardausgabe zu schreiben.

```
/* cli.c - Client verbindungsorientiertes Modell */
#include "sc.h"

int main(void)
{
   int sock_fd;
   struct sockaddr_un unix_addr;
   char buf[2048];
   int n;
```

```
   if ((sock_fd = socket(AF_UNIX, SOCK_STREAM, 0)) < 0)
   {
      perror("cli: socket()");
      exit(1);
   }

   unix_addr.sun_family = AF_UNIX;
   strcpy(unix_addr.sun_path, SERVER);

   if (connect(sock_fd, (struct sockaddr*) &unix_addr,
               sizeof(unix_addr.sun_family) +
               strlen(unix_addr.sun_path)) < 0)
   {
      perror("cli: connect()");
      exit(1);
   }

   sprintf(buf, "Hallo Server! Ich bin %d.\n", getpid());
   n = strlen(buf) + 1;

   if (write(sock_fd, buf, n) != n)
   {
      perror("cli: write()");
      exit(1);
   }

   if ((n = read(sock_fd, buf, 2047)) < 0)
   {
      perror("cli: read()");
      exit(1);
   }

   buf[n] = '\0';
   printf("Client received: %s\n", buf);

   exit(0);
}
```

Zuerst wird mit `socket()` ein Socket-Dateideskriptor erzeugt. Danach wird die Adresse des Servers generiert, die bei UNIX-Domain-Sockets aus einem Dateinamen besteht, in unserem Falle `/tmp/server`. Der Client versucht dann, mit `connect()` eine Verbindung zum Server herzustellen. Gelingt das, ist es möglich, durch ganz normale `read`- und `write`-Funktionen Daten an den Server zu senden.

Kapitel 5.6 IPC mit Sockets

Genau dies macht der Client, indem die Nachricht

`Hallo Server! Ich bin` *Prozeßnummer des Clients*.

gesendet wird. Damit der Server antworten kann, sind ein paar mehr Zeilen C-Programm notwendig.

```
/* srv.c - Server verbindungsorientiertes Modell */

#include <signal.h>
#include "sc.h"

void stop()
{
   unlink(SERVER);
   exit(0);
}

void server(void)
{
   int sock_fd, cli_sock_fd;
   struct sockaddr_un unix_addr;
   char buf[2048];
   int n, addr_len;
   pid_t pid;
   char *pc;

   signal(SIGINT, stop);
   signal(SIGQUIT, stop);
   signal(SIGTERM, stop);

   if ((sock_fd = socket(AF_UNIX, SOCK_STREAM, 0)) < 0)
   {
      perror("srv: socket()");
      exit(1);
   }

   unix_addr.sun_family = AF_UNIX;
   strcpy(unix_addr.sun_path, SERVER);
   addr_len = sizeof(unix_addr.sun_family) +
              strlen(unix_addr.sun_path);

   unlink(SERVER);

   if (bind(sock_fd, (struct sockaddr *) &unix_addr,
            addr_len) < 0)
```

```c
{
   perror("srv: bind()");
   exit(1);
}

if (listen(sock_fd, 5) < 0)
{
   perror("srv: client()");
   unlink(SERVER); exit(1);
}

while ((cli_sock_fd =
         accept(sock_fd, (struct sockaddr*) &unix_addr,
               &addr_len)) >= 0)
{
   if ((n = read(cli_sock_fd, buf, 2047)) < 0)
   {
      perror("srv: read()");
      close(cli_sock_fd);
      continue;
   }

   buf[n] = '\0';
   for (pc = buf; *pc != '\0' && (*pc < '0' || *pc > '9');
         pc++);

   pid = atol(pc);

   if (pid != 0)
   {
      sprintf(buf, "Hallo Client %d! Hier ist der Server.\n",
               pid);
      n = strlen(buf) + 1;

      if (write(cli_sock_fd, buf, n) != n)
      perror("srv: write()");
   }

   close(cli_sock_fd);
}
perror("srv: accept()");
unlink(SERVER);
exit(1);
```

Kapitel 5.6   IPC mit Sockets

```
}

int main(void)
{
   int r;

   if ((r = fork()) == 0)
   {
      server();
   }

   if (r < 0)
   {
      perror("srv: fork()");
      exit(1);
   }

   exit(0);
}
```

Der Server ruft `fork()` auf und beendet die Ausführung. Der Kindprozeß läuft im Hintergrund weiter und installiert eine Signalbehandlungsroutine für Unterbrechungssignale. Nachdem ein Socket-Dateideskriptor geöffnet worden ist, wird dann die eigene Adresse an diesen Socket gebunden. Dabei wird eine Datei unter dem in der Adresse angegebenen Pfadnamen erzeugt. Durch Einschränken der Zugriffsrechte auf dieser Datei könnte der Server die Menge der Nutzer, die mit ihm kommunizieren können, verkleinern. Der `connect`-Aufruf eines Clients ist nur erfolgreich, wenn diese Datei existiert und er die notwendigen Zugriffsrechte besitzt. Der Aufruf von `listen()` ist notwendig, um den Kern darüber zu informieren, daß der Prozeß nun bereit ist, Verbindungen auf diesem Socket zu akzeptieren. Mit `accept()` wird dann auf Verbindungen gewartet. Wird durch einen Client mit einem `connect()` eine Verbindung aufgebaut, kehrt `accept()` mit einem neuen Socket-Dateideskriptor zurück. Dieser wird dann benutzt, um Nachrichten vom Client zu empfangen und diese zu beantworten. Der Server schreibt einfach zurück:

`Hallo Client` *Prozeßnummer des Clients*`! Hier ist der Server.`

Der Server schließt dann den Dateideskriptor für diese Verbindung und ruft wiederum `accept()` auf, um dem nächsten Client seinen Dienst anzubieten.

Ein verbindungsloses Protokoll kann derzeit nicht mit UNIX-Domain-Sockets unter LINUX realisiert werden, da die Funktionen `sendto()` und `recvfrom()` nicht unterstützt werden. Das wäre aber recht einfach: ein Prozeß bindet seine Adresse an einen Socket und kann dann Pakete mit `sendto` an beliebige andere

Adressen versenden. Werden Pakete an die Adresse des Prozesses gesendet, kann er diese mit `recvfrom()` vom Socket lesen.

Die Schreib- und Leseoperationen blockieren auf dem Socketdeskripor, wenn entweder keine Daten vorhanden sind oder kein Platz mehr im Puffer vorhanden ist. Wurde mit Hilfe von `fcntl()` das `O_NONBLOCK`-Flag gesetzt, blockieren diese Funtionen nicht.

5.6.2 Die Implementation von Unix-Domain-Sockets

Die Implementation der UNIX-Domain-Sockets basiert, wie FIFOs, auf einem in einer Speicherseite realisierten Ringpuffer. Die Funktionen ähneln denen der FIFOs sehr, der Unterschied liegt darin, daß für jede Kommunikationsrichtung ein Ringpuffer am jeweils anderen Socket vorhanden ist. Über ein Socketpaar können nur zwei Prozesse miteinander kommunizieren.

Ein Socket wird im Kern durch die Datenstruktur `socket` repräsentiert. Sie wird in Kapitel 8 erläutert.

Es gibt eine Reihe socketspezifische Funktionen, wie etwa `socket()` und `setsockopt()`. Sie werden alle durch einen einzigen Systemruf realisiert. Er heißt `sys_socketcall()` und ruft anhand des ersten Parameters alle benötigten Funktionen auf. Die Dateioperationen `read()`, `write()`, `select()`, `readdir()`, `ioctl()`, `lseek()` und `close()` werden direkt über die Dateioperationen des Dateideskriptors aufgerufen.

Alle Socket-Operationen stützen sich auf Funktionen, die im Operationsvektor `proto_ops` enthalten sind. `proto_ops` ist in der Socket-Struktur enthalten. Im folgenden wird die Semantik der Operationen für UNIX-Domain-Sockets kurz erläutert.

`int sock_socket(int family, int type, int protocol)`

Ein Socket-Dateideskriptor wird eingerichtet. Die Funktion ruft die Protokolloperation `unix_proto_create()` auf. Sie alloziert schon die Speicherseite für den Ringpuffer und intialisiert die Daten des UNIX-Domain-Sockets. Diese Funktion kann blockieren. Der Status des Sockets ist nach dem Beenden dieser Operation `SS_UNCONNECTED`.

`int sock_bind(int fd, struct sockaddr *umyaddr, int addrlen)`

Die Adresse `umyaddr` wird an den Socket gebunden. Die Protokolloperation testet natürlich, ob die Adresse der UNIX-Adreßfamilie angehört und versucht, die Socket-Adreßdatei einzurichten; schlägt dies fehl, wird versucht, die Datei zu öffnen. Wenn beide Versuche nicht erfolgreich sind, war die gesamte Operation nicht erfolgreich.

Kapitel 5.6 IPC mit Sockets

```
int sock_connect(int fd, struct sockaddr *uservaddr,
                 int addrlen)
```

Diese Operation versucht, den Socket mit der Adresse `uservaddr` zu verbinden. Dies wird in der UNIX-Domain nur versucht, wenn der Socket noch nicht verbunden ist, sich also im Status `SS_UNCONNECTED` befindet. Natürlich muß die Adresse eine UNIX-Domain-Adresse sein. Es wird versucht, die Socket-Adreßdatei des Servers zu öffnen. Danach testet die Protokolloperation `unix_proto_connect()`, ob an der Serveradresse überhaupt Verbindungen akzeptiert werden. Der Socket geht in den Zustand `SS_CONNECTING` über, der Server wird geweckt, und der Prozeß wird blockiert. Setzt der Prozeß die Ausführung fort und ist er nicht mit dem Server verbunden, wurde dem Prozeß entweder ein Signal gesendet, oder die Verbindungsanforderung wurde vom Server abgelehnt. Andernfalls war die Operation `sock_connect()` erfolgreich.

```
int sock_listen(int fd, int backlog)
```

Der Server teilt dem Kern mit dieser Operation mit, daß er ab jetzt Verbindungen akzeptiert. Das Socket-Flag `SO_ACCEPTCON` wird gesetzt. Der Parameter `backlog` hat für UNIX-Domain-Sockets keine Bedeutung.

```
int sock_accept(int fd, struct sockaddr *upeer_sockaddr,
                int *upeer_addrlen)
```

Ein Prozeß kann diese Operation nur aufrufen, wenn der Socket sich im Status `SS_UNCONNECTED` befindet und vorher `listen()` für diesen Socket aufgerufen wurde. Der Prozeß blockiert, wenn es keine Prozesse gibt, die ein `connect()` für die Adresse unseres Sockets aufgerufen haben. War das Warten erfolgreich, wird mit der Protokolloperation `unix_proto_getname()` aus dem Socket des Clients dessen Adresse gelesen.

```
int sock_getsockname(int fd, struct sockaddr *usockaddr,
                     int *usockaddr_len)
```

Die Protokolloperation `unix_prot_getname()` ist die Basis für diese Funktion. Die an den Socket gebundene Adresse wird zurückgegeben.

```
int sock_getpeername(int fd, struct sockaddr *usockaddr,
                     int *usockaddr_len)
```

Nur wenn der Socket sich im Zustand `SS_CONNECTED` befindet, kann diese Funktion aufgerufen werden. Die Operation basiert ebenfalls auf der Protokolloperation `unix_proto_getname()` des Sockets. Ein Parameter dieser Funktion bestimmt aber, daß die Adresse des verbundenen Sockets (*Peer*) zurückgegeben werden soll.

```
int sock_socketpair(int family, int type, int protocol,
                    unsigned long usockvec[2])
```

Es werden zwei Socketdeskriptoren erzeugt und miteinader verbunden, daß heißt, die neuen Sockets in `usockvec[2]` haben beim Verlassen der Operation den Status `SS_CONNECTED`.

```
int sock_send(int fd, void * buff, int len, unsigned flags)

int sock_recv(int fd, void * buff, int len, unsigned flags)
```

Diese beiden Operationen rufen die Protokolloperationen `unix_proto_write()` und `unix_proto_read()` auf, die im Abschnitt über die Socket-Dateioperationen `sock_read()` und `sock_write()` näher erklärt werden.

Die Operationen `sock_sendto()`, `sock_recvfrom()`, `sock_shutdown()`, `sock_getsock_opt()` und `sock_setsock_opt()` werden durch die UNIX-Domain-Sockets nicht unterstützt.

Da es den Prozessen möglich sein sollte, Sockets wie normale Dateideskriptoren zu benutzen, muß die Funktionalität fast aller Dateioperationen unterstützt werden. Nur `mmap()` und `open()` sind nicht implementiert. Die Socket-Dateioperation `sock_lseek()` muß programmiert sein, um die Standardbehandlung des Systemrufs `sys_lseek()` zu umgehen, da Sockets keine Positionierung erlauben. `sock_readdir()` setzt nur den Fehlerwert `EBADF` statt `ENOTDIR`. Die restlichen Operationen werden für UNIX-Domain-Sockets kurz erläutert.

```
int sock_read(struct inode *inode, struct file *file,
              char *ubuf, int size)
```

Die Operation ruft die Protokolloperation `unix_proto_read()` auf. Sind Daten im Ringpuffer des Sockets vorhanden, werden diese gelesen. Ist dies nicht der Fall, blockiert der Prozeß, wenn sich der Socket im Zustand `SS_CONNECTED` befindet, und wartet auf das Senden von Daten. Die sonstige Semantik entspricht dem normalen Systemruf `sys_read()`.

```
int sock_write(struct inode *inode, struct file *file,
               char *ubuf, int size)
```

`sock_write()` versucht, `size` Bytes in den Ringpuffer des verbundenen Sockets (*Peer*) zu schreiben. Dies ist nur im Zustand `SS_CONNECTED` des Sockets möglich. Ist nicht genug Pufferspeicher vorhanden, blockiert der Systemruf. Wurde die Verbindung vom anderen Prozeß abgebrochen und befindet sich der Socket im Zustand `SS_DISCONNECTING`, wird das Signal `SIGPIPE` an den Prozeß gesendet.

```
int sock_select(struct inode *inode, struct file *file,
                int sel_type, select_table * wait)
```

Bei Unix-Domain-Sockets können nur die Selektionstypen `SEL_IN` und `SEL_OUT` verwendet werden. Demzufolge wartet die entsprechende Protokolloperation entweder, bis Daten in den Ringpuffer des Sockets geschrieben werden, oder durch den anderen Prozeß Daten gelesen werden und dabei wieder Speicher im Ringpuffer frei wird.

```
int sock_ioctl(struct inode *inode, struct file *file,
               unsigned int cmd, unsigned long arg)
```

Die Protokolloperation `ioctl()` kennt die Kommandos `TIOCINQ` und `TIOCOUTQ`. `TIOCINQ` gibt die Anzahl der Bytes zurück, die noch aus dem Socket gelesen werden können, und `TIOCOUTQ` die Größe des Pufferbereichs, in den noch Daten geschrieben werden können, bevor eine Lese- beziehungsweise Schreiboperation den Prozeß blockiert.

```
void sock_close(struct inode *inode, struct file *file)
```

Diese Operation setzt den Socket, auf dem die Operation aufgerufen worden ist, den Socket, mit dem dieser möglicherweise verbunden ist, und die Sockets, die sich mit diesem Socket verbinden wollen, in den Zustand `SS_DISCONNECTING`. Für den Socket wird die Protokolloperation `unix_proto_release()` aufgerufen. Sie gibt den Ringpuffer wieder frei. Die Datenstruktur des Dateideskriptors und die Inode-Struktur werden natürlich auch freigegeben.

Es sei noch darauf hingewesen, daß durch Setzen des `O_NONBLOCK`-Flags des Dateideskriptors das Blockieren des Prozesses bei der Ausführung dieser Operation verhindert werden kann. Die Datei, die von `bind()` angelegt wird, kann nur geöffnet und geschlossen werden. Es ist jedoch möglich, mit Hilfe des `ioctl`-Kommando `DDIOCSDBG` das Debugging für die UNIX-Domain-Sockets ein- und auszuschalten. Bei eingeschalteten Debugging werden von den Kernelroutinen, die die UNIX-Domain-Sockets implementieren, Meldungen ausgegeben.

In der Inode-Struktur der Datei ist das Flag `S_IFSOCK` gesetzt, so daß eine solche Datei als spezielle Socket-Adreßdatei gekennzeichnet ist. Ein `ls -l` für die Socket-Adreßdatei aus dem Beispiel gibt die Meldung

```
% ls -l server
srwxr-xr-x   1 kunitz    mi89         0 Mar  7 00:09 server=
```

aus.

6

Das LINUX-Dateisystem

> »Mein lieber Watson, gute Informationen zu bekommen,
> ist nicht schwer.
> Viel schwieriger ist es, sie wiederzufinden.«
>
> Conan Doyle, Die Abenteuer des Sherlock Holmes

Im PC-Bereich sind unterschiedliche Betriebssysteme nicht gerade eine Seltenheit. Fast jedes Betriebssystem bringt dabei auch sein eigenes Dateisystem mit. Jedes erhebt natürlich für sich den Anspruch, „schneller, besser und sicherer" zu sein als seine Vorgänger.

Gerade die große Anzahl der von LINUX unterstützten Dateisysteme ist sicher einer der hauptsächlichen Gründe dafür, daß LINUX innerhalb seiner kurzen Geschichte so schnell an Akzeptanz gewann. Nicht jeder Nutzer kann für ein neues Betriebssystem seine alten Daten mühselig in ein anderes Dateisystem konvertieren.

Diese Vielfalt unterstützter Dateisysteme wird durch die einheitliche Schnittstelle zum LINUX-Kern ermöglicht. Dabei handelt es sich um den *Virtual Filesystem Switch* (VFS), der im weiteren einfach als „Virtuelles Dateisystem" bezeichnet wird, obwohl es sich dabei eigentlich nicht um ein Dateisystem handelt, sondern um eine Schnittstelle, die für alle Dateisysteme gleich ist (Abbildung 6.1 illustriert dies).

Das Virtuelle Dateisystem stellt den Applikationen die Systemrufe zur Dateiverwaltung (siehe Abschnitt A.2) zur Verfügung, führt die Verwaltung interner Strukturen durch und leitet die Arbeit an das entsprechende eigentliche Dateisystem weiter. Eine weitere wichtige Aufgabe des Virtuellen Dateisystems ist es, Standardaktionen durchzuführen. So bringt beispielsweise keine Dateisystemim-

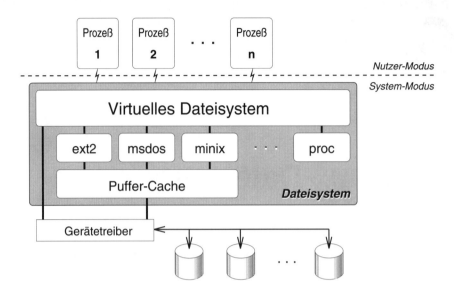

Abbildung 6.1: Die Schichten des Dateisystems

plementation eine Funktion lseek() mit, da die Standardaktion des VFS die Funktionalität von lseek() realisiert. Somit ist es also doch gerechtfertigt, beim VFS von einem Dateisystem zu reden.

Im folgenden soll die Funktionsweise des VFS sowie das Zusammenspiel zwischen VFS und konkreten Dateisystemimplementationen genauer betrachtet werden.

6.1 Grundlagen

Die Bedeutung eines guten Datenverwaltungssystems wird sehr oft unterschätzt. Während der Mensch dazu sein Gedächtnis oder Notizbuch verwenden kann, muß ein Computer zu anderen Mitteln greifen.

Als die Daten noch seriell auf Magnetbändern oder (noch schlimmer) auf Lochkarten abgespeichert wurden, war dies kein Problem. Mit dem Anwachsen des Speichervermögens wuchs aber auch der Wunsch, viele verschiedene Daten auf einem Medium unterzubringen.

Eine sehr wichtige Forderung an ein Dateisystem ist demnach eine *sinnvolle Strukturierung* von Daten. Bei der Wahl einer sinnvollen Strukturierung ist aber wiederum die *Geschwindigkeit* des Datenzugriffs sowie die Möglichkeit eines *wahlfreien Zugriffs* nicht zu vernachlässigen.

Ein weiteres Problem ist die *Darstellung unterschiedlicher Dateiarten* (also auch Pseudodateien). So treten bei UNIX üblicherweise normale Dateien, Verzeichnisse, Gerätedateien, FIFOs (*Named Pipes*), symbolische Links und Sockets auf, die auch gesondert zu behandeln sind.

Ein nicht zu unterschätzender Aspekt für die Güte eines Dateisystems ist außerdem die *Datensicherheit*. Dazu gehören Möglichkeiten der Konsistenzerhaltung und Mechanismen zur Gewährleistung des Datenschutzes.

Der prinzipielle Aufbau der unterschiedlichen UNIX-Dateisysteme ist von der Struktur her gleich (siehe Abbildung 6.2). Das Gerät, auf dem sich das Dateisystem befindet, ist in eine bestimmte Anzahl gleichgroßer Blöcke unterteilt.

Abbildung 6.2: Schematischer Aufbau eines UNIX-Dateisystems

In LINUX können wir uns dabei auf eine andere Instanz, nämlich den in Abschnitt 4.6 beschriebenen Puffer-Cache, verlassen. Es ist also möglich, mit Hilfe der Puffer-Cache-Funktionen auf einen beliebigen der sequentiell durchnumerierten Blöcke eines bestimmten Geräts zuzugreifen.

Jedes Dateisystem beginnt mit einem *Bootblock*, der meist die zum Booten des Rechners nötigen Befehle enthält. Da Dateisysteme meist auf jedem blockorientierten Gerät existieren sollen und dort vom Prinzip her (aus Gründen der Einheitlichkeit) denselben Aufbau besitzen, existiert der Bootblock auch, wenn der Computer nicht von dem Gerät gebootet wird.

Alle für die Verwaltung des Dateisystems wichtigen Informationen sind im *Superblock* untergebracht. Danach folgen mehrere Blöcke (*Inode-Blöcke*), die Informationen über die einzelnen Dateien sowie die genaue Lage der *Datenblöcke* der Dateien enthalten.

Die hierarchische Dateistruktur erreicht man dadurch, daß Verzeichnisse nichts anderes als normale Dateien darstellen die jeweils den Dateinamen sowie die zugehörige Inode-Nummer enthalten. Bei älteren UNIX-Versionen war das Ändern dieser Verzeichnis-Dateien noch mit Hilfe eines einfachen Editors möglich; aus Konsistenzgründen ist das bei neueren Versionen nicht mehr möglich. So lassen die LINUX-Dateisysteme nicht einmal das Auslesen dieser Dateien zu.

Ein weiteres Problem ist, daß ein einzelnes Dateisystem oftmals nicht ausreicht. In UNIX werden einzelne Dateisysteme nicht, wie bei anderen Betriebssystemen, durch einzelne Bezeichner (zum Beispiel Laufwerksbezeichner) angesprochen, sondern sind in einem hierarchischen Verzeichnisbaum vereinigt.

Dieses Vereinigen geschieht durch die Aktion des *Mountens*[1] eines Dateisystems. Dabei wird dem bestehenden Verzeichnisbaum ein weiteres (beliebiges) Dateisystem hinzugefügt. Man spricht auch davon, daß das neue Dateisystem in den Verzeichnisbaum eingehängt/eingebunden, dem Verzeichnisbaum aufgesetzt oder am Verzeichnisbaum befestigt wird. Da unserer Meinung keines dieser deutschen Wörter den Sachverhalt des „Mountens" richtig beschreibt, werden wir im folgenden die englischen Begriffe Mounten und *Unmounten* gebrauchen.

Ein neues Dateisystem kann auf ein beliebiges Verzeichnis *gemountet* werden. Dieses originale Verzeichnis heißt dann *Mount-Point* und wird mitsammt seinen Unterverzeichnissen und Dateien durch das Wurzelverzeichnis des neuen Dateisystems verdeckt. Ein Unmounten des Dateisystems gibt die verdeckte Verzeichnisstruktur dann wieder frei.

Die Verwaltung im Kern kann auf unterschiedliche Art erfolgen. Dabei zielen alle Betriebssysteme auf *Geräteunabhängigkeit* ab, so daß es unerheblich ist, auf welchem Medium die Daten abgelegt werden. LINUX hat für diese Aufgabe das Virtuelle Dateisystem, welches die konkreten Dateisystemimplementierungen eigentlich nur bemüht, um seine Verwaltungsstrukturen zu füllen.

6.2 Die Repräsentation von Dateisystemen im Kern

Die Darstellung der Daten auf Diskette oder Festplatte kann sich von Fall zu Fall stark unterscheiden. Im Endeffekt aber ist die eigentliche Darstellung von Dateien bei LINUX im Speicher gleich. Auch hier hat sich LINUX eng an sein „Vorbild" UNIX gehalten, denn die Verwaltungsstrukturen der Dateisysteme sind dem logischen Aufbau eines UNIX-Dateisystems sehr ähnlich.

6.2.1 Das Mounten

Bevor auf eine Datei zugegriffen werden kann, muß das Dateisystem, auf dem sich die Datei befindet, erst einmal gemountet werden. Dies geschieht entweder durch den Systemruf `sys_mount()` oder die Funktion `mount_root()`.

Die Funktion `mount_root()` (Datei `fs/super.c`) ist dabei für das Mounten des ersten Dateisystems zuständig und wird vom Systemruf `sys_setup()` (siehe Seite 307) benutzt. Der Aufruf dieser Funktion geschieht gleich nach dem Erzeugen des Init-Prozesses in der Kern-Funktion `init()` (Datei `init/main.c`)[2]. Dieser „einmalige" Systemruf ist nötig, da der Zugriff auf Kern-Strukturen im Nutzer-Modus, in dem sich der Init-Prozeß ja befindet, nicht erlaubt ist.

---

[1] *engl.* mount: aufkleben, -setzen, befestigen, einbinden, einhängen, montieren ...
[2] Ein weiterer Aufruf hätte keinen Sinn, da `sys_setup()` nach einmaliger Benutzung nur Fehler zurückgibt.

Jedes gemountete Dateisystem wird durch eine Struktur `super_block` repräsentiert. Diese Strukturen werden in der statischen Tabelle `super_blocks[]` gehalten und sind somit auf `NR_SUPER` (32) begrenzt.

Zur Initialisierung des Superblocks dient die Funktion `read_super()` (Datei `fs/super.c`). Sie fragt Disketten und CD-ROM auf Medienwechsel ab, testet, ob der Superblock noch nicht existiert, sucht einen neuen Eintrag in der Superblocktabelle und ruft die von jeder Dateisystemimplementation bereitgestellte Funktion zur Erzeugung des Superblocks auf.

Diese dateisystemspezifischen Funktionen müssen von jeder konkreten Implementation zur Verfügung gestellt werden und sind, zusammen mit dem Namen des Dateisystems sowie einem Flag, das anzeigt, ob ein Gerät zum Mounten unbedingt nötig ist, in der Tabelle `file_systems[]` der Struktur `file_system_type` abgelegt (Datei `fs/filesystems.c`).

```
struct file_system_type {
   struct super_block *(*read_super) (struct super_block *,
               void *, int);
   char *name;
   int requires_dev;
}     file_systems[] = {
#ifdef CONFIG_MINIX_FS
   {minix_read_super,      "minix",        1},
#endif
      ...
   {NULL,                  NULL,           0}
};
```

Die Funktion `read_super()` des entsprechenden Dateisystems ist die wichtigste Funktion der Mount-Schnittstelle. Durch sie erst werden dem Virtuellen Dateisystem weitere Funktionen der Dateisystemimplementation bekanntgegeben.

Makro	Wert	Bemerkung
MS_RDONLY	1	Dateisystem ist nur lesbar
MS_NOSUID	2	Ignoriert S-Bits
MS_NODEV	4	Verbietet den Zugriff auf Gerätedateien
MS_NOEXEC	8	Verbietet die Programmausführung
MS_SYNC	16	Unmittelbares Schreiben auf Platte
MS_REMOUNT	32	Änderung der Flags bei aufgesetztem Dateisystem

Tabelle 6.1: Die dateisystemunabhängigen Mount-Flags des Superblocks

Sie erhält beim Aufruf eine Superblockstruktur, in der die Elemente `s_dev` und `s_flags` entsprechend Tabelle 6.1 gefüllt sind. Weiterhin wird eine Zeichenkette (in diesem Fall `void *`), die weitere Mount-Optionen für das Dateisystem enthält, sowie ein Flag `silent` übergeben, das anzeigt, ob fehlgeschlagenes Mounten durch Meldungen anzuzeigen ist. Dies wird nur durch die Kernfunktion `mount_root()` genutzt, da diese der Reihe nach alle vorhandenen Funktionen `read_super()` der einzelnen Dateisystemimplementationen zum Mounten des Root-Dateisystems aufruft und dabei ständige Fehlermeldungen beim Hochfahren des Systems stören würden.

Die Funktion `read_super()` muß dann ihre Informationen von dem entsprechenden Blockgerät lesen. Dies geschieht, falls nötig, mit den in Abschnitt 4.6 vorgestellten Funktionen des LINUX-Caches.

Hier sieht man auch den Grund, warum das Mounten von Dateisystemen einen Prozeß benötigt. Dieser wird nämlich, da der Zugriff auf das entsprechende Gerät Zeit braucht, durch den Gerätetreiber angehalten. Dazu verwendet er den Sleep-WakeUp-Mechanismus (siehe Abschnitt 3.1.5), der Prozesse benötigt.

Der LINUX-Superblock hat folgendes Aussehen:

```
struct super_block {
    dev_t s_dev;                         /* Gerät des Dateisystems */
    unsigned long s_blocksize;           /* Blockgröße */
    unsigned char s_blocksize_bits;      /* ld (Blockgröße) */
    unsigned char s_lock;                /* Superblocksperre */
    unsigned char s_rd_only;             /* nicht genutzt (= 0) */
    unsigned char s_dirt;                /* Superblock geändert */
    struct super_operations *s_op;       /* Superblockoperationen */
    unsigned long s_flags;               /* Flags */
    unsigned long s_magic;               /* Dateisystem-Kennung */
    unsigned long s_time;                /* Änderungszeit */
    struct inode * s_covered;            /* Mount-Point */
    struct inode * s_mounted;            /* Root-Inode */
    struct wait_queue * s_wait;          /* s_lock -Warteschlange */
    union {
        struct minix_sb_info minix_sb;
              ...
    } u;            /* Dateisystemspezifische Informationen */
};
```

Der Superblock enthält Informationen über des gesamte Dateisystem, wie etwa Blockgröße, Zugriffsrechte und Zeit der letzten Änderung. Desweiteren enthält die Union u am Ende der Struktur spezielle Informationen über die entsprechenden Dateisysteme.

Kapitel 6.2 Die Repräsentation von Dateisystemen im Kern

Die Komponenten `s_lock` und `s_wait` gewährleisten die Synchronisation des Zugriffs auf den Superblock. Dieser Zugriff sollte aber nur mit `lock_super()` und `unlock_super()`, die in der Datei `<linux/locks.h>` definiert sind, erfolgen.

```
extern inline void lock_super(struct super_block * sb)
{
   if (sb->s_lock)
      __wait_on_super(sb);
   sb->s_lock = 1;
}

extern inline void unlock_super(struct super_block * sb)
{
   sb->s_lock = 0;
   wake_up(&sb->s_wait);
}
```

Außerdem befinden sich im Superblock Verweise auf die *Root-Inode* des Dateisystems `s_mounted` und den *Mount-Point* `s_covered`.

Eine weitere Aufgabe der Funktion `read_super()` der konkreten Dateisystemimplementation ist demnach, die Root-Inode des Dateisystems zur Verfügung zu stellen und in den Superblock einzutragen. Dies kann durch die Funktionen des VFS, wie etwa die später beschriebene Funktion `iget()`, erfolgen, sofern die Komponenten `s_dev` und `s_op` richtig gesetzt sind.

6.2.2 Superblock-Operationen

Die Superblock-Struktur stellt Funktionen zum Zugriff auf das Dateisystem in dem Funktionsvektor `s_op` bereit, die für die weitere Arbeit mit dem Dateisystem sehr wichtig sind.

```
struct super_operations {
   void (*read_inode) (struct inode *);
   int  (*notify_change) (int, struct inode *);
   void (*write_inode) (struct inode *);
   void (*put_inode) (struct inode *);
   void (*put_super) (struct super_block *);
   void (*write_super) (struct super_block *);
   void (*statfs) (struct super_block *, struct statfs *);
   int  (*remount_fs) (struct super_block *, int *, char *);
};
```

Die Funktionen der Struktur `super_operations` dienen zum Lesen und Schreiben der einzelnen Inodes, zum Schreiben des Superblocks sowie zum Auslesen der

Dateisysteminformationen. Ist eine dieser Funktionen nicht implementiert, d.h. ist der Zeiger der Funktion NULL, so findet keine weitere Aktion statt.

write_super(sb) Die Funktion write_super() dient zum Sichern der Informationen des Superblocks. Die Konsistenz des Dateisystems muß dabei nicht unbedingt gewährleistet sein[3]. Unterstützt das jeweilige Dateisystem ein auf Inkonsistenz hinweisendes Flag (*Validflag*), so sollte dieses gesetzt werden. Im Normalfall wird in der Funktion der Cache veranlaßt, die Puffer des Superblocks zurückzuschreiben. Dafür sorgt einfach das Setzen des b_dirt-Flags des Puffers.

Die Funktion wird beim Synchronisieren des Geräts verwendet und hat für Nur-Lese-Dateisysteme wie das *Isofs* keinen Sinn.

put_super(sb) Das Virtuelle Dateisystem ruft die Funktion beim Unmounten von Dateisystemen sowie bei erkanntem Diskettenwechsel auf. Dabei sollte sie den Superblock und weitere Informationspuffer wieder freigeben (siehe brelse() in Abschnitt 4.6) bzw. die Konsistenz des Dateisystems wiederherstellen. Dazu sollte das Validflag wieder korrekt gesetzt werden. Desweiteren muß der Eintrag s_dev der Superblockstruktur auf 0 gesetzt werden, damit der Superblock nach dem Unmounten wieder zur Verfügung steht.

statfs(sb, statfsbuf) Die beiden Systemaufrufe sys_statfs() sowie sys_fstatfs() (siehe Seite 296) rufen die Superblockoperation auf, die eigentlich nur zum Füllen der Struktur statfs dient. Zu beachten ist, daß die Struktur sich im Nutzeradreßraum befindet. Beim Fehlen der Operation liefert das VFS den Fehler ENOSYS.

remount_fs(sb, flags, options) Die Funktion remount_fs() dient zur Zustandänderung eines Dateisystems (siehe Tabelle 6.1). Dabei werden meist nur die neuen Attribute des Dateisystems in den Superblock eingetragen sowie die Konsistenz des Dateisystems wiederhergestellt.

read_inode(inode) Die Funktion ist, analog read_super(), für das Füllen der ihr übergebenen Struktur inode zuständig. Sie wird von __iget() (Datei fs/inode.c) aufgerufen, die schon die Einträge i_dev, i_ino, i_sb und i_flags belegt hat. Diese Funktion sorgt hauptsächlich für die Unterscheidung der verschiedenen Dateiarten, indem sie in Abhängigkeit von der Dateiart die Inode-Operationen in die Inode einträgt. So enthält fast jede read_inode-Funktion wie die des *Ext2*-Dateisystems folgende Zeilen:

```
if (S_ISREG(inode->i_mode))
    inode->i_op = &ext2_file_inode_operations;
else if (S_ISDIR(inode->i_mode))
```

---

[3] Die Daten- und Inodeblöcke sowie Freiblocklisten oder -bitmaps müssen nicht zurückgeschrieben werden, somit ist das Dateisystem vielleicht nicht konsistent.

```
   inode->i_op = &ext2_dir_inode_operations;
else if (S_ISLNK(inode->i_mode))
   inode->i_op = &ext2_symlink_inode_operations;
else if (S_ISCHR(inode->i_mode))
   inode->i_op = &chrdev_inode_operations;
else if (S_ISBLK(inode->i_mode))
   inode->i_op = &blkdev_inode_operations;
```

Makro	aufrufende Funktion
NOTIFY_SIZE	sys_truncate(), sys_ftruncate(), open_namei()
NOTIFY_MODE	sys_chmod(), sys_fchmod()
NOTIFY_TIME	sys_utime()
NOTIFY_UIDGID	sys_chown(), sys_fchown()

Tabelle 6.2: Die Flags von notify_change()

notify_change(flags, inode) Die Änderung der Inode durch Systemrufe wird mit dem Aufruf der Operation notify_change() quittiert. Diese Operation fehlt bei den meisten Dateisystemimplementationen und ist eigentlich nur für NFS von Interesse, da bei diesem Dateisystem gewissermaßen eine lokale und eine externe Inode existiert. Sämtliche Inode-Änderungen werden nur auf der lokalen Inodestruktur durchgeführt. Darum muß der das Dateisystem exportierende Rechner von den Änderungen informiert werden. Die notify_change() aufrufenden Funktionen sowie die übergebenen Flags sind in Tabelle 6.2 aufgelistet.

write_inode(inode) Analog zu write_super() wird mit der Funktion die Inode-Struktur gesichert.

put_inode(inode) Die Funktion wird von iput() aufgerufen, wenn die Inode nicht mehr gebraucht wird. Ihre Hauptaufgabe ist das physikalische Löschen der Datei und das Freigeben ihrer Blöcke, falls i_nlink Null ist.

6.2.3 Die Inode

Beim Mounten eines Dateisystems wird der Superblock des Dateisystems erzeugt und bei dem entsprechenden *Mount-Point*, d.h. in seiner Inode-Struktur, die Root-Inode des Dateisystems in der Komponente i_mount verzeichnet. Die Struktur inode hat dabei folgendes Aussehen.

```
struct inode {
    dev_t           i_dev;      /* Datei-Geräte-Nummer */
    unsigned long   i_ino;      /* Inode-Nummer */
    umode_t         i_mode;     /* Dateiart und Zugriffsrechte */
    nlink_t         i_nlink;    /* Anzahl der Hard-Links */
    uid_t           i_uid;      /* Eigentümer */
    gid_t           i_gid;      /* Eigentümer */
    dev_t           i_rdev;     /* Gerät bei Gerätedateien */
    off_t           i_size;     /* Größe */
    time_t          i_atime;    /* Zeit des letzten Zugriffs */
    time_t          i_mtime;    /* Zeit der letzten Änderung */
    time_t          i_ctime;    /* Zeit der Erzeugung */
    unsigned long   i_blksize;  /* Blockgröße */
    unsigned long   i_blocks;   /* Blockanzahl */
    struct semaphore i_sem;             /* Zugriffssteuerung */
    struct inode_operations * i_op;     /* Inode-Operationen */
    struct super_block * i_sb;          /* Superblock */
    struct wait_queue * i_wait;         /* Warteschlange */
    struct file_lock * i_flock;         /* Dateisperren */
    struct vm_area_struct * i_mmap;     /* Speicherbereiche */
    struct inode * i_next, * i_prev;    /* Inode-Verkettung */
    struct inode * i_hash_next, * i_hash_prev;
    struct inode * i_bound_to, * i_bound_by;
    struct inode * i_mount;             /* aufgesetzte Inode */
    struct socket * i_socket;   /* Socket-Verwaltung */
    unsigned short i_count;     /* Referenzzähler */
    unsigned short i_flags;     /* Flags (= i_sb->s_flags) */
    unsigned char i_lock;       /* Sperre */
    unsigned char i_dirt;       /* Inode wurde geändert */
    unsigned char i_pipe;       /* Inode repräsentiert Pipe */
    unsigned char i_seek;       /* ungenutzt */
    unsigned char i_update;     /* Inode ist aktuell */
    union {
        struct pipe_inode_info pipe_i;
        struct minix_inode_info minix_i;
            ...

    } u;     /* dateisystemspezifische Informationen */
};
```

Sie enthält im vorderen Teil Informationen über die Datei. Im hinteren Teil befinden sich Verwaltungsinformationen sowie die dateisystemabhänginge Union u.

Im Speicher werden die Inodes auf zwei Arten verwaltet. Zum einen werden die Inodes in einer doppelt verketteten Ringliste beginnend mit `first_inode`

Kapitel 6.2 Die Repräsentation von Dateisystemen im Kern

verwaltet, die mittels der Einträge `i_next` und `i_prev` angesprochen wird. Das Durchlaufen aller Inodes geschieht somit auf folgende Weise:

```
struct inode * inode, * next;

next = first_inode;
for(i = nr_inodes ; i > 0 ; i--) {
   inode = next;
   next = inode->i_next;
      ...
}
```

Diese Variante ist nicht gerade effektiv, da sich in der Liste aller Inodes auch die „freien", nicht genutzten Inodes befinden. Bei ihnen müssen sowohl die Komponenten `i_count`, wie auch `i_dirt` und `i_lock` Null sein. Die ungenutzten Inodes werden durch die Funktion `grow_inodes()` erzeugt, die jeweils aufgerufen wird, wenn weniger als ein Viertel aller Inodes frei sind, aber nicht mehr als `NR_INODE` (2048) existieren. Die Anzahl der freien sowie aller vorhandenen Inodes werden in den statischen Variablen `nr_free_inode` und `nr_inode` verwaltet.

Für den schnellen Zugriff sind die Inodes in einer Hashtabelle `hash_table[]` untergebracht, wobei Kollisionen als doppelt verkettete Liste mit Hilfe der Komponenten `i_hash_next` und `i_hash_prev` behandelt werden. Der Zugriff auf einen der `NR_IHASH` (131) Einträge erfolgt über die Geräte- und Inodenummer.

Zur Arbeit mit Inodes gibt es die Funktionen `iget()`, `namei()` und `iput()`.

```
struct inode *iget(struct super_block *sb, int nr)
{
   return __iget(sb, nr, 1);
}

struct inode *__iget(struct super_block * sb, int nr,
                     int crossmntp);
```

Die Funktion `iget()` liefert die durch den Superblock `sb` und die Inodenummer `nr` angegebene Inode. Sie ruft ihrerseits die Funktion `__iget()` auf, die über einen weiteren Parameter, `crossmntp`, angewiesen wird, auch Mount-Points aufzulösen, d.h. ist die geforderte Inode ein Mount-Point, so liefert sie die entsprechende Root-Inode des gemounteten Dateisystems.

Ist die gesuchte Inode in der Hashtabelle enthalten, wird einfach der Referenzzähler `i_count` erhöht. Wurde sie nicht gefunden, wird eine „freie" Inode ausgewählt (`get_empty_inode()`), und die Implementation des entsprechenden Dateisystems veranlaßt über die Superblockoperation `read_inode()`, diese mit Informationen zu füllen. Die so erhaltene Inode wird daraufhin in die Hashtabelle eingefügt.

Eine mit `iget()` erhaltene Inode muß mit der Funktion `iput()` wieder „freigegeben" werden. Sie dekrementiert den Referenzzähler um 1 und markiert die Inode-Struktur als „frei", wenn dieser 0 ist.

Andere Funktionen, die eine Inode bereitstellen, sind

```
int namei(const char * pathname, struct inode ** res_inode);
int lnamei(const char * pathname, struct inode ** res_inode);
```

Der übergebene Dateiname `pathname` wird aufgelöst und die Adresse der Inode-Struktur in `res_inode` abgelegt. Die Funktion `lnamei()` unterscheidet sich aber insofern von `namei()`, daß `lnamei()` einen symbolischen Link nicht auflöst und somit die Inode des symbolischen Links liefert. Beide Funktionen rufen `_namei()` auf. Diese Funktion erhält als zusätzliche Parameter sowohl die Inode des Basisverzeichnisses, von dem aus aufgelöst wird, als auch ein Flag, das angibt, ob mit Hilfe von `follow_link()` symbolische Links aufgelöst werden sollen.

Die eigentliche Funktionalität von `_namei()` geht aber auf `dir_namei()` zurück. Sie liefert die Inode des Verzeichnisses, indem sich die Datei mit dem angegebenen Namen befindet. Alle Funktionen geben im Fehlerfall eine Fehlernummer ungleich 0 zurück.

6.2.4 Inode-Operationen

Auch die Inodestruktur bringt ihre eigenen Operationen mit, die in einer eigenen Struktur `inode_operations` untergebracht sind. Sie dienen hauptsächlich der Verwaltung von Dateien. Diese Funktionen werden direkt aus der Implementierung eines Systemrufs oder (meist) aus übergeordneten Funktionen des VFS aufgerufen. Fehlt eine der Inode-Operationen, führt die aufrufende Funktion des VFS Standardaktionen aus. Häufig wird jedoch nur ein Fehler generiert.

```
struct inode_operations {
    struct file_operations * default_file_ops;
    int (*create) (struct inode *,const char *,int,int,
                    struct inode **);
    int (*lookup) (struct inode *,const char *,int,
                    struct inode **);
    int (*link) (struct inode *,struct inode *,const char *,int);
    int (*unlink) (struct inode *,const char *,int);
    int (*symlink) (struct inode *,const char *,int,const char *);
    int (*mkdir) (struct inode *,const char *,int,int);
    int (*rmdir) (struct inode *,const char *,int);
    int (*mknod) (struct inode *,const char *,int,int,int);
    int (*rename) (struct inode *,const char *,int,struct inode *,
                    const char *,int);
    int (*readlink) (struct inode *,char *,int);
```

Kapitel 6.2 Die Repräsentation von Dateisystemen im Kern

```
    int (*follow_link) (struct inode *,struct inode *,int,int,
                        struct inode **);
    int (*bmap) (struct inode *,int);
    void (*truncate) (struct inode *);
    int (*permission) (struct inode *, int);
};
```

create(dir, name, len, mode, res_inode) wird innerhalb der Funktion `open_namei()` des VFS aufgerufen. Diese Funktion erfüllt mehrere Aufgaben. Zuerst entnimmt sie mit Hilfe der Funktion `get_empty_inode()` der Liste aller Inodes eine freie Inode. Die Inode-Struktur muß jetzt dateisystemspezifisch gefüllt werden, dazu wird u.a. zunächst auf dem Medium eine freie Inode gesucht. Zusätzlich trägt `create()` den Dateinamen `name` der Länge `len` in das durch die Inode `dir` angegebene Verzeichnis ein. Zu beachten ist weiterhin, daß die Funktion `create()` in jedem Falle die Inode `dir` mittels `iput(dir)` freigeben muß, da der Referenzzähler der Inode vor dem Aufruf der Funktion um 1 erhöht wird, um die Benutzung der Inode anzuzeigen. Dies gilt auch für die folgenden Funktionen, wenn ihnen als Argument eine Inode-Struktur übergeben wird.

Fehlt `create()` in einer Dateisystemimplementation, wird vom VFS der Fehler `EACCES` zurückgegeben.

lookup(dir, name, len, res_inode) liefert zu einem Dateinamen, der zusammen mit seiner Länge angegeben wird, die Inode im Argument `res_inode` zurück. Dazu wird das durch die Inode `dir` angegebene Verzeichnis durchsucht.

Die aufrufende Funktion `lookup()` des VFS (Datei `fs/namei.c`) führt dabei bereits eine Sonderbehandlung für den Namen „..'' durch. Befand sich der Prozeß bereits im Root-Verzeichnis, so wird die Root-Inode zurückgeliefert. Wird andererseits durch „..'' ein Mount-Punkt überschritten, wird die „verdeckte'' Inode anstelle der Inode `dir` an `lookup()` weitergereicht. `lookup()` muß für Verzeichnisse definiert sein, sonst gibt das VFS den Fehler `ENOTDIR` zurück.

Diese Funktion wird hauptsächlich durch `namei()` genutzt, aber auch durch `open_namei()`, da diese Funktion hauptsächlich für das Öffnen von Dateien zuständig ist.

link(oldinode, dir, name, len) dient zum Anlegen eines Hard-Links. Die durch ihren Namen und seine Länge angegebene Datei aus dem Verzeichnis `oldinode` soll nach `dir` gelinkt werden. Beide Verzeichnisse sind durch ihre Inodes repräsentiert. Fehlt diese Funktion, liefert die aufrufende Funktion im VFS den Fehler `EPERM` zurück.

unlink(dir, name, len) löscht die durch Namen und seine Länge angegebene Datei im durch die Inode `dir` angegebenen Verzeichnis. In der aufrufenden Funktion wird bereits vorher abgetestet, ob diese Operation die entsprechenden

Berechtigungen besitzt. Die Inode `dir` muß nach dem Ende der Operation mittels `iput(dir)` freigegeben werden. Ist `unlink()` nicht implementiert, liefert das VFS den Fehler EPERM zurück.

symlink(dir, name, len, symname) richtet im Verzeichnis `dir` den symbolischen Link `name` ein. `len` ist dabei die Länge des Namens `name`. Der symbolische Link zeigt auf die Datei `symname`. Bevor diese Funktion vom VFS aufgerufen wird, wurden bereits durch einen Aufruf von `permission()` die Zugriffsrechte überprüft. Fehlt `symlink()` in einer konkreten Implementation, gibt das VFS den Fehler EPERM zurück.

mkdir(dir, name, len, mode) legt im Verzeichnis `dir` ein Unterverzeichnis mit dem Namen `name` und den Zugriffsrechten `mode` an. Die Zugriffsrechte wurden bereits in der aufrufenden Funktion des VFS überprüft. Die Funktion `mkdir()` muß zunächst überprüfen, ob die Inode `dir` noch gelinkt werden darf (`dir->i_nlink`), danach eine freie Inode auf dem Datenträger sowie einen freien Block allozieren, in den dann das Verzeichnis mit den Standardeinträgen „." und „.." geschrieben wird. Ist die Funktion `mkdir()` nicht implementiert, wird der Fehler EPERM zurückgegeben.

rmdir(dir, name, len) löscht die Datei `name` aus dem Verzeichnis `dir`. Wie bei den zuvor beschriebenen Funktionen wurden vor dem Aufruf durch eine Funktion des VFS bereits die Zugriffsrechte überprüft. `rmdir()` muß überprüfen, ob die zu löschende Datei ein leeres Verzeichnis ist und ob sie momentan von einem Prozeß benutzt wird, bzw. ob der Prozeß Eigentümer der Datei ist, falls das Dateisystem das Sticky-Bit unterstützt. Ein fehlendes `rmdir()` wird vom VFS mit der Fehlermeldung EPERM quittiert.

mknod(dir, name, len, mode, rdev) legt eine neue Inode mit dem Modus `mode` an. Diese Inode erhält im Verzeichnis `dir` den Namen `name`. Falls es sich bei der Inode um eine Gerätedatei handelt (in diesem Fall gilt `(S_ISBLK(mode)` oder `(S_ISCHR(mode))`, enthält der Parameter `rdev` die Nummer des Geräts. Fehlt diese Funktion, wird der Fehler EPERM zurückgeliefert.

rename(odir, oname, olen, ndir, nname, nlen) ändert den Namen einer Inode. Dazu muß im Verzeichnis `odir` der Name `oname` entfernt und im Verzeichnis `ndir` der Name `nname` eingetragen werden. Die aufrufende Funktion des VFS prüft zuvor die jeweiligen Zugriffsrechte in den Verzeichnissen, außerdem wird hier bereits abgetestet, daß die Dateien „." und „.." weder als Quelle noch als Ziel einer Operation auftreten. Fehlt diese Funktion, wird vom VFS der Fehler EPERM generiert.

readlink(inode, buf, size) dient zum Auslesen von symbolischer Links. Diese Funktion wird direkt vom Aufruf `sys_readlink()` aufgerufen, nachdem die Zulässigkeit des Schreibzugriffs auf den Puffers `buf` überprüft und die Inode mit `lnamei()` ermittelt wurde. `readlink()` muß den Namen der Datei, auf den der Link zeigt, in den Puffer im Nutzeradreßraum kopieren. Ist der Puffer zu klein, sollte der Dateiname einfach abgeschnitten werden. Fehlt die Implementation, liefert der Systemruf den Fehler `EINVAL` zurück.

`follow_link(dir, inode, flag, mode, res_inode)` wird benutzt, um symbolische Links aufzulösen. Diese Funktion liefert im Argument `res_inode` zur Inode eines symbolischen Links die Inode zurück, auf die der Link zeigt.

Fehlt diese Funktion, gibt die aufrufende Funktion des gleichen Names im VFS einfach `inode` zurück, als ob der Link auf sich selbst zeigen würde. Durch dieses Verhalten kann die VFS-Funktion stets aufgerufen werden, ohne daß getestet werden muß, ob die aktuelle Inode eine Datei oder einen symbolischen Link beschreibt. Um Endlosschleifen zu vermeiden[4], ist die Anzahl der maximal aufzulösenden Links in LINUX auf 5 gesetzt. Diese Zahl findet man in den Implementierungen „fest verdrahtet", eine eigene Implementation sollte diesem Beispiel folgen.

`bmap(inode, block)` wird verwendet, um das Paging ausführbarer Dateien zu ermöglichen. Fehlt diese Funktion, müssen ausführbare Dateien zuerst komplett in den Speicher geladen werden, das effiziente Paging ist nicht möglich. Ihre Funktionalität ist sehr einfach. Als Argument `block` erhält sie die Nummer des logischen Datenblocks der Datei, der gelesen werden soll. Diese Nummer muß von `bmap()` in die logische Blocknummer des Blocks auf dem Medium umgeformt werden. Dazu muß `bmap()` in der konkreten Implementation der übergebenen Inode den Block suchen und seine Blocknummer zurückgeben. Dabei müssen unter Umständen weitere Blöcke vom Medium gelesen werden. Ein Rückgabewert von 0 gilt als Fehler und wird von der aufrufenden Funktion `bmap()` des virtuellen Dateisystems zurückgegeben, falls eine `bmap`-Funktion nicht definiert ist.

`truncate(inode)` dient eigentlich zum „Verkürzen einer Datei", kann aber auch die Datei auf eine beliebige Länge bringen, falls dies von der konkreten Implementierung unterstützt wird. `truncate()` erhält nur einen Parameter, das Feld `i_size` wurde vor dem Aufruf der Funktion auf die neue Länge gesetzt. Die `truncate`-Funktion wird an mehreren Stellen im Kern verwendet, so zum Beispiel vom Systemruf `sys_truncate()` als auch beim Öffnen einer Datei. Die Funktion muß auch die nicht mehr verwendeten Blöcke einer Datei freigeben.

Somit kann `truncate()` zum physikalischen Löschen einer Datei verwendetet werden, wenn danach auch die Inode auf dem Datenträger freigegeben wird. Trotz der einfach zu beschreibenden Funktionalität dieser Funktion ist sie doch die wahrscheinlich am aufwendigsten zu implementierende Funktion, da Probleme

---

[4] Schließlich kann der symbolische Link auf einen weiteren symbolischen Link zeigen.

bei der Synchronisation auftreten können. Ist diese Funktion nicht implementiert, wird keine Fehlermeldung generiert. Da die `i_size`-Komponente bereits vorher gesetzt wurde, ändert sich die Länge der Datei in diesem Falle nur scheinbar.

permission(inode, flag) überprüft anhand der Inode, ob die durch eine Maske angegebenen Zugriffsrechte für den aktuellen Prozeß auf eine Datei vorliegen. Die möglichen Werte für diese Maske sind MAY_READ, MAY_WRITE und MAY_EXEC. Fehlt diese Funktion in der Struktur, überprüft die aufrufende Funktion des virtuellen Dateisystems die üblichen UNIX-Rechte, wodurch eine Implementierung eigentlich überflüssig ist. Diese ist nur dann notwendig, wenn zusätzliche Zugriffsmechanismen implementiert werden sollen.

6.2.5 Die Filestruktur

In einem Multitaskingsystem tritt häufig das Problem auf, daß mehrere Prozesse gleichzeitig, sowohl lesend als auch schreibend, auf eine Datei zugreifen können. Aber auch ein einziger Prozeß kann an unterschiedlichen Stellen einer Datei Daten lesen *und* schreiben. Um Probleme bei der Synchronisation zu verhindern, wurde in UNIX einfach eine weitere Struktur eingeführt.

Diese relativ einfache Struktur `file` enthält jeweils Informationen über die Zugriffsrechte f_mode, die aktuelle Dateiposition f_pos, die Art des Zugriffs f_flags und die Anzahl der Zugriffe f_count.

```
struct file {
   mode_t f_mode;              /* Zugriffsart */
   dev_t f_rdev;               /* Gerät für Terminaltreiber */
   off_t f_pos;                /* Dateiposition */
   unsigned short f_flags;     /* open() - Flags */
   unsigned short f_count;     /* Referenzzähler */
   unsigned short f_reada;     /* Read ahead - Flag */
   struct file *f_next, *f_prev; /* Verkettung         */
   struct inode * f_inode;     /* zugehörige Inode */
   struct file_operations * f_op; /* File-Operationen */
};
```

Die Filestrukturen werden in einer globalen doppelt verketteten Ringliste über die Zeiger f_next und f_prev verwaltet. Diese *File-Tabelle* kann über den Zeiger first_file angesprochen werden.

6.2.6 File-Operationen

Die Struktur `file_operations` ist die allgemeine Schnittstelle für die Arbeit mit Dateien. Sie enthält die Funktionen zum Öffnen, Schließen, Lesen und Schreiben

Kapitel 6.2 Die Repräsentation von Dateisystemen im Kern 167

von Dateien. Der Grund dafür, warum diese Funktionen in einer separaten Struktur gehalten werden, liegt darin, daß sie an der Struktur `file` Änderungen vornehmen müssen.

In der Struktur `inode_operations` der Inode gibt es zudem die Komponente `default_file_ops`, in der die Standard-Operationen für Dateien bereits festgelegt sind.

```
struct file_operations {
    int (*lseek) (struct inode *, struct file *, off_t, int);
    int (*read) (struct inode *, struct file *, char *, int);
    int (*write) (struct inode *, struct file *, char *, int);
    int (*readdir) (struct inode *, struct file *,
                    struct dirent *, int);
    int (*select) (struct inode *, struct file *, int,
                   select_table *);
    int (*ioctl) (struct inode *, struct file *,
                  unsigned int, unsigned long);
    int (*mmap) (struct inode *, struct file *, unsigned long,
                 size_t, int, unsigned long);
    int (*open) (struct inode *, struct file *);
    void (*release) (struct inode *, struct file *);
    int (*fsync) (struct inode *, struct file *);
};
```

Diese Funktionen sind auch für Sockets und Gerätetreiber von Interesse, da sie die eigentliche Funktionalität der Sockets und Geräte beinhalten. Die Inode-Operationen dagegen arbeiten nur mit der Repräsentation des Sockets oder Geräts in dem entsprechenden Dateisystem bzw. dessen Darstellung im Speicher.

lseek(inode, filp, offset, origin) Aufgabe der `lseek`-Funktion ist es, Positionierungen innerhalb der Datei vorzunehmen. Ist diese Funktion nicht implementiert, setzt die Standardaktion einfach die Dateiposition `f_pos` der Filestruktur um, wenn vom Anfang oder von der aktuellen Position aus positioniert werden soll. Wird die Datei auch durch eine Inode repräsentiert, so kann die Standardfunktion auch vom Dateiende aus positioniert werden.

read(inode, filp, buf, count) Diese Funktion kopiert `count` Bytes aus der Datei in den Puffer `buf` im Nutzeradreßraum. Vor dem Aufruf der Funktion testet das Virtuelle Dateisystem zunächst ab, ob der Puffer `buf` vollständig im Nutzeradreßraum liegt und beschrieben werden kann, sowie ob der Dateizeiger gültig ist und die Datei zum Lesen geöffnet war. Ist keine Read-Funktion implementiert, wird der Fehler `EINVAL` zurückgegeben.

write(inode, filp, buf, count) Die `write`-Funktion arbeitet analog zu `read()` und kopiert Daten aus dem Nutzeradreßraum in die Datei.

readdir(inode, filp, dirent, count) Diese Funktion liefert den nächsten Verzeichniseintrag in der Struktur `dirent` zurück oder die Fehler ENOTDIR bzw. EBADF. Ist diese Funktion nicht implementiert, liefert das virtuelle Dateisystem ENOTDIR zurück.

select(inode, filp, type, wait) Diese Funktion überprüft, ob Daten von einer Datei gelesen oder in eine Datei geschrieben werden können. Zusätzlich kann man noch testen, ob Ausnahmebedingungen vorliegen. Diese Funktion ist nur für Gerätetreiber und Sockets sinnvoll. Die Hauptaufgabe dieser Funktion wird bereits vom Virtuellen Dateisystem übernommen; so liefert etwa das VFS bei Anfragen an Dateien stets den Wert 1 zurück, falls es sich um normale Dateien handelt, 0 sonst. Eine weitere Betrachtung der `select`-Funktion erfolgt in Abschnitt 7.4.6.

ioctl(inode, filp, cmd, arg) Die Funktion `ioctl()` dient im eigentlichen Sinne zur Einstellung von gerätespezifischen Parametern. Diese Funktion ist für Dateisysteme nicht zu implementieren, statt dessen wird für normale Dateien vom Virtuellen Dateisystem die Funktion `file_ioctl()` aufgerufen. Diese Funktion bearbeitet die Standard-IOCTLs für Dateisysteme und kennt die folgenden Kommandos:

FIBMAP Liefert die Nummer des i-ten Blocks der Datei auf dem Gerät zurück.

FIGETBSZ Liefert die Blockgröße des Dateisystems, in dem sich die Datei befindet, zurück.

FIONREAD Liefert die Anzahl der noch nicht gelesenen Bytes innerhalb der Datei zurück.

Bevor das Virtuelle Dateisystem die IOCTL-Funktion der Gerätetreiber aufruft, verarbeitet es noch die folgenden Standardargumente.

FIOCLEX Setzt das Close-on-exec-Bit.

FIOCLEX Löscht das Close-on-exec-Bit.

FIONBIO Falls das zusätzliche Argument `arg` 0 ist, wird das Flag O_NONBLOCK gelöscht, ansonsten gesetzt.

FIOASYNC Analog zu FIONBIO wird das Flag O_SYNC gelöscht oder gesetzt. Dieses Flag wird derzeit noch nicht ausgewertet.

Ist das angegebene Kommando keines der oben beschriebenen bzw. implementiert das Gerät kein IOCTL, wird EINVAL zurückgegeben.

mmap (inode, filp, addr, len, prot, off) Diese Funktion bildet einen Teil einer Datei in den Nutzeradreßraum des aktuellen Prozesses ab. Die Parameter `addr` und `len` beschreiben die Adresse und die Länge des Speicherbereichs, in den die Datei abgebildet werden soll, `off` die Position der Datei, ab der die Abbildung erfolgen soll (für eine weitergehende Beschreibung des Mmap-Mechanismus siehe Abschnitt 4.5.3).

open (inode, filp) Diese Funktion ist nur für Gerätetreiber sinnvoll, da die Standardfunktion des Virtuellen Dateisystems alle notwendigen Aktionen für Dateien wie etwa die Allozierung der Filestruktur vornimmt.

release (inode, filp) Diese Funktion wird aufgerufen, wenn die Filestruktur freigegeben wird, d.h. ihr Referenzzähler `f_count` 0 ist. Diese Funktion ist primär für Gerätetreiber gedacht, ein Fehlen wird vom virtuellen Dateisystem ignoriert. Die Aktualisierung der Inode wird ebenfalls automatisch vom Virtuellen Dateisystem vorgenommen.

fsync (inode, filp) Die Funktion `fsync()` muß dafür sorgen, daß alle Puffer der Datei aktualisiert und auf das Gerät zurückgeschrieben werden, deshalb ist diese Funktion nur für Dateisysteme relevant. Implementiert ein Dateisystem keine `fsync`-Funktion, wird `EINVAL` zurückgegeben.

6.2.7 Das Öffnen einer Datei

Eine der wichtigsten Operationen beim Zugriff auf Daten ist das Öffnen von Dateien. Dabei hat das System nicht nur entsprechende Vorbereitungen zu treffen, die einen reibungslosen Zugriff auf Daten gewährleisten, sondern auch die Rechte des Prozesses zu überprüfen. Hier ist außerdem die eigentliche Schaltfunktion des Virtuellen Dateisystems implementiert, das zwischen den konkreten Dateisystemimplementationen und speziellen Geräten vermittelt.

Nach der Überprüfung, ob der aufrufende Prozeß überhaupt noch Dateien öffnen darf, wird eine neue Filestruktur mit der Funktion `get_empty_filp()` angefordert und in die Dateideskriptortabelle des Prozesses eingetragen. In dieser Struktur werden die Felder `f_flags` und `f_mode` besetzt und die Funktion `open_namei()` aufgerufen.

Vor dem Aufruf dieser Funktion werden noch die `open()`-Flags geändert, so daß die beiden unteren Bits nun die Funktion von Zugriffsrechten besitzen. Bit 0 steht für das Lesen und Bit 1 für das Schreiben der Datei. Der Vorteil dieser Darstellung des Zugriffs auf die Datei liegt klar auf der Hand. Das Abfragen der Rechte ist damit durch einfache Befehle möglich.

`open_namei()` löst mit der schon erwähnten Funktion `dir_namei()` den Dateinamen bis auf den Basisnamen der Datei auf und erhält die Inode des Verzeichnisses in dem sich die Datei befindet. Danach führt `open_namei()` eine Reihe von Tests durch.

- Wurde ein Dateiname mit einem Slash (/) abgeschlossen und will der Prozeß *nicht* schreiben, wird nach dem Test der Zugriffsrechte die Inode des Verzeichnisses zurückgegeben.

- Ist das Flag `O_CREAT` gesetzt, wird nicht nur mit der Funktion `lookup()` des VFS die Inode der Datei besorgt, sondern im Fehlerfall, falls die Datei nicht existiert, die Datei bei entsprechenden Zugriffsrechten des Verzeichnisses mit der Inode-Operation `create()` erzeugt. Auch das Flag `O_EXCL` wird an dieser Stelle ausgewertet.

- Nach dem Erhalt der Inode mittels `lookup()` werden symbolische Links durch den Aufruf der Funktion `follow_link()` aufgelöst. Da sowohl `lookup()` wie auch `follow_link()` auf die Funktion `iget()` und somit auf die Funktion `read_inode()` zurückgreifen, findet hier schon die Unterscheidung der Dateiarten (normale Datei, Gerätedatei, ...) statt. Die Inode-Operationen enthalten demnach in der Komponente `default_file_ops` die dateiartspezifischen File-Operationen.

- Handelt es sich bei der Datei um ein Verzeichnis und will der Prozeß Schreibrechte, so liefert `open_namei()` den Fehler `EISDIR`.

- Wurde der Zugriff auf Geräte durch die Mount-Option `nodev` untersagt und handelt es sich um eine Gerätedatei, so wird der Fehler `EACCES` zurückgegeben. Will ein Prozeß schreibend auf ein Read-Only-Dateisystem zugreifen, wird mit dem Fehler `EROFS` abgebrochen.

- Hat der Prozeß beim Öffnen der Datei Schreibrechte gefordert (`O_RDWR` oder `O_WRONLY`), wird für jeden Prozeß überprüft, daß die Datei nicht eingeblendet ist oder die ausführbare Datei eines Prozesses ist. Nutzt ein Prozeß die Datei aber auf diese Weise, wird der Fehler `ETXTBSY` zurückgeliefert.

- Bei gesetztem `O_TRUNC`-Flag setzt `open_namei()` die Komponente `i_size` der Inode auf 0 und ruft die Inode-Operation `truncate()` auf. Im Anschluß daran wird die Funktion `notify_change()` zur Propagierung der Größenänderung aufgerufen.

Ist all dies überstanden, trägt `open_namei()` die Inode der geöffneten Datei in `res_inode` ein und gibt 0 an `do_open()` zurück.

Diese Funktion füllt die Filestruktur mit Standardwerten. So wird die aktuelle Dateiposition auf 0 gesetzt und die File-Operationen auf die Standard-File-Operationen `f_inode->i_op->default_file_ops` der Inode gesetzt. Danach wird die Operation `open()` aufgerufen, falls sie definiert ist.

In dieser Funktion finden die dateiartspezifischen Arbeiten statt. Handelt es sich bei der geöffneten Datei um die Datei eines zeichenorientierten Geräts, wird an dieser Stelle die Funktion chrdev_open() (Datei fs/devices.c) aufgerufen, welche wiederum die File-Operationen in Abhängigkeit von der Major-Nummer des Geräts umträgt.

```
int chrdev_open(struct inode * inode, struct file * filp)
{
   int i;

   i = MAJOR(inode->i_rdev);
   if (i >= MAX_CHRDEV || !chrdevs[i].fops)
      return -ENODEV;
   filp->f_op = chrdevs[i].fops;
   if (filp->f_op->open)
      return filp->f_op->open(inode,filp);
   return 0;
}
```

Die File-Operationen der Gerätetreiber befinden sich in der Tabelle chrdevs[]. Die Funktion open() des Gerätetreibers wird sicherlich in Abhängigkeit von der Minor-Nummer des Geräts weitere File-Operationen eintragen. Sie wird im nächsten Kapitel beschrieben.

Liefern all diese open-Funktionen keinen Fehler, sondern 0 zurück, war das Öffnen einer Datei erfolgreich, und die Funktionen do_open() bzw. sys_open() liefern dem Prozeß den Dateideskriptor zurück.

6.3 Das *proc*-Dateisystem

Als Beispiel einer Dateisystemimplementation soll im folgenden das *proc*-Dateisystem näher betrachtet werden. Das proc-Dateisystem in dieser Form ist eine Besonderheit von LINUX. Es stellt auf portable Art und Weise Informationen über den aktuellen Zustand des LINUX-Kerns sowie über die laufenden Prozesse bereit.

Von seinen Ideen ähnelt es dem Prozeß-Dateisystem von System V Release 4 sowie in Ansätzen dem Experimentalsystem Plan 9[5]. Für jeden laufenden Prozeß des Systems existiert ein Verzeichnis /proc/*pid*, wobei *pid* die Prozeßidentifikationsnummer des entsprechenden Prozesses ist. Dieses Verzeichnis enthält Dateien, die Informationen über bestimmte Eigenschaften des Prozesses enthalten. Einen genauen Überblick über diese Dateien und ihren Inhalt bietet Anhang C.

---

[5] Plan 9 wurde von so bekannten Leuten wie Rob Pike und Ken Thompson bei den Bell Labs von AT&T entwickelt. Es zeigt, was die Entwickler von UNIX heute machen. Einen guten Überblick über Plan 9 findet man in [PT+91]

Betrachten wir nun, wie dieses Dateisystem realisiert ist. Wie an so vielen anderen Stellen im Buch müssen wir auf die vollständige Wiedergabe der Algorithmen verzichten und uns statt dessen auf eine kurze Erklärung der wichtigsten Programmfragmente beschränken. Die vollständige Implementation befindet sich im Verzeichnis fs/proc.

Beim Mounten wird durch do_mount() die Funktion read_super() des VFS aufgerufen. Diese ruft die im Feld file_systems[] zum proc-Dateisystem gehörende Funktion proc_read_super() auf.

```
struct super_block *proc_read_super(struct super_block *s,
                        void *data, int silent)
{
   lock_super(s);
   s->s_blocksize = 1024;
   s->s_blocksize_bits = 10;
   s->s_magic = PROC_SUPER_MAGIC;
   s->s_op = &proc_sops;
   unlock_super(s);
   if (!(s->s_mounted = iget(s,PROC_ROOT_INO))) {
      printk("get root inode failed\n");
      s->s_dev = 0;
      return NULL;
   }

   return s;
}
```

Diese initialisiert unter anderem die Superblock-Operationen (s_op) mit der speziellen proc_sops-Struktur:

```
static struct super_operations proc_sops = {
   proc_read_inode,
   NULL,
   proc_write_inode,
   proc_put_inode,
   proc_put_super,
   NULL,
   proc_statfs,
   NULL
};
```

Sehen wir uns nun an, was beim Zugriff auf dieses Dateisystem passiert. Interessant ist, daß die entsprechenden Daten immer erst dann generiert werden, wenn sie benötigt werden. Ein Zugriff auf das Dateisystem erfolgt immer durch einen Zugriff auf den Root-Inode des Dateisystems. Der erste Zugriff erfolgt durch den

Aufruf von `iget()`. Diese Funktion ruft dann die in der Struktur `proc_sops` eingetragene Funktion `proc_read_inode()` auf.

```
void proc_read_inode(struct inode * inode)
{
   unsigned long ino, pid;
   struct task_struct * p;
```

Hier wird die Inode erst einmal mit Standardwerten initialisiert:

```
   inode->i_op = NULL;
   inode->i_mode = 0;
   inode->i_uid = 0;
   inode->i_gid = 0;
   inode->i_nlink = 1;
   inode->i_size = 0;
   inode->i_mtime = inode->i_atime = inode->i_ctime
                  = CURRENT_TIME;
   inode->i_blocks = inode->i_blksize = 0;
   ino = inode->i_ino;
```

Anschließend wird in einer Fallunterscheidung abhängig vom Typ der Inode entsprechend reagiert. Hier interessieren wir uns nur für den Fall, daß es sich um den Wurzelknoten des aufgesetzten Dateisystems handelt:

```
   if (ino == PROC_ROOT_INO) {
      inode->i_mode = S_IFDIR | S_IRUGO | S_IXUGO;
```

Diese Inode beschreibt ein Verzeichnis (`S_IFDIR`) mit Lese- (`S_IRUGO`) und Ausführungsrechten (`S_IXUGO`) für alle. Anschließend müssen nur noch die Inode-Operationen richtig gesetzt werden.

```
      inode->i_op = &proc_root_inode_operations;
      return;
   } /* if(ino == PROC_ROOT_INO) */
} /* proc_read_inode */
```

Die `proc_root_inode_operations` stellen nur zwei Funktionen bereit. Zum einen die Komponente `readdir` in Form der Funktion `proc_readroot()`, zum anderen die Komponente `lookup` in Form der Funktion `proc_lookuproot()`.

Beide Funktionen arbeiten mit der Tabelle `root_dir[]`, die die unveränderlichen Einträge des Root-Verzeichnisses enthält.

```
static struct proc_dir_entry root_dir[] = {
        { 1,1,"." },
        { 1,2,".." },
        { 2,7,"loadavg" },
        { 3,6,"uptime" },
```

```
        { 4,7,"meminfo" },
        { 5,4,"kmsg" },
        { 6,7,"version" },
        { 7,4,"self" }, /* will change inode # */
            ...
        {17,4,"stat" },
};
```

Die einzelnen Strukturen enthalten die Inode-Nummer, die Länge des Dateinamens sowie den Namen selbst. So liefert die Funktion `proc_readroot()` beim Lesen des Root-Verzeichnisses die in dem Feld `root_dir[]` angegebenen Einträge und zusätzlich einen Eintrag pro laufendem Prozeß. Diese Verzeichniseinträge werden aber erst beim Aufruf der Funktion `proc_readroot()` generiert.

Interessanter als die Funktion `proc_readroot()` ist jedoch die Funktion `prog_lookuproot()`. Sie ermittelt aus der Inode eines Verzeichnisses und dem Namen einer in diesem Verzeichnis enthaltenden Datei die Inode der Datei. Die Inode-Nummern werden dabei so generiert, daß von ihnen später eindeutig auf die geöffnete proc-Datei zurückgeschlossen werden kann.

```
static int proc_lookuproot(struct inode * dir,
                           const char * name,
                           int len,
                           struct inode ** result)
{
    unsigned int pid, c;
    int i, ino;
```

Zunächst wird überprüft, ob es sich bei den Namen der zu öffnenden Datei um einen Namen aus der Tabelle `root_dir` handelt.

```
            ...
        i = NR_ROOT_DIRENTRY;
        while (i-- > 0 && !proc_match(len,name,root_dir+i))
                /* nothing */;
        if (i >= 0) {
            ...
```

Falls ja, kann die Inode-Nummer direkt aus der Tabelle gelesen werden. Die Inode-Nummer 7 steht für das Verzeichnis `self` und wird durch eine Codierung der PID des aktuellen Prozesses ersetzt.

```
                if (ino == 7) /* self modifying inode ... */
                    ino = (current->pid << 16) + 2;
```

Danach wird versucht, den Namen in eine Zahl zu überführen. Diese Zahl wird als Prozeßnummer interpretiert. Anschließend wird überprüft, ob ein entsprechender

Kapitel 6.3   Das proc-Dateisystem

Prozeß (noch) existiert; wenn nicht, wird ein Fehler zurückgegeben. Falls er doch existiert, wird die Prozeßnummer in der Variablen ino vermerkt.

```
    ...
    {
        pid = string_to_integer(name);

        for_each_task(p)
            if (p->pid == pid)
                break;

        if (p == init_task) {
            iput(dir);
            return -ENOENT;
        }
        ino = (p->pid << 16) + 2;
    }
```

Jetzt wird wieder iget() aufgerufen, um die Inode zu erstellen. iget() wiederum ruft über das VFS die oben beschriebene Funktion proc_read_inode() auf.

```
    if (!(*result = iget(dir->i_sb,ino))) {
        iput(dir);
        return -ENOENT;
    }
    iput(dir);
    return 0;
}
```

In dem hier beschriebenen Fall liefert die Funktion schließlich eine Inode zurück, deren Inode-Operationen die Struktur proc_base_inode_operation angibt. Diese Struktur enthält aber, als Beschreibung eines Verzeichnisses, nur die Komponenten readdir und lookup.

Die Darstellung der Verzeichnisse im *proc*-Dateisystem ist damit erklärt. Offen bleibt noch die Frage, wie normale Dateien erzeugt werden. Durch die Funktion proc_read_inode() erhält die Inode einer normalen Datei den Funktionsvektor proc_array_inode_operations zugewiesen. In ihm ist aber nur die Funktion array_read() in den Standard-File-Operationen zum Auslesen der Dateien realisiert.

Will ein Prozeß zum Beispiel die Datei /proc/uptime auslesen, so alloziert die Funktion array_read() eine freie Speicherseite mit __get_free_page() und übergibt diese der Funktion get_uptime(). Diese wiederum generiert den Inhalt der Datei, indem sie die nötigen Werte in die Speicherseite einträgt und die

Größe des Puffers (also der Datei) zurückgibt. Dies hat in den Quellen folgendes Aussehen:

```
static int get_uptime(char * buffer)
{
        unsigned long uptime;
        unsigned long idle;

        uptime = jiffies;
        idle = task[0]->utime + task[0]->stime;
        return sprintf(buffer,"%lu.%02lu %lu.%02lu\n",
                uptime / HZ,
                uptime % HZ,
                idle / HZ,
                idle % HZ);
}
```

Die Funktionen der einzelen Dateien sind in fs/proc/array.c oder bei den speziellen Quellen implementiert. So befindet sich die Funktion tcp_get_info() für die Datei /proc/net/tcp in der Datei net/inet/proc.c der Netzwerkimplementation.

7

Gerätetreiber unter Linux

> *Ein Computerterminal ist kein klobiger alter Fernseher,*
> *vor dem eine Schreibmaschinentastatur liegt.*
> *Es ist eine Schnittstelle,*
> *an der sich Körper und Geist mit dem Universum zusammen-*
> *schalten*
> *und Teile davon durch die Gegend bewegen können.*
>
> Douglas Adams

Die verfügbare Hardware für LINUX-Rechner ist vielfältig. So wird auch vielfältige Software verlangt, um diese Hardware anzusprechen. Gerätetreiber sind also das Salz in der Suppe eines jeden Betriebssystems.

In UNIX-Systemen soll zudem die Hardware des Rechners vor dem Anwender versteckt werden, ohne daß ihre Funktionalität eingeschränkt wird. Dies geschieht, indem physische Geräte durch Dateien repräsentiert werden. So kann man portable Programme entwickeln, die sowohl auf verschiedene Geräte als auch auf Dateien mit denselben Systemrufen, wie etwa `read()` und `write()`, zugreifen können. Zu diesem Zweck sind in den LINUX-Kern Gerätetreiber integriert, die die alleinige Kontrolle über die Hardware ausüben.

Ist demnach ein Gerätetreiber fehlerfrei implementiert, kann das entsprechende Gerät durch den Anwender nie falsch benutzt werden. Die Schutzfunktion der Gerätetreiber ist also nicht zu unterschätzen.

In diesem Kapitel soll es uns deshalb darum gehen, die Funktionsweise und die richtige Implementation von Gerätetreibern zu zeigen. Als Beispiel sei der PC-Speaker-Treiber gewählt, der die Ausgabe von Sound-Samples auf dem internen

Lautsprecher oder einem Digital-Analog-Wandler an der parallelen Schnittstelle unterstützt. Zusätzlich soll er noch zum Soundkartentreiber kompatibel sein.

Da im LINUX-Kern mehrere Gerätetreiber nebeneinander existieren müssen, werden sie anhand der *Major-Nummer* eindeutig identifiziert. Ein Gerätetreiber kann mehrere physische und virtuelle Geräte, zum Beispiel mehrere Festplatten und Partitionen, verwalten. Deshalb wird das einzelne Gerät durch die *Minor-Nummer*, eine Zahl zwischen 0 und 255, angesprochen.

Die Ausnahme dieser Regel ist hierbei der Gerätetreiber für Terminals und serielle Schnittstellen. Er nutzt die zwei Major-Nummern 4 und 5. Die Geräte mit der Major-Nummer 4 sind die virtuellen Konsolen, die einfachen seriellen Schnittstellen (Call-In-Geräte) und die *Pseudoterminals*[1]. Dabei besitzen die virtuellen Konsolen die Minor-Nummern 0 für tty0 bis 63[2]. Das spezielle Gerät /dev/tty0 bzw. /dev/console entspricht dabei der jeweils aktuellen virtuellen Konsole.

Für jede serielle Schnittstelle gibt es zwei logische Geräte, die *Dial-In-Geräte* ttySn und die *Call-Out-Geräte* cua$n$. Ein Prozeß, zum Beispiel getty, wird beim Öffnen des Dial-In-Geräts solange blockiert, bis die DTR-Leitung der Schnittstelle aktiv wird. Ein das Call-Out-Gerät öffnender Prozeß, meist ein herauswählendes Programm, erhält sofort Zugriff auf die serielle Schnittstelle, wenn sie von keinem anderen Prozeß genutzt wird. Damit wird ein Prozeß, der das Dial-In-Gerät öffnen wollte, auch weiterhin blockiert. Die seriellen Dial-In-Geräte erhalten die Minor-Nummern 64 für ttyS0 bis 127.

Die verbleibenden Minor-Nummern von 128 bis 255 werden für Pseudoterminals genutzt. Das Master-Pseudoterminal pty$n$ hat dabei die Minor-Nummer $128+n$, während das zugehörige Slave-Terminal ttyp$n$ die Minor-Nummer $192+n$ besitzt.

Die Major-Nummer 5 ist für das aktuelle Terminal sowie für die Call-Out-Geräte reserviert. Das Gerät /dev/tty mit der Minor-Nummer 0 entspricht immer dem dem Prozeß zugehörigen Terminal. Die Call-Out-Geräte cua$n$ haben die entsprechenden Minor-Nummern $64+n$ und unterscheiden sich somit nur durch die Major-Nummer von ihren „Zwillingen".

Die zur Zeit fest vergebenen Major-Nummern können Tabelle 7.1 entnommen werden. Bei der Entwicklung eigener Treiber sollte man zunächst eine noch nicht benutzte Major-Nummer ermitteln. Bei einer späteren Veröffentlichung des eigenen Treibers sollte er beim LINUX *Device Registrar*[3] registriert werden. Dieser vergibt

---

[1] Pseudoterminals sind Gerätepaare von Master- und Slaveterminals, die zusammen wie eine Terminaleinheit agieren. Das Slave-Terminal ist das Interface, das sich wie eine Terminaleinheit gegenüber einem Nutzerprogramm verhält, während der Master die Gegenseite (beim Terminal den Nutzer) repräsentiert (siehe [Ste92b]).

[2] Die Anzahl der virtuellen Konsolen wird durch die in der Datei <linux/tty.h> befindliche Konstante NR_CONSOLES auf 8 festgelegt.

[3] Derzeit ist das RICK MILLER (rick@ee.uwm.edu).

Major		Gerätetyp
0		*unnamed* für das *proc*-FS, NFS, usw.
1	b/c	Speichergeräte (`rd*` / `mem`, `null`, ...)
2	b	Disketten (`fd*`)
3	b	IDE-, MFM- und RLE-Festplatten (`hd*`)
4	c	Terminals (`pty*`, `tty?*`)
5	c	Terminals (`tty`, `cua*`)
6	c	Parallele Schnittstellen (`lp*`)
7	b	Bandgeräte (nicht SCSI) *ungenutzt*
8	b	SCSI-Festplatten (`sd*`)
9	c	SCSI-Tapes (`<n>st*`)
10	c	Busmäuse (`bm`, `psaux`)
11	b	SCSI-CD-ROM (`scd*`)
12	b	QIC02-Tape (`rmt*`, `tape*`)
13	b	Festplatten an XT-8-Bit-Controler (`xd*`)
14	c	Soundkarten (`audio`, `dsp`, ...)
15	b/c	Cdu31a CD-ROM / Joystick (`js*`)
16, 17, 18	c	Netzwerk, AF_UNIX, AF_INET
21	b	SCSI Generic
22	b	3. und 4. IDE-Festplatte
23	b	Mitsumi CD-ROM (`mcd*`)
24	b	Sony535 CD-ROM
25	b	Matsushita CD-ROM (`sbpcd*`)
27	c	QIC117-Tape
30	c	PC-Speaker-Treiber (`pcaudio`, `pcsp`, ...)
31	c	Link-Interface

Tabelle 7.1: Die LINUX-Major-Liste

dann eine offizielle Major-Nummer, die garantiert von keinem anderen Gerätetreiber verwendet wird. So erhielt der PC-Speaker-Treiber die Major-Nummer 30.

7.1 Zeichen- und Blockgeräte

Grundsätzlich gibt es zwei Arten von Geräten, Blockgeräte und zeichenorientierte Geräte.

Als *Blockgeräte* werden Geräte bezeichnet, auf die man wahlfreien Zugriff hat, d.h. von denen beliebige Blöcke gelesen und geschrieben werden können. Unter

LINUX werden diese Lese- und Schreibzugriffe transparent vom Cache abgewickelt. Für Dateisysteme ist der wahlfreie Zugriff unbedingt erforderlich. Sie können deshalb nur auf Blockgeräte untergebracht werden.

Zeichenorientierte Geräte[4] wiederum sind Geräte, die meist nur sequentiell arbeiten und auf die deshalb ungepuffert zugegriffen wird. In diese Klasse fällt die gebräuchlichste Hardware, wie etwa Soundkarten, Scanner, Drucker usw., auch wenn sie intern mit Blöcken[5] arbeiten. Diese Blöcke besitzen jedoch sequentielle Natur. Auf sie kann auch nicht wahlfrei zugegriffen werden.

Ansonsten weicht LINUX hier etwas von der allgemeinen UNIX-Philosophie ab, da hier keine so strikte Trennung von Block- und Zeichengeräten vorgenommen wird. So existieren in anderen UNIX-Systemen zu den Blockgeräten korrespondierende Zeichengeräte, d.h. zeichenorientierte Schnittstellen zu Blockgeräten, die hauptsächlich zur Steuerung[6] des eigentlichen Geräts benutzt werden. In LINUX ist die Schnittstelle (VFS) der Block- und Zeichengeräte gleich, weshalb keine zusätzlichen Zeichengeräte benötigt werden.

Ein einzelnes Gerät ist demnach eindeutig durch den Gerätetyp (Block- oder Zeichengerät), die Major-Nummer des Gerätetreibers und seine Minor-Nummer identifiziert. Das Anlegen eines Geräts geschieht deshalb einfach durch:

```
# mknod /dev/name type major minor
```

mit dem Gerätetyp *type* b oder c.

Will man zusätzliche Hardware unter LINUX ansprechen, so wird man demnach in der Regel einen Zeichengerätetreiber entwickeln, da die zeichenorientierte Hardware in der Überzahl ist.

7.2 Polling- und Interruptbetrieb

Für die Synchronisation von Prozessor und Hardware gibt es mehrere Anforderungen. Zum einen ist die Hardware im allgemeinen im Vergleich zum Prozessor sehr langsam. Andererseits müssen bei bestimmten Geräten gewisse Zugriffszeiten eingehalten werden. Um dies zu realisieren, gibt es grundsätzlich zwei Möglichkeiten.

---

[4] im folgenden einfach als Zeichengeräte bezeichnet

[5] Sollen größere Datenmengen übertragen werden, ist ein Blocktransfer günstiger, wie z.B. beim DMA-Betrieb.

[6] Kontrollprogramme von Blockgeräten bei anderen UNIX-Systemen, wie etwa mkfs oder fsck, operieren auf dem entsprechenden zeichenorientierten *Raw-Device*.

7.2.1 Polling

Im *Pollingbetrieb* fragt der Treiber die Hardware ständig ab. Dadurch wird sinnlos Prozessorzeit verschwendet; manchmal ist es aber die schnellste Möglichkeit, mit der Hardware zu kommunizieren.

Der Gerätetreiber für die parallele Schnittstelle arbeitet standardmäßig im Pollingbetrieb (siehe Abschnitt 2.3). So fragt er die Schnittstelle (in diesem Fall den Statusport der Schnittstelle) solange ab, bis sie ein weiteres Zeichen `lpchar` entgegennehmen will und übergibt dann erst das Zeichen an die Schnittstelle. Dieses Vorgehen hat in den Quellen folgendes Aussehen:

```
#define LP_B(minor)     lp_table[(minor)].base    /* IO address */
#define LP_S(minor)     inb_p(LP_B((minor)) + 1)  /* status port */
#define LP_CHAR(minor)  lp_table[(minor)].chars   /* busy timeout */

static int lp_char_polled(char lpchar, int minor)
{
   int status = 0;
   unsigned long count  = 0;

do {
   status = LP_S(minor);
   count ++;
   if(need_resched)
      schedule();
} while(!(status & LP_PBUSY) && count < LP_CHAR(minor));
   ...

outb_p(lpchar, LP_B(minor));
   ...

return 1;
}
```

Das Mitzählen der Abfragen gilt dem Erkennen eines Fehlers des Datenendgeräts (das ist in den meisten Fällen ein Drucker). Es entspricht dem Timeout und bedeutet, daß das letzte Zeichen nicht gesendet wurde. Die weitere Behandlung dieses Timeouts führt dann zu den Meldungen: „lp*n* off-line", „lp*n* out of paper" oder „lp*n* on fire". Die Anzahl `LP_CHAR(minor)` ist standardmäßig auf `LP_INIT_CHAR` (1000) gesetzt und kann mittels `ioctl()` geändert werden.

7.2.2 Interruptbetrieb

Ein *Interruptbetrieb* hingegen ist nur möglich, wenn die Hardware diesen auch unterstützt. Dabei benachrichtigt das Gerät die CPU über einen Interruptkanal (IRQ), wenn es eine Operation beendet hat. Diese unterbricht den laufenden Betrieb und führt eine Interruptserviceroutine (ISR) aus. Innerhalb der ISR erfolgt dann die weitere Kommunikation mit dem Gerät.

So wird ein Prozeß, der auf die parallele Schnittstelle im Interruptbetrieb schreiben will, vom Gerätetreiber im Interruptbetrieb nach dem Schreiben eines Zeichens mit der Funktion

```
interruptible_sleep_on(&lp->lp_wait_q);
```

angehalten. Kann die parallele Schnittstelle weitere Zeichen entgegennehmen, löst sie einen IRQ aus. Die behandelnde ISR weckt den Prozeß daraufhin wieder und der Vorgang wiederholt sich. Die ISR ist dabei sehr einfach gehalten.

```
static void lp_interrupt(int irq)
{
   struct lp_struct *lp = &lp_table[0];
   struct lp_struct *lp_end = &lp_table[LP_NO];

   while (irq != lp->irq) {
      if (++lp >= lp_end)
      return;
   }

   wake_up(&lp->lp_wait_q);
}
```

Zuerst wird die Schnittstelle ermittelt, die den Interrupt auslöste, und danach der wartende Prozeß mit `wake_up()` „wachgeküßt".

Ein weiteres Beispiel ist die serielle Maus, die bei jeder Bewegung Daten an den seriellen Port überträgt, der einen IRQ auslöst. Erst die behandelnde ISR liest die Daten aus dem seriellen Port aus und stellt sie dem Anwendungsprogramm zur Verfügung.

Wie in Abschnitt 3.1.10 erwähnt, gibt es unter LINUX zwei Möglichkeiten der IRQ-Bearbeitung. Langsame IRQs werden mit Hilfe der Funktion

```
int request_irq(unsigned int irq, void (*handler)(int))
```

installiert. Sie liefert 0 zurück, falls der IRQ frei war und belegt werden konnte.

Im Gegensatz zu dieser Definition wird der ISR als Argument jedoch ein Zeiger auf die Struktur `pt_regs` als Argument übergeben. Diese Struktur enthält alle Register des Prozesses, der durch den IRQ unterbrochen wurde. Auf diese Weise stellt z.B. der Timerinterrupt fest, ob ein Prozeß im Kern- oder im Nutzermodus unterbrochen wurde und zählt die jeweilige Zeit für die Abrechnung hoch. Die Behandlungsroutine eines langsamen IRQs hat also folgendes Aussehen.

```
void do_irq(struct pt_regs * regs);
```

Langsame Interrupts laufen mit zugeschaltetem Interruptflag, d.h. sie können wiederum durch andere Interrupts unterbrochen werden. Am Ende eines langsamen Interrupts läuft derselbe Algorithmus wie beim Beenden eines Systemrufs ab.

Die zweite Art von IRQs sind die schnellen IRQs. Um diese Klasse von ISR's zu installieren, wird die Funktion

```
int irqaction(unsigned int irq, struct sigaction *new)
```

benutzt. Sie ist eine allgemeinere Variante[7] der Funktion request_irq() und hat ihren Ursprung in der Überlegung, daß IRQs und Signale ähnlich zu behandeln sind. Aus der Struktur

```
typedef void (*__sighandler_t)(int);

struct sigaction {
   __sighandler_t sa_handler;
   sigset_t sa_mask;
   int sa_flags;
   void (*sa_restorer)(void);
};
```

werden nur die beiden Komponenten sa_handler und sa_mask benutzt. Ist in der Maske sa_mask das Flag SA_INTERRUPT gesetzt, wird die ISR als schneller Interrupt installiert, sonst wie oben beschrieben als langsamer Interrupt.

Einem schnellen Interrupt wird als Integer-Argument beim Aufruf der Funktion sa_handler jeweils die Nummer des IRQs mitgegeben. Man kann also eine ISR für mehrere IRQs benutzten. Schnelle Interrupts laufen außerdem mit abgeschaltetem Interruptflag. Will man in seiner Interruptroutine also auch andere Interrupts zulassen, muß ein Aufruf des Makros

```
sti();
```

erfolgen.

Ein Beispiel soll die Installation eines schnellen Interrupts, d.h. des oben beschrieben lp_interrupt, zeigen.

```
sa.sa_handler = lp_interrupt;
sa.sa_flags = SA_INTERRUPT;
sa.sa_mask = 0;
sa.sa_restorer = NULL;
```

---

[7] Genaugenommen ruft request_irq() die Funktion irqaction() auf.

```
ret = irqaction(irq, &sa);

if (ret) {
   printk("unable to use interrupt %d, error %d\n", irq,
   ret);
   return ret;
}
```

Normalerweise wird man also für die Kommunikation mit der Hardware schnelle Interrupts verwenden.

7.2.3 Bottom Halfs – Die unteren Interrupthälften

Es gibt jedoch oft den Fall, daß nach Auftreten eines Interrupts nicht alle Funktionen sofort ausgeführt werden müssen, sondern daß man „wichtige" Aktionen sofort erledigen muß, andere auch später noch erledigt werden können bzw. vergleichsweise lange dauern würden und man den Interrupt nicht blockieren will. Für diesen Fall wurden die *Bottom Halfs* (untere Hälften) geschaffen. Nach jedem Sprung durch `ret_from_syscall`, also auch nach jedem langsamen Interrupt, wird eine Liste von maximal 32 Bottom Halfs durchsucht, wenn derzeit kein weiterer Interrupt läuft[8]. Sind sie als aktiv markiert, werden sie der Reihe nach einmal ausgeführt und dann automatisch wieder als inaktiv gekennzeichnet. Dabei sind die Bottom-Halfs atomar, d.h. solange ein Bottom-Half aktiv ist, kann kein anderer ausgeführt werden. Man muß sich also nicht mittels `cli()` vor Unterbrechungen schützen.

Für die Installation eines Bottom Halfs existiert keine Funktion im Kern; man muß sie selbst in die Tabelle `bh_base` eintragen.

```
struct bh_struct {
   void (*routine)(void *);
   void *data;
};

struct bh_struct bh_base[32];

enum {
   TIMER_BH = 0,
   CONSOLE_BH,
   SERIAL_BH,
   TTY_BH,
   INET_BH,
```

---

[8] Das kann durchaus geschehen, wenn z.B. ein langsamer Interrupt von einem anderen unterbrochen wird.

```
    KEYBOARD_BH
};
```

Wie aus der Definition der Struktur bh_struct folgt, kann man außerdem dem Bottom Half als Argument einen Zeiger auf beliebige Daten übergeben (data). Standardmäßig sind alle Bottom Halfs zugelassen, sie können aber auch mit den Funktionen

```
void disable_bh(int nr);
void enable_bh(int nr);
```

ab- und wieder zugeschaltet werden. Die Funktion

```
void mark_bh(int nr);
```

dient zum Markieren eines Bottom Halfs, d.h. dieser Bottom Half wird zum nächstmöglichen Zeitpunkt abgearbeitet.

Betrachten wir nun die Verwendung eines Bottom Halfs. Als Beispiel sei hier der Keyboard-Treiber gezeigt.

```
static void keyboard_interrupt(int int_pt_regs)
{
   ...
   mark_bh(KEYBOARD_BH);    /* kbd_bh() wird markiert */
   ...
}

static void kbd_bh(void * unused)
{
   ...
   if (got_break) {    /* Test auf Break */
      if (tty && !I_IGNBRK(tty)) {
         if (I_BRKINT(tty)) {
            flush_input(tty);
   ...

}

unsigned long kbd_init(unsigned long kmem_start)
{
   ...
   /* der Keyboard Bottom Half wird initialisiert */
   bh_base[KEYBOARD_BH].routine = kbd_bh;
   request_irq(KEYBOARD_IRQ,keyboard_interrupt);
   ...
}
```

Die Init-Funktion des Keyboard-Treibers installiert `kbd_bh()` als Bottom Half und `keyboard_interrupt()` als langsamen Interrupt. Bei jedem Aufruf des Keyboard-Interrupts wird `mark_bh(KEYBOARD_BH)` aufgerufen, d.h. der Bottom Half läuft zum ersten Zeitpunkt nach Beendigung des Keyboard-Interrupts, im Idealfall gleich danach. Im Bottom Half werden sowohl die Anzeigen der Keyboard-LEDs auf den aktuellen Stand gebracht als auch kontrolliert, ob das letzte eingegebene Zeichen ein Break war. In diesem Fall müssen Ein- und Ausgabewarteschlange des Geräts gelöscht sowie weitere Operationen, die relativ viel Zeit benötigen, durchgeführt werden. Deshalb ist diese Funktionalität aus dem eigentlichen Interrupt ausgelagert.

Installiert werden Bottom Halfs durch ein schlichtes

```
bh_base[KEYBOARD_BH].routine = kbd_bh;
```

7.2.4 DMA-Betrieb

Sollen besonders viele Daten *kontinuierlich* von bzw. zu einem Gerät transportiert werden, bietet sich der DMA-Betrieb an. In dieser Betriebsart transferiert der *DMA-Controller* Daten ohne Mithilfe des Prozessors direkt aus dem Speicher zu einem Gerät. Normalerweise löst das Gerät danach einen IRQ aus, so daß in der behandelnden ISR der nächste DMA-Transfer vorbereitet werden kann. Leider gibt es auch Beispiele für DMA-fähige Geräte, die keinen IRQ unterstützen. Viele Handscanner fallen in diese Kategorie. Will man einen Gerätetreiber für diese Klasse schreiben, muß man den DMA-Controller pollen, um das Ende eines Transfers festzustellen.

Außerdem muß man beim DMA-Betrieb von Geräten mit Problemen ganz anderer Art kämpfen, die zum Teil aus der Kompatibilität zum Ur-PC stammen.

- Da der DMA-Controller unabhängig vom Prozessor arbeitet, kennt er nur physische Adressen.

- Das Adreßregister ist nur 24 Bit breit, so daß der DMA-Transfer nur innerhalb der ersten 16 MB möglich ist.

- Die Adresse zerfällt in eine 8-Bit-Basisadresse und einen 16-Bit-Offset. Da nur der Offset zum Zählen benutzt wird, kann kein DMA-Transfer über eine 64 K-Grenze hinweg durchgeführt werden. Deswegen können mit Hilfe der ersten vier DMA-Kanäle nicht mehr als 64 K auf einmal transferiert werden. Der zweite im AT vorhandene DMA-Controller führt einen 16-Bit-Transfer durch, d.h. in einem Zyklus werden zwei Bytes übertragen. Die physische Adresse wird hier in eine 7-Bit-Basisadresse und einen 17-Bit-Offset zerlegt. Da das Offset-Register nur 16 Bit breit ist, hängt der zweite Controller eine 0 an, der Transfer muß also stets auf geraden Adressen beginnen (die Adresse wird also durch 2 geteilt). Dadurch kann der zweite Controller maximal 128 K transferieren, aber keine 128 K-Grenze überschreiten.

Um diese Probleme zu lösen, existiert die Funktion sound_mem_init(), die Puffer für den DMA-Transfer zur Soundkarte alloziert und dabei auf 64 K-Grenzen achtet. Leider wird im Protected Mode das DMA-Konzept durch die notwendigen physischen Adressen sehr gestört, so daß der Soundtreiber die Daten erst mit Hilfe des Prozessors in die DMA-Puffer kopiert und dann mittels DMA zur Soundkarte transferiert. Dieses Vorgehen widerspricht eigentlich der Idee, Daten ohne Hilfe des Prozessors zu übertragen, ist aber trotzdem sinnvoll, da man sich nicht um ein Timing bei der Datenübertragung zur Soundkarte kümmern muß.

7.3 Die Hardware

Wollen wir nun einen Gerätetreiber für den internen Lautsprecher schreiben, kommen wir nicht umhin, uns genauer mit dieser Hardware und ihrer Steuerung zu beschäftigen.

Seit den Urzeiten des PCs schon vorhanden, ist der PC-Speaker aufgrund seines Designs nicht gerade gut zur Ausgabe von Samples geeignet. Wie Abbildung 7.1 zeigt, ist sowohl der Aufbau als auch die Programmierung des Speakers sehr einfach.

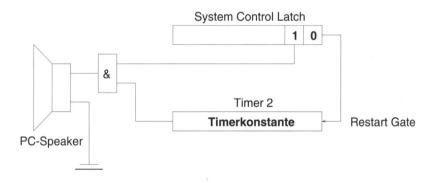

Abbildung 7.1: Schematischer Anschluß des PC-Speakers

Der Timerbaustein 8253 besitzt drei interne Timer. Timer 2 ist zur Verwendung mit dem PC-Speaker bestimmt. Dazu ist der Ausgang des Timers 2 über ein AND-Gatter mit dem Bit 1 des System Control Latches auf I/O-Adresse 0x61 verbunden. Bit 0 dient zum Start bzw. Neustart des Timers 2. Der Speaker kann also nur entweder voll ein- oder ausgeschaltet sein. Normalerweise wird der Timer 2 als Frequenzteiler programmiert (d.h. beide Bits sind gesetzt). Dadurch werden Rechteckwellen erzeugt, die den „typischen" Klang des internen Lautsprechers ausmachen. Die Frequenz entsteht durch Teilung der Timer-Grundfrequenz von 1,193 MHz (=4,77 MHz / 4) durch die eingestellte Timerkonstante.

Um ein analoges Signal über den Speaker übertragen zu können, wird die Puls-Längen-Modulation benutzt. Durch sehr schnelles Umschalten zwischen verschieden langen Ein- und Aus-Phasen, deren Verhältnis gerade dem auszugebenden Analogwert entspricht, wird durch die mechanische Trägheit des Lautsprechers eine analoge Ausgabe erzeugt. Leider ist die Puls-Längen-Modulation auch sehr empfindlich. Bereits das Fehlen eines Samples äußert sich in einem störenden Knacken im Lautsprecher[9].

Als das eigentliche Problem bei der Verwendung der Pulse-Längen-Modulation stellt sich das Bestimmen der benötigten Zeitintervalle und ihre Erzeugung heraus. Die erste Möglichkeit besteht darin, Timer 2 nicht zu benutzten und die Ausgabe völlig mit Hilfe des Bit 1 des System Control Latches zu steuern. Die Zeitintervalle können durch Warteschleifen erzeugt werden. Dieses Vorgehen ist am einfachsten zu realisieren, bietet aber zwei entscheidende Nachteile:

- Die Zeitschleifen sind abhängig vom Prozessortakt.

- Die meiste Zeit während der Ausgabe wird mit *Busy Waiting* verbraucht; dies ist in einem Multitasking-Betriebssystem nicht akzeptabel.

Die zweite Möglichkeit besteht darin, den Timer 2 als *Retriggerable Oneshot* zu programmieren. Durch Anlegen einer 1 am Restart Gate wird der Timer gestartet und gibt eine 0 aus. Nach dem Herunterzählen der Timerkonstante wird wieder eine 1 ausgegeben. Nach einer gewissen Zeit, die dem maximalen Samplewert entspricht, wird eine neue Konstante in den Timer 2 übertragen und dieser wieder gestartet. Diese konstante Zeit kann wiederum mit Hilfe einer Zeitschleife oder mit dem Timer 0 erzeugt werden. Timer 0 läuft normalerweise im Teilermodus und generiert nach jedem Herunterzählen der Timerkonstante den IRQ 0. Diese vom Timer 0 erzeugte Frequenz ist gleichzeitig die Samplerate, mit der die Samples abgespielt werden können. Sie wird im folgenden *Reale Samplerate* genannt. In der Interruptbehandlungsroutine muß Timer 2 dann neu initialisiert werden. Dieses Vorgehen zeigt Abbildung 7.2.

Der Timerbaustein besitzt 4 I/O-Ports. Port 0x43 ist das Mode Control Register. Die Daten-Ports 0x40 bis 0x42 sind den Timern 0 bis 2 zugeordnet. Um einen Timer zu programmieren, muß also ein Kommando nach 0x43 und die Timerkonstante in

---

[9] Dies ist der Grund für die Nebengeräusche bei Diskettenzugriffen oder sogar bei Mausbewegungen. Das Nichtbehandeln eines einzigen Interrupts läßt die Dynamik des Lautsprechers zusammenbrechen.

Kapitel 7.3 Die Hardware

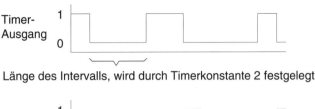

Länge des Intervalls, wird durch Timerkonstante 2 festgelegt

Konstantes Intervall, wird durch Timer 0 erzeugt

$$\text{Intervallänge} = \frac{\text{Timerkonstante}}{1193180} \text{ sec}$$

Abbildung 7.2: Puls-Längen-Modulation mit Hilfe der Timer 0 und 2

den entsprechen Daten-Port geschrieben werden. Ein Kommando ist sehr einfach aufgebaut. Die Bits 7 und 6 enthalten die Nummer des zu programmierenden Timers, 5 und 4 eine der in Tabelle 7.2 aufgezeigten Zugriffsarten und die Bits 3 bis 1 den Timer-Modus.

Um z.B. einen Ton mit 10000 Hz zu erzeugen, sind folgende Schritte notwendig.

- `outb_p (inb_p (0x61) | 3, 0x61)` öffnet das AND-Gate und setzt das Restart-Gate auf aktiv
- `tc = 1193180 / 10000` berechnet die nötige Timerkonstante
- `outb_p (0xB6, 0x43)` entspricht dem Befehl: Timer 2, Read/Write LSB dann MSB, Timermode 3
- `outb_p (tc & 0xff, 0x42); outb ((tc >> 8) & 0xff, 0x42)` schreibt die Zeitkonstante in den Timer 2; von jetzt an „tönt" es aus dem internen Lautsprecher

Das „Stillegen" erfolgt einfach durch `outb(inb_p(0x61) & 0xFC, 0x61)`. Dadurch wird sowohl der Lautsprecher abgeschaltet als auch der Timer gestoppt.

Leider ist im Standard-PC nur der Timer 0 interruptfähig, so daß die beschriebene zweite Möglichkeit nicht ganz ungefährlich ist, wird doch der für LINUX so wichtige Timerinterrupt IRQ 0 verändert. Die neue Interrupt-Routine muß dafür sorgen, daß die ursprüngliche Prozedur in genau denselben Zeitintervallen wieder

Bits 54	Mode	Erklärung
00	Latch	der Zähler wird in ein internes Register übertragen und kann danach ausgelesen werden
01	LSB only	nur die unteren 8 Bit des Zählers werden übertragen
10	MSB only	nur die oberen 8 Bit des Zählers werden übertragen
11	LSB/MSB	zunächst werden die unteren, danach die oberen 8 Bit übertragen

Tabelle 7.2: Bits 4 und 5 des Timer-Kommandos

aufgerufen wird. Außerdem benötigt die Interruptbehandlung im Protected Mode weitaus mehr Zeit als im Real Mode, so daß durch die größere Anzahl ausgelöster Interrupts die Rechenzeit merklich verbraucht wird.

Kommen wir zurück zur Puls-Längen-Modulation. Wie bereits erwähnt, ist die Wahl der Zeitintervalle sehr wichtig. Versuche haben gezeigt, daß für eine reale Samplerate zwischen 16000 Hz und 18000 Hz die besten Resultate erzielt werden. Je höher die reale Samplerate, desto besser, da diese als Eigenfrequenz (Pfeifen) zu hören ist[10]. Diese Frequenzen ergeben bei Benutzung des Timers 2 mögliche Timerkonstanten zwischen 1 und 74 (eine 0 würde 65536 bedeuten und ist deshalb unzulässig). Da die Konstanten direkt mit den Samples zusammenhängen, kann man also nur 6 Bit (1-65) ausgeben.

Als Maximalwert für die reale Samplerate sind also 18357 Hz möglich (dies entspricht 1,193 MHz / 65). Dieser Wert ist allerdings nicht sehr gebräuchlich, deshalb werden mit Hilfe zusätzlich generierter Samples (*Oversampling*) auch andere Sampleraten unterstützt. Aus Zeitgründen sorgt ein einfacher Algorithmus dafür, daß durch die Wiederholung[11] einzelner Samples die Daten „auseinandergezogen" werden. Soll die Ausgabe z.B. mit 10000 Hz erfolgen, muß jedes Sample im Durchschnitt 1,8 mal abgespielt werden.

Die Ausgabe über Digital-Analog-Wandler (DAC) hingegen ist sehr einfach. Diese werden einfach an einen Parallelport angeflanscht und wandeln die eingehenden 8 Bit in ein Analogsignal um. Da der Parallelport die eingehenden Wer-

---

[10] Ab welcher Eigenfrequenz dieses Pfeifen hörbar ist, hängt von der jeweiligen Anatomie ab. Ich höre erst ab 14500 Hz etwas, andere hören auch 17000 Hz noch.

[11] Normalerweise würden die neuen Samples durch Interpolation berechnet. Bei der Ausgabe durch den internen Lautsprecher ist damit jedoch keine Qualitätsverbesserung zu erzielen.

te zwischenpuffert, kann der Aufbau eines solchen DACs sehr einfach sein, im genügsamsten Falle handelt es sich einfach um ein Widerstandsnetz. Außerdem kann der Parallelport die Daten in fast beliebiger Geschwindigkeit ausgeben, Timer 0 kann also mit der wahren Samplerate programmiert werden.

Ebenso entfällt die Transformation der Samples in eine 6-Bit-Darstellung; die Ausgabe über DACs benötigt deshalb weniger Prozessorzeit als die über den internen Lautsprecher. Letzter Pluspunkt für diese Lösung: Fehlende Interrupts äußern sich nur durch eine Verlangsamung des abgespielten Sounds und sind innerhalb gewisser Grenzen fast unhörbar.

7.3.1 Hardwareerkennung

Obwohl der Lautsprecher des PCs sich stets auf denselben Portadressen befindet, muß dies nicht auch bei jeder Zusatzhardware so sein. Da leider durch das Design des ISA-Busses für die möglichen Portadressen Grenzen gesetzt sind[12], kann es zu Adreßüberschneidungen kommen. Das wohl geläufigste Beispiel ist die Belegung der I/O-Adresse der COM4-Schnittstelle durch ISA-Karten mit S3-Chip.

Zudem hat die Marktentwicklung dazu geführt, das verschiedenste Hardware die gleichen I/O-Adreßräume belegt. Meist kann man noch mittels *Jumpern* verschiedene Basisadressen auswählen. Dies ist zwar oft nötig, verwirrt aber unbedarfte Nutzer, da sich in Dokumentationen meist nur der Hinweis befindet, man sollte „die Standardbelegung beibehalten und im Falle eines Nichtfunktionierens Jumper XX auf Stellung YY" setzen.

Bei der Entwicklung eines Treibers hat man also zunächst die Möglichkeit des „sicheren" Weges. Sämtliche Parameter werden vor dem Compilieren fest eingestellt. Das ist zwar sehr sicher, aber nicht sehr komfortabel. Wer will schon jedesmal den Kern neu übersetzen, wenn er einen Jumper umgesteckt hat?

Es sind also Algorithmen gesucht, die Hardware „erkennen". Im Idealfall müßte eine solche Erkennung allein durch Auslesen von I/O-Ports möglich sein, aber leider ist das bei der Entwicklung neuer Hardware keine Option. Man ist also gezwungen, ins Blaue hinein Werte zu schreiben, I/O-Ports auszulesen und davon abhängig seine Entscheidung zu treffen. Meist werden dabei gewisse Besonderheiten einzelner Chips ausgenutzt (sprich Bugs bzw. „unbenutzte Features"), die dann dazu führen können, daß die kompatible Hardware eines anderen Herstellers nicht erkannt wird.

Das bei weitem unangenehmste Problem ist aber, daß das „Probeschreiben" die Funktionsweise anderer Hardware hemmen bzw. das System zum Absturz bringen kann. Der zweite Fall tritt häufig bei der Entwicklung eines Treibers auf,

---

[12] Nur die ersten 10 Bit einer Portadresse liegen auf dem Bus. Das bedeutet, daß alle 65536 möglichen Portadressen auf den Bereich 0-0x3FF abgebildet werden.

denn meist bemerkt man das Nichtfunktionieren eines anderen Geräts erst viel später ...

Unter LINUX lassen sich deshalb I/O-Adreßbereiche sperren. Dazu muß dem Kern beim Start ein Bootparameter übergeben werden, der alle gesperrten Bereiche enthält. Startet das System nach dem Einbau einer neuen Karte also nicht mehr, sollte man zunächst versuchen, den Adreßraum dieser Karte auszublenden. Ein fiktives Beispiel soll dies verdeutlichen.

Eine Scanner-Karte belege die Adressen 0x300–0x30F (dort könnte sich auch eine Netzwerkkarte befinden). Mit Hilfe des Bootparameters

```
reserve=0x300,0x10
```

wird dieser Bereich ausgeschlossen.

Will ein Gerätetreiber also I/O-Ports (schreibend) testen, sollte zunächst mit Hilfe der Funktion check_region() die Erlaubnis dazu eingeholt werden. Dazu wollen wir ein Fragment des Skeleton für Netzwerktreiber betrachten.

```
#include <linux/ioport.h>

netcard_probe(struct device *dev)
{
    ...
    for (port = &ports[0]; *port; port++) {
       int ioaddr = *port;
       if (check_region(ioaddr, ETHERCARD_TOTAL_SIZE))
          continue;
       if (inb(ioaddr) != 0x57)
          continue;
       dev->base_addr = ioaddr;
       if (netcard_probe1(dev, ioaddr) == 0)
          return 0;
    }

    dev->base_addr = base_addr;
    return ENODEV;
}
```

Liefert check_region() also einen Wert ungleich 0, darf auf mindestens einen Port in diesem Bereich nicht zugegriffen werden und ein Test ist zu unterlassen.

Leider bleibt noch das leidige Problem der Erkennung von IRQ- und DMA-Kanälen. Allerdings ist es prinzipiell einfach zu lösen. Hat man die Karte eindeutig identifiziert, werden einfach alle möglichen Kanäle alloziert und ein Interrupt ausgelöst. Man muß sich lediglich merken, welcher ausgelöst wurde und hoffen, das keine andere Hardware aktiv ist.

Zuletzt sei noch erwähnt, auf welche Weise der PC-Speaker-Treiber Stereo-on-One's erkennt. Da bereits beim Design darauf Wert gelegt wurde (und die drei möglichen Parallelports glücklicherweise auf festen Adressen liegen), ist dies sehr einfach. Das Datenbit 7 wurde mit dem Steuereingang BUSY verbunden. Da dieses Steuersignal invertiert gelesen wird, ergibt sich folgende Funktion.

```
/* testet, ob sich ein Stereo-on-One an lp(port) befindet */
inline static int stereo1_detect(unsigned port)
{
   outb(0, LP_B(port));
   if (LP_S(port) & 0x80) {
      outb(0xFF, LP_B(port));
      return (LP_S(port) & 0x80) ? 0 : 1;
   }
   return 0;
}
```

7.4 Die Implementation eines Treibers

Nach detaillierter Erklärung der Hardware des internen Lautsprechers drängt sich nun die Frage auf, warum extra ein Gerätetreiber gebraucht wird, um das Schreiben und Lesen einiger I/O-Ports zu erledigen.

Zur Erzeugung von „Geräuschen" könnte auch ein Programm auplay[13] geschrieben werden, welches mit Hilfe des Systemrufes ioperm() die entsprechenden Ports freigibt

```
if (ioperm(0x61,1,1) || ioperm(0x42,1,1) || ioperm(0x43,1,1)) {
   printf("can't get I/O permissions for internal speaker\n");
   exit(-1);
}
```

und die Ausgabe der Samples danach selbst übernimmt. Dies würde aber zu mehreren Nachteilen führen:

- Der Systemruf ioperm() führt nur mit privilegierten Rechten zu Erfolg. Somit benötigt das Programm Set-UID-Rechte von root. Im allgemeinen sollten in UNIX-Systemen keine Programme mit Set-UID-Rechten von root existieren, da sie ein großes Sicherheitsproblem darstellen. Dies kann im Normalfall durch Einrichten spezieller Nutzer und Gruppen (z.B. die Gruppe kmem zur Nutzung des Geräts /dev/kmem) gewährleistet werden, läßt sich aber in unserem Fall schlecht umgehen.

---

[13] Das Programm auplay von RICK MILLER war der Anstoß zur Implementation des PC-Speaker-Treiber.

Ein Gerätetreiber dagegen arbeitet mit Kern-Berechtigung und kann somit über alle Ressourcen frei verfügen. Dies sollte aber bei der Implementation eines Treibers nicht vergessen werden, da Fehler im Treiber sich möglicherweise schlimmer auswirken können als Fehler in einem Programm.[14]

- Das Hauptproblem ist wohl die genaue Zeitabstimmung eines Programms in einem Multitaskingsystem. Die einzige Möglichkeit besteht in Warteschleifen der Art:

  ```
  for ( j = 1; j < DELAY; j++);
  ```

  Dieses *Busy Waiting* ist nicht akzeptabel, da eine genaue Abstimmung der Samplerate nicht möglich ist. Die Nutzung des Timer-Interrupts ist dafür eine wesentlich eleganterer Variante, kann aber nur im Kern geschehen.

- Ein weiteres Problem ist die Kontrolle über den PC-Speaker.

  Wer garantiert, daß nicht ein anderer Prozeß zur gleichen Zeit auf die I/O-Ports zugreift und es so zu Sample-Schrott kommt? Die Nutzung von SYSTEM V-IPC (in diesem Fall Semaphoren) ist dabei ein Schießen mit Kanonen auf Spatzen, zumal nicht geklärt ist, ob andere Programme nicht auch auf dieselben Ports zugreifen.

  Die Zugangsbeschränkung für Geräte ist demgegenüber relativ einfach und wird im folgenden noch erklärt.

Das Schreiben eines „Audio-Dämons" der aus einer *Named Pipe* die Sampledaten liest und beim Hochfahren des Systems über die Datei `rc.local` gestartet wird, hilft dabei nur bedingt. Das Problem der Zeitabstimmung bleibt auf jeden Fall erhalten.

Ein Gerätetreiber wäre also doch ratsam. Die eigentliche Implementation des PC-Speaker-Treibers läuft dabei auf das Ausfüllen der im vorigen Kapitel beschriebenen Struktur `file_operations` hinaus. Der Programmierer muß dabei je nach Art des Geräts nicht alle Funktionen belegen. Zusätzlich muß er eine weitere Prozedur zur Initialisierung des Treibers bereitstellen.

Die Namen dieser C-Funktionen sollten alle nach demselben Schema gebildet sein, um Konflikte mit existierenden Funktionen zu vermeiden. Die sicherste Variante ist, einen kurzen Namen des Treibers den eigentlichen Funktionsnamen voranzustellen. So werden für den PC-Speaker-Treiber, oder kurz „pcsp", die Funktionen `pcsp_init()`, `pcsp_read()` usw. im folgenden genauer erklärt. Das gleiche Vorgehen sollte auch für externe und statische C-Variablen Anwendung finden.

---

[14] Dies stimmt nur bedingt, da man beim Programm auplay über die falsche Benutzung des Mode Control Registers auf I/O-Adresse 0x43 den Timerinterrupt durcheinander und den Rechner zum Absturz bringen kann.

7.4.1 Die Setup-Funktion

Manchmal möchte man einem Gerätetreiber oder allgemein dem LINUX-Kern Parameter übergeben. Dies kann notwendig sein, wenn eine automatische Erkennung von Hardware nicht möglich ist oder zum Konflikt mit anderer Hardware führt. Dazu bietet sich die Nutzung der LINUX-Bootparameter an, die dem Kernel während des Bootvorgangs übergeben werden können. Im allgemeinen werden diese Parameter in Form einer Kommandozeile vom LINUX-Lader LILO kommen (siehe Abschnitt D.2.5).

Diese Kommandozeile wird von der Funktion parse_options(), die sich in init/main.c befindet, in ihre einzelnen Bestandteile zerlegt. Für jeden dieser Parameter wird die Funktion checksetup() aufgerufen. Diese Funktion vergleicht den Anfang des Parameters mit den im Feld bootsetups[] gespeicherten Strings und ruft bei Übereinstimmung die jeweilige setup-Funktion auf. Ein Parameter sollte dabei den folgenden Aufbau haben:

> *name=param1, ..., paramn*

Die ersten zehn Parameter versucht checksetup() noch in Integer-Zahlen umzuwandeln. Gelingt dies, werden sie in einem Feld abgelegt. Index 0 dieses Feldes enthält die Anzahl umgewandelter Parameter. Der Rest der Zeile wird einfach als String weitergereicht. Als Beispiel soll hier die setup-Funktion des PC-Speaker-Treibers dienen.

```
void pcsp_setup(char *s, int *p)
{
   if (!strcmp(s, "off")) {
      pcsp_enabled = 0;
      return;
   }
   if (p[0] > 0)
      pcsp.maxrate = p[1];
   pcsp_enabled = 1;
}
```

Wie zu sehen ist, testet diese Funktion zunächst das Vorhandensein des Wortes „off". Der Boot-Parameter „pcsp=off" schaltet den PC-Speaker-Treiber also ab. Ist sonst die Anzahl numerischer Parameter nicht 0, wird der erste Parameter p[1] zur Initialisierung einer globalen Variablen des PC-Speaker-Treibers benutzt.

Diese Funktion muß jetzt noch registriert werden. Dazu trägt man sie in das Feld bootsetups[] ein, wie die folgenden Zeilen zeigen.

```
struct {
   char *str;
   void (*setup_func)(char *, int *);
```

```
} bootsetups[] = {
    ...

#ifdef CONFIG_PCSP
    { "pcsp=", pcsp_setup },
#endif
    { 0, 0 }
};
```

Bei der Verwendung einer `setup`-Funktion sollte man beachten, daß sie vor der Initialisierung der Gerätetreiber durch ihre `init()`-Funktion aufgerufen wird. Man sollte in der `setup`-Funktion also nur globale Variablen setzen, die dann von der `init`-Funktion ausgewertet werden können.

7.4.2 Init

`init()` wird nur während der Kern-Initialisierung aufgerufen, erfüllt jedoch wichtige Aufgaben. Diese Funktion dient der Überprüfung des Vorhandenseins eines Geräts, dem Aufbau interner Strukturen des Gerätetreibers sowie der Anmeldung des Geräts.

Der Aufruf der `init`-Funktion muß in einer der folgenden Funktionen[15], je nach Art des Gerätetreibers, stattfinden:

drivers/char/mem.c: `chr_dev_init()` übernimmt die Initialisierung der Gerätetreiber (z.B. Terminals, parallele Schnittstellen, Erstinitialisierung der Soundkarten usw.).

drivers/block/ll_rw_bl.c: Für die Initialisierung der Blocktreiber gibt es die Funktion `blk_dev_init()`.

drivers/net/net_init.c: Die Initialisierung spezieller „exotischer" Netzwerkgeräte findet in `net_dev_init()` statt.

drivers/scsi/scsi.c: `scsi_dev_init()` Initialisierung der SCSI-Geräte und ihrer DMA-Puffer.

Die Funktion `pcsp_init()` wird demnach in unserem Fall von der Funktion `chr_dev_init()` aufgerufen.

```
long pcsp_init(long kmem_start)
{
```

Damit LINUX mit dem Treiber überhaupt etwas anfangen kann, muß dieser registriert werden. Dazu dient die Funktion `register_chrdrv()`, die

---

[15] Die Funktionen werden in `start_kernel()` (Datei **init/main.c**) in der angegebenen Reihenfolge aufgerufen.

Kapitel 7.4 Die Implementation eines Treibers

- die Major-Nummer des Gerätetreibers,
- den symbolischen Namen des Gerätetreibers und
- die Adresse der file_operations-Struktur (hier pcsp_fops) erhält.

Eine zurückgelieferte Null signalisiert, daß der neue Treiber registriert ist.

```
if (register_chrdev(PCSP_MAJOR, "pcsp", &pcsp_fops))
   printk("unable to get major 30 for pcsp devices\n");
else {
   printk("PCSP-device 0.6 init:\n");
     ...
```

init() ist auch der richtige Platz, um zu testen, ob überhaupt ein Gerät, welches vom Treiber unterstützt wird, vorhanden ist.

Dies gilt besonders für Geräte, die nicht während des Betriebs gewechselt bzw. angeschlossen werden können, wie etwa Festplatten. Kann kein Gerät gefunden werden, sollte *jetzt* der Treiber eine Meldung ausgeben (das Nichterkennen des Geräts könnte ja auch ein Hardwarefehler sein) und sicherstellen, daß das Gerät später auch nicht angesprochen wird.

Findet z.B. ein CD-ROM-Treiber kein CD-Laufwerk, hat es keinen Sinn, daß der Treiber Speicher für Puffer belegt – das Laufwerk kann nicht während des Betriebes hinzukommen. Anders ist dies bei Geräten, die später zugeschaltet werden können. Wenn der PC-Speaker-Treiber keinen Stereo-on-One[16] erkennt, läßt der Treiber diesen auch später noch zu.

Wurden ein oder mehrere Geräte erkannt, sollten diese innerhalb der init-Funktion initialisiert werden, wenn dies notwendig ist.

Außerdem kann hier bequem Speicher für Puffer alloziert werden. Dazu wird der init-Funktion beim Aufruf das Argument kmem_start mitgegeben, das zwar vom Typ long ist, bei dem es sich aber um die höchste vom Kern bis jetzt benutzte Adresse handelt (siehe Abschnitt 4.4). Diese muß man sich einfach nur merken und um die benötigte Anzahl von Bytes erhöhen (siehe pcspeaker_init()). Als Rückgabewert muß init() dann die neue Endadresse zurückliefern.

```
   pcsp.buf[0] = (unsigned char *)kmem_start;
   pcsp.buf[1] = (unsigned char *)(kmem_start + ABLK_SIZE);

   return (kmem_start + 2*ABLK_SIZE);
}
```

Der hier allozierte Speicher wird allerdings für immer belegt und auch nicht ausgelagert. Er läßt sich also für Interrupt-Puffer benutzen, ist aber ansonsten für

---

[16] Ein Stereo-on-One ist ein von MARK J. COX entworfener einfacher Stereo-Digital-Analog-Wandler, der aber nur einen Parallelport belegt und softwaremäßig erkannt werden kann.

Prozesse unbenutzbar. Man sollte sich also überlegen, wieviel Speicher auf diese
Weise alloziert wird.

7.4.3 Open und Release

Die open-Funktion ist verantwortlich für die Verwaltung aller Geräte. open()
wird aufgerufen, sobald ein Prozeß eine Gerätedatei öffnet. Falls, wie in unserem
Fall, nur ein Prozeß mit einem Gerät arbeiten kann, muß open() als Rückgabewert -EBUSY zurückgeben. Kann ein Gerät von mehreren Prozessen gleichzeitig
benutzt werden, sollte open() die dafür notwendigen Warteschlangen einrichten,
falls diese nicht in read() oder write() eingerichtet werden können. Falls kein
Gerät existiert (z.B. wenn ein Treiber mehrere Geräte unterstützt, aber nur eines
vorhanden ist), sollte er -ENODEV zurückgeben. Ansonsten ist open() der richtige
Platz, um für den Treiber notwendige Standardeinstellungen zu initialisieren. Der
PC-Speaker-Treiber setzt in der open-Funktion beide Puffer auf die Länge 0 und
verriegelt den Treiber gegen einen späteren Zugriff durch einen anderen Prozeß.
Ein gelungenes Öffnen ist durch eine 0 als Rückgabewert anzuzeigen.

```
static int pcsp_open(struct inode *inode, struct file *file)
{
   if (pcsp_active)
      return -EBUSY;

   pcsp.buffer   = pcsp.end   = pcsp.buf[0];
   pcsp.in[0]    = pcsp.in[1] = 0;
   pcsp.timer_on = 0;
   pcsp_active   = 1;
   return 0;
}
```

Die release-Funktion wird im Gegensatz zu open() erst aufgerufen, wenn der
Dateideskriptor auf das Gerät freigegeben wird (siehe Abschnitt 6.2.6). Ihre Aufgabe sind Aufräumaktionen globaler Natur, u.a. das Leeren von Warteschlangen.
Bei bestimmten Geräten kann es auch sinnvoll sein, zunächst alle Daten, die sich
noch in Puffern befinden, an das Gerät weiterzuleiten. Im Falle des PC-Speaker-Treibers bedeutet das, daß die Gerätedatei schon geschlossen werden kann, bevor
alle Daten in den Ausgabepuffern abgespielt sind. Die Funktion pcsp_sync()
wartet deshalb darauf, daß beide Puffer geleert wurden.

```
static void pcsp_release(struct inode *inode,
                         struct file *file)
{
   pcsp_sync();
   pcsp_stop_timer();
```

Kapitel 7.4   Die Implementation eines Treibers

```
   outb_p(0xb6,0x43);       /* binary, mode 2, LSB/MSB, ch 2 */

   pcsp_active   = 0;
}
```

Die `release`-Funktion ist optional; allerdings ist eine solche Konstellation schwerlich vorstellbar.

7.4.4 Read und Write

`read()` und `write()` sind vom Prinzip her zueinander symmetrische Funktionen. Da man vom internen Lautsprecher keine Daten lesen kann, ist im PC-Speaker-Treiber nur `write()` implementiert. Der Einfachheit halber soll jedoch zunächst der Aufbau einer `write`-Funktion für Treiber im Pollingbetrieb betrachtet werden. Hier wird wieder der Druckertreiber bemüht.

```
static int lp_write_polled(struct inode *inode, struct file *file,
                           char *buf, int count)
{
   int   retval;
   unsigned int minor = MINOR(inode->i_rdev);
   char c, *temp = buf;
   temp = buf;
   while (count > 0) {
      c = get_fs_byte(temp);
      retval = lp_char_polled(c, minor);
         ...

      if (!retval) {
         /* Fehlerbehandlung */
      }
   }
   return temp-buf;
}
```

Zu beachten ist, daß sich der Puffer `buf` im Nutzeradreßraum befindet und deshalb Bytes mit Hilfe von `get_fs_byte()` gelesen werden müssen.

Kann ein Datenbyte für eine gewisse Zeitspanne nicht übertragen werden, sollte der Treiber den Versuch aufgeben (Timeout) bzw. es nach einer weiteren Wartezeit noch einmal versuchen. Dafür kann man den folgenden Mechanismus verwenden.

```
if (current->signal & ~current->blocked) {
   if (temp != buf)
      return temp-buf;
```

```
        else
            return -EINTR;
}

current->state = TASK_INTERRUPTIBLE;
current->timeout = jiffies + LP_TIME(minor);
schedule();
```

Zunächst prüft man, ob der aktuelle Prozeß Signale empfangen hat. Wenn ja, endet die Funktion und gibt die Anzahl der übertragenen Bytes zurück. Danach wird der Prozeß durch die erste Zuweisung in den Zustand TASK_INTERRUPTIBLE versetzt und der Zeitpunkt des „Aufwachens" festgelegt. Dazu muß zum aktuellen Wert von jiffies die minimale Wartezeit in Ticks hinzugefügt werden. Der Aufruf von schedule() hält den Prozeß bis nach dem Verstreichen der Zeit oder bis zum Eintreffen eines Signals an. Danach erst kehrt der Programmablauf aus schedule() zurück und current->timeout ist 0, wenn ein Timeout aufgetreten ist.

Betrachten wir nun die write-Funktion des PC-Speaker-Treibers als Beispiel für den Interruptbetrieb.

```
static int pcsp_write(struct inode *inode, struct file *file,
                      char *buffer, int count)
{
    unsigned long copy_size;
    unsigned long total_bytes_written = 0;
    unsigned bytes_written;
    int i;

    do {
        bytes_written = 0;
        copy_size = (count <= ABLK_SIZE) ? count : ABLK_SIZE;
        i = pcsp.in[0] ? 1 : 0;
        if (copy_size && !pcsp.in[i]) {
            memcpy_fromfs(pcsp.buf[i], buffer, copy_size);
            pcsp.in[i] = copy_size;
            if (! pcsp.timer_on)
                pcsp_start_timer();
            bytes_written += copy_size;
            buffer += copy_size;
        }

        if (pcsp.in[0] && pcsp.in[1]) {
            interruptible_sleep_on(&pcsp_sleep);
            if (current->signal & ~current->blocked) {
```

```
            if (total_bytes_written + bytes_written)
               return total_bytes_written + bytes_written;
            else
               return -EINTR;
         }
      }
      total_bytes_written += bytes_written;
      count -= bytes_written;

   } while (count > 0);
   return total_bytes_written;
}
```

In den ersten freien Puffer werden zunächst mittels memcpy_fromfs() Daten aus dem Nutzerbereich übertragen. Dies ist unbedingt notwendig, da der Interrupt unabhängig vom aktuellen Prozeß auftreten kann und man somit die Daten nicht während des Interrupts aus dem Nutzerbereich holen kann. Der Zeiger buffer würde dann ja in den Nutzeradreßraum des jeweils aktuellen Prozesses zeigen. Sollte der entsprechende Interrupt noch nicht initialisiert sein, wird er jetzt eingeschaltet (pcsp_start_timer()). Da die Übertragung der Daten zum Gerät in der ISR erfolgt, kann write() den nächsten Puffer füllen.

Sind alle Puffer voll, muß der Prozeß angehalten werden, bis zumindest ein Puffer wieder frei ist. Dazu wird die Funktion interruptible_sleep_on() verwendet (siehe Abschnitt 3.1.5). Wurde der Prozeß durch ein Signal aufgeweckt, so endet write(), sonst geht der Transfer weiterer Daten in den freigewordenen Puffer weiter.

Betrachten wir nun den prinzipiellen Aufbau der ISR.

```
int pcsp_do_timer(void)
{
   if (pcsp.index < pcsp.in[pcsp.actual]) {
      /* Ausgabe eines Bytes */
      ...
   }
   if (pcsp.index >= pcsp.in[pcsp.actual]) {
      pcsp.xfer = pcsp.index = 0;
      pcsp.in[pcsp.actual] = 0;
      pcsp.actual ^= 1;
      pcsp.buffer = pcsp.buf[pcsp.actual];
      if (pcsp_sleep)
         wake_up_interruptible(&pcsp_sleep);
   }
   ...
}
```

Solange sich im aktuellen Puffer noch Daten befinden, werden diese ausgegeben. Ist der Puffer leer, wird auf den zweiten Puffer umgeschaltet und mittels `wake_up_interruptible()` der Prozeß wieder aufgeweckt. Das if vor dem Aufruf der Funktion ist eigentlich unnötig, da `wake_up_interruptible()` diesen Test selbst vornimmt. Er geschieht an dieser Stelle lediglich aus Zeitgründen.

Wie man sieht, paßt diese ISR nicht in das zuvor erklärte Schema von langsamen und schnellen Interrupts. Das liegt daran, daß der Timerinterrupt in LINUX ein langsamer Interrupt ist, aber für den PC-Speaker-Treiber aus Geschwindigkeitsgründen ein schneller Interrupt benötigt wird. Darum enthält der PC-Speaker-Treiber eine „dritte" Art, die gewissermaßen schnelle und langsame Interrupts beinhaltet. Die Routine `pcsp_do_timer()` wird wie ein schneller Interrupt aufgerufen (allerdings mit gesetztem Interruptflag, d.h. unterbrechbar); gibt sie 0 zurück, wird der Interrupt beendet. Anderenfalls wird der ursprüngliche Timerinterrupt als langsamer Interrupt gestartet. Da der ursprüngliche Timerinterrupt viel seltener aufgerufen werden muß, bringt dieses Vorgehen einen großen Geschwindigkeitsvorteil.

7.4.5 IOCTL

Obwohl ein Gerätetreiber versucht, die Bedienung von Geräten nach außen hin möglichst zu abstrahieren, hat doch jedes Gerät seine speziellen Eigenschaften. Dazu können verschiedene Operationsmodi ebenso wie gewisse Grundeinstellungen gehören. Auch eine Einstellung von Geräteparametern zur Laufzeit, wie IRQs, I/O-Adresse usw., ist denkbar.

Die `ioctl`-Funktion erhält als Parameter ein Kommando sowie ein Argument. Da unter LINUX

```
sizeof(unsigned long) == sizeof(void *)
```

gilt, kann als Argument auch ein Zeiger auf Daten im Nutzeradreßraum übergeben werden. Normalerweise besteht die `ioctl`-Funktion deshalb aus einer großen `switch`-Anweisung, in der für das Argument eine entsprechende Typumwandlung stattfindet. `ioctl`-Aufrufe verändern zumeist nur Treiber-globale Variablen oder globale Geräteeinstellungen.

Betrachten wir ein Fragment der `ioctl`-Funktion des PC-Speaker-Treibers.

```
static int pcsp_ioctl(struct inode *inode, struct file *file,
        unsigned int cmd, unsigned long arg)
{
   unsigned long ret;
   unsigned long *ptr = (unsigned long *)arg;
   int i, error;
```

```
   switch (cmd) {
      case SNDCTL_DSP_SPEED:
         error = verify_area(VERIFY_READ, ptr, 4);
         if (error)
            return (error);
         arg = get_fs_long(ptr);
         if (arg < 4000 || arg > 44100 || ARG > pcsp.maxrate)
            return (-EINVAL);
         else         /* reset default speed */
            pcsp_calc_srate(arg);
         return 0;
         ...
      case SNDCTL_DSP_SYNC:
         pcsp_sync();
         pcsp_stop_timer();
         return (0);
         ...
   }
}
```

Das Kommando SNDCTL_DSP_SPEED formt das Argument arg in einen Zeiger um und liest mit seiner Hilfe die neue Samplerate. Danach berechnet die Funktion pcsp_calc_srate() lediglich einige Zeitkonstanten in Abhängigkeit von der neuen Samplerate. SNDCTL_DSP_SYNC hingegen ignoriert das Argument völlig und ruft die Funktion pcsp_sync() auf. Diese Funktion hält den Prozeß solange an, bis alle Daten, die sich noch in Puffern befinden, abgespielt wurden. Diese Synchronisation ist z.B. nötig, wenn während des Abspielens von Audiodaten die Samplerate oder der Abspielmodus (Mono oder Stereo) geändert wird oder die Ausgabe von Audiodaten mit anderen Ereignissen im Prozeß synchronisiert werden soll.

Somit läßt sich die ioctl-Funktion auch dazu verwenden, andere Funktionen innerhalb des Treibers, die nicht vom Virtuellen Dateisystem erfaßt werden, auszuführen. Ein weiteres Beispiel für dieses Verhalten ist im Treiber für die serielle Schnittstelle enthalten. Das Kommando TIOCSERCONFIG startet die automatische Erkennung des UART-Bausteins sowie der benutzten IRQs für die Schnittstellen.

7.4.6 Select

Obwohl select() nicht implementiert ist, soll doch hier die Funktionsweise beschrieben werden, da diese Funktion insbesondere für Zeichengeräte sinnvoll ist. Als Beispiel sei die select-Implementierung des ATI-Busmaus-Treibers betrachtet:

```
static int mouse_select(struct inode *inode, struct file *file,
                        int sel_type, select_table * wait)
{
   if (sel_type != SEL_IN)
      return 0;
   if (mouse.ready)
      return 1;
   select_wait(&mouse.wait,wait);
   return 0;
}
```

Die Aufgabe der `select`-Funktion besteht in einer Überprüfung, ob vom Gerät gelesen (`sel_type == SEL_IN`) oder Daten an das Gerät geschrieben werden können (`SEL_OUT`). Mit `SEL_EX` kann man zudem noch auf das Eintreffen einer Ausnahmebedingung warten. Da fast die gesamte Komplexität dieser Aufgabe vom Virtuellen Dateisystem übernommen wird, ist die Aufgabe der `select`-Funktion einfach zu beschreiben.

Falls das Argument `wait` gleich `NULL` ist, soll das Gerät nur abgefragt werden. Ist es bereit für die abgefragte Funktion, soll `select()` eine 1 zurückliefern, sonst eine 0. Für `wait` ungleich `NULL` muß der Prozeß bis zur Verfügbarkeit des Geräts angehalten werden. Dazu wird jedoch nicht `sleep_on()` verwendet; diese Aufgabe erledigt die Funktion

```
void select_wait(struct wait_queue **wait_address, select_table *p)
```

Als Argumente erwartet sie eine Warteschlage sowie das letzte der `select`-Funktion übergebene Argument. Da `select_wait()` sofort zurückkehrt, wenn dieses Argument `NULL` ist, kann man sich die Abfrage sparen und bekommt einen Funktionsaufbau, wie in der oben gezeigten Beispielfunktion.

Falls das Gerät verfügbar wird (im allgemeinen durch einen Interrupt angezeigt), weckt ein `wake_up_interruptible(wait_address)` den Prozeß wieder auf. Dies zeigt der Maus-Interrupt des Treibers.

```
void mouse_interrupt(int unused)
{
   ...
   if (dx != 0 || dy != 0 || buttons != mouse.latch_buttons) {
      mouse.latch_buttons |= buttons;
      mouse.dx += dx;
      mouse.dy += dy;
      mouse.ready = 1;
      wake_up_interruptible(&mouse.wait);
   }
   ...
}
```

7.4.7 Lseek, Readdir, MMap und Fsync

Diese Funktionen sind im PC-Speaker-Treiber nicht implementiert. Da die Struktur `file_operations` nicht nur für Geräte, im besonderen Zeichengeräte, verwendet wird, enthält sie von Gerätetreibern nicht genutzte Funktionen. So ist `readdir()` und `fsync()`[17] für Geräte sinnlos.

`lseek()` ist für Zeichengeräte nur bedingt sinnvoll, da sie nicht positionieren können. Da jedoch die Standardfunktion `lseek()` im Virtuellen Dateisystem keine Fehlermeldung zurückgibt, muß man explizit eine `lseek`-Funktion definieren, falls man will, daß der Treiber auf `lseek()` mit Fehler reagieren soll.

Die `mmap`-Funktion dient zum Einblenden des Gerätes in den Nutzeradreßbereich. Diese Funktion ist für Zeichengeräte nicht sinnvoll, da sie eine „Adressierung" von Daten innerhalb des Geräts voraussetzt. Somit ist `mmap()` nur von Dateisystemen und höchstens von Blockgeräten zu verwenden. Eine Ausnahme von dieser Regel ist des Gerät /dev/mem, da dieses (natürlich) keinen unendlichen Datenstrom repräsentiert, sondern den endlichen und adressierbaren Speicher.

---

[17]Blockgeräte können zwar eine Fsync-Funktion haben, verwenden dann aber die Funktion `block_fsync()` des Caches.

8

Netzwerkimplementation

Da saget eine Stimme aus dem Chaos:
»Sei still, es könnte schlimmer kommen!«
und ich war stille und es kam schlimmer.

Unbekannter Netzwerkadministrator

In der heutigen Zeit gehört es zu den Grundanforderungen an ein Betriebssystem, Netzwerkkommunikation zu unterstützen. Für LINUX bestand diese Notwendigkeit von Anfang an. Diese Kommunikation bildet die Grundlage für eine Vielzahl von Netzdiensten. Hier wären etwa die den meisten Nutzern bekannten Dienste wie `ftp` (Dateitransfer), `telnet` und `rlogin` (Remote Login) zu nennen. Darüber hinaus gibt es auch die Möglichkeit, Dateisysteme von anderen Rechnern zu benutzen (NFS), *E-Mail* und *NetNews* zu empfangen und vieles mehr. Der Typ des dabei benutzten Netzwerks (OSI, IPX, UUCP usw.) ist für den Nutzer von zweitrangiger Bedeutung.

In der UNIX-Welt dominieren die unter der Bezeichnung TCP/IP zusammengefaßten Protokolle. LINUX ist ein UNIX-ähnliches Betriebssystem, deshalb stellt es natürlich eine TCP/IP-Implementation zur Verfügung. Sie konzentriert sich hauptsächlich auf die Kommunikation mittels Ethernet. Doch LINUX kann noch mehr. So ist es durch SLIP (Serial Line Interface Protocol) bzw. PLIP (Parallel Line Interface Protocol) möglich, Rechner über die serielle bzw. parallele Schnittstelle zu verbinden. Besonders die Fähigkeiten des SLIP-Protokolls beeindrucken, da es mit der Hilfe von Modems und Telefonleitungen Netzwerkverbindungen in die ganze Welt herstellen kann.

Mit dem Protokoll AX.25 ist in LINUX auch ein Weg zur Rechnerkommunikation über Funk vorhanden. An einer Kommunikation mit IPX, einem von Novell entwickelten Protokoll, wird verstärkt gearbeitet. IPX ist aber nur ein Bruchteil der zu Novell-Netware gehörenden Funktionalität. Die auf IPX aufbauenden Dienstprotokolle sind nicht offengelegt, somit wurde die Implementation für LINUX erschwert. Das schließt nicht aus, daß eine Organisation oder Firma im Rahmen einer besonderen Vereinbarung mit Novell diese Dienste für LINUX implementiert.

In diesem Kapitel wollen wir uns mit den Besonderheiten der TCP/IP-Umsetzung in LINUX beschäftigen. Es ist nicht Anliegen der Autoren, eine Beschreibung der Funktionsweise von TCP/IP zu geben[1], sondern vielmehr auf das Implementationsdesign unter LINUX einzugehen. Deshalb sind für das Verständnis Kenntnisse in der Programmiersprache C sowie ein Verständnis für die grundsätzlichen Zusammenhänge im TCP/IP notwendig.

8.1 Einführung und Überblick

Für den „normalen" Programmierer ist der Zugriff auf Netzwerkdienste über Sockets möglich. Ihre Funktionalität wurde unter LINUX erweitert. Die Socket-Schnittstelle besteht aus folgenden C-Bibliotheksroutinen:

```
int socket(int addr_family,int type,int protocol);
int bind(int s,struct sockaddr *address,int address_len);
int listen(int s,int backlog);
int connect(int s,struct sockaddr *address,int address_len);
int accept(int s,struct sockaddr *address,int *address_len);
int send(int s,char *msg,int len,int flags);
int sendto(int s,char *msg,int len,int flags,
           struct sockaddr *to, int tolen);
int recv(int s,char *buf,int len,int flags);
int recvfrom(int s,char *buf,int len,int flags,
             struct sockaddr *from,int *fromlen);
int getsockopt(int s,int level,int oname,char *ovalue,
               int *olen);
int setsockopt(int s,int level,int oname,char *ovalue,
               int *olen);
```

Alle diese Funktionen basieren auf dem Systemruf `sys_socketcall()` (siehe A.3). Darüber hinaus können mittels `ioctl`-Rufen auf Socketdateideskriptoren netzwerkspezifische Konfigurationen verändert werden.

---

[1] Als weiterführende Literatur zum Thema TCP/IP seien die Bücher [Com91], [CS91], [Ste94] und [WE94] empfohlen.

Da die C-Bibliotheksroutine `socket()` einen Dateideskriptor zurückgibt, sind natürlich auch die normalen I/O-Systemrufe wie `read()` und `write()` anwendbar.

Ein Rechner kann über unterschiedlichste Hardware mit einem Netzwerk verbunden werden. Das können z.B. Ethernet-Karten und D-Link-Adapter sein. Die Unterschiede werden unter einer einheitlichen Schnittstelle, den abstrakten Netzwerkgeräten, verborgen. Ethernet-Karten heißen `eth0`, `eth1` usw. Der D-Link-Adapter wird als `d10` bezeichnet. Die Namen für die Geräte von SLIP-Verbindungen lauten `sl0, sl1, ...` und analog für PLIP `plip0, plip1, ...`

Für diese abstrakten Netzwerkgeräte existiert keine Respräsentation im Dateisystem. Sie können nicht wie „normale" Geräte durch das Kommando `mknod` unter dem Verzeichnis `/dev/` angelegt werden. Ein abstraktes Netzwerkgerät kann nur angesprochen werden, wenn die Initialisierungsfunktion die entsprechende Hardware gefunden hat.

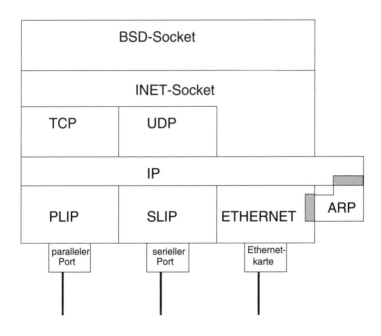

Abbildung 8.1: Die Layerstruktur des Netzwerks

8.1.1 Das Schichtenmodell der Netzwerkimplementation

Da die Auseinandersetzung mit Netzwerkspezifika eine ausreichend komplizierte Aufgabe darstellt, ist auch hier, wie beim Dateisystem, eine Schichtenstruktur (*Layering*) zu finden. Die einzelnen Schichten entsprechen unterschiedlichen Abstraktionsniveaus. Dabei steigt das Abstraktionsniveau von Schicht zu Schicht, ausgehend von der Hardware.

Wenn ein Prozeß über das Netzwerk kommuniziert, benutzt er dazu die Funktionen der BSD-Socketschicht. Sie übernimmt ähnliche Aufgaben wie das Virtuelle Dateisystem. Diese Schicht verwaltet eine allgemeine Datenstruktur für Sockets, die wir als BSD-Sockets bezeichnen. Die Wahl der BSD-Socketschnittstelle ist durch ihre weite Verbreitung und die daraus resultierende einfache Portierung der ohnehin meist komplexen Netzwerkapplikationen begründet.

Unter dieser Schicht ist die INET-Socketschicht angeordnet. Sie verwaltet die Kommunikationsendpunkte für die auf IP basierenden Protokolle TCP und UDP. Sie werden durch die Datenstruktur `sock` repräsentiert, die wir als INET-Sockets bezeichnen wollen.

In den bisher erwähnten Schichten wird noch keine Unterscheidung der Sockets der Adreßfamilie `AF_INET` anhand ihrer Typen vorgenommen. Die Schicht, auf der die INET-Socketschicht aufsetzt, wird durch den Typ des Sockets bestimmt. Das können die Schichten UDP, TCP oder direkt IP sein. Durch die UDP-Schicht wird das *User Datagram Protocol* auf der Basis von IP realisiert. Analog implementiert die TCP-Schicht das *Transmission Control Protocol* für zuverlässige Kommunikationsverbindungen. In der IP-Schicht ist das *Internet Protocol* programmiert. Dort treffen alle Kommunikationsströme der oberen Schichten zusammen.

Die Sockets vom Typ `SOCK_PACKET` bleiben bei diesen Betrachtungen jedoch unberücksichtigt. Unter der IP-Schicht befinden sich die abstrakten Netzwerkgeräte. An sie übergibt das IP die fertigen Pakete. Sie sorgen dann für den physikalischen Transport der Informationen.

Echte Kommunikation findet immer zwischen zwei Seiten statt, wobei es einen wechselseitigen Informationsfluß gibt. Aus diesem Grund sind die entsprechenden Schichten auch in der umgekehrten Richtung miteinander verbunden. Das heißt, daß IP-Pakete beim Empfänger von den abstrakten Netzwerkgeräten an die IP-Schicht übergeben und von ihr weiterbearbeitet werden. Das Zusammenwirken der einzelnen Schichten wird in Abbildung 8.1 verdeutlicht.

8.1.2 Die Reise der Daten

Um einen Einblick in das Zusammenspiel der einzelnen Teile der Netzwerkimplementation zu bekommen, werden wir die Daten begleiten, die von einem Prozeß über das Netzwerk zu einem anderen Prozeß geschickt werden.

Kapitel 8.1 Einführung und Überblick

Wir setzen voraus, daß diese beiden Prozesse bereits einen Socket erzeugt haben und mittels `connect()`/`accept()` miteinander verbunden sind. Dabei beschränken wir uns auf die Betrachtung einer TCP-Verbindung unter LINUX. Es sollen Daten vom Prozeß A zum Prozeß B gesendet werden. Sie sind in einem Puffer der Länge `length` gespeichert, auf die der Zeiger `data` verweist. Prozeß A enthält das folgende Codefragment:

```
write(socket,data,length);
```

Damit ruft er die Systemfunktion `sys_write()` (siehe Abschnitt 6.2.6) auf, die Bestandteil des Virtuellen Dateisystems ist.

Sie testet einige Bedingungen ab, unter anderem, ob auf den durch `data` referenzierten Speicherbereich lesend zugegriffen werden darf (siehe `verify_area()` in Abschnitt 4.5.4) und ob eine Write-Operation in den Dateioperationsvektor des Deskriptors eingetragen ist. Um das Virtuelle Dateisystem zu benutzen, stellt ein Socket die klassischen Dateioperationen in einem Vektor bereit.

Die Schreiboperation der BSD-Sockets heißt `sock_write()`. Sie erfüllt nur Verwaltungsfunktionen. Sie sucht die mit der Inode-Struktur assoziierte Socketstruktur. Da unser Socket zur Adreßfamilie `AF_INET` gehört, ruft `sock_write()` die Schreiboperation `inet_write()` auf. Ihr werden als Parameter der Zeiger auf die BSD-Socket-Datenstruktur, der Zeiger auf die zu schreibenden Daten und deren Länge sowie ein Hinweis, ob das Blockieren der Funktion erlaubt ist, übergeben.

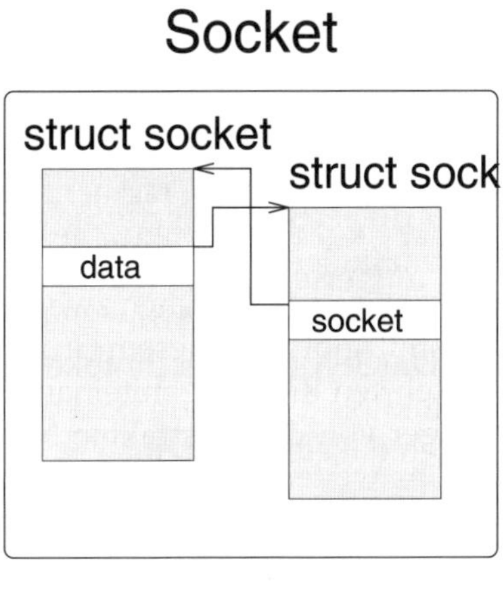

Abbildung 8.2: Der Socket und das Verhältnis zwischen seinen Unterstrukturen

Die Funktion `inet_write()` entnimmt der Komponente `data` des übergebenen BSD-Sockets einen Zeiger auf die INET-Socketstruktur `sock`. Diese Struktur beinhaltet in unserem Beispiel die wesentlichen in den TCP- und IP-Ebenen verwendeten Daten. Der Zeiger prot dieser Struktur verweist auf den Operationsvektor der TCP-Implementierung. Die inet_write-Funktion ruft die Schreiboperation dieses Vektors, tcp_write(), auf. Sie bekommt als Parameter den Zeiger auf den INET-Socket, den Zeiger auf die Daten, deren Länge, das Blockierungsflag und zusätzliche Flags. Die Flags werden genutzt, um anzuzeigen, daß es sich um Daten handelt, die bevorzugt, *Out-Of-Band*, zu übertragen sind. Im behandelten Beispiel wird aber von dieser Möglichkeit kein Gebrauch gemacht.

Bis jetzt wurden die Daten nur durch die verschiedenen Abstraktionsniveaus weitergereicht. In tcp_write() beginnt die eigentliche Behandlung der kommunikationsrelevanten Aspekte. Nach dem Test einiger Fehlerbedingungen, z.B. ob sich der Socket nicht im sendebereiten Zustand befindet, wird mit der wmalloc-Protokolloperation des TCP Speicher angefordert. Dieser Speicher wird später eine sk_buff-Struktur, den Header und das TCP-Segment aufnehmen. Die Funktion tcp_write() initialisiert die sk_buff-Struktur. Sie füllt durch den Aufruf der Protokolloperation build_header() den Paket-Header aus. Im betrachteten Beispiel ruft tcp_write() die Operation ip_build_header() auf. Nach dem sie die Header für die tieferliegenden Protokolle initialisiert hat, wird durch die Funktion tcp_build_header() der TCP-Prokollkopf angefügt.

Die TCP-Schreiboperation kopiert dann die Daten aus dem Adreßraum des Prozesses in das TCP-Segment des fast fertiggestellten Pakets (siehe in Abschnitt 4.5.4 memcpy_fromfs()). Übersteigt die Länge der Daten die maximale Segmentgröße (MSS), werden sie auf mehrere Pakete verteilt. Es ist aber auch möglich, daß kurze Datenblöcke mehrerer Schreiboperationen in einem TCP-Segment zusammengefaßt werden. Eine Besonderheit von LINUX ist, daß alle Header linear aufeinanderfolgend in den Speicher geschrieben werden. In anderen TCP/IP-Implementationen wird das Paket als Vektor einzelner Fragmente gespeichert.

Zur Übertragung des in der sk_buff-Struktur gespeicherten Pakets wird die Funktion tcp_send_skb() aufgerufen. Sie ergänzt den Header um eine Reihe protokollspezifischer Informationen. So wird zum Beispiel die Prüfsumme über das TCP-Segment berechnet. Durch Aufruf der Protokolloperation queue_xmit() (im betrachteten Fall die Funktion ip_queue_xmit()) wird das Paket in die Schlange der zu übertragenden Pakete eingereiht.

ip_queue_xmit() ergänzt nun den IP-Protokollkopf um erst jetzt zu ermittelnde Werte, zum Beispiel die Prüfsumme für den IP-Header. Sie übergibt dann das Paket der Funktion queue_xmit() des abstrakten Netzwerkgeräts. In der weiteren Betrachtung gehen wir davon aus, daß es sich bei dem Gerät um eine Ethernet-Karte vom Typ WD8013 handelt. Die queue_xmit-Funktion benutzt den Zeiger hard_start_xmit(). Für die WD8013-Karte zeigt er auf die Funktion ei_start_xmit(). Diese Funktion übergibt die Daten dem Netzwerkadapter, der sie dann in das Ethernet sendet.

Man könnte jetzt davon sprechen, daß die Hälfte des Weges schon geschafft ist. Die Daten, eingebettet in ein Ethernet-Paket, werden von einer Netzwerkkarte am Zielrechner empfangen. Wir gehen wiederum davon aus, daß es sich bei dem Adapter um eine WD8013-Karte handelt.

Nach dem Empfangen des Ethernet-Pakets löst die Netzwerkkarte einen Interrupt aus. Er wird von der Funktion `ei_interupt()` behandelt. Gab es bei der Übertragung des Pakets über das Ethernet keine Fehler, wird die Funktion `ei_receive()` mit einem Verweis auf das abstrakte Netzwerkgerät aufgerufen. Sie schreibt mittels der `block_input`-Funktion das Paket in einen neu angelegten Puffer. In unserem Beispiel ist das die Funktion `wd_block_input()`. In diesem Puffer ist wie beim Versenden Platz für die Struktur `sk_buff` enthalten. Diese wird nach dem Aufruf von `block_input()` in `ei_receive()` entsprechend initialisiert.

Ist dies geschehen, wird die Funktion `netif_rx()` mit dem Paket als Argument aufgerufen. Sie fügt es an die `backlog`-Liste an. Es gibt nur eine einzige Liste dieser Art im gesamten System. Sie enthält alle vom System empfangenen Pakete. Alle bisher erläuterten Funktionen zum Empfangen von Paketen werden innerhalb des Interrupts ausgeführt. Durch `netif_rx()` wird dann die Bottom-Half-Routine der Netzimplementation in der Bottom-Half-Maske `bh_mask` markiert.

Die Funktion `inet_bh()` wird bei gesetzter Markierung in der Maske von `do_bottom_half()` aufgerufen. Die Funktion `do_bottom_half()` wird nach Systemrufen und langsamen (normalen) Interrupts aufgerufen. Der Aufruf erfolgt nicht, wenn ein Interrupt einen anderen oder `do_bottom_half()` selber unterbrochen hat. Weitere Informationen über den Bottom-Half-Mechanismus findet der Leser in Abschnitt 3.2.1.

`inet_bh()` setzt den `raw`-Zeiger der Union `h` der `sk_buff`-Struktur auf den Anfang des Protokoll-Pakets hinter dem Ethernet-Header. Der Pakettyp im Ethernet-Header bestimmt dann, welche Protokollempfangsfunktion aufgerufen wird. Bei den SLIP- und PLIP-Protokollen ist der Typ nicht im Kopf des Pakets enthalten, aber implizit gegeben, da sie nur IP-Pakete unterstützen.

Im betrachteten Fall ist ein IP-Paket empfangen worden, und die Empfangsfunktion `ip_rcv()` wird aufgerufen. In ihr zeigt sich der Vorteil der Union `h`. In der Bottom-Half-Routine ist der `raw`-Zeiger auf den Kopf des Protokoll-Pakets gesetzt worden. Nun kann auf den IP-Header über den Zeiger `iph` der `h`-Union zugegriffen werden, ohne daß er extra initialisiert werden muß, da er mit dem `raw`-Zeiger identisch ist.

In `ip_rcv()` wird die Korrektheit des Headers überprüft und die Behandlung der IP-Optionen durchgeführt, wenn das notwendig ist. Pakete, die an andere Hosts gerichtet sind, werden durch die Funktion `ip_forward()` weitergesendet und fragmentierte IP-Pakete durch `ip_defrag()` wieder zusammengesetzt.

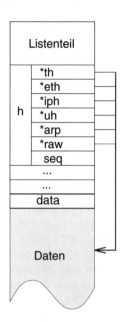

Abbildung 8.3: Die normale Benutzung der sk_buff

Nehmen wir an, daß das nicht der Fall ist. Der raw-Zeiger in der h-Union der sk_buff-Struktur wird an das Ende des IP-Headers gesetzt und zeigt damit wieder auf den Anfang des Kopfes des nächsten Protokolls. Dieses Protokoll ist im Protokollfeld des IP-Headers festgelegt. In unserem Fall ist das TCP. Abhängig von diesem Protokoll wird nun die entsprechende Protokollempfangsfunktion aufgerufen. Für TCP ist das tcp_rcv().

Dort wird mit der Funktion get_sock() anhand der Ziel- und Absenderadressen sowie der Ziel- und Quellportnummern der INET-Socket ermittelt, für den das TCP-Segment bestimmt ist. Nach einigen Konsistenztests trägt tcp_data() den Puffer sk_buff in die Liste empfangener Daten des Sockets ein. Sind neue Daten in der Reihenfolge des Datenflusses eingegangen, werden entsprechende Acknowledge-Pakete verzögert versandt und die data_ready-Funktion des INET-Sockets aufgerufen. Sie weckt alle Prozesse, die auf ein Ereignis am Socket warten. Die Verzögerung der Acknowledgements ist notwendig, um nicht unnötig Pakete über das Netz zu senden. Bis jetzt sind alle Aktionen für das Empfangen eines Pakets im Kern außerhalb des Programmflusses eines Prozesses abgelaufen. Die dafür verbrauchte Rechenzeit läßt sich keinem Prozeß zuordnen.

Der Prozeß B möchte die vom Prozeß A gesendeten Daten empfangen. Dazu führt er eine Leseoperation mit dem Socket-Dateideskriptor aus.

```
read(socket,data,length);
```

Über die verschiedenen Abstraktionsstufen wird dieser Aufruf einer C-Bibliotheksfunktion über `sys_read()`, `sock_read()`, `inet_read()`, `tcp_read()` weitergereicht. Ist der Empfangspuffer des INET-Sockets leer, muß der Prozeß blockieren. Es besteht aber die Möglichkeit, das Blockieren zu verhindern, indem mit `fcntl()` das Flag `O_NONBLOCK` gesetzt wird. Wie im letzten Absatz schon erläutert worden ist, wird der Prozeß wieder geweckt, wenn Daten eingetroffen sind. Nach dem Wecken oder wenn beim Aufruf von `read()` schon Daten im Puffer vorhanden sind, werden diese an die Adresse `data` des Nutzerspeicherbereichs des Prozesses kopiert.

Dort endet der Weg der Daten vom Prozeß A zum Prozeß B. Er hat uns über verschiedene Ebenen des Betriebsystems geführt. Die Daten sind nur viermal kopiert worden, vom Nutzerbereich des Prozesses A in den Kernelspeicher, von dort auf die Netzwerkkarte, von der Netzwerkkarte im anderen Rechner in den Kernelspeicher und von dort in den Nutzerbereich des Prozesses B. Bei der Linux-Implementation des TCP/IP-Codes hat man sich sehr darum bemüht, nicht notwendige Kopieroperationen einzusparen.

Die Netzwerkimplementation ist sehr eng in sich verwoben. Es gibt eine Vielzahl von aufeinander basierenden Funktionen, deren Zugehörigkeit zu bestimmten Schichten nicht immer klar ist. Ein Blick auf die Quellen zeigt, daß viele Funktionen sehr groß (mehr als 200 Quelltext-Zeilen) und damit kaum überschaubar sind. Sicherlich ist die Komplexität der C-Quellen von der Materie abhängig. Sie ist aber ein deutlicher Hinweis darauf, wie wichtig ein gutes Design der Netzwerkimplementation ist. Häufig sind auch die Schnittstellen zwischen den Schichten auf IP zugeschnitten. Mit dem Kernel 1.0 ist hier sicherlich noch nicht das Ende der Entwicklung erreicht.

Es ist eine weitverbreitete Meinung, daß eine Netzwerk-Implementation zwischen hoher Geschwindigkeit und sauberer Strukturierung balancieren muß. Die Autoren sind aber der Meinung, daß sich beide Punkte nicht unbedingt ausschließen. Andere Bereiche des Kerns (z.B. das Virtuelle Dateisystem) beweisen das.

8.2 Wichtige Strukturen

Ein Weg zur sauberen Strukturierung ist die richtige Definition der Datenstrukturen, die die Grundlage jeder Funktionalität eines Netzwerks bilden. Deshalb soll in diesem Abschnitt in die vielen unterschiedlichen Datenstrukturen der Netzwerkimplementation von LINUX eingeführt werden.

8.2.1 Die `socket`-Struktur

Die `socket`-Struktur ist die Basis der Implementation der BSD-Socketschnittstelle. Sie wird mit der Funktion `socket()` angelegt und initialisiert. In diesem Abschnitt werden nur die Besonderheiten von Sockets der Adreßfamilie `AF_INET` behandelt.

```
struct socket {
    short               type;
```

Für den Typ sind `SOCK_STREAM`, `SOCK_DGRAM` und `SOCK_RAW` gültige Einträge. Sockets vom Type `SOCK_STREAM` werden für TCP-Verbindungen, `SOCK_DGRAM` für das UDP-Protokoll und `SOCK_RAW` für das Senden und Empfangen von IP-Paketen verwendet.

```
    socket_state        state;
```

In `state` wird der aktuelle Zustand des Sockets vermerkt, die wichtigsten Zustände sind `SS_CONNECTED` und `SS_UNCONNECTED`.

```
    long                flags;
    struct proto_ops    *ops;
```

Der `ops`-Zeiger eines Sockets der INET-Adreßfamilie zeigt auf den Operationsvektor `inet_proto_ops`. Dort sind die spezifischen Operationen für diese Adreßfamilie eingetragen.

```
    void                *data;
```

Der `data`-Zeiger weist auf die der Adreßfamilie entsprechende Unterstruktur des Sockets. Bei `AF_INET` ist das der INET-Socket (die Struktur `sock`, siehe Abbildung 8.2).

```
    struct socket       *conn;
    struct socket       *iconn;
    struct socket       *next;
    struct wait_queue   **wait;
    struct inode        *inode;
};
```

Die Zeiger `conn`, `iconn`, `inode` und `wait` werden von den Sockets der Adreßfamilie `AF_INET` nicht benutzt.

8.2.2 Die Struktur `sk_buff` – Pufferverwaltung im Netzwerk

`sk_buff`-Puffer dienen der Verwaltung einzelner Kommunikationspakete.

```
struct sk_buff {
    unsigned long       magic_debug_cookie;
```

Kapitel 8.2 Wichtige Strukturen

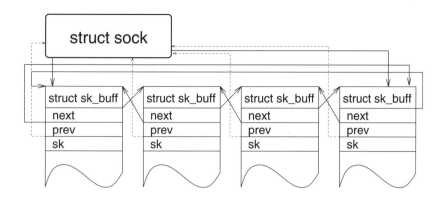

Abbildung 8.4: Die normale Lokalisation der `sk_buff`-Strukturen

Hier wird zur Unterstützung der Fehlersuche die Art der Liste eingetragen, in der sich der Puffer befindet.

```
struct sk_buff          *volatile next, *volatile prev,
                        *volatile link3, *volatile* list;
```

Diese Zeiger sind zur Verkettung in einer Ringliste und verschiedenen anderen Listen notwendig.

```
struct sock             *sk;
```

`sk` zeigt auf den Socket, zu dem der Puffer gehört (siehe Abbildung 8.4).

```
volatile unsigned long  when;
```

`when` gibt an, wann das Paket zum letzten Mal übertragen worden ist. Die Zeiteinheiten sind dabei 1/100 Sekunden. Der Wert wird zum Übertragungszeitpunkt einfach aus der Kernel-Variable `jiffies` übernommen (siehe Abschnitt 3.1.10).

```
struct device           *dev;
```

Der Verweis auf das Gerät, über welches das Paket empfangen worden ist oder geschickt werden soll.

```
void                    *mem_addr;
```

Dieser Zeiger gibt den Anfang des mit dieser `sk_buff`-Struktur verwalteten Puffers an. Da sich die Struktur als erstes in diesem Speicherbereich befindet, verweist der Zeiger auf die eigene `sk_buff`-Struktur.

```
union {
  struct tcphdr *th;
```

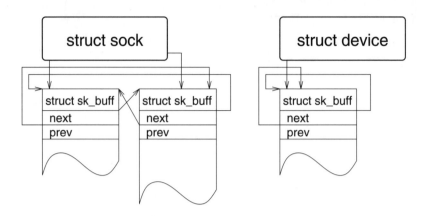

Abbildung 8.5: Übertragung eines Pakets vor dem Aufruf der xmit()-Funktion (der Puffer ist beim Socket).

```
    struct ethhdr      *eth;
    struct iphdr       *iph;
    struct udphdr      *uh;
    struct arphdr      *arp;
    unsigned char      *raw;
    unsigned long      seq;
} h;
```

Diese bereits erwähnte Union dient im allgmeinen als Zeiger auf verschiedene Header-Strukturen innerhalb des Pakets.

```
    unsigned long           mem_len, len, fraglen;
    struct sk_buff          *fraglist;
    unsigned long           truesize;
```

`mem_len` und `truesize` geben die Länge des reservierten Speichers an, `len` die Länge des Paketes. `fraglen` und `fraglist` werden im Kernel 1.0 nicht benutzt.

```
    unsigned long           saddr, daddr;
```

In `saddr` und `daddr` sind Ziel- bzw. Quelladresse des Pakets abgelegt.

```
    int                     magic;
    volatile char           acked, used, free, arp, urg_used;
    unsigned char           tries,lock;
    unsigned short          users;
};
```

Dies sind einzelne Variablen, die von verschiedenen Teilen der Netzwerkimplementation benutzt werden.

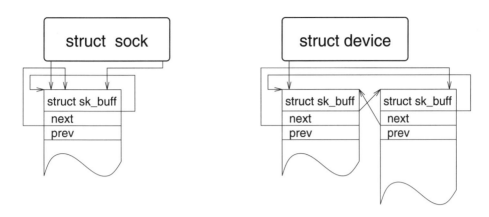

Abbildung 8.6: Übertragung eines Pakets nach dem Aufruf der xmit()-Funktion (der Puffer ist jetzt beim Gerät, z.B. eth0).

8.2.3 Der INET-Socket – spezieller Teil eines Sockets

In der INET-Socket-Struktur werden die netzwerkspezifischen Teile der Sockets verwaltet. Sie wird für TCP-, UDP- und RAW-Sockets benötigt.

```
struct sock {
   struct options        *opt;
   volatile unsigned long wmem_alloc, rmem_alloc;
```

opt ist ein Zeiger auf eine Struktur, die die einzelnen für diesen Socket zu verwendenden IP-Optionen beinhaltet. Sie sind bei der Bildung eines IP-Protokollkopfs zu berücksichtigen. Die beiden Variablen wmem_alloc und rmem_alloc geben an, wieviel Speicher schon von diesem Socket angefordert wurde. Die erste Variable gilt für das Schreiben und die zweite für das Lesen auf dem Socket.

```
   unsigned long         send_seq, acked_seq, copied_seq,
                         rcv_ack_seq, window_seq, fin_seq;
```

Hier werden die für das TCP-Protokoll notwendigen Sequenznummern gespeichert. Sie werden verwendet, um eine zuverlässige Übertragung zu gewährleisten. Da TCP verbindungsorientiert ist, müssen diese Sequenznummern für jeden Socket extra verwaltet werden.

```
   volatile char         inuse, dead, urginline, intr, blog,
                         done, reuse, keepopen, linger,
                         delay_acks, destroy, ack_timed,
                         no_check, exp_growth, zapped,
```

```
                             broadcast;
    unsigned long            lingertime;
```

Diese Variablen enthalten verschiedene Flags und Werte, die für einen Socket gesetzt werden können.

```
    int                      proc;
```

In `proc` ist ein Prozeß oder eine Prozeßgruppe abgelegt, die bei der Ankunft von Out-Of-Band-Daten ein Signal erhalten sollen.

```
    struct sock              *next;
```

`next` verkettet die INET-Sockets, die den gleichen Hashwert in der Socket-Hashtabelle haben. Durch die Socket-Hashtabelle wird die Zuordnung von IP-Paketen zu einzelnen Sockets mit Hilfe offenen Hashings beschleunigt.

```
    struct sock              *pair;
```

Bei `accept()` wird eine neue `sock`-Struktur angelegt. Auf die neu erzeugte Struktur zeigt dann `pair`.

```
    struct sk_buff           *volatile send_tail,
                             *volatile send_head,
                             *volatile back_log,
                             *send_tmp;
    long                     retransmits;
    struct sk_buff           *volatile wback,
                             *volatile wfront,
                             *volatile rqueue;
```

Alle obigen Zeiger dienen der Verwaltung der Puffer, die mit dem INET-Socket assoziiert sind. Sowohl für die zu sendenden als auch für die empfangenen TCP-Segmente sind Ringstrukturen über `struct sk_buff` definiert (siehe Abbildung 8.4).

```
    struct proto             *prot;
```

Hier ist der Operationsvektor für das Protokoll vermerkt, mit dem der Socket assoziiert ist. Im Normalfall wird das die Adresse einer der folgenden Strukturen sein: `tcp_prot`, `udp_prot` oder `raw_prot`.

```
    struct wait_queue        **sleep;
```

`sleep` zeigt auf eine Warteschlange, in der die Prozesse gespeichert sind, die bei Aktionen auf diesem Socket blockierten.

```
    unsigned long            daddr, saddr;
```

Quell- und Zieladresse müssen in jedem IP-Paket vermerkt werden.

Kapitel 8.2 Wichtige Strukturen

```
    unsigned short          max_unacked, window, bytes_rcv, mtu,
                            num, cong_window, packets_out, urg,
                            shutdown, mss;
    volatile unsigned long  rtt, mdev;
    volatile unsigned short backoff;
```

Diese Felder der Struktur sind ebenfalls für TCP vorgesehen und enthalten weitere protokollbezogene Daten.

```
    volatile short          err;
    unsigned char           protocol;
    volatile unsigned char  state, ack_backlog;
    unsigned char           max_ack_backlog, priority, debug;
    unsigned short          rcvbuf, sndbuf;
```

Bei `err` handelt es sich um einen Fehlerhinweis, ganz ähnlich der `errno`-Variable unter C. `state` gibt den Zustand des INET-Sockets an. Die beiden `buf`-Größen geben an, wieviel Speicher maximal zum Empfang bzw. für das Senden von Paketen für diesen Socket angefordert werden kann.

```
    unsigned short          type;
```

`type` wird vom Typ der zugehörigen BSD-Socket-Struktur `socket` übernommen und bestimmt den Typ des Sockets.

```
    struct tcphdr           dummy_th;
```

Nach dem Aufbau einer TCP-Verbindung wird hier das Grundgerüst eines TCP-Headers eingetragen.

```
    int                     timeout;
    struct timer_list       timer;
```

Diese beiden Strukturkomponenten dienen der Verwaltung von Timern.

```
    struct socket           *socket;
```

Dieser Zeiger verweist auf den zugehörigen BSD-Socket.

```
    void                    (*state_change)(struct sock *sk);
    void                    (*data_ready)(struct sock *sk,int bytes);
    void                    (*write_space)(struct sock *sk);
    void                    (*error_report)(struct sock *sk);
};
```

Die Funktion `state_change()` wird jedesmal gestartet, wenn sich der Status des Sockets geändert hat. Analog wird `data_ready()` aufgerufen, wenn Daten angekommen sind, `write_space()`, wenn sich der freie Speicher zum Schreiben vergrößert hat, und `error_report()` im Fehlerfall. In der momentanen Implementation wecken diese Operationen nur die Prozesse, die bei Operationen auf dem Socket blockierten.

Im weiteren Text wird mit der Bezeichnung „Socket" die Kombination eines BSD-Sockets mit einem INET-Socket bezeichnet (siehe Abbildung 8.2).

8.2.4 Protokolloperationen in der `proto`-Struktur

Protokolle wie TCP und UDP werden unter LINUX über eine abstrakte Schnittstelle angesprochen. Sie besteht aus einer Reihe von Operationen und ermöglicht es, Funktionen, deren Aktionen für alle Protokolle dieselben sind, nur einmal programmieren zu müssen. Dies hilft Implementationsfehler zu vermeiden und den Code so kompakt wie möglich zu halten.

```
struct proto {
    void     *(*wmalloc)(struct sock *sk,
                unsigned long size, int force,
                int priority);
    void     *(*rmalloc)(struct sock *sk,
                unsigned long size, int force,
                int priority);
    void     (*wfree)(struct sock *sk, void *mem,
                unsigned long size);
    void     (*rfree)(struct sock *sk, void *mem,
                unsigned long size);
    unsigned long   (*rspace)(struct sock *sk);
    unsigned long   (*wspace)(struct sock *sk);
```

Diese Funktionen verwalten den zum Socket gehörenden Speicher. Im Kernel 1.0 zeigen diese Funktionen aber bei allen Protokollen auf die entsprechend mit `sock_` beginnenden Funktionen (z.B. für den Zeiger `wmalloc()` auf `sock_wmalloc()`). Mit diesen Zeigern könnten aber für ein Protokoll andere Speicherallozierungsverfahren implementiert werden.

```
    void     (*close)(struct sock *sk, int timeout);
```

`close()` leitet die zum Schließen eines Sockets notwendigen Maßnahmen ein. Für einen TCP-Socket wird z.B. ein Paket mit dem ausstehenden ACK und einem FIN gesendet.

```
    int      (*read)(struct sock *sk, unsigned char *to,
                int len, int nonblock, unsigned flags);
    int      (*write)(struct sock *sk, unsigned char *to,
                int len, int nonblock, unsigned flags);
    int      (*sendto)(struct sock *sk,
```

Kapitel 8.2 Wichtige Strukturen

```
                  unsigned char *to, int len, int noblock,
                  unsigned flags, struct sockaddr_in *usin,
                  int addr_len);
int       (*recvfrom)(struct sock *sk,
                  unsigned char *from, int len, int noblock,
                  unsigned flags, struct sockaddr_in *usin,
                  int *addr_len);
```

Diese Funktionen senden Daten bzw. lesen empfangene. Normalerweise werden read() und write() bei verbindungslosen Protokollen, durch sendto() bzw. recvfrom() realisiert. Für verbindungsorientierte Protokolle, wie TCP, ist das genau umgekehrt, wobei Daten natürlich nur an den anderen Endpunkt der TCP-Verbindung gesendet bzw. von ihm empfangen werden können.

```
int       (*build_header)(struct sk_buff *skb,
                  unsigned long saddr,
                  unsigned long daddr,
                  struct device **dev, int type,
                  struct options *opt, int len);
```

Diesem Zeiger wird zur Zeit in jedem Fall die Funktion ip_build_header() zugewiesen. Sie initialisiert den IP-Prokollkopf. Es ist auch nicht ganz einsichtig, warum dieser Funktionszeiger so definiert worden ist, da seine Argumente auf ip_build_header() zugeschnitten sind. Er stellt damit keine Abstraktion von verschiedenen Protokollen dar.

```
int       (*connect)(struct sock *sk,
                  struct sockaddr_in *usin, int addr_len);
struct sock *(*accept) (struct sock *sk, int flags);
```

connect() ist für alle Protokolle zu realisieren, wohingegen accept() für verbindungslose Protokolle nicht notwendig ist. Die Semantik von connect() unterscheidet sich für verbindungslose und verbindungsorientierte Protokolle. Bei verbindungslosen Protokollen wird sie dazu benutzt, eine Adresse festzulegen, die für write-Aufrufe als Zieladresse benutzt wird. Für TCP hingegen baut connect() die Verbindung auf.

```
void      (*queue_xmit)(struct sock *sk,
                  struct device *dev, struct sk_buff *skb,
                  int free);
void      (*retransmit)(struct sock *sk, int all);
```

Auch hier sind für die bisherigen Protokolle keine anderen Funktionen als die von IP (ip_queue_xmit() bzw. ip_retransmit()) zu finden. queue_xmit() sendet das Paket im Puffer skb ab. Dieser Vorgang wird durch die Abbildung 8.5 illustriert.

Aufgabe der `retransmit`-Funktion ist es, die noch am Socket befindlichen Pakete erneut zu übertragen. Dies ist aber nur für TCP sinnvoll. Ihr Verhalten wird durch den Paramter `all` gesteuert. Er bestimmt, ob nur das erste oder alle Pakete erneut übertragen werden.

Auch hier scheint den Autoren die Aufnahme in die abstrakte Schnittstelle fragwürdig zu sein, zumal `ip_retransmit()` von der TCP-Implementation direkt aufgerufen wird.

```
void     (*write_wakeup)(struct sock *sk);
void     (*read_wakeup)(struct sock *sk);
```

Die wakeup-Funktionen werden nur vom TCP benutzt und implementiert. Sie werden dazu benutzt, eine TCP-Verbindung aufrecht zu halten. Normalerweise werden TCP-Verbindungen nach einem gewissen Zeitintervall geschlossen, wenn keine Daten über die Verbindung gesendet wurden. Setzt man die SO_KEEPALIVE-Option eines TCP-Sockets, wird in gewissen Abständen durch `write_wakeup()` eine alte Sequenznummer gesendet, die dann durch `read_wakeup()` von der anderen Seite bestätigt wird. Durch den Empfang des ACK-Pakets wird der Timer, der das Schließen einer Verbindung erzwingt, wieder zurückgesetzt.

```
int      (*rcv)(struct sk_buff *buff, struct device *dev,
                struct options *opt, unsigned long daddr,
                unsigned short len, unsigned long saddr,
                int redo, struct inet_protocol *protocol);
```

Jedes Protokoll muß eine `rcv`-Funktion bereitstellen. Ihr werden die von unteren Schichten empfangenen Pakete übergeben. Die Funktion wird für jedes auf IP basierende Protokoll auch in der entsprechenden `inet_protocol`-Struktur eingetragen.

```
int      (*select)(struct sock *sk, int which,
                   select_table *wait);
```

`select()` gibt 1 zurück, wenn die in den Parametern spezifizierte Bedingung erfüllt ist, andernfalls 0 (siehe Abschnitt 6.2.6). In der Netzwerkimplementation gibt es zwei Funktionen, die `select()` realisieren. Das sind `datagram_select()` für die verbindungslosen Protokolle und `tcp_select()` für das TCP.

```
int      (*ioctl)(struct sock *sk, int cmd,
                  unsigned long arg);
```

Mit Hilfe der `ioctl`-Funktion läßt sich unter anderem die Menge der noch nicht gelesenen oder übertragenen Daten eines TCP- oder UDP-Sockets bestimmen und die Debugging-Ausgaben ein- bzw. ausschalten.

```
int      (*init)(struct sock *sk);
```

Durch die `init`-Funktion des jeweiligen Protokolls werden notwendige Initialisierungen für die Protokolleinheit ausgeführt. Da es für das TCP und UDP jeweils nur eine Einheit gibt, wird ihre Initialisierung statisch während des Startens von LINUX vorgenommen.

```
void      (*shutdown)(struct sock *sk, int how);
```

Diese Funktion wird zur Zeit nur von TCP-Verbindungen genutzt. Mit ihr kann eine TCP-Verbindung abgebrochen werden.

```
unsigned short  max_header;
```

Der Wert von `max_header` gibt die maximale Größe des Protokollkopfs an, die mit diesem Protokoll möglich ist. Der Wert umfaßt auch die Köpfe der tieferliegenden Protokolle.

```
unsigned long     retransmits;
```

Diese Variable zählt die notwendigen Wiederholungen von Sendevorgängen für ein Protokoll.

```
struct sock     *sock_array[SOCK_ARRAY_SIZE];
```

Anhand des Ziels eines Pakets und mit Hilfe dieses Feldes kann der INET-Socket bestimmt werden, an den das Paket gerichtet ist. Genau dies leistet die Funktion `get_sock()`.

```
   char     name[80];
};
```

`name` gibt für die Fehlersuche den Namen des zugehörigen Protokolls an (z.B. TCP).

8.2.5 Die allgemeine Struktur einer Socketadresse

Da Sockets für verschiedene Adreßfamilien unterschiedliche Adreßformate unterstützen müssen, gibt es eine allgemeine Adreßstruktur, in der die Adreßfamilie, die Portnummer und ein Feld für verschieden große Adressen enthalten sind. Für Internetadressen ist eine spezielle Struktur `sockaddr_in` definiert, die mit der allgemeinen Struktur `sockaddr` übereinstimmt.

```
struct sockaddr {
   unsigned short sa_family;    /* Adreßfamilie AF_xxx */
   char           sa_data[14];  /* Anfang der Protokolladresse */
};
```

```
struct sockaddr_in {
    short int     sin_family;    /* Adreßfamilie    */
    unsigned short int sin_port; /* Portnummer */
    struct in_addr  sin_addr;    /* Internetadresse */

    /* Füllbytes zur sockaddr-Struktur */
    unsigned char __pad[__SOCK_SIZE__ - sizeof(short int)
                        - sizeof(unsigned short int)
                        - sizeof(struct in_addr)];
};
```

8.2.6 Echte Geräte der Netzwerkimplementation

Die Geräte der Netzwerkimplementation von LINUX besitzen die Major-Nummern SOCKET_MAJOR und AF_INET_MAJOR. Von ihnen werden nur die ioctl-Funktionen bereitgestellt. Ein Teil der restlichen Funktionen wird vom VFS bereitgestellt (siehe Abschnitt 6.2).

Für die Major-Nummer SOCKET_MAJOR gibt es zwei Geräte. Das Gerät mit der Minor-Nummer 0 ist ein allgemeines Netzgerät. Zur Steuerung des ARP (*Address Resolution Protocol*) wird das Gerät mit der Minor-Nummer 1 benutzt. Die ioctl-Funktion des allgemeinen Netzgeräts setzt oder löscht das Flag net_debug. Beim ARP-Gerät ist neben dem Ein- bzw. Ausschalten des Debuggings auch das Setzen, Löschen und Lesen von Einträgen im ARP-Cache möglich.

Für die Major-Nummer AF_INET_MAJOR gibt es eine Reihe von Minor-Nummern. In der Version 1.0 des LINUX-Kerns kann aber nur die des Geräts /dev/inet (Minor-Nummer 0) angesprochen werden. Mit der ioctl-Funktion dieses Geräts ist es möglich, für die TCP/IP-Implementierung das Debugging einzuschalten, den Inhalt der Routing- und der ARP-Tabelle zu modifizieren sowie die abstrakten Netzwerkgeräte zu konfigurieren.

8.3 Abstrakte Netzwerkgeräte unter LINUX

Wie wir bereits gesehen haben, gibt es die unterschiedlichste Hardware, die zur Vernetzung von Rechnern eingesetzt werden kann. Die Ansteuerung dieser Hardware kann dadurch stark variieren. Um dies vor den oberen Schichten zu verbergen, wurde eine abstrakte Schnittstelle zur Netzwerkhardware eingeführt. Damit wird es möglich, die oberen Netzwerkschichten unabhängig von der verwendeten Hardware zu implementieren. Offensichtlich wird hier das Konzept der Polymorphie bei der Betriebssystemprogrammierung angewendet.

Kapitel 8.3 Abstrakte Netzwerkgeräte unter LINUX

In der Datenstruktur `device` wird ein abstraktes Netzwerkgerät verwaltet. Im Englischen wird auch oft von einem *Network Interface* gesprochen, wobei mit dieser Bezeichnung mehr die Schnittstelle zum Netzwerk als zur Hardware betont wird. Da diese Datenstruktur sehr groß ist, werden wir nur einige ausgewählte Komponenten daraus beschreiben.

```
struct device {
    char                 *name;
```

Die Netzwerkgeräte werden im Kern in einer Liste verwaltet. Um einen einfachen Zugriff auf die jeweilige `device`-Struktur zu ermöglichen, wird hier der Name des Netzwerkgeräts gespeichert. Die Funktion `dev_get()` ordnet einem Namen das entsprechende Netwerkgerät zu.

```
    unsigned long        rmem_end;
    unsigned long        rmem_start;
    unsigned long        mem_end;
    unsigned long        mem_start;
    unsigned short       base_addr;
    unsigned char        irq;
```

Mit diesen Elementen wird die Hardware des Geräts beschrieben. In `base_addr` und `irq` sind die für die PC-Architektur wichtige IO-Adresse und die Nummer des Interrupts, der zu dem Gerät gehört, vermerkt. `rmem_start` bis `rmem_end` und `mem_start` bis `mem_end` beschreiben den Empfangsspeicher bzw. den Sendespeicher des Geräts. Diese Parameter sind allerdings auf Ethernet-Karten zugeschnitten. Für andere Geräte wird ein Teil dieser Strukturfelder mit einer anderen Semantik benutzt. Bei einem SLIP-Gerät ist in `base_addr` der Index der entsprechenden SLIP-Struktur vermerkt.

```
    int       (*init)(struct device *dev);
```

Diese Funktion stellt fest, ob die für dieses Gerät notwendige Hardware vorhanden ist und initialisiert die `device`-Struktur.

Wie in Abschnitt 2.3 beschrieben, kann vor dem Übersetzen eines Kernels festgelegt werden, welche Geräte er überhaupt auf Vorhandensein testen soll. Das gilt auch für Netzwerkgeräte. So gibt es in `drivers/net/Space.c` eine statische Liste von Strukturen des Typs `device`. In ihr befinden sich Elemente, die nur aus dem öffentlichen Teil der `device`-Struktur bestehen. Der öffentliche Teil erstreckt sich vom Anfang bis zur Komponente `init` der Struktur. Der Zeiger `dev_base` zeigt auf den Anfang dieser Liste. Durch Modifikation dieser Liste kann nun festgelegt werden, welche Geräte beim Booten auf Vorhandensein geprüft werden und welche Initialisierungsfunktionen benutzt werden. Besonders für die verschiedenen Typen von Ethernetkarten ist das wichtig, da in der `ethif_probe`-Funktion die einzelnen Kartentypen nacheinander getestet werden.

Wenn wir uns noch einmal die Abfolge der Aktionen beim Starten des Kernels aus Kapitel 3.1.9 in Erinnerung rufen, sehen wir, daß dort `sock_init()` aufgerufen wird. Ihre Aufgabe ist es, den gesamten Netzwerkteil des Kernels zu initialisieren. Dabei werden die Voreinstellungen für die BSD-Sockets gesetzt, und im weiteren Ablauf wird die Funktion `ddi_init()` aufgerufen. [2] Durch diese init-Funktion werden alle konfigurierten Protokolle initialisiert. Dazu iteriert die Funktion über das Feld `struct ddi_proto protocols[]` und startet für jedes Element die dort vermerkte init-Funktion. Darunter befindet sich auch `inet_proto_init()`. Hier werden dann die INET-Sockets auf die Benutzung vorbereitet. Dabei werden alle „Unterprotokolle" in die Tabelle für die Adreßfamilie AF_INET eingetragen. Danach wird von `inet_proto_init()` die Funktion `dev_init()` ausgeführt. Dabei wird für jeden Eintrag der `dev_base`-Liste die init-Funktion aufgerufen. Sie füllt die gesamte `device`-Struktur mit korrekten Werten. Dazu gehören auch die Funktionszeiger.

```
struct enet_statistics* (*get_stats)(struct device *dev);
```

Das ist die jeweilige Statistikfunktion für das Gerät. Sie kommt immer dann zum Einsatz, wenn statistische Informationen von einem anderen Teil des Kernels über das Netzwerkgerät erfragt werden.

```
unsigned long         trans_start;
unsigned long         last_rx;
```

In diesen beiden Feldern wird vermerkt, wann das letzte Mal etwas gesendet (`trans_start`) bzw. empfangen (`last_rx`) wurde. Die Zeiteinheiten sind dabei Hundertstel Sekunden, die der Variablen `jiffies` entnommen werden.

```
unsigned short        flags;
unsigned short        family;
unsigned short        metric;
unsigned short        mtu;
```

Diese Variablen werden vom IP-Protokoll benutzt. Sie können mit dem Systemkommando `ifconfig` beeinflußt werden (siehe Anhang B.8). Dabei gibt `mtu` die maximale Größe eines Pakets an, das von diesem Netzwerkgerät übertragen werden kann. Der Wert ist abzüglich des Hardware-Headers (z.B. der Header für Ethernet-Pakete) zu verstehen. Die `family` beschreibt die Adreßfamilie, der das Gerät angehört. Durch `flags` läßt sich das Verhalten beeinflussen. Sie sind in Tabelle 8.1 zusammengefaßt.

Der `metric`-Wert wird nicht benutzt und scheint nur aus historischen Gründen hier enthalten zu sein.

---

[2] DDI steht für *Device Driver Interface*.

Kapitel 8.3 Abstrakte Netzwerkgeräte unter LINUX

Flag	Erläuterung
IFF_UP	Das Netzwerkgerät kann Pakete empfangen und senden.
IFF_BROADCAST	Die Rundrufadresse in der `struct device` ist gültig und kann benutzt werden.
IFF_DEBUG	Das Debugging ist eingeschaltet (momentan ungenutzt).
IFF_LOOPBACK	Dieses Gerät schickt alle übergebenen Pakete an den eigenen Rechner zurück.
IFF_POINTOPOINT	Punkt-zu-Punkt-Verbindung, `pa_dstaddr` enthält die Protokolladresse des Kommunikationspartners (SLIP, PLIP).
IFF_NOTRAILERS	Ist immer ausgeschaltet, diente aber in alten BSD-Systemen zu einer alternativen Anordnung der Header am Ende eines Pakets.
IFF_RUNNING	Die Ressourcen für den Betrieb sind belegt.
IFF_NOARP	ARP wird von diesem Netzwerkgerät nicht benutzt.
IFF_PROMISC	Das Netzwerkgerät empfängt alle Pakete auf dem Netzwerk, selbst die, die an andere Geräte adressiert sind.

Tabelle 8.1: Flags der abstrakten Netzwerkgeräte

```
unsigned short           type;
unsigned short           hard_header_len;
void                     *priv;
```

In `type` wird der Gerätetyp verzeichnet. Dabei ist eigentlich die Hardware gemeint. Doch bis jetzt benutzen alle den Typ ARPHRD_ETHER, auch SLIP und PLIP. Durch `hard_header_len` wird die Länge des Protokollkopfs auf der Hardware-Ebene festgelegt. Unter `priv` kann ein Zeiger auf eine speziell an den Gerätetyp angepaßte Struktur abgelegt werden.

```
unsigned char            broadcast[MAX_ADDR_LEN];
unsigned char            dev_addr[MAX_ADDR_LEN];
unsigned char            addr_len;
```

`dev_addr[]` enthält die Hardware-Adresse des Geräts. Auch in `broadcast[]` befindet sich eine Adresse, die man als Rundrufadresse bezeichnen könnte. Pakete mit dieser Zieladresse werden von allen Rechnern im angeschlossenen Netz empfangen. Die Adressen sind, da als Byte-Felder implementiert, typunabhängig. `addr_len` gibt die Länge der Adressen an und ist natürlich durch MAX_ADDR_LEN begrenzt. Die Werte dieser Felder werden bei der Geräteinitialisierung belegt und sind nicht änderbar.

```
unsigned long          pa_addr;
unsigned long          pa_brdaddr;
unsigned long          pa_dstaddr;
unsigned long          pa_mask;
unsigned short         pa_alen;
```

Dies sind die Adressen des Protokolls, mit dem auf das Gerät zugegriffen wird, wobei pa_addr die Protokolladresse des Netzwerkgeräts ist. pa_brdaddr gibt die Rundrufadresse auf Protokollebene an. Eine wichtige Rolle spielt die Netzmaske pa_mask. Sie ist beim IP als eine Bit-Maske zu interpretieren. Dabei gehören die Bits einer Adresse, die in der Maske gesetzt sind, zur Netzwerkadresse, und die nicht gesetzten geben den Hostteil an. Bei Punkt-zu-Punkt-Verbindungen spielt diese Maske keine Rolle. In diesem Fall gibt es nur einen Kommunikationspartner. Seine Protokolladresse befindet sich dann in pa_dstaddr. Am Datentyp unsigned long kann man erkennen, daß nur IP-Adressen unterstützt werden. Um so mehr verwundert das Feld pa_alen, denn es macht nur für Adressen variabler Länge Sinn.

```
struct sk_buff *volatile buffs[DEV_NUMBUFFS];
```

Wie aus Abbildung 8.5 hervorgeht, verwalten die Netzwerkgeräte die noch zu bearbeitenden Pakete in Listen. Unter buffs[] finden wir gleich mehrere davon. Der Index in buffs[] gibt dabei die Priorität an, mit der die Pakete in der Liste zu behandeln sind. Es werden dabei drei Prioritäten verwaltet, wobei 0 die höchste ist.

```
int        (*open)(struct device *dev);
int        (*stop)(struct device *dev);
```

Eigentlich sollte stop() close() oder open() start() heißen. Damit würde ihr Zusammenspiel genauer beschrieben. Nach dem Aufruf von open() können Pakete über das Netzwerkgerät ausgegeben werden. Die Funktion initialisiert jedoch nicht die Adressen. stop() beendet die Übertragung von Paketen und setzt die Adressen auf Null.

```
int        (*hard_start_xmit) (struct sk_buff *skb,
                               struct device *dev);
void       (*queue_xmit)      (struct sk_buff *skb,
                               struct device *dev, int pri);
```

hard_start_xmit() ist eine hardwareabhängige Funktion. Sie wird beim Erkennen einer bestimmten Karte entsprechend gesetzt. Ihre Aufgabe ist es, das Paket im übergebenen Puffer zu senden. queue_xmit() kann man als die gepufferte Variante von hard_start_xmit() bezeichnen. Wenn das Gerät nicht beschäftigt ist, versucht die Funktion queue_xmit mittels hard_start_xmit(), das Paket sofort zu übertragen. Andernfalls wird das Paket entsprechend der Priorität in einer der Listen für noch zu sendende Pakete eingereiht.

```
    int         (*hard_header)      (unsigned char *buff,
                                     struct device *dev,
                                     unsigned short type,
                                     unsigned long daddr,
                                     unsigned long saddr,
                                     unsigned len);
    int         (*rebuild_header)   (void *eth,
                                     struct device *dev);
```

hard_header() schreibt den Hardware-Protokollkopf in den übergebenen Puffer. rebuild_header() bringt diesen auf den aktuellen Stand, entsprechend der Daten in der struct device, auf die dev zeigt.

```
    void        (*add_arp)          (unsigned long addr,
                                     struct sk_buff *skb,
                                     struct device *dev);
    unsigned short (*type_trans)    (struct sk_buff *skb,
                                     struct device *dev);
```

Von add_arp() wird die Protokolladresse addr mit der im Protokollkopf des Pakets enthaltenen Hardware-Adresse assoziiert (siehe Abschnitt 8.4). Die Funktion type_trans() liefert den Typ des Pakets, das ihr übergeben wird.

```
#define HAVE_MULTICAST
    void        (*set_multicast_list)(struct device *dev,
                                     int num_addrs, void *addrs);
```

set_multicast_list() ist eine Funktion, die die neueren Entwicklungen im Internet repräsentiert. Sie erlaubt es einem Netzwerkgerät, Pakete zu empfangen, die nicht an das Gerät direkt oder die Rundrufadresse gerichtet sind. Die Implementation für die Ethernet-Karten erfolgt über den Promiscous-Modus der Karten, bei dem sie alle Pakete empfangen, die ins Netz gesendet werden.

```
#define HAVE_SET_MAC_ADDR
    int         (*set_mac_address)  (struct device *dev,
                                     void *addr);
```

set_mac_address() wurde nur für SLIP realisiert.

```
};
```

Die von uns soeben erläuterte Struktur stellt eine Mischung aus Elementen der höheren Teile des Kernels und maschinennaher Daten dar. Sie ist kein Beispiel für guten Programmierstil. Es fällt auch auf, daß eine Reihe von IP-spezifischen Komponenten Bestandteil dieser abstrakten Gerätebeschreibung sind. Dies schließt die Verwendung von anderen Protokollen auf diesem Gerät nicht aus. Hier fällt wiederum auf, daß das Design der Netzwerkimplementation von LINUX zu sehr an ältere Netzwerkrealisierungen unter UNIX angelehnt ist. Dies steht im Gegensatz zur eigentlichen LINUX-Philosophie, nach der besten Implementationsvariante zu suchen und nur die entsprechenden kompatiblen Schnittstellen an der Kern-Systemrufschnittstelle anzubieten.

8.3.1 Ethernet

Linux unterstützt für Ethernet zwei Gruppen von Adaptern. Das sind einerseits die klassischen Ethernet-Karten, die an den PC-Bus angeschlossen sind, und andererseits Adapter, die über die parallele Schnittstelle oder den PCMCIA-Bus mit dem PC verbunden sind.

Die Netzwerkgeräte für Ethernet-Karten heißen "eth0" ... "eth3". LINUX ordnet die Karten den Geräten in der Reihenfolge zu, in der die Hardware erkannt wurde. Der Kernel gibt beim Start eine Meldung über die erkannten Karten und ihre Zuordnung zu den Netzwerkgeräten aus.

Pocket-Adapter, die an die parallele Schnittstelle angeschlossen sind, werden mit "dl0" bezeichnet. Die über den PCMCIA-Bus betriebenen Pocket-Adapter heißen "atp0". Werden sie erkannt, wird eine zu den Ethernet-Karten analoge Meldung auf die Konsole ausgegeben.

Welche Karten bzw. Adapter LINUX unterstützt, kann der „Ethernet-HOWTO"[3] entnommen werden. Da zu WD8013 und NE2000 kompatible Karten unterstützt werden, steht eine große Anzahl von preiswerten Ethernet-Adaptern zur Verfügung.

Befassen wir uns weiter mit den abstrakten Ethernet-Netzwerkgeräten. Im Feld `dev_addr[]` ist die Ethernet-Adresse der zugehörigen Netzwerkarte gespeichert. Jeder Ethernet-Adapter hat eine weltweit eindeutige Adresse. Diese Adressen haben eine Länge von 6 Bytes. Ihre textuelle Darstellung ist z.B. `0:0:c0:9b:13:29`. Nach der Konfiguration des Netzwerkgeräts mit einer IP-Adresse wird beim Zuschalten der Karte ein Eintrag in der ARP-Tabelle erzeugt (vgl. `ifconfig` Anhang B.8).

Durch ein Feld im Hardware-Header eines Ethernet-Paketes werden verschiedene Typen von Ethernet-Paketen unterschieden. So gibt es es Typen für IP, ARP und andere Protokolle. Durch den Typ wird festgelegt, welcher Empfangsfunktion das Paket zu übergeben ist.

---

[3] Die „Ethernet-HOWTO" befindet sich in der Datei `docs/HOWTO/Ethernet-HOWTO` auf der dem Buch beiliegenden CD.

Die Zuordung der Pakettypen erfolgt mit Hilfe einer Liste. So besteht die Möglichkeit, die bekannten Pakettypen dynamisch zu ändern. Für das IP gibt es z.B. ein Listenelement, das wie folgt aussieht.

```
static struct packet_type ip_packet_type = {
  NET16(ETH_P_IP),
  0,
  ip_rcv,
  NULL,
  &arp_packet_type
};
```

Dieser Eintrag enthält sowohl den Ethernet-Pakettyp als auch die zugehörige Empfangsfunktion. Die erste Null besagt, daß von Paketen dieses Typs keine Kopien angelegt werden müssen. Dort wo der NULL-Zeiger steht, kann ein Zeiger auf spezielle Daten angegeben werden. Mit dem letzten Zeiger werden die einzelnen Elemente der Liste verbunden.

8.3.2 SLIP und PLIP

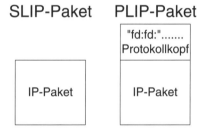

Abbildung 8.7: Verhältnis von SLIP bzw. PLIP-Paketen zu IP-Paketen

Kommen wir zu etwas „exotisch" anmutenden Geräten. Der einzige wesentliche Unterschied zwischen SLIP und PLIP ist, daß das eine Protokoll die serielle und das andere die parallele Schnittstelle des Rechners zur Datenübertragung nutzt. Mit der parallelen Schnittstelle sind hier keine Ethernet-Pocket-Adapter gemeint, sondern vielmehr die „nackte" Schnittstelle.

Mit PLIP kann eine recht leistungsfähige Verbindung zwischen zwei Rechnern aufgebaut werden. SLIP ist die einfachste Möglichkeit, einen Rechner oder ein lokales Netz über eine serielle Leitung (Modemverbindung im Telefonnetz) an das Internet anzuschließen.

SLIP und PLIP unterscheiden sich vom Ethernet dahingehend, daß sie nur IP-Pakete übertragen können. SLIP benutzt der Einfachheit halber nicht einmal einen Hardware-Header. Auch PLIP betreibt dabei keinen großen Aufwand. Es setzt die Hardware-Adresse einfach auf "`fd:fd`" + IP-Adresse und benutzt dann die Ethernet-Funktionen für den Protokollkopf (siehe Abbildung 8.7).

8.3.3 Das Loopback-Gerät

Das Loopback-Gerät dient zur Kommunikation von Anwendungen, die Sockets der INET-Adreßfamilie verwenden, auf einem Rechner. Es läßt sich mit minimalem Aufwand implementieren, da es die zu sendenden Pakete sofort an die oberen Schichten zurückgibt. Mit ihm ist auch der Test von Netzwerk-Anwendungen auf einem Rechner möglich. Fehler der Netz-Hardware sind dabei ausgeschlossen. Dem Loopback-Gerät "lo" wird meist die IP-Adresse `127.0.0.1` zugeordnet.

8.4 ARP – Address Resolution Protocol

Wie der englische Name schon sagt, ist es die Aufgabe des ARP, die abstrakten IP-Adressen in konkrete Hardware-Adressen umzuwandeln. Dieses ist notwendig, da ein Hardware-Netz mit den IP-Adressen nichts anfangen kann. Das ARP ist dabei nicht auf einen Hardware-Typ beschränkt, sondern ermöglicht die Adreßauflösung verschiedener Netzwerktypen (z.B. FDDI, Ethernet usw.). Die einzige Bedingung, die an die Hardware gestellt wird, ist die Möglichkeit, ein Paket an alle anderen Netzteilnehmer zu versenden (*Broadcast*).

Das ARP von LINUX ist z.Zt. in der Lage, Ethernetadressen in die entsprechenden IP-Adressen abzubilden. Daher rührt auch die etwas seltsame Stellung des ARP in Abbildung 8.1.

Die zentrale Rolle bei der Adreßauflösung spielt die ARP-Tabelle, welche aus einem Feld von Zeigern auf `struct arp_table` besteht. Die Größe der Tabelle ist `ARP_TABLE_SIZE`, die in `net/inet/arp.h` definiert wird. Sie sollte immer eine Potenz von 2 sein, da die Hash-Funktion dies voraussetzt. In LINUX gibt es nur eine derartige Tabelle, und nicht, wie man sich vorstellen könnte, je eine für jede Netzwerkschnittstelle. Dadurch wird die Verwaltung der ARP-Einträge einfacher.

```
struct arp_table {
  struct arp_table     *next;
```

Da wir es mit einem offenen Hash-Verfahren zu tun haben, finden wir hier den Zeiger für die lineare Verkettung der Tabelleneinträge mit dem gleichen Hash-Wert.

```
  volatile unsigned long   last_used;
```

Kapitel 8.4 ARP – Address Resolution Protocol

Die Tabelleneinträge haben nur eine zeitlich beschränkte Gültigkeit, deshalb repräsentiert `last_used` die letzte Zugriffszeit.

```
    unsigned int           flags;
```

`flags` gibt wesentliche Informationen über den momentanen Zustand des Eintrags an. (s.a. AFT_... in `include/linux/if_arp.h`)

```
    unsigned long          ip;
```

`ip` ist die IP-Adresse, für die dieser Tabelleneintrag relevant ist.

```
    unsigned char          ha[MAX_ADDR_LEN];
    unsigned char          hlen;
    unsigned char          htype;
};
```

Hier finden wir nun endlich die gesuchte Information über die Hardware-Adresse. Diese ist, wie man sieht, typunabhängig.

Die folgenden Aufgaben sind von der ARP-Software zu bewältigen:

- Adreßauflösung für die eigene IP-Schicht

- Adreßauflösung bei Anfragen von anderen Hosts im Netzwerk
  Hierbei wird, wenn die Auflösung der IP-Adresse der eigenen Maschine von einem anderen Host benötigt wird, ein Antwortpaket zu diesem geschickt.

- Anfragegenerierung für IP-Adressen, die sich nicht in der Tabelle befinden

- Entfernen veralteter Einträge aus der Tabelle

Den Zugang zur Auflösung der Adressen stellt ARP in Form der Funktion `arp_find()` bereit, die entweder die gewünschte Information direkt aus der Tabelle holt oder eine ARP-Anfrage ins Netz schickt. Daraus folgt, daß die Qualität des ARPs entscheidend von der Trefferquote der ARP-Tabelle abhängt. Aus diesem Grund wurde im LINUX-ARP eine Optimierung vorgenommen. Wenn eine ARP-Anfrage vom Netz kommt, werden die dort schon enthaltenen Informationen über die Hardware-Adresse des Anfragenden in die ARP-Tabelle aufgenommen. Das erspart uns bei einer darauffolgenden lokalen Anfrage eine weitere über das Netz.

Die ARP-Pakete werden von der zentralen Funktion `inet_bh()` (siehe Abschnitt 8.1.2) entsprechend ihres Protokolltyps an die Funktion `arp_rcv()` übergeben, welche auch die oben erwähnte Optimierung ausführt. Wenn die Anfrage unsere eigene Maschine betrifft, wird eine Antwort generiert und an den Anfragenden geschickt.

Veraltete Einträge werden von der `arp_find`-Funktion automatisch gelöscht. Einen weiteren Ansatzpunkt zum Löschen von Einträgen finden wir im Netzwerk-„Timer". Hier werden die Einträge für den Kommunikationspartner einer gerade abgebauten Verbindung gelöscht. Das mag auf den ersten Blick nicht sinnvoll erscheinen, aber man bedenke, daß im Falle von sich ändernden IP-Hardware-Adreßbindungen die Pakete an die falsche Hardware und damit an den falschen Host geschickt werden.

Auch an Erweiterungen wie „proxy"-ARP ist schon gedacht worden, das erkennt man an der Funktion `arp_lookup_proxy()`. Leider ist das Konzept aber noch nicht vollständig implementiert.

8.5 IP

Die IP-Schicht stellt den wichtigsten Teil der gesamten Kommunikationssoftware dar, da über diese Schicht der gesamte Netzwerkverkehr abgewickelt wird. Welche Aufgaben sind nun durch das IP zu erfüllen?

8.5.1 Allgemeines über IP

Die IP-Schicht stellt einen Paketübermittlungsservice zur Verfügung, d.h. man kann ihr ein Paket und den Adressaten übergeben, und sie kümmert sich um die Übermittlung. Dabei garantiert das IP jedoch nicht die korrekte, sichere Ankunft des Pakets beim Adressaten. Die sichere Übermittlung von Paketen ermöglicht das TCP, welches sich seinerseits aber wieder auf die Dienste der IP-Schicht stützt.

Prinzipiell kann man die zu übertragenden Pakete in zwei Kategorien einteilen. Die einen werden vom eigenen *Host* erzeugt und sollen an andere weitergegeben werden. Die anderen sind von anderen Hosts erzeugt worden, und der eigene Host ist nur ein Zwischenglied in der Übertragungskette. Diesen Vorgang nennt man IP-*Forwarding*.

Diese sehr vereinfachte Vorgehensweise beschreibt die Aufgaben, die von der IP-Schicht zu leisten sind. Sie enthält keine echten Fehlerbehandlungen, ist aber für das allgemeine Verständnis ausreichend.

Schematischer Ablauf für den Ausgabestrom des IP:

- Erhalt eines Pakets

- Behandlung der Optionen

- Routen zur Zieladresse

- Erzeugen des Hardware-Headers
  Beim Routen wurde festgestellt, über welches Gerät das Paket zu schicken ist. Für diesen Hardware-Typ wird ein Header gebildet, der die Hardware-Adresse des nächsten Empfängers enthält.

- Erstellen des IP-Pakets
  Dazu wird ein IP-Header erstellt und mit dem Datenpaket einfach an den Hardware-Header angefügt.

- Fragmentierung des IP-Pakets
  Falls das IP-Paket für das Gerät zu groß ist, muß es in mehrere kleinere zerlegt werden.

- Übergabe an das entsprechende Netzwerkgerät

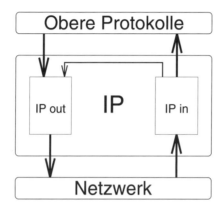

Abbildung 8.8: Ein- und ausgehender Paketstrom

Schematischer Ablauf für den Eingabestrom des IP:

- Überprüfen des IP-Headers

- Dekrementieren des Feldes `ttl`
  Wenn hier der Wert Null erreicht wird, ist das Paket zu verwerfen; an den Absender wird eine entsprechende ICMP-Nachricht geschickt.

- Vergleich der Zieladresse mit der eigenen Adresse
  Ist das IP-Paket nicht für uns, dann wird es wie ein ausgehendes Paket weiterbehandelt.

- Defragmentierung des IP-Pakets
  Ist das Paket fragmentiert, wird es mit Hilfe schon empfangener Fragmente rekonstruiert. Ist das im Moment nicht möglich, wird das Paket in der Fragmentliste abgelegt.

- Übergabe des Pakets an das nächste Protokoll
  Das Demultiplexen der Pakete erfolgt nach dem Wert des Feldes `protocol` im IP-Header.

8.5.2 Funktionen des IP

Im folgenden werden die wichtigsten Funktion der IP-Schicht behandelt. Für die genaue Funktionsweise empfehlen wir dem Leser das Studium der Implementation.

Zuerst wollen wir uns mit den Funktionen beschäftigen, die von den anderen Protokollen benutzt werden.

Funktion	Packet	UDP	RAW	TCP	ICMP
`ip_do_retransmit()`				x	
`ip_compute_csum()`					x
`ip_setsockopt()`		x	x	x	
`ip_getsockopt()`		x	x	x	
`ip_build_header()`	x	x	x	x	x
`ip_queue_xmit()`	x	x	x	x	x
`ip_retransmit()`	x	x	x	x	

Tabelle 8.2: Exportierte Funktionen der IP-Schicht

Wie bereits in den Erklärungen zu den Datenstrukturen bei `struct proto` erwähnt, macht sich ein Teil der anderen Protokolle nicht die Mühe, eigene Funktionen zu implementieren, sondern nutzt die Funktionen vom IP. Eine Sonderstellung nimmt dabei das ICMP ein. Es benutzt sogar die `compute_csum`-Funktion. So ist ICMP in diesem Sinne eher als „Erweiterung" zum IP zu sehen.

Die beiden Socket-Option-Funktionen werden selbstverständlich von den oberen Protokollen benutzt. Wenn wir uns noch einmal das Schichtenmodell aus Abbildung 8.1 vergegenwärtigen, wird klar, daß über den `level`-Parameter von `setsockopt()` die Schicht bestimmt wird, in der die Optionen zu finden sind. In den jeweiligen Schichten wird die Strategie verfolgt „Wenn es nicht für mich ist, dann für die Ebene unter mir".

`ip_build_header()` spielt eine der wichtigsten Rollen in der gesamten Netzwerkimplementation. Sie wird von allen Schichten, die über IP liegen, benutzt. Ihre Aufgabe ist es, den Header für das Paket in einen Puffer zu schreiben. Mit Header ist hier nicht nur der IP-Protokollkopf, sondern auch der für das entsprechende Netzwerkgerät notwendige Vorspann gemeint. Nur durch das aufeinanderfolgende Aufrufen der einzelnen Header-Routinen ist die lineare Speicherorganisation der Puffer möglich. Dabei soll nicht unerwähnt bleiben, daß die Linearität auch ihre Nachteile hat. So muß für jedes Paket die maximal mögliche Menge an Speicher reserviert werden.

Auch die Funktion `ip_queue_xmit()` ist schon bekannt. Ähnlich der gerade besprochenen Funktion wird auch sie von den anderen Protokollen benutzt. Das ist besonders für Sockets vom Typ `SOCK_PACKET` recht verwunderlich. Denn hier sind die Pakete direkt an ein Netzwerkgerät gerichtet, und die IP-Funktion hat damit eigentlich nichts zu tun. Das ist unserer Meinung nach aber auch nur eine der kleineren Ungereimtheiten, die man in der Netzwerkimplementation von LINUX findet.

Bei `ip_retransmit()` ist es wohl besser, nicht von einer echten Funktion, sondern eher von einem Alias zu sprechen. Die eigentliche Arbeit wird von `ip_do_retransmit()` erledigt.

Doch nun zu der Funktion, die man als das Herz der „sicheren" Datenübertragung bezeichnen könnte, `ip_do_retransmit()`. Über den Parameter `all` kann man bei der Funktion steuern, ob alle ausstehenden Pakete eines INET-Sockets noch einmal zu übertragen sind, oder nur das erste. `ip_do_retransmit()` überprüft dabei für jedes Paket, ob für die folgende Übertragung das Netzwerkgerät bekannt ist. Falls es notwendig sein sollte, wird der Protokollkopf neu erstellt. Im Puffer, der das Paket enthält, wird die aktuelle Zeit vermerkt. Dann kommt die `queue_xmit`-Funktion des Geräts zum Einsatz. Im Socket und in der zugehörigen `struct proto` wird die Aktion durch das Inkrementieren der Zähler (`retransmits`) zu statistischen Zwecken aufgezeichnet. Diese Schritte werden, falls notwendig, für jedes Paket wiederholt.

Die Anbindung an die unteren Schichten erfolgt, wie in Abschnitt 8.3 schon gesehen, mit Hilfe von `ip_rcv()`. Die Funktion ist der einzige Eintrittspunkt in das IP von unten. Sie tritt nur für IP-Pakete in Aktion, wobei ihr Zeiger auf das Paket, das empfangende Gerät und den Pakettyp als Parameter übergeben werden. Nachdem die Korrektheit des Protokollkopfs festgestellt wurde, werden die darin enthaltenen Optionen bearbeitet. Jetzt überprüfen wir, ob das Paket an uns gerichtet ist. Damit kommen wir zu einer wichtigen Entscheidung. Ist das Paket nicht für uns bzw. unseren Host, und wurde der Rechner nicht als Router konfiguriert[4], dann verwerfen wir es. Ansonsten leiten wir das Paket mit der Hilfe von `ip_forward()` weiter. Falls eine der obigen Bedingung nicht erfüllt ist, wird das Paket ebenfalls gelöscht. Das kann auch vorkommen, wenn der Rechner nicht mehr genug Speicher für die eingehenden Pakete besitzt. Wenn ein Paket gelöscht wird, gibt es immer eine Fehlermeldung an den Absender. Diese Meldungen werden durch das ICMP-Protokoll erledigt. Um keine Schneeballeffekte zu verursachen, werden für ICMP-Pakete nie Fehlermeldungen übertragen.

---

[4] Dazu muß `CONFIG_IP_FORWARD` in `net/inet/ip.c` definiert sein.

In der Funktion `ip_forward()` sehen wir nach, ob die „Lebenszeit" des Pakets überschritten ist.[5] Dann ermitteln wir die Route, die das Paket von uns aus nehmen soll. Nun wird ein neues Paket gebildet, das aus dem Inhalt des alten besteht. Das umfaßt auch den Header von IP. Im Hardware-Header ist jetzt die Adresse des nächsten Rechners verzeichnet, der auf dem Weg des Pakets zum Ziel liegt. Wenn notwendig, muß das Paket noch im mehrere Fragmente unterteilt werden. Aber das wird von `ip_fragment()` erledigt. Zum Schluß bleibt nur noch die reine Übertragung übrig, die vom entsprechenden Netzwerkgerät übernommen wird.

Wie wir schon in Abschnitt 8.3 gesehen haben, kann es durchaus vorkommen, daß auf den unterschiedlichen Netzwerken (z.B. SLIP und Ethernet) auch unterschiedliche maximale Paketgrößen existieren. Daraus resultiert die Notwendigkeit, zu große Pakete in mehrere kleine aufzuteilen. Diese Art der Fragmentierung kann dementsprechend aber auch nur auf Rechnern erfolgen, die als *Router* fungieren.

Der soeben geschilderte Fall wird von `ip_fragment()` behandelt. Die Funktion tut nichts anderes, als die Daten des Pakets in soviele Stücke aufzuteilen, daß sie und der Protokollkopf jeweils in ein Fragment passen. Die Fragmentgröße muß natürlich kleiner als die maximale Paketgröße des entsprechenden Netzwerks sein. Dann werden die Fragmente, die auch nur besonders gekennzeichnete Pakete sind, an das Gerät weitergegeben.

Besondere Aufmerksamkeit ist bei diesem Vorgang auf Pakete zu richten, die schon selbst Fragmente sind. Weiterhin bietet das IP-Protokoll die Möglichkeit, die Fragmentierung von Paketen über eine Option im Protokollkopf zu verbieten. Wenn dann jedoch der Fall eintritt, daß Fragmentierung notwendig ist, wird eine spezielle ICMP-Fehlermeldung an den Absender des Pakets geschickt.

Um den oberen Protokollen die Einzelheiten der Fragmentierung zu ersparen, wird sie für diese transparent gehalten. Demnach muß, wenn Fragmente eines IP-Pakets in der IP-Schicht ankommen, solange gewartet werden, bis alle zu dem Paket gehörigen Fragmente da sind. Außerdem sind sie wieder zu einem einzigen Paket zusammenzufassen, das dann an die oberen Protokolle weitergegeben werden kann. Diesen zur Fragmentierung umgekehrten Ablauf bezeichnen wir als Defragmentierung. Er wird für das IP von der Funktion `ip_defrag` durchgeführt.

`ip_defrag()` basiert auf einigen Hilfsroutinen (`ip_expire()`, `ip_glue()`, `ip_done()` und `ip_frag_create()`). Doch die Hauptrolle bei der Defragmentierung spielen die Struktur `ipq` und der in ihr enthaltene Timer. In der `ipq`-Struktur werden alle Fragmente eines IP-Pakets gesammelt. Der Timer wird beim Eintreffen jedes weiteren Fragments neu gestartet. Wenn alle Fragmente vor dem Ablauf des Timers ankommen, werden sie zusammengefügt und dann weiter wie ein gerade empfangenes Paket behandelt. Bei vorherigem Ablauf des Timers werden die Fragmente verworfen und der Absender über ICMP benachrichtigt.

---

[5] „time to live"-Feld im IP-Protokollkopf. Diese wird vor dem Weitersenden dekrementiert.

8.5.3 Routing

Für jedes zu übermittelnde Paket ist vom IP eine Route zu bestimmen. Die Entscheidung, an wen und durch welches Netzgerät das Paket zu schicken ist, wird mit Hilfe der Routing-Tabelle getroffen. Sie besteht aus einer einfach verketteten Liste, die die zum Routen benötigten Informationen enthält. Ein Zeiger auf den Anfang der Liste befindet sich in der globalen Variable rt_base.Demnach ist für jeden Routing-Vorgang eine lineare Suche in der Liste notwendig. Unserer Meinug nach wäre auch hier ein Hash-Verfahren günstiger, wie wir es beim ARP finden. Besonders bei großen Mengen an Routing-Informationen, wie sie ja bekannterweise durch Routing-Protokolle erzeugt werden, läßt der Durchsatz doch zu wünschen übrig. Außerdem gibt es keine begrenzende Gültigkeitsdauer für Routen, die als dynamisch gekennzeichnet sind.

```
struct rtable {
    struct rtable           *rt_next;
```

rt_next zeigt auf den nächsten Eintrag der oben erwähnten Liste.

```
    unsigned long           rt_dst;
    unsigned long           rt_mask;
```

In rt_dst ist die Zieladresse der Route abgelegt, die natürlich auch ein ganzes Netz oder Subnetz sein kann. Eine besondere Stellung nimmt die sogenannte *default route* ein. Sie wird numerisch durch "0.0.0.0" repräsentiert. Das Besondere daran ist, daß sie für alle nicht durch die anderen Routen abgedeckten Pakete benutzt wird. Die Maske gibt den Netzwerkteil der Adresse an. Mit ihrer Hilfe ist es möglich, ein funktionierendes *Subnetting* auf Routern zu betreiben. In dieser Hinsicht können sich fast alle kommerziellen Produkte an LINUX ein Beispiel nehmen.

```
    unsigned long           rt_gateway;
```

Ohne *Gateway* macht die beste Route keinen Sinn. Wir benötigen also die Adresse des Hosts, der als Gateway fungiert.

```
    unsigned char           rt_flags;
    unsigned char           rt_metric;
```

Die Flags geben Auskunft über den Zustand der Route. (Wie ist die Route zu benutzen? Gilt sie nur für einen einzelnen Host? Ist das Ziel ein Gateway? Handelt es sich um eine dynamische Route? usw.)

```
    short                   rt_refcnt;
    unsigned long           rt_use;
    unsigned short          rt_mss, rt_mtu;
    struct device           *rt_dev;
};
```

Soviel zu der zugrundeliegenden Struktur, über die die einzelnen Funktionen zum Routen operieren. Auf die internen Verwaltungsfunktionen gehen wir nicht ein. Wir werden nur die von anderen Teilen der Netzwerkimplementation benutzten Routinen beschreiben.

Funktion	INET-Socket	IP Protokoll	ICMP Protokoll	abstrakte Netzwerkgeräte
rt_ioctl()	x			
rt_add()			x	
rt_route()		x		
rt_flush()				x

Tabelle 8.3: Extern benutzte Funktionen für das Routen

Eine der wichtigsten Funktionen, die das Routen bereitstellt, ist rt_ioctl(). Mit ihr ist es möglich, die Routing-Tabelle zu manipulieren. Die Funktion reagiert aus Kompatibilitätsgründen auch auf ioctl-Rufe der alten Form. Der Inhalt der Tabelle kann nur über das proc-Dateisystem (/proc/net/route) ausgelesen werden, dazu gibt es kein ioctl-Kommando.

Zur korrekten Bearbeitung von ICMP-Redirect-Meldungen gehört es auch, die entsprechenden Routen in die Routing-Tabelle einzutragen. Dazu benutzt das ICMP die Funktion rt_add(). Die dabei erzeugten bzw. veränderten Routen sind immer als dynamische Routen markiert. Leider wurde bis jetzt kein Alterungsmechanismus für dynamische Routen implementiert.

rt_route() ist die zentrale Funktion beim Routen. Sie wertet die in der Tabelle enthaltenen Informationen aus und bestimmt, welchen Weg das Paket zu nehmen hat. Für jedes IP-Paket wird diese Funktion mindestens einmal benutzt, so hängt die gesamte Geschwindigkeit der TCP/IP-Implementation wesentlich von rt_route() ab.

Wenn ein abstraktes Netzwerkgerät deaktiviert wird, ist die Übertragung von Paketen durch dieses Gerät nicht mehr möglich. So sind auch Routen in der Tabelle, die sich auf das abstrakte Netzwerkgerät beziehen, nicht mehr funktionstüchtig. Deshalb werden sie beim Ausschalten automatisch aus der Tabelle gelöscht. rt_flush() übernimmt genau diese Aufgabe. Die Funktion erhält als Parameter einen Zeiger auf ein Netzwerkgerät und entfernt alle relevaten Einträge aus der Routing-Tabelle.

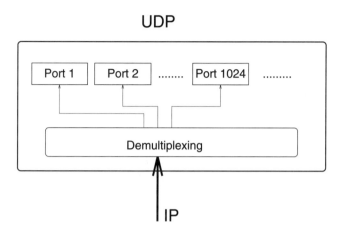

Abbildung 8.9: Das Demultiplexen im UDP

8.6 UDP

Bevor wir uns dem recht komplexen TCP zuwenden, wollen wir als „Einführung" das UDP beschreiben. Es hat gegenüber dem IP nur wenige funktionale Erweiterungen.

8.6.1 Funktionen des UDP

Funktion	INET-Socket	struct inet_protocol udp_protocol	struct proto udp_prot	RAW-Schicht Packet-Driver
udp_ioctl()	x			
udp_err()		x		
udp_rcv()		x	x	
udp_connect()		x	x	x

Tabelle 8.4: Exportierte Funktionen der UDP-Schicht

Auch hier, ähnlich wie im IP-Protokoll, spielt eine rcv-Funktion die entscheidende Rolle. udp_rcv() fällt die Aufgabe zu, die empfangenen Pakete zu bearbeiten.

Wie in Abbildung 8.9 gezeigt, muß sich die Funktion darum kümmern, den Ziel-Socket für das Paket zu finden. Dazu greift sie auf die Dienste von `get_sock()` zurück. Danach hat sie als Ausgangsbasis für ihre Arbeit den INET-Socket und das Paket vom IP.

Wenn wir keinen Socket gefunden haben, der zum Ziel-Port des Pakets paßt, schicken wir dem Absender eine Fehlernachricht. Dazu wird wieder das ICMP benutzt. Als nächstes werten wir die Prüfsumme aus, falls eine solche vorhanden ist. Das UDP-Protokoll schreibt die Benutzung einer Prüfsumme nicht zwingend vor, wenn sie jedoch nicht korrekt ist, muß das Paket verworfen werden. Nun werden noch der Socket, das empfangende Netzwerkgerät, die Paketlänge sowie Ziel- und Quelladresse im Puffer, der das Paket enthält, eingetragen. Da jedem Socket nur eine begrenzte Menge an Speicher zur Verfügung steht, wird getestet, ob mit dem neuen Paket die Grenze überschritten ist. Bei ausreichendem Speicher wird der Puffer in die Liste der empfangenen Pakete des Sockets eingetragen. Anschließend muß der Prozeß, dem dieser Socket gehört, benachrichtigt werden, wozu wir uns der `data_ready`-Funktion des Sockets bedienen. Von ihr werden alle auf dem Socket schlafenden Prozesse aufgeweckt.

Jetzt sind die Daten dem Socket zugeordnet und der Prozeß kann sie durch `recvfrom()` oder `read()` holen. Dabei ist die `read`-Funktion nur ein Alias für ein `rcvfrom()`, bei dem uns der Absender nicht weiter interessiert. Dann folgt wieder die Standardvorgehensweise eines lesenden Systemaufrufs: zuerst den Speicherbereich testen, in den die Ergebnisse zu schreiben sind; Ergebnisse berechnen (was hier bedeutet nachzusehen, ob ein Paket da ist); zuletzt die Ergebnisse ausgeben bzw. den Inhalt des Pakets in den Puffer des Prozesses sowie die Adresse in die bereitgestellte Adreßstruktur kopieren. Und damit sind wir schon fertig. Wenn jedoch kein Paket da ist und uns durch das Flag `noblock` mitgeteilt worden ist, daß der Prozeß nicht warten soll, geben wir die entsprechende Fehlermeldung zurück. Ansonsten blockiert der Prozeß am Socket und wird erst bei einer Veränderung am Socket geweckt. Der Sleep-Wakeup-Mechanismus wird in Abschnitt 3.1.5 genauer erläutert.

Auch der Datenfluß in die umgekehrte Richtung ist nicht kompliziert. Dabei wird durch `udp_sendto()` nur die korrekte Adresse bestimmt. Die eigentliche Arbeit leistet `udp_send()`. Hier wird der Speicher für den Puffer, der das Paket einschließt, reserviert. Nun benutzen wir die von `udp_sendto()` erhaltene Adresse. Mit ihr lassen wir uns von IP einen Protokollkopf erzeugen. Nach dem Kopf schreibt UDP seinen eigenen Protokollkopf in den Puffer. Jetzt muß nur noch der Inhalt in den Puffer kopiert und das Paket an IP übergeben werden. IP kümmert sich dann um alles weitere. Abschließend ist auch hier zu erwähnen, daß `udp_write()` ein Alias für `udp_sendto()` ist. Jedoch wird kein Ziel angegeben, was voraussetzt, daß der Socket durch `connect()` einer Zieladresse zugeordnet worden ist.

Zuletzt betrachten wir noch einige weniger interessante Funktionen. Durch `udp_ioctl()` kann der Nutzer die Größe der zu lesenden bzw. zu schreibenden Daten erfragen. Weiterhin ist es möglich, zur Fehlersuche im UDP zusätzliche Meldungen ein und auszuschalten.[6] `udp_err()` befaßt sich mit den vom ICMP empfangen Fehlermeldungen, die das UDP betreffen. Dabei handelt es sich in erster Linie um `ICMP_SOURCE_QUENCH`-Nachrichten. Dadurch wird uns mitgeteilt, nicht mehr so schnell Daten zu senden. `udp_connect()` setzt, wie oben schon erwähnt, effektiv nur die Zieladresse für den Socket. `udp_close()` initiiert die Freigabe des Sockets, denn ein direkter Kommunikationspartner ist nicht vorhanden, der informiert werden müßte.

8.6.2 Weitere Funktionen

Aus implementationstechnischen Gründen wurden einige Funktionen, die das UDP-Protokoll ausmachen, in den „datagram"-Teil ausgelagert. Zu diesen Funktionen gehört auch die `select`-Funktion, die im UDP benutzt wird.

Ihr Name ist deshalb `datagram_select()`. Sie überprüft, ob die ihr übergebene Bedingung erfüllt ist. Dabei ist die Lese-Bedingung erfüllt, wenn Pakete zum Lesen am INET-Socket sind. Die Schreib-Bedingung gilt als erfüllt, wenn der Speicherplatz, der von diesem Socket noch zum Schreiben angefordert werden kann, über dem Minimalwert liegt. Als Ausnahmebedingung zählt nur ein Fehlerfall. Die `select`-Funktion (siehe 6.2.6) gibt 1 zurück, wenn die entsprechende Bedingung wahr ist, ansonsten 0.

8.7 TCP

Nachdem wir die grundsätzliche Herangehensweise an ein Protokoll beim UDP kennengelernt haben, wollen wir tiefer in die Geheimnisse der Netzwerkimplementation von LINUX einsteigen. Man sollte sich immer vor Augen halten, daß es sich beim Übergang vom verbindungslosen unsicheren UDP zum verbindungsorientierten sicheren TCP nicht nur um einen quantitativen Unterschied handelt. Vielmehr haben wir es mit einer neuen Qualität (z.B. des Dienstes) zu tun.

8.7.1 Allgemeines zum TCP

Hier einige Vorbemerkungen zum TCP. Um eine sichere Datenübertragung auf der Basis von unsicherer Datenübertragung zu gewährleisten, sind Timer nötig. Durch sie ist es erst möglich, ein korrektes Zeitverhalten des TCP-Protokolls

---

[6] Diese Möglichkeit besteht für alle Schichten der Netzwerkimplementation.

zu implementieren. In LINUX haben wir Timer, die mit Hilfe der Funktionen `add_timer()` und `delete_timer()` im Kernel benutzt werden. Diese Möglichkeit wird in der Netzwerkimplementation nicht verwendet. Es wurde ein neues Interface für den Netzwerk-Timer geschrieben, das die Funktionen `reset_timer()` und `delete_timer()`, sowie den Timer für das Netzwerk `net_timer()`, der sich hauptsächlich um die Belange des TCP kümmert, umfaßt. Durch das Interface hat sich die Timer-Benutzung im Netzwerk-Code vereinfacht. Es müssen nicht überall eigene Timeout-Funktionen implementiert werden, die Behandlung erfolgt zentralisiert in der Funktion `net_timer()` und wird über die Zustände der INET-Sockets und die Zeiten der Timer gesteuert. Nicht nur in den Funktionen, die direkt zu TCP gehören, werden dabei Zustandsübergänge am Automaten vorgenommen, sondern auch hier im Netzwerk-Timer.

8.7.2 Der TCP-Kommunikationsendpunkt – ein endlicher Automat

Im RFC 793 ist das Verhalten von TCP-Verbindungen spezifiziert worden. Die nun folgende Beschreibung gibt die Spezifikation des endlichen Zustandsautomaten der TCP-Endpunkte an. In der Beschreibung stimmen die Nummern mit den Bezeichnungen in Abbildung 8.10 überein.

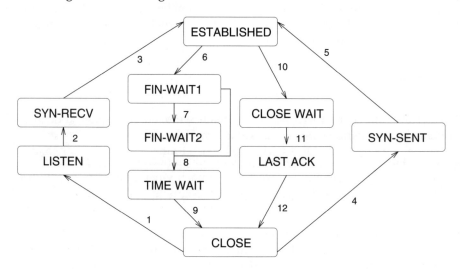

Abbildung 8.10: Das Übergangsdiagramm der TCP-Endpunkte

Zuerst sehen wir hier den Verlauf des Verbindungsaufbaus auf der Server-Seite.

1. Der Übergang vom Startzustand in den Zustand LISTEN wird durch den Prozeß selbst eingeleitet, indem er die Funktion listen() aufruft. Dann blockiert der Prozeß.

2. Ein Segment mit SYN wurde empfangen und eines mit SYN/ACK an den Absender zurückgeschickt. Jetzt wartet der Prozeß auf das abschließende ACK von seinem Kommunikationspartner.

3. Das ACK ist eingetroffen, damit ist der Verbindungsaufbau abgeschlossen.

Hier sehen wir die Client-Seite des Kommunikationsaufbaus.

4. Der Client benutzt die Funktion connect(), um eine Verbindung zum Server aufzubauen. Diese sendet letztendlich ein Segment mit gesetztem SYN zum Server und geht dann in den Zustand SYN_SENT über. Hier bleibt der Prozeß solange blockiert, bis er vom Server das SYN/ACK empfängt.

5. Wenn das SYN/ACK vom Server eingetroffen ist, sendet der Client das abschließende ACK zum Kommunikationspartner. Damit ist für ihn der Verbindungsaufbau beendet.

Beim Verbindungsabbau kann man nicht, wie beim Aufbau, von Server und Client sprechen. Hier ist eine Einteilung in Initiator und seinen Konterpart zu treffen.

6. Durch den Aufruf von close() oder eine ähnliche Beendigung beginnt die eine Seite der TCP-Verbindung den Verbindungsabbau. Sie sendet an den anderen Kommunikationsendpunkt ein FIN. Man beachte, daß immer noch weitere Segmente von der anderen Seite ankommen können.

7. Es wurde ein ACK, aber noch kein FIN empfangen. Auch hier können noch weitere Daten vom Kommunikationspartner eintreffen.

8. Jetzt ist das FIN/ACK eingetroffen. Um jedoch noch im Netz befindliche Segmente richtig zu behandeln, warten wir noch einen gewissen Zeitraum (die doppelte maximale Lebenszeit eines TCP-Segments). Wenn im Zustand FIN-WAIT1 ein FIN/ACK eintrifft, wird der Zustand FIN-WAIT2 übersprungen.

9. Die Verbindung gilt nun als beendet. Alle mit ihr verbundenen Informationen werden gelöscht. Der Kommunikationsendpunkt kann wieder verwendet werden.

10. Vom Kommunikationspartner haben wir ein FIN bekommen. Wir senden die gepufferten Daten und informieren das Programm über den Beginn des Verbindungsabbaus.

11. Das Programm wurde vom Verbindungsabbau informiert. Ein FIN wird gesendet. Jetzt warten wir nur noch auf das ACK von der anderen Seite, das unser Segment mit dem FIN bestätigt.

12. Der andere Kommunikationsendpunkt teilt uns mit dem ACK mit, daß er die Verbindung auch abgebaut hat. Wir können für diesen Endpunkt jetzt einen neuen Verbindungsaufbau initiieren.

8.7.3 Funktionen des TCP

Funktion	INET-Socket	struct inet_protocol tcp_protocol	struct proto tcp_prot
tcp_dequeue_partial()	x		
tcp_connected()	x		
tcp_err()		x	
tcp_rcv()		x	x
tcp_close()			x
tcp_read()			x
tcp_write()			x
tcp_sendto()			x
tcp_recvfrom()			x
tcp_connect()			x
tcp_accept()			x
tcp_retransmit()			x
tcp_write_wakeup()			x
tcp_read_wakeup()			x
tcp_select()			x
tcp_ioctl()			x
tcp_shutdown()			x
tcp_setsockopt()			x
tcp_getsockopt()			x

Tabelle 8.5: Exportierte Funktionen der TCP-Schicht

Wie aus der Schichtenimplementation von LINUX ersichtlich ist, steht die Funktion tcp_rcv() im Zentrum der Verarbeitung der eingehenden Pakete. Das ist nicht weiter verwunderlich, da die Beschreibung des TCP-Protokolls für die unteren Schichten nur aus der Struktur tcp_protocol besteht. Dort ist nur die rcv-Funktion vermerkt.

Jetzt folgen wir dem Ablauf der Funktion tcp_rcv(). Wie in den anderen Protokollen, besorgt sie sich zunächst den INET-Socket. Dann wird die Prüfsumme des Segments auf Korrektheit überprüft. Im Fehlerfall geben wir einfach den Speicher des Puffers frei und ignorieren das Segment. Jetzt werden die vom TCP benutzten Felder der sk_buff-Struktur mit 0 initialisiert. Der Pufferspeicher wird als zum Socket gehörend betrachtet. Deshalb wird er zu dem für das Lesen belegten Speicher hinzugerechnet. Danach wird mit Hilfe einer switch-Anweisung der endliche Automat simuliert. In den einzelnen case-Zweigen ist dann das Verhalten für den jeweiligen Zustand implementiert. Hier wird fast das vollständige Protokollverhalten beschrieben. Für die Verarbeitung der im Segment enthaltenen Daten ist die Funktion tcp_data() zuständig. Bei Out-Of-Band-Daten übernimmt tcp_urg() (urg kommt von „urgent") diese Aufgabe. Die zum Betrieb des TCP wichtigen „Empfangsbestätigungen" werden hier extrahiert und im INET-Socket vermerkt.

Im TCP-Protokoll werden die Daten nicht unbedingt sofort abgeschickt, wenn sie vom Prozeß in den Socket geschrieben werden. Um den Protokolloverhead möglichst gering zu halten, wird zunächst eine halbe Sekunde gewartet, ob keine weiteren Daten vom Prozeß kommen, und dann erst ein TCP-Segment losgeschickt. Wenn in der Zwischenzeit mehr Daten da sind als die maximale Segmentgröße angibt, geht sofort ein Segment zum Kommunikationspartner. Dieser Mechanismus ist durch die Funktionen tcp_enqueue_partial(), tcp_send_partial() und tcp_dequeue_partial() implementiert.

Mit tcp_connected() gibt es eine Funktion, die die Zustände, die der INET-Socket annehmen kann, in zwei Klassen einteilt. Wenn tcp_connected() mit einem Wert ungleich 0 zurückkehrt, sagen wir, daß der Socket mit einem anderen verbunden ist, andernfalls ist er nicht verbunden.

Wenn das ICMP eine Fehlermeldung vom Typ ICMP_UNREACH oder vom Typ ICMP_QUENCH erhält, wird die Fehlerbehandlungsroutine des entsprechenden darüberliegenden Protokolls aufgerufen. Hier kommt tcp_err() zum Einsatz. Da in jeder Fehlermeldung vom ICMP die ersten 80 Bytes des verursachenden Pakets enthalten sein müssen, kann TCP genau den zugehörigen INET-Socket bestimmen. Über das Feld icmp_err_convert[] holt sich die Funktion dann den Fehlercode für den Socket und kann auch feststellen, ob der Fehler zur Beendigung der Verbindung führen soll. Der Fehlercode wird dann im INET-Socket vermerkt. Nur ICMP_QUENCH-Meldungen werden durch die Verkleinerung des Protokollfensters bearbeitet und führen zu keinem Fehlereintrag im Socket.

Durch tcp_close() wird auf unserem Host der aktive Teil der Verbindungsbeendigung[7] eingeleitet. Alle noch zu lesenden Pakete werden verworfen, die noch ausstehenden Daten mit einem FIN an den Kommunikationspartner geschickt. Da-

---

[7] siehe Abschnitt 8.7.2 und Abbildung 8.10

nach gehen wir von unserem momentanen Zustand aus in den nächsten Zustand über. Das ist im Normalfall FIN_WAIT1 oder FIN_WAIT2.

tcp_sendto() kann man wieder als Alias sehen, da es nur überprüft, ob die übergebene Adresse mit der des Kommunikationspartners übereinstimmt und dann die tcp_write()-Funktion aufruft. Ganz ähnlich ist es mit der Funktion tcp_recvfrom(). Hier wird die Aufgabe der Funktion tcp_read() übertragen. Abschließend wird noch die im INET-Socket vorhandene Adresse an den Prozeß zurückgegeben.

Doch nun zu den beiden zentralen Kommunikationsfunktionen des TCP. Die Funktion tcp_read() kann durch Angabe des Flags MSG_OOB dazu veranlaßt werden, nur Out-Of-Band-Daten zu lesen. Diese Aufgabe wird dann von der Funktion tcp_read_urg() durchgeführt. Andernfalls werden die für einen lesenden Systemruf notwendigen Tests vorgenommen. Dann werden die vorhandenen Puffer am INET-Socket untersucht. Besonderes Augenmerk ist dabei auf die Out-Of-Band-Daten zu richten. Die Bearbeitung dieser Daten läßt sich durch die Socket-Option SO_OOBINLINE beeinflußen. Ist diese Option gesetzt, werden die Out-Of-Band-Daten als zum normalen Datenstrom gehörend betrachtet und auch so behandelt. Wenn die Option nicht gesetzt worden ist, werden diese Daten beim Lesen ohne MSG_OOB einfach übergangen. Wenn schon Daten gefunden wurden, und dann Out-Of-Band-Daten kommen, wird der Lesevorgang an der momentanen Stelle beendet. Die Daten jedes gültigen Puffers werden dann in den Prozeßadreßraum kopiert. Danach gehen wir zum nächsten Puffer über. Wenn keine Daten am INET-Socket angekommen sind, blockiert der Prozeß am Socket. Er wird beim Eintreffen neuer Daten geweckt.

Für den Datenaustausch in umgekehrter Richtung ist tcp_write() zuständig. Zuerst werden die Tests für einen schreibenden Systemruf durchgeführt. Anschließend wird überprüft, ob sich der INET-Socket in einem Zustand[8] befindet, der einen Datenaustausch erlaubt. Jetzt sehen wir nach, ob schon ein angefangenes Paket am Socket wartet. Wenn dem so ist, füllen wir aus den uns übergebenen Daten das Paket auf. Erreichen wir dabei die maximale Segmentgröße oder haben wir Out-Of-Band-Daten zu bearbeiten, wird das Paket sofort losgeschickt. Andernfalls wartet das Paket weiter am Socket, aber höchstens eine halbe Sekunde.

Ist noch kein Paket am INET-Socket, allozieren wir mit der walloc-Funktion des Sockets Speicher. Die in dem Speicher enthaltene struct sk_buff wird initialisiert und mit der build_header-Funktion des Protokolls (in unserem Fall ip_build_header()) ein Protokollkopf in den Puffer geschrieben. Nun kommt unsere eigene build_header-Funktion zum Einsatz. Dabei handelt es sich um tcp_build_header(). Ab hier geht es dann weiter, als hätten wir ein schon angefangenes Paket. Es besteht aber auch die Möglichkeit, daß wir das Maximum

---

[8] siehe Abbildung 8.10

Kapitel 8.7 TCP

an Speicher für den Socket schon belegt haben. Dann legt sich der Prozeß auf den Socket schlafen. Bei der Freigabe von Speicher für den Socket wird er wieder geweckt.

Um überhaupt eine TCP-Verbindung aufbauen zu können, ist der aktive Teil bei der Verbindungsaufnahme durchzuführen. Diese Aufgabe fällt der Funktion `tcp_connect()` zu. In ihr wird die Adresse, zu der eine Verbindung hergestellt werden soll, auf ihre Korrektheit untersucht. Jetzt vermerken wir sie in der INET-Socketstruktur. Nun erzeugen wir ein TCP-Paket für die Verbindungsaufnahme. Dazu werden die Sequenznummern des INET-Sockets auf einen zufälligen Anfangswert gesetzt. Dann benutzen wir die `build_header`-Funktion des Protokolls, um einen Protokollkopf in den Puffer zu schreiben, den wir mittels `walloc()` angefordert haben. An diesen fügen wir den eigenen Protokollkopf an. Dort ist das SYN-Flag gesetzt. Außerdem enthält das Paket auch noch die initiale Fenstergröße unserer Protokolleinheit. Abschließend geht der INET-Socket in den Zustand SYN-SENT über und wartet auf die Antwort des anderen Kommunikationsendpunkts.

Die Funktion `tcp_accept()` realisiert den passiven Teil der Verbindungsaufnahme. Zumindest sieht das für den Prozeß so aus. Die Funktion holt sich aber nur den schon erzeugten INET-Socket, der in der `sk_buff`-Struktur des Verbindungsaufnahmepakets vermerkt worden ist und gibt diesen an die obere Protokollschicht zurück. Die eigentliche Arbeit erfolgt schon, wenn der Prozeß sich noch im `listen()` befindet. Wenn dort ein Paket zur Verbindungsaufnahme ankommt, wird eine INET-Socketstruktur dafür generiert (siehe dazu Funktion `tcp_conn_request()` in `net/inet/tcp.c`).

Die Funktion `tcp_retransmit()` hat nicht besonders viel zu tun. Sie ruft einfach die `retransmit`-Funktion des darunterliegenden IP auf. Nur wenn der Übergabeparameter `all` gesetzt ist, wird das Protokollfenster verkleinert.

Von `tcp_read_wakeup()` wird, bei gesetztem `ack_backlog`-Feld der INET-Socketstruktur, ein ansonsten leeres Segment mit der Empfangsbestätigung der bisher empfangenen Segmente an den Kommunikationspartner geschickt. Beim `tcp_write_wakeup()` wird ein ähnliches Paket losgeschickt, bei diesem ist aber die bestätigte Sequenznummer um eins kleiner. Die beiden `wakeup`-Funktionen werden hauptsächlich vom Netzwerk-Timer benutzt.

Die `select`-Funktion des TCP ist fast die gleiche wie beim UDP. Nur wird beim TCP das Eintreffen von Out-Of-Band-Daten als Auslöser für die Ausnahmebedingungen betrachtet.

Zusätzlich zu der in Abschnitt 8.2.4 erwähnten Funktionalität kann mit der `tcp_ioctl`-Funktion auch abgefragt werden, ob sich die aktuelle Leseposition auf Out-Of-Band-Daten befindet oder nicht. Dazu muß der symbolische Wert `SIOCATMARK` benutzt werden.

Durch `tcp_shutdown()` wird eine bestehende Verbindung „langsam" beendet. Von dieser Funktion wird ein Segment mit einem FIN generiert, daß an das Ende der Liste für noch zu übertragende Pakete gehängt wird. Somit werden erst noch alle nicht bestätigten Daten übertragen und dann der Verbindungsabbau eingeleitet.

Durch die Funktionen `tcp_getsockopt()` und `tcp_setsockopt()` kann die maximale Segmentgröße und Zeichenpufferung gelesen bzw. gesetzt werden. Die Zeichenpufferung (max. eine halbe Sekunde) wird von interaktiven Programmen wie `telnet` und `rlogin` ausgeschaltet, um akzeptable Antwortzeiten zu erzielen.

8.8 Die Packet-Schnittstelle – eine Alternative?

Unter LINUX sind auch neue Konzepte in die Netzwerkimplementation eingeflossen. So wurde eine Schnittstelle geschaffen, die direkt auf den Netzwerkgeräten operieren kann. Das ist natürlich nur unter Umgehung des allgemeinen Schichtenmodells möglich. Deshalb werden wir den Ablauf beim Erzeugen einer derartigen Schnittstelle einmal genauer betrachten. Ein Prozeß, der die Netzwerkkommunikation von „Appletalk" auf der Basis von Ethernet implementiert, könnte wie folgt aussehen.

```
#include <sys/socket.h>
#define ETH_P_APPLETALK    0x809B
#define MAX_PACKET_SIZE    2048

extern void do_appletalk(unsigned char *, int);

main()
{ int fd, len;
  unsigned char buf[MAX_PACKET_SIZE];

    fd = socket(AF_INET, SOCK_PACKET, ETH_P_APPLETALK);
    if (fd < 0) exit(1);

    for(;;) {
      if ((len = read(fd, buf, MAX_PACKET_SIZE)) < 0) exit(2);
      do_appletalk(buf, len);
    }
}
```

Der für uns wesentliche Teil vollzieht sich im `socket`-Aufruf. Wie schon besprochen, kommen wir dann mit Hilfe des Systemrufs `sys_socketcall()` in den Kernel. Dieser erhält als `call`-Parameter `SYS_SOCKET` und `args` zeigt auf die

Kapitel 8.8   Die Packet-Schnittstelle – eine Alternative?

orginalen Übergabeparameter von `socket()`. Dann geht es weiter mit der Funktion `sock_socket()`, die schon fast wie unser ursprünglicher `socket`-Aufruf aussieht. Hier wird die BSD-Socketstruktur angelegt. Anhand der Protokollfamilie erkennt diese Funktion, welches tieferliegende Protokoll zur Behandlung der Funktion herangezogen werden soll. Nun verlassen wir die BSD-Socketschicht und kommen über das INET-Protokoll zu den INET-Sockets. Aufgerufen wird die `create`-Funktion des Protokolls, d.h. also `inet_create()`. Jetzt legen wir die INET-Socketstruktur an. Durch den an `socket()` übergebenen `type`-Parameter werden im INET-Socket die Funktionen für einen Packet-Socket eingetragen und abschließend die `init`-Funktion des Protokolls mit dem `protocol`-Paramter aufgerufen. Dabei handelt es sich um die Funktion `packet_init()`.

`packet_init()` erzeugt eine neue `packet_type`-Struktur (siehe Abschnitt 8.3.1). Als `rcv`-Funktion wird `packet_rcv()` verwendet. Im `data`-Zeiger vermerken wir unseren INET-Socket. Der Clou der Packet-Schnittstelle ist, daß als Protokollnummer der Type der zu empfangenden Ethernet-Pakete übergeben wird. Der Type wird nun in die `packet_type`-Struktur eingetragen. Dann melden wir den neuen Pakettyp mit Hilfe der Funktion `dev_add_pack()` bei den Netzwerkgeräten an. Ab jetzt werden Pakete dieses Typs nicht mehr verworfen, sondern an unseren Socket weitergeleitet.

Die Funktion `packet_rcv` des Packet-Treibers hat nichts anderes zu leisten, als jedesmal ein Paket aus der Schlange der angekommenen Pakete zu nehmen und an den Prozeß weiterzugeben. Dieser hat sich dann um die Interpretation der Paketdaten zu kümmern.

Auch die Funktion `packet_sendto` ist einfach aufgebaut. In der Adreßstruktur übergeben wir ihr den Namen des Netzwerkgeräts. Über dieses Gerät soll das in den Daten enthaltene Paket geschickt werden. Nun wird einfach ein Puffer angefordert, die `sk_buff`-Struktur initialisiert und die Daten in den Puffer kopiert. Abschließend bleibt nur noch die `queue_xmit`-Funktion des Netzwerkgeräts aufzurufen, und das Paket befindet sich auf dem Weg.

So einfach ist die Implementation eines anderen Kommunikationsprotokolls unter LINUX. Diese Vorgehensweise hat außerdem den entscheidenden Vorteil, daß die Implementation des Protokolls in einem Nutzerprozeß erfolgt und das System somit vor unliebsamen Abstürzen während der Entwicklung bewahrt wird.

A

Systemaufrufe

> *Rufe mich an, dann will ich Dir antworten und will Dir Großes und Unfaßbares mitteilen, das Du nicht kennst.*
>
> Jeremiah 33,3

Dieses Kapitel beschreibt die C-Schnittstelle aller Systemaufrufe in LINUX. Für eine tiefergehende Betrachtung wird der Leser auf die vorhergehenden Kapitel verwiesen. Sehr zu empfehlen ist außerdem ein Blick in die entsprechenden Quelldateien des Kerns.

Die Systemaufrufe sind in drei Gruppen unterteilt: die Prozeßverwaltung, das Dateisystem und der Rest. Die Beschreibung eines Systemaufrufes ist ähnlich wie eine UNIX-Manualseite aufgebaut: links oben steht der Name des Systemaufrufes, rechts oben die Herkunft des Systemaufrufs (POSIX, BSD, SVR4). Der entsprechende Prototyp und die Datei, in der der Systemaufruf implementiert ist, sind darunter aufgeführt.

Häufig vorkommende Funktionen oder Makros sind am Ende des Kapitels kurz aufgeführt.

A.1 Die Prozeßverwaltung

Die folgenden Aufrufe greifen auf den Kern eines jeden UNIX-Systems zu, den Scheduler und die Prozeßverwaltung. Die Grundlagen dafür werden in den Kapiteln 3 und 5 beschrieben.

Systemruf	adjtimex	4.3+BSD

Datei: kernel/time.c

```
#include <sys/timex.h>

int sys_adjtimex(struct timex *txc_p)
```

Der Aufruf `sys_adjtimex()` ermöglicht das Lesen und Setzen der Zeitstrukturen des Kerns. Er wird zum Synchronisieren der Rechner im Netz auf eine gemeinsame Zeit verwendet.

Die Struktur `timex` ist eine Erweiterung der Struktur `timeval`:

```
struct timex {
int mode;            /* Funktion                      */
long offset;         /* Zeitoffset (usec)             */
long frequency;      /* Frequenzoffset (scaled ppm)   */
long maxerror;       /* max. Fehler (usec)            */
long esterror;       /* geschätzter Fehler (usec)     */
int status;          /* Kommando                      */
long time_constant;  /* Zeitkonstante                 */
long precision;      /* Genauigkeit (usec)            */
long tolerance;      /* Frequenzschwankungen (ppm)    */
struct timeval time;
};
```

Wenn `mode` 0 ist, werden die Werte geschrieben, sonst gelesen.

Anhang A.1   Die Prozeßverwaltung

Systemruf alarm	POSIX

Datei: kernel/sched.c

```
#include<unistd.h>
```

```
unsigned int sys_alarm(unsigned int seconds)
```

`sys_alarm()` setzt einen Timer auf den Wert `seconds`. Nach dem Ablauf des Timers wird das Signal SIGALARM ausgelöst. Wenn `seconds` gleich Null ist, wird der Timer zurückgesetzt.

Läuft noch ein alter Alarm, wird dessen restliche Zeit (in Sekunden) zurückgegeben und der Timer neu gesetzt.

```
asmlinkage int sys_alarm(long seconds)
{
    struct itimerval it_new, it_old;

    it_new.it_interval.tv_sec = 0;
    it_new.it_interval.tv_usec = 0;
    it_new.it_value.tv_sec = seconds;
    it_new.it_value.tv_usec = 0;
    sys_setitimer(ITIMER_REAL, &it_new, &it_old);
    return(it_old.it_value.tv_sec +
       (it_old.it_value.tv_usec / 1000000));
}
```

Die Abarbeitung des Alarms ist in Abschnitt 3.1.7 beschrieben.

Systemruf brk	

Datei: kernel/sys.c

```
#include <unistd.h>
```

```
int sys_brk(unsigned long new_brk)
```

`sys_brk()` ändert die Größe des nicht verwendeten Bereichs des Datensegmentes. Er setzt den Wert `end_datasegment` auf `new_brk`. Dieser Systemaufruf wird bei `malloc()` verwendet, um Speicher zu allozieren.

Der Wert `new_brk` muß größer als das Textsegment sein und 16 KB vor dem Stackende liegen, sonst wird das Segment nicht geändert. Außerdem wird der Wert auf den Start einer Seite festgelegt. Es wird der neue `brk`-Wert zurückgegeben.

| **Systemruf**   _exit | POSIX |

Datei: kernel/exit.c

```
#include <unistd.h>
```

```
volatile void sys_exit(int status)
```

Wenn ein Prozeß beendet wird, ruft er (explizit oder implizit) _exit auf. Der Systemaufruf sys_exit() gibt im Kern alle vom Prozeß benutzten Ressourcen frei und benachrichtigt betroffene Prozesse.

An den Elternprozeß wird der Wert status zurückgegeben. Der Aufruf wird in Abschnitt 3.2.3 beschrieben.

| **Systemruf**   fork | POSIX |
| clone | LINUX |

Datei: kernel/fork.c

```
#include <unistd.h>
```

```
pid_t sys_fork(void)
pid_t sys_clone(struct pt_regs regs)
```

sys_fork() erzeugt einen neuen Prozeß (Kindprozeß) als Kopie des aktuellen Prozesses (Elternprozeß). Damit zwischen Eltern- und Kindprozeß unterschieden werden kann, wird die PID des Kindprozesses im Elternprozeß und eine 0 im Kindprozeß zurückgegeben. In LINUX wird *Copy-on-Write* benutzt, so daß nur die Page-Tabellen und Task-Struktur dupliziert werden. Die maximale Anzahl der Prozesse ist auf den in <linux/tasks.h> mit NR_TASKS festgelegten Wert begrenzt.

Um die Semantik von sys_fork() zu erweitern, bietet LINUX einen Systemaufruf sys_clone() an. Damit ist es möglich, die gleichen Page-Tabellen, aber unterschiedliche Stackadressen zu benutzen. Bei einem parameterlosen Funktionsaufruf wird ein sys_fork() ausgeführt.

Die Implementierung ist in Abschnitt 3.2.3 beschrieben.

Fehler:

EAGAIN – wenn sys_fork() keinen Speicher für die Page-Tabelle und die Task-Struktur allozieren kann.

Anhang A.1   Die Prozeßverwaltung

Systemruf	getpid	getuid	geteuid	POSIX
	getgid	geteuid	getegid	4.3+BSD
	getppid	getpgid	getpgrp	
	setuid	setgid	setreuid	
	setregid			

Datei: kernel/sched.c
       kernel/sys.c

```
#include<unistd.h>

pid_t sys_getpid(void)
uid_t sys_getuid(void)
uid_t sys_geteuid(void)
gid_t sys_getgid(void)
gid_t sys_getegid(void)
pid_t sys_getppid(void)
pid_t sys_getpgid(pid_t pid)
pid_t sys_getpgrp(void)
int sys_setuid(uid_t uid)
int sys_setgid(gid_t gid)
int sys_setreuid(uid_t ruid, uid_t euid)
int sys_setregid(uid_t rgid, uid_t egid)
int sys_setpgid(pid_t pid,pid_t pgid)
pid_t sys_setsid(void)
```

sys_getpid() und sys_getpgrp() ermitteln die Prozeßnummer (PID) bzw. die Prozeßgruppe (PGRP) des aktuellen Prozesses. Die Aufrufe sys_getuid() und sys_getgid() geben die realen Nutzernummer (UID) und die Gruppennummer (GID) des rufenden Prozesses zurück. Die Gruppennummer eines beliebigen Prozesses pid gibt sys_getpgid() zurück, bei pid gleich Null die eigene. Die effektive Nutzer- (EUID) und Gruppennummer (EGID) ermitteln die Systemaufrufe sys_geteuid() und sys_getegid(). Der Aufruf sys_getppid() gibt die Prozeßnummer des Elternprozesses (PPID) zurück. Diese Aufrufe lesen einfach die Task-Struktur des rufenden Prozesses aus.

```
asmlinkage int sys_getppid(void)
{
return   current->p_opptr->pid
}
```

sys_setpgid() setzt die PGRP des Prozesses pid und seiner Kindprozesse auf pgid. Dabei überprüft der Aufruf alle Prozesse. Wenn pid und pgid gleich 0 sind, werden die Werte des aufrufenden Prozesses verwendet. Die PGID wird nicht geändert, wenn eine der folgenden Bedingungen zutrifft: ein Kind ist Prozeßgruppenführer, ein Kind gehört einer anderen Sitzung an oder die Sitzungen des rufenden Prozesses und der Gruppe pgid sind verschieden.

Die Aufrufe sys_setreuid() und sys_setregid() setzen die reale und effektive UID/GID. Dabei kann ein nichtprivilegierter Benutzer nur effektive und reale IDs vertauschen. sys_setreuid(sys_geteuid(),sys_getuid()) realisiert den Tausch; nach einem erneuten Aufruf sind die ursprünglichen Werte wieder hergestellt. Der Superuser hat freien Zugriff.

sys_setuid() und sys_setgid() setzen die effektive und die reale UID/GID. Die Funktionen sind das SVR4-Pendant zu den obigen Aufrufen. Zu beachten ist, daß es keine Möglichkeit gibt, die einmal geänderte EUID zurückzusetzen, wie es bei sys_setreuid() möglich ist. Zurückgegeben wird 0 und im Fehlerfall ein negativer Wert.

sys_setsid() erzeugt eine neue Sitzung. Wenn der Prozeß schon Sitzungsführer ist und keine Superuser-Rechte hat, wird ein Fehler zurückgegeben. Der Aufruf setzt SID und PGRP auf PID, der Prozeß wird Sitzungsführer und verliert sein Controlling-Terminal. Zurückgegeben wird die neue PGRP und im Fehlerfall ein negativer Wert.

Fehler:

EINVAL – wenn eine ungültige PID, PGID usw. an eine Funktion übergeben wird.

EPERM – wenn die benutzte Funktion nicht erlaubt ist. Im allgemeinen darf nur der Superuser alle Prozeßdaten ändern. Normale Benutzer können nur ihre Gruppen- und Nutzer-IDs ändern.

ESRCH – wenn bei sys_setpgid() kein Prozeß gefunden wird.

Systemruf	getpriority setpriority	4.3+BSD

Datei: kernel/sys.c

```
#include <sys/time.h>
#include <sys/resource.h>

int sys_getpriority(int which, int who)
int sys_setpriority(int which, int who, int prio)
```

Die Aufrufe sys_getpriority() und sys_setpriority() verwalten die Prioritäten für das Scheduling.

Anhang A.1 Die Prozeßverwaltung 261

Der Parameter which gibt an, ob man die Priorität eines Prozesses, einer Prozeßgruppe oder eines Nutzers abfragen will. In who wird der Wert angegeben. Es sind folgende Werte für which möglich:

- PRIO_PROCESS - der Wert in who gibt eine PID an.

- PRIO_PGRP - der Wert in who gibt eine PGRP an.

- PRIO_USER - der Wert in who gibt eine UID an.

Wenn für who 0 angegeben wird, verwendet das System den aktuellen Wert.

Es werden alle Prozesse durchsucht, ob sie zu den angegebenen Werten passen (sys_proc_sel()). Zurückgegeben wird der höchste gefundene Wert, falls mehrere Einträge gefunden werden.

Der Aufruf sys_setpriority() setzt die Priorität für den mit which und who ausgewählten Prozeß auf den angegebenen Wert. Dabei bedeuten niedrige Werte für niceval eine hohe Priorität. Nur der Superuser darf die Priorität erhöhen.

Fehler:

ESRCH – wenn zu which und who kein passender Prozeß gefunden wurde.

EINVAL – wenn für which ein ungültiger Wert angegeben wird.

EPERM – wenn bei sys_setpriority() die EUID des angegebenen Prozesses ungleich der EUID des aufrufenden Prozesses ist.

EACCES – wenn ein nichtprivilegierter Benutzer die Priorität höher setzen will.

Systemruf   idle

Datei: mm/swap.c

```
#include <unistd.h>

int sys_idle(void)
```

sys_idle() setzt nur die globale Variable need_resched auf den Wert 1.

```
asmlinkage int sys_idle(void)
{
need_resched = 1; return 0;
}
```

Diese Variable wird ausgewertet, wenn ein Prozeß auf Geräte zugreift, z.B in `drivers/char/tty_io.c`. Dadurch wird die Steuerung eher an den Scheduler abgegeben.

```
if (need_resched)
   schedule();
```

Systemruf **ioperm** **iopl**	LINUX

Datei: kernel/ioport.c

```
#include <unistd.h>

int sys_ioperm(unsigned long from,
   unsigned long num, int turn_on)
int sys_iopl(int level)
```

`sys_ioperm()` setzt Bits der Port-Zugriffsrechte. Es werden `num` Bits ab Adresse `from` auf den Wert `turn_on` gesetzt. Dabei bedeutet Bit 1 vollen Zugriff auf den Port (Lesen und Schreiben) und Bit 0 kein Zugriff. Es können nur die ersten 1023 Ports gesetzt werden.

Um unter LINUX z.B. für den X-Server alle 65536 Ports ansprechen zu können, wird der Aufruf `sys_iopl()` zur Verfügung gestellt. Es werden normalerweise nur 2 Level der 4 möglichen verwendet, Level 0 und Level 3.

Diese Aufrufe können nur mit Superuser-Rechten benutzt werden.

Fehler:

EINVAL – wenn für `num` ein negativer Wert angegeben wurde, `from+num` größer als 1023 oder `level` größer als 3 ist.

EPERM – wenn der rufende Prozeß keine Superuserrechte besitzt.

Systemruf **kill**	POSIX

Datei: kernel/exit.c

```
#include <signal.h>

int sys_kill(pid_t pid, int sig)
```

`sys_kill()` sendet ein Signal `sig` an einen Prozeß oder eine Prozeßgruppe. Wenn `pid` eine Zahl größer 0 ist, wird das Signal an den Prozeß mit PID `pid` gesendet.

Anhang A.1 Die Prozeßverwaltung 263

Wenn `pid` gleich 0 ist, wird das Signal an die Prozeßgruppe des aktuellen Prozesses gesandt. Ist `pid` gleich -1, wird das Signal an jeden Prozeß mit einer Prozeßnummer größer eins gesendet. Ist `pid` kleiner als -1, geht das Signal an alle Prozesse der Prozeßgruppe `-pid`.

Fehler:

EINVAL – wenn `sig` ungültig ist.

ESRCH – wenn der Prozeß bzw. die Prozeßgruppe `pid` nicht existiert.

EPERM – die EUID des rufenden Prozesses und die EUID des Prozesses `pid` sind verschieden.

Systemruf modify_ldt	LINUX

Datei: kernel/ldt.c

```
#include <linux/ldt.h>

int sys_modify_ldt(int func, void *ptr,
   unsigned long bytecount)
```

Im Zuge der Implementierung von WINE wurde es notwendig, die internen Funktionen von Microsoft-Windows nachzubilden. Dazu gehört auch die Manipulation der lokalen Deskriptortabelle. Und genau diese Funktion wird von diesem Systemaufruf ausgeführt. Die Tabelle ist als Bestandteil der Task-Struktur relativ einfach zu manipulieren.

Ist `func` gleich 0 angegeben, wird die lokale Deskriptortabelle des aktuellen Prozesses gelesen. Die gewünschte Größe kann mit dem Parameter `bytecount` eingestellt werden. Ist die Tabelle kleiner, hat das keine Auswirkungen. Zurückgegeben wird die tatsächliche Größe der Tabelle. Der Zeiger `ptr` ist ein Zeiger auf die Struktur `modify_ldt_ldt_s`.

```
struct modify_ldt_ldt_s {
unsigned int    entry_number;
unsigned long   base_addr;
unsigned int    limit;
unsigned int    seg_32bit:1;
unsigned int    contents:2;
unsigned int    read_exec_only:1;
unsigned int    limit_in_pages:1;
};
```

Ansonsten wird die Tabelle überschrieben. Dabei wird die angegebene Struktur in die Tabelle des aktuellen Prozesses geschrieben. Wenn dieser noch keine lokale Deskriptortabelle besitzt, wird eine initialisiert.

Systemruf	create_module delete_module	LINUX
	init_module get_kernel_syms	

Datei: kernel/module.c

```
#include <unistd.h>

int sys_create_module(char *module_name, unsigned long size)
int sys_init_module(char *module_name, char *code,
    unsigned codesize, struct mod_routines *routines)
int sys_delete_module(char *module_name)
int sys_get_kernel_syms(struct kernel_sym *table)
```

Der Aufruf `sys_create_module()` stellt Speicher für ein Modul bereit. `size` ist die Größe des gewünschten Speichers. Dabei wird der Name in die (globale) Liste der Module eingetragen. Wenn schon ein Modul mit gleichem Namen existiert, wird ein Fehler zurückgegeben.

`sys_init_module()` lädt das Modul und aktiviert es. `code` ist die Adresse, an die das Modul geladen wird, und `codesize` ist die Größe (dieselbe wie `size`). Die Struktur `routines` ist die Schnittstelle des Moduls. Sie besteht aus zwei Funktionszeigern, eine Funktion für die Initialisierung und eine für das Löschen des Moduls.

```
struct mod_routines {
int (*init)(void);        /* Initialisierung */
void (*cleanup)(void);    /* Cleanup         */
};
```

Definiert ist die `mod_routines`-Struktur in der Datei `<linux/module.h>`.

Nachdem das Modul geladen ist, wird die eigene Initialisierungsroutine aufgerufen und das Modul aktiviert.

`sys_delete_module()` entfernt das Modul wieder. Es wird die eigene `cleanup`-Funktion aufgerufen und der belegte Speicher freigegeben. Diese Aufrufe sind nur für den Superuser zugelassen.

`sys_get_kernel_syms()` ermöglicht den Zugriff auf die Symboltabelle des Kerns. Er kopiert die Symboltabelle an die durch `table` referenzierte Stelle und gibt die Größe der Tabelle zurück. Der Aufruf testet vorher ab, ob ab der Adresse genügend Speicher frei ist. Deshalb wird normalerweise mit Hilfe des System-

Anhang A.1 Die Prozeßverwaltung

aufrufes `sys_get_kernel_syms(0)` erst die Größe der Tabelle ermittelt, der benötigte Speicher alloziert und dann noch einmal `sys_get_kernel_syms()` aufgerufen.

Fehler:

EPERM – wenn ein nichtprivilegierter Benutzer einen dieser Systemaufrufe benutzt.

ENOENT – wenn das Modul `modul_name` nicht existiert. Diese Fehlermeldung ist bei `sys_init_module()` und `sys_delete_modul()` möglich.

EEXIST – wenn das Modul `modul_name` schon existiert. Dieser Fehler tritt bei `sys_create_modul()` auf.

ENOMEM – wenn bei `sys_create_modul()` nicht genügend Speicher frei ist.

EBUSY – wenn die Initialisierungsroutine fehlschlägt.

Systemruf   nice   4.3+BSD

Datei: kernel/sched.c

`#include <unistd.h>`

`int sys_nice(int inc)`

`sys_nice()` legt die Priorität eines Prozesses fest. Im Gegensatz zum Systemaufruf `sys_setpriority()` bezieht sich nice nur auf den aktuellen Prozeß.

Die neue Priorität ergibt sich aus der alten Priorität minus `inc`. Das bedeutet, je größer der Wert `inc` ist, desto kleiner ist die Priorität des Prozesses nach Ausführung des Aufrufes! Die kleinste Priorität ist eins, die höchste 35, diese Werte sind fest programmiert. Nur der Superuser ist berechtigt, negative Werte für `inc` anzugeben und damit die Priorität zu erhöhen.

`sys_nice()` ist ein eigener Aufruf und verwendet nicht `sys_setpriority()`. Der Grund liegt vermutlich darin, daß `sys_nice()` einfach früher implementiert wurde.

Fehler:

EPERM – wenn ein nichtprivilegierter Nutzer einen negativen Wert für `inc` angibt.

Systemruf pause   POSIX

Datei: kernel/sched.c

```
#include <unistd.h>

int sys_pause(void)
```

Der Aufruf `sys_pause()` setzt den Status des aktuellen Prozesses auf den Wert `TASK_INTERRUPTIBLE` und ruft den Scheduler auf. Dadurch gibt der Prozeß die Steuerung freiwillig ab. Er kann seine Arbeit nur wieder fortsetzen, wenn er durch ein Signal aufgeweckt wird. Der Aufruf gibt `-EINTR` zurück.

Systemruf ptrace

Datei: kernel/ptrace.c

```
#include <sys/ptrace.h>

int sys_ptrace(int request, int pid, int addr, int data)
```

Mit Hilfe des Aufrufes `sys_ptrace()` kann ein Prozeß die Abarbeitung eines anderen Prozesses kontrollieren. Beide Prozesse müssen die gleiche UID und GID besitzen. Der Aufruf wird z.B. bei der Implementation von Debug-Algorithmen verwendet. Ein Prozeß, bei dem das TRACE-Flag gesetzt ist, wird bei einem Signal angehalten. Er stoppt und sein Elternprozeß wird über `sys_wait()` benachrichtigt. Der Speicher des gestoppten Prozesses kann dann gelesen und geschrieben werden. Der Elternprozeß kann die Weiterarbeit des Kindprozesses veranlassen.

Der Wert in `request` (definiert in `<linux/ptrace.h>`) bestimmt die genaue Bedeutung des Aufrufes:

- PTRACE_TRACEME - Der Prozeß setzt das Flag `PF_TRACED`. Der Elternprozeß soll den Prozeß überwachen.

- PTRACE_PEEKTEXT, PTRACE_PEEKDATA - Liest 32 Bit von der Adresse `addr`. Der Wert wird in `data` abgelegt.

- PTRACE_PEEKUSR - Liest 32 Bit von der Adresse `addr` aus der Struktur `user` des Prozesses.

- PTRACE_POKETEXT, PTRACE_POKEDATA - Schreibt den in `data` stehenden Wert an die Adresse `addr`.

Anhang A.1 Die Prozeßverwaltung

- PTRACE_POKEUSR - Schreibt den in data stehenden Wert an die Adresse addr der user-Struktur. Hierbei wird sorgfältig darüber gewacht, daß keine Register oder Informationen aus der Task-Struktur überschrieben werden.

- PTRACE_SYSCALL, PTRACE_CONT - Setzen den Ablauf des Kindprozesses fort. Bei PTRACE_SYSCALL wird das Flag PF_TRACESYS gesetzt. Dadurch stoppt der Ablauf nach dem return des nächsten Systemaufrufes. Bei PTRACE_CONT wird dieses Flag gelöscht. Außerdem wird das SINGLE-STEP-Bit gelöscht.

- PTRACE_SINGLESTEP - Das Flag PF_TRACESYS wird gelöscht. Dafür wird das Bit SINGLE-STEP[1] wird gesetzt.

- PTRACE_KILL - Sendet dem Kindprozeß ein SIGKILL-Signal. Außerdem wird das SINGLE-STEP-Bit gelöscht.

- PTRACE_ATTACH - Hält den mit pid spezifizierten Prozeß an, indem ihm ein SIGSTOP gesendet wird.

- PTRACE_DETACH - Gibt den mit PTRACE_ATTACH gestoppten Prozeß frei. Dabei werden die Flags PF_TRACED und PF_TRACESYS gelöscht und das SINGLE-STEP-Bit wird gelöscht.

init, der Prozeß mit der PID 1, kann diesen Aufruf nicht benutzen. Benutzt wird dieser Aufruf hauptsächlich bei Debuggern (siehe Abschnitt 5.4).

Fehler:

EPERM – wenn für den mit pid angegebenen Prozeß kein sys_ptrace() ausgeführt werden kann oder schon läuft.

ESRCH – wenn der Prozeß pid nicht existiert.

EIO – wenn ein ungültiger Wert für request angegeben wird.

Systemruf reboot	LINUX

Datei: kernel/sys.c

```
#include <unistd.h>

int sys_reboot(int magic, int magic_too, int flag)
```

---

[1] Das Bit steht im EFLAGS-Register des Prozessors. Wenn es gesetzt ist und ein SIGTRAP an den kontrollierten Prozeß gesendet wird, führt dieser genau eine Anweisung aus.

`sys_reboot()` bootet das System neu oder schaltet die Bedeutung der Tastenkombination CTRL+ALT+DEL um. Die Parameter `magic` und `magic_too` müssen mit `0xfee1dead` und 672274793^2 belegt sein, die Funktion hängt von `flag` ab. Ist `flag` gleich

- `0x1234567`, dann wird das System neu gestartet.
- `0x89abcdef`, wird das Booten mit CTRL+ALT+DEL ermöglicht.
- `0`, wird das Booten mit CTRL+ALT+DEL abgeschaltet.

Es ist zu beachten, daß `sys_reboot()` nicht `sys_sync()` aufruft!

Fehler:

EINVAL – wenn ungültige Werte angegeben werden.

EPERM – wenn ein nichtprivilegierter Benutzer die Funktion aufruft.

Systemruf	**getdomainname**
	setdomainname

Datei: kernel/sys.c

```
#include <unistd.h>

int sys_getdomainname(char *name, size_t len)
int sys_setdomainname(const char *name, size_t len)
```

Diese Aufrufe lesen und schreiben den Domainnamen des aktuellen Rechners. Der Aufruf `sys_setdomainname()` überschreibt den Domainnamen mit dem in `name` angegebenen Namen. Der Aufruf `sys_getdomainname()` ist in der C-Bibliothek implementiert. Es wird `sys_uname()` aufgerufen und der Domainname ausgelesen.

Fehler:

EINVAL – wenn bei `sys_getdomainname()` der von `sys_uname()` gelieferte String auf NULL zeigt oder größer als `len` ist.

Wenn bei `sys_setdomainname()` `len` zu groß ist.

EPERM – wenn ein nichtprivilegierter Nutzer `sys_setdomainname()` aufruft.

---

[2] Wem diese Zahl etwas seltsam vorkommt, sollte sie mal hexadezimal betrachten.

Anhang A.1 Die Prozeßverwaltung

Systemruf	setgroups getgroups	POSIX

Datei: kernel/sys.c

```
#include <sys/types.h>
#include <unistd.h>

int sys_getgroups(int len, gid_t *groups)
int sys_setgroups(int len, const gid_t *groups)
```

Die Aufrufe sys_getgroups() und sys_setgroups() erlauben das Lesen und Setzen von mehreren Gruppenrechten für einen Prozeß. sys_getgroups() liefert die Gruppen, wobei len die maximal gewünschte Anzahl ist. Wird dafür 0 angegeben, ändert sich groups nicht, und der Aufruf gibt die Anzahl der Gruppen zurück. Die Gruppen sind ein Teil der Task-Struktur (siehe Abschnitt 3.1.1). sys_setgroups() setzt Gruppenrechte. Alte Gruppen werden dabei überschrieben. len gibt die Anzahl an. Diesen Aufruf darf nur der Superuser ausführen.

Fehler:

EINVAL – wenn bei sys_setgroups() der Wert len größer als NGROUPS ist.

EPERM – wenn ein nichtprivilegierter Benutzer sys_setgroups() aufruft.

Systemruf	gethostname sethostname	4.3+BSD

Datei: kernel/sys.c

```
#include <unistd.h>

int sys_gethostname(char *name, size_t len)
int sys_sethostname(const char *name, size_t len)
```

Diese Aufrufe erlauben den Lese- und Schreibzugriff auf den Rechnernamen. Die Arbeitsweise ist äquivalent zu set/getdomainname(). sys_sethostname() kann nur vom Superuser ausführt werden.
sys_gethostname() ist in der Standardbibliothek libc.a unter der Verwendung von sys_uname() implementiert.

Fehler:

EINVAL – wenn bei sys_gethostname() der String name auf NULL zeigt oder die in len angegebene Größe __NEW_UTS_LEN übersteigt. Der Wert ist in <linux/utsname.h> mit 64 definiert.

EPERM – wenn ein nichtprivilegierter Benutzer sys_sethostname() aufgerufen hat.

Systemruf	getitimer
	setitimer

Datei: kernel/itimer.c

```
#include <sys/time.h>

int sys_getitimer(int which, struct itimerval *value)
int sys_setitimer(int which, const   struct    itimerval   *value,
     struct itimerval *ovalue)
```

Diese Aufrufe ermöglichen eine bessere Zeitüberwachung eines Prozesses als sys_alarm(). Es sind drei Timer möglich, festgelegt durch which (definiert in <linux/time.h>):

- ITIMER_REAL - REAL bezieht sich auf die reale Zeit. Der Alarm wird jedesmal aktualisiert, wenn der Prozeß im Scheduler angestoßen wird und liefert bei Ablauf ein SIGALARM.

- ITIMER_VIRTUAL - VIRTUAL ist die Zeit, in der der Prozeß aktiv ist, sich aber nicht in einem Systemaufruf (System-Modus) befindet. Der Alarm wird in der Routine do_timer() aktualisiert und liefert bei Ablauf ein SIGVALARM.

- ITIMER_PROF - PROFILE bezeichnet die gesamte Zeit, die der Prozeß läuft. Nach Ablauf des Alarmes wird ein SIGPROF gesendet. Zusammen mit ITIMER_VIRTUAL ermöglicht das eine Unterscheidung zwischen der im Kernelmodus und im Usermodus verbrauchten Zeit.

Die Zeiten werden mit folgender Struktur angegeben:

```
struct itimerval {
   struct timeval it_interval; /* Intervall */
   struct timeval it_value;    /* Startwert */
};
```

Anhang A.1 Die Prozeßverwaltung

```
struct timeval {
   long tv_sec;
   long tv_usec;
};
```

sys_getitimer() gibt den aktuellen Wert für den in which gesetzten Alarm zurück. sys_setitimer() setzt den mit which angegebenen Alarm auf den Wert value. Der alte Wert wird in ovalue zurückgegeben. Beim ersten Starten wird der Timer auf den Wert it_value gesetzt. Ist der Timer abgelaufen, wird ein Signal erzeugt und der Alarm wieder neu gesetzt, ab jetzt auf den Wert it_intervall. wie in Abschnitt 3.1.10 beschreiben. Der Alarm wird möglicherweise etwas später als die angegebene Zeit ausgelöst, das hängt vom Systemtakt ab. Die übliche Verzögerung ist 10 Millisekunden.

Unter LINUX geschieht die Erzeugung und das Versenden von Signalen getrennt. So ist es möglich, das bei *pathologisch* schwerster Auslastung ein ITIMER_REAL gesendet wird, bevor der Prozeß das Signal des vorherigen Ablaufes erhalten hat. Das zweite Signal wird dann ignoriert.

Fehler:

EFAULT – wenn value oder ovalue ungültige Zeiger sind.

EINVAL – wenn which ungültig ist.

Systemruf	getrlimit setrlimit getrusage	4.3+BSD

Datei: kernel/sys.c

```
#include <sys/resource.h>
#include <unistd.h>

int sys_getrlimit(int resource, struct rlimit *rlim)
int sys_setrlimit(int resource, const struct rlimit *rlim)
int sys_getrusage(int who, struct rusage *usage)
```

sys_getrlimit() und sys_setrlimit() lesen und setzen die Größe der Ressourcen eines Prozesses. Als resource sind in <linux/resource.h> folgende Werte definiert:

- RLIMIT_CPU, die CPU-Zeit in Millisekunden
- RLIMIT_FSIZE, die maximale Dateigröße

- RLIMIT_DATA, die maximale Größe des benutzten Datensegmentes
- RLIMIT_STACK, die maximale Stackgröße
- RLIMIT_CORE, die maximale Größe einer `core`-Datei
- RLIMIT_RSS, der maximale Speicherplatz für Argumente und Umgebung (RSS)

Die folgenden Werte sind noch nicht implementiert:

- RLIMIT_MEMLOCK, der maximalen Speicherplatz, den ein Prozeß blockieren kann
- RLIMIT_NPROC, die maximalen Anzahl der Kindprozesse
- RLIMIT_OFILE, die maximalen Anzahl geöffneter Dateien

Die Struktur `rlimit` ist in derselben Datei definiert:

```
struct rlimit {
    int   rlim_cur;  /* Softlimit */
    int   rlim_max;  /* Hardlimit */
};
```

Es gibt zwei Grenzen für einen Prozeß, das Softlimit (die aktuelle Grenze) und das Hardlimit (die Obergrenze). Ein nichtprivilegierter Prozeß kann das Softlimit auf einen beliebigen Wert zwischen Null und Hardlimit einstellen und das Hardlimit bis auf das Softlimit senken. Eine Verminderung des Hardlimits kann nicht wieder rückgängig gemacht werden. Ist der Wert einer Ressource `RLIM_INFINITY`, so gibt es keine Beschränkung. Ein Prozeß, der sein aktuelles Softlimit überschreitet, wird abgebrochen.

Während die obigen Aufrufe die Umgebung eines Prozesses verwalten, liefert der Aufruf `getrusage` Informationen über den Prozeß selber. Die einzelnen Werte sind in der Struktur `rusage` definiert:

```
struct     rusage {
  struct timeval ru_utime; /* Nutzerzeit                    */
  struct timeval ru_stime; /* Systemzeit                    */
  long ru_maxrss;          /* max. RSS                      */
  long ru_ixrss;        /* Größe des geteilten RSS         */
  long ru_idrss;        /* Größe des ungeteilten RSS       */
  long ru_isrss;        /* Größe des Stacks                */
  long ru_minflt;       /* Anzahl der Minor-Faults         */
  long ru_majflt;       /* Anzahl d. Major-Faults          */
  long ru_nswap;        /* Swap-Operationen                */
  long ru_inblock;      /* Block-Eingabe Operationen       */
```

Anhang A.1 Die Prozeßverwaltung

```
    long ru_oublock;      /* Block-Ausgabe Operationen    */
    long ru_msgsnd;       /* Nachrichten gesendet         */
    long ru_msgrcv;       /* Nachrichten empfangen        */
    long ru_nsignals;     /* Signale empfangen            */
    long ru_nvcsw;        /* freiwillige Kontextwechsel   */
    long ru_nivcsw;       /* unfreiwillige Kontextwechsel */
};
```

Der Aufruf belegt in der obigen Struktur nur die Zeiten `ru_utime` und `ru_stime` und die Angaben zu den Speicherseiten. Wenn für `who` RUSAGE_SELF angegeben wird, beziehen sich die Informationen auf den Prozeß selbst, die Daten der Kindprozesse erhält man durch RUSAGE_CHILDREN.

Fehler:

EINVAL – wenn `sys_getrlimit()` und `sys_setrlimit()` mit einem ungültigen Wert für `resource` aufgerufen werden.

EPERM – wenn ein nichtprivilegierter Benutzer `sys_setrlimit()` aufruft.

Systemruf	signal	sigaction	POSIX
	sigpending	sigsuspend	
	sigprocmask		

Datei: kernel/signal.c
       kernel/sched.c

```
#include <signal.h>
#include <unistd.h>

int sys_signal(int signum, unsigned long handler)

int sys_sigaction(int signum, const struct sigaction *new,
   struct sigaction *old)
int sys_sigpending(sigset_t *buf)
int sigprocmask (int how, const sigset_t *set, sigset_t *old_set)
int sys_sigsuspend(const sigset_t *sigmask)
```

Der Aufruf `sys_signal()` setzt die Behandlungsroutine für das Signal `signum`. Die Routine `handler` kann eine selbstdefinierte Funktion oder ein Makro aus `signal.h` sein. Möglich sind dabei:

- SIG_DFL - die Default-Routine wird verwendet.

- SIG_IGN - das Signal wird ignoriert.

sys_signal() wurde mit sys_sigaction() implementiert. Dabei werden die Flags SA_ONESHOT, SA_INTERRUPT und SA_NOMASK gesetzt und SA_RESTART gelöscht. Die Adresse der alten Routine wird bei Erfolg zurückgegeben, sonst ein negativer Wert (-1). Für die Signale SIGKILL und SIGSTOP können keine neuen Handler implementiert werden und die Signalnummer muß kleiner als 32 sein (im Quelltext festgelegt).

Der Aufruf sys_sigaction() ist die moderne Version von sys_signal(). Er wird verwendet, um die Routine für das Signal genauer zu spezifizieren. In new wird die neue Routine definiert. Ist old ungleich NULL, wird darin die alte Routine zurückgegeben. Die Struktur ist in <linux/signal.h> definiert:

```
struct sigaction {
   void (*sa_handler)(int);
   sigset_t sa_mask;
   int sa_flags;
   void (*sa_restorer)(void);
};
```

Der Parameter how gibt an, wie die neue Signalmaske verwendet werden soll:

- SIG_BLOCK - die in der Signalmaske gesetzten Signale werden blockiert. Die alte Maske wird durch |= mit der neuen Maske überlagert.

- SIG_UNBLOCK - die in der Signalmaske gesetzten Signale werden gelöscht. Die alte Maske wird durch &= ~ mit der neuen Maske überlagert.

- SIG_SETMASK - die Signalmaske wird als Signalmaske des aktuellen Prozesses übernommen.

Zu beachten ist, daß SIGKILL und SIGSTOP nicht blockiert werden können. sys_sigpending() fragt ab, ob blockierte Signale für den Prozeß vorliegen. Die Signale werden in buf abgelegt, der Rückgabewert ist 0.

Mit diesen Systemaufrufen kann das Blockieren von Signalen ein- und ausgeschaltet werden. sys_sigsuspend() erlaubt nun das Setzen einer Signalmaske und das Stoppen des Prozesses in einer einzelnen Aktion. Der Prozeß wird eingeschläfert, bis ein nichtblockiertes Signal eintrifft.

Fehler:

EINVAL – wenn eine ungültige Signalnummer verwendet wird.

EFAULT – wenn die Behandlungsroutine größer als die erlaubte Prozeßgröße (TASK_SIZE) ist.

EINTR – wenn der Prozeß von sys_sigsuspend() zurückkehrt.

Anhang A.1   Die Prozeßverwaltung

| **Systemruf   sysinfo** | LINUX |

Datei: kernel/info.c

```
#include <linux/sys.h>
#include <linux/kernel.h>
#include <unistd.h>

int sys_sysinfo(struct sysinfo *info)
```

sys_sysinfo() liefert Informationen über die Auslastung des Systems. Die Daten werden in folgender Struktur zurückgegeben:

```
struct sysinfo {
   long uptime;                 /* Sekunden seit Start                */
   unsigned long loads[3];      /* Auslastung vor 1, 5 und 15 Min.    */
   unsigned long totalram;      /* Größe des RAM-Speichers            */
   unsigned long freeram;       /* freier RAM-Speicher                */
   unsigned long sharedram;     /* Größe des Shared Memory            */
   unsigned long bufferram;     /* Größe des Puffer-Speichers         */
   unsigned long totalswap;     /* Größe des Swap-Speichers           */
   unsigned long freeswap;      /* freier Swap-Speicher               */
   unsigned short procs;        /* Anzahl der laufenden Prozesse      */
   char _f[22];                 /* Dummy, rundet auf 64 Byte auf      */
};
```

sys_sysinfo liefert eine allgemein zugängliche Methode, die Systeminformationen zu erhalten. Das ist einfacher und risikoloser, als /dev/kmem zu lesen.

Dieser Systemaufruf wird nicht von der C-Bibliothek unterstützt. Wenn man ihn benutzen will, sollte man eine Datei sysinfo.c mit folgendem Inhalt anlegen.

```
#include <linux/unistd.h>

_syscall1( int , sysinfo , struct sysinfo *, s)
```

Das entspricht der Vorgehensweise bei der Implementation eines Systemaufrufs, wie in Abschnitt 3.2.4 beschrieben.

Fehler:

EFAULT – wenn der Zeiger auf info ungültig ist.

| **Systemruf** | **syslog** |

Datei: kernel/printk.c

```
#include <unistd.h>

int sys_syslog(int type, char *buf, int len)
```

sys_syslog() verwaltet das *Logbuch* des Systems und steuert das Verhalten der printk()-Funktion.

Die genaue Arbeitsweise kann mit type festgelegt werden. Es gibt folgende Werte:

0   - Schließt das Logbuch, die Funktion ist nicht implementiert.

1   - Öffnet das Logbuch, die Funktion ist nicht implementiert.

2   - Liest aus dem Logbuch. Dafür wird die Variable log_size ausgewertet. Wenn kein aktueller Eintrag vorhanden ist, blockiert dieser Aufruf.

3   - Liest Einträge aus dem Logbuch in den Speicher buf der Größe len. Diese Funktion wird nicht blockiert und arbeitet unabhängig von Typ 2.

4   - Wie Typ 3, löscht zusätzlich das Logbuch.

5   - Löscht das Logbuch.

6   - Schaltet die printk()-Funktion ab. Nur noch panic-Meldungen werden angezeigt.

7   - Schaltet die printk()-Funktion ein und setzt sie auf das Standardlevel (7).

8   - Stellt ein neues Level ein.

Zurückgegeben wird die Größe des tatsächlich gefüllten Speichers.

Fehler:

EPERM – wenn ein nichtprivilegierter Benutzer sys_syslog() mit einem anderen type als 3 aufruft.

EINVAL – wenn buf NULL oder len negativ ist.

Anhang A.1   Die Prozeßverwaltung

Systemruf	time	stime	POSIX
	gettimeofday	settimeofday	SVR4
			4.3BSD

Datei: kernel/time.c

```
#include <time.h>

time_t sys_time(time_t *t)
int sys_stime(const time_t *t)
int sys_gettimeofday(struct timeval *tv,
   struct timezone *tz)
int sys_settimeofday(const struct timeval *tv,
   const struct timezone *tz)
```

`sys_time()` speichert die seit dem 1.Januar 1970, 0 Uhr, in Sekunden vergangene Zeit in `t` und gibt sie zurück. In LINUX wird der Wert `CURRENT_TIME` ausgelesen. `sys_stime()` setzt die Systemzeit auf den mit `t` angegebenen Wert. Diesen Aufruf darf nur der Superuser ausführen. Er gibt 0 bei Erfolg und eine negative Zahl bei einem Fehler zurück.

`sys_gettimeofday()` und `sys_settimeofday()` ermöglichen eine genauere Zeitverwaltung. `tv` ist dieselbe Struktur wie die in `sys_setitimer()` angegebene:

```
struct timeval {
   long tv_sec;    /* Sekunden       */
   long tv_usec;   /* Mikrosekunden  */
};
```

und `tz` ist eine Zeitzone:

```
struct timezone {
   int  tz_minuteswest;
   /* Minuten westlich von Greenwich */
   int  tz_dsttime;
   /* Verwendung von Sommerzeit */
};
```

Für die Angabe der Sommerzeit sind in der Datei `<sys/time.h>` Werte definiert, z.B `DST_NONE` für keine Sommerzeit, `DST_USA` für USA oder `DST_MET` für Mitteleuropa.

Die Header-Datei definiert noch einige Makros. `sys_timerisset(tvp)` testet, ob die Zeit `tvp` 0 ist. `sys_timercmp(tvp, uvp, cmp)` vergleicht zwei Zeiten mit `cmp`.

Der Aufruf `settimeofday` ist wie `sys_stime()` nur für den Superuser erlaubt. Ist `tv` oder `tz` 0, wird nichts geändert.

Diese Aufrufe sind teilweise in Assembler programmiert. Die Arbeitsweise des zugrundeliegenden Timers sind in Abschnitt 3.1.6 beschrieben.

Fehler:

EPERM – wenn der `sys_stime()` oder `settimeofday` aufrufende Prozeß nicht Superuserrechte hat.

EINVAL – wenn ein ungültiger Wert (Zeitzone,...) angegeben ist.

Systemruf times	POSIX

Datei: kernel/sys.c

```
#include <sys/times.h>

clock_t sys_times(struct tms *buf);
```

`sys_times()` schreibt die von einem Prozeß und seinen Kindprozessen verbrauchte Zeit in die Struktur `buf`. Die Struktur `tms` wird in `<linux/times.h>` definiert:

```
struct tms {
    time_t tms_utime;   /* Nutzer-Zeit          */
    time_t tms_stime;   /* System-Zeit          */
    time_t tms_cutime;  /* Nutzer-Zeit der Kinder */
    time_t tms_cstime;  /* System-Zeit der Kinder */
};
```

`sys_times()` gibt die `jiffies` des Systemes zurück.

Systemruf uname	POSIX

Datei: kernel/sys.c

```
#include <sys/utsname.h>
#include <unistd.h>

int sys_uname(struct utsname *buf)
```

`sys_uname()` gibt Informationen über das System zurück. Die Informationen stehen in der Struktur `buf` vom Typ `utsname` (in `<linux/utsname.h>` definiert).

Anhang A.1   Die Prozeßverwaltung

```
struct utsname {
   char sysname[65];     /* Name des Betriebssystems    */
   char nodename[65];    /* Name des Rechners           */
   char release[65];     /* Release des Betriebssystems */
   char version[65];     /* Version des Betriebssystems */
   char machine[65];     /* Prozessortyp                */
   char domainname[65];  /* Rechnerdomain               */
};
```

Die Release ist die aktuelle Entwicklung des Systems (1.0) und Version die aktuelle Übersetzung (#13).

POSIX definiert nur 8 Byte lange Einträge der Struktur (plus Platz für das Null-Byte).

Fehler:

EFAULT – wenn `buf` NULL ist.

Systemruf vm86	LINUX

Datei: kernel/sys.c

```
#include <sys/vm86.h>
```

```
int sys_vm86(struct vm86_struct * info)
```

Der Aufruf `sys_vm86()` setzt den Prozeß in den virtuellen 8086-Modus. Zur Steuerung kann der Registersatz des 8086, `regs`, belegt werden.

```
struct vm86_struct {
   struct vm86_regs regs;
   unsigned long flags;
   unsigned long screen_bitmap;
};
```

Die Register DS, ES, FS und GS werden auf 0 gesetzt.

Der Aufruf speichert den aktuellen Stack des Kerns, überprüft die gesetzten `flags` und springt dann in den virtuellen Modus. Verwendet wird der Aufruf vom DOS-Emulator.

Fehler:

EPERM – wenn der Stack bereits gespeichert ist.

| Systemruf | wait4 | 4.3+BSD |
| | waitpid | POSIX |

Datei: kernel/exit.c

```
#include <unistd.h>

pid_t sys_waitpid(pid_t pid, int *stat_addr,
   int options);

int sys_wait4(pid_t pid, unsigned long *stat_addr,
   int options, struct rusage *ru);
```

sys_wait4() wartet auf die Beendigung des Prozesses pid und gibt eine Struktur zurück, in der Informationen über benutzte Ressourcen des Prozesses und seiner Kinder stehen. Als Optionen sind als Werte die Makros WUNTRACED und WNOHANG möglich. Bei WUNTRACED wird der Elternprozeß von einer erfolgreichen Beendigung des Kindes benachrichtigt. Bei gesetztem WNOHANG blockiert sys_wait4() nicht. In diesem Fall ist der Rückgabewert gleich 0. Der Aufruf fragt in einer Schleife alle Kindprozesse ab, ob sich einer im Zustand ZOMBIE befindet. Wenn kein Prozeß gefunden wurde, kehrt sys_wait4() bei gesetztem WNOHANG zurück. Ansonsten wird der Scheduler aufgerufen und die Schleife erneut durchlaufen. Bei pid gleich 0 sucht sys_wait4() in der eigenen Gruppe. Wenn pid kleiner als 0 ist, wird -pid als Gruppe verwendet.

sys_wait4() kehrt zurück, wenn der Prozeß (auf den gewartet wird) terminiert oder ein Zombie ist, WNOHANG gesetzt ist oder ein nichtblockiertes Signal eintraf.

Zurückgegeben wird eine negative Zahl im Fehlerfall, die PID des beendeten Prozesses oder 0 (bei WNOHANG).

stat_addr ist ungleich 0, außer wenn WNOHANG gesetzt und der Prozeßstatus ungleich TASK_STOPPED ist. In *stat_addr steht der Rückgabewert des Prozesses. Die Struktur ru wird über sys_getrusage() gefüllt.

sys_waitpid() wartet auf den Prozeß pid mit den angegebenen Optionen options. Der Aufruf sys_waitpid() wird nur noch aus Kompatibilitätsgründen bereitgestellt.

```
asmlinkage int sys_waitpid(pid_t pid,
   unsigned long * stat_addr, int options)
{
   return sys_wait4(pid, stat_addr, options, NULL);
}
```

wait() wird bereits nicht mehr als Systemaufruf, sondern nur noch als Bibliotheksfunktion angeboten.

```
pid_t wait(int *wait_stat)
{
   return sys_wait4(WAIT_ANY, wait_stat, 0, NULL);
}
```

Das genaue Zusammenspiel von `wait()`, `sys_exit()` und dem Scheduler ist in Abschnitt 3.2.3 beschreiben.

Fehler:

ERESTARTSYS – wenn WNOHANG nicht gesetzt wurde und der Prozeß ein nicht-blockiertes Signal oder ein SGICHLD erhielt.

ECHILD – wenn der Kindprozeß `pid` nicht existiert.

A.2 Das Dateisystem

Die folgenden Systemaufrufe stellen den Kontakt mit dem Dateisystem her. Aufgrund des virtuellen Dateisystems in LINUX ist der Übergang vom Nutzer zum Kern nur eine Zwischenstufe der eigentlichen Arbeit.

Fast alle Aufrufe führen erst einen Parameter-Check durch und rufen dann die entspreche Inode- oder File-Operation auf.

Alle Aufrufe, die mit dem Dateisystem arbeiten und einen Parameter `path` besitzen, verwenden die Funktion `sys_namei()`. Diese Funktion versucht, die zum Namen gehörige Inode zu ermitteln. Die dazugehörigen Fehlermeldungen sind nicht bei jedem Aufruf extra aufgeführt, eine komplette Übersicht ist bei `sys_open()` zu finden.

Systemruf access	POSIX

Datei: fs/open.c

```
#include <unistd.h>

int sys_access(const char *filename, int mode)
```

Der Aufruf `sys_access()` überprüft, ob die Zugriffsrechte der Datei `filename` mit den in `mode` angegebenen Zugriffsrechten übereinstimmen. Dabei werden aber die s-Bits und das t-Bit nicht berücksichtigt.

Fehler:

EINVAL – wenn die in `mode` angegebenen Rechte nicht mit den Rechten der Datei übereinstimmen oder die Datei `filename` nicht existiert.

EACCESS – wenn der Zugriff mit den angegebenen Rechten nicht erlaubt ist.

Systemruf chdir fchdir	POSIX

Datei: fs/open.c

```
#include <unistd.h>

int sys_chdir(const char *path)
int sys_fchdir(unsigned int fd)
```

Anhang A.2   Das Dateisystem   283

sys_chdir() setzt das aktuelle Arbeitsverzeichnis auf den in path angegebenen Pfad. Dazu ermittelt es die zu path gehörige Inode und trägt sie in die Task-Struktur als PWD ein.

Fehler:

ENOTDIR – wenn path kein Verzeichnis ist.

ENOENT – wenn es für path keinen Inode gibt.

EACCES – wenn keine Ausführungsrechte für das Verzeichnis gesetzt sind.

Systemruf	chmod	fchmod	POSIX
	chown	fchown	

Datei: fs/open.c

```
#include <sys/types.h>
#include <unistd.h>
#include <sys/stat.h>

int sys_chmod(const char *filename, mode_t mode)
int sys_fchmod(int fildes, mode_t mode)
int sys_chown(const char *filename,
    uid_t owner, gid_t group)
int sys_fchown(int fd, uid_t owner, gid_t group)
```

sys_chmod() setzt die Rechte der Datei filename auf die in mode angegebenen Rechte. Bei sys_fchmod() wird statt des Namens der Datei ein Deskriptor angegeben.

sys_chown() ändert den Besitzer und die Gruppe einer Datei in owner und group. Der Aufruf sys_fchown() hat dieselbe Funktion, nur daß ein Deskriptor angegeben wird.

Alle vier Aufrufe tragen ihre Informationen in die Inode ein. Diese Systemaufrufe können nur der Besitzer der Datei oder der Superuser ausführen.

Fehler:

EACCESS – wenn die EUID des Prozesses ungleich der UID der Datei bzw. ungleich 0 ist.

ENOENT – wenn die Datei nicht existiert.

EROFS – wenn das Dateisystem nur lesbar ist.

| **Systemruf** chroot |

Datei: fs/open.c

```
#include <unistd.h>
```

```
int sys_chroot(const char* path)
```

sys_chroot() setzt das root-Verzeichnis für den aufrufenden Prozeß auf path. Der Aufruf ermittelt die zu path gehörige Inode und trägt sie als root in die Taskstruktur ein. Die EUID des Prozesses muß dabei 0 sein.

Fehler:

EPERM – wenn ein nichtprivilegierter Benutzer den Aufruf ausführt.

EROFS – wenn das Verzeichnis in einem read-only-Dateisystem liegt.

ENAMETOOLONG – wenn der angegebene Name zu lang ist.

ENOENT – wenn das Verzeichnis nicht existiert.

ENOTDIR – wenn ein Teil des Pfades kein Verzeichnis, sondern eine Datei ist.

| **Systemruf** dup dup2   POSIX |

Datei: fs/fcntl.c

```
#include <unistd.h>
```

```
int sys_dup(int oldfd)
int sys_dup2(int oldfd, int newfd)
```

sys_dup() und sys_dup2() erzeugen eine Kopie des Filedeskriptors. Die beiden Deskriptoren sind identisch. Sie haben die gleiche Position in der Datei und die gleichen Flags, nur das Flag close_on_exec wird bei dem neuerzeugten Deskriptor newfd gelöscht.

sys_dup() gibt den ersten freien Deskriptor für die Kopie zurück. sys_dup2() benutzt newfd als Kopie. Falls newfd noch nicht frei ist, wird die entsprechende Datei vorher geschlossen. Die beiden Systemaufrufe werden auf die Funktion dupfd(old,new) abgebildet.

Fehler:

EBADF – wenn ein ungültiger Deskriptor verwendet wird.

EMFILE – wenn bei sys_dup() kein Deskriptor mehr frei ist.

Systemruf execve	POSIX

Datei: fs/exec.c

```
#include <unistd.h>

int sys_execve(const char *filename,
   const char *argv[], const char *envp)
```

sys_execve() führt ein mit filename angegebenes Programm aus. In *argv[] können dem angegebenen Programm Argumente übergeben werden, in *envp steht die Umgebung, in der der Prozeß laufen soll. Die Datei filename muß eine Binärdatei oder ein Skript sein. Das Skript muß dabei mit #! beginnen und die erste Zeile darf nicht länger als 127 Zeichen sein.

Das mit sys_execve() aufgerufene Programm überlagert den rufenden Prozeß vollständig, d.h. Text- und Datensegment sowie Stack und BSS werden mit denen des geladenen Programms überschrieben. Das Programm übernimmt die PID des rufenden Prozesses und seine geöffneten Dateideskriptoren. Noch anstehende Signale werden gelöscht. Bei einem Fehler wird eine negative Zahl zurückgegeben, bei Erfolg gibt es keinen Rückgabewert. Die Implementierung des Aufrufs ist in Abschnitt 3.2.3 beschrieben.

Wenn der aktuelle Prozeß mit ptrace() ausgeführt wird, liefert der Aufruf sys_execve() nach erfolgreicher Beendigung ein SIGTRAP.

Wenn der rufende Prozeß mit sys_ptrace() läuft, ignoriert sys_exec() die eventuell gesetzten s-Bits bei filename und setzt die eigene EUID und EGID. sys_execve() analysiert die Datei filename und ruft die Funktion zum Laden des Programmcodes entsprechend des Binär-Formats der Datei auf.

Die Aufrufe execl*() und execv*() sind als Bibliotheksfunktionen implementiert. Bei execv() wird die aktuelle Umgebung sys_execve() mitgegeben und bei execvp() der Kommandoname im Pfad gesucht und ein neues Argument zusammengebaut. Bei Aufrufen der Form execl*() wird zusätzlich die übergebene Argumentliste in einen Vektor argv kopiert.

Fehler:

EACCESS – wenn die Ausführung der Datei filename nicht erlaubt ist.

ENOENT – wenn die Datei nicht existiert.

ENOEXEC – wenn keine Dateiidentifikation (die Magic Number) oder keine Shell nach #! gefunden wurde.

E2BIG – wenn kein Speicher im Kern frei ist.

Systemruf fcntl	POSIX

Datei: fs/fcntl.c
      net/inet/sock.c

```
#include <unistd.h>
#include <fcntl.h>

int sys_fcntl(int fd, int cmd, ...)
```

Der Systemaufruf `sys_fcntl()` ändert die Eigenschaften einer geöffneten Datei fd. Die entsprechende Operation wird mit cmd festgelegt:

- F_DUPFD - Eine Kopie von fd wird in arg abgelegt.

  Das entspricht der Funktionalität von `sys_dup2()`. Es gibt aber unterschiedliche Fehlermeldungen.

  Bei Erfolg wird der neue Deskriptor zurückgegeben.

- F_GETFD - Liest das `close-on-exec`-Flag. Wenn das unterste Bit 0 ist, bleibt die Datei bei `exec()` geöffnet, ansonsten wird sie geschlossen.

- F_SETFD - Setzt das `close-on-exec`-Flag auf den in arg angegebenen Wert. Dabei wird nur das unterste Bit berücksichtigt.

- F_GETFL - Liest die Flags des Deskriptors. Die Flags sind dieselben wie in `sys_open()` beschrieben.

- F_SETFL - Setzt die Flags auf den in arg angegebenen Wert. Intern werden nur O_APPEND und O_NONBLOCK gesetzt. Die Flags und ihre Semantik entsprechen denselben wie bei `sys_open()`.

- F_GETLK, F_SETLK und F_SETLKW - Erlauben das Setzen und Lesen des `lock`-Flags einer Datei.

- F_GETOWN - Gibt die PID (PGRP) des Prozesses zurück, der den Socket fd benutzt. Prozeßgruppen werden als negative Werte zurückgegeben.

- F_SETOWN - Setzt die PID (PGRP) für den angegebenen Prozeß. Prozeßgruppen werden als negative Werte angegeben.

Wenn der Dateideskriptor fd mit einem Socket verbunden ist, wird der Aufruf auf die entsprechende Funktion für Sockets abgebildet.

Die Rückgabewerte hängen von der angegebenen Operation ab:

- F_DUPFD - der neue Deskriptor
- F_GETFD - der Wert des `close_on_exec`-Flags
- F_GETFL - die Werte der Flags
- F_GETOWN - PID (PGRP) des Prozesses

Fehler:

EBADF – wenn `fd` kein Deskriptor einer geöffneten Datei ist.

EINVAL – wenn bei F_DUPFD ein negativer oder zu großer Wert für `arg` angegeben wurde oder der Prozeß sein Maximum an offenen Dateien schon erreicht hat.

Systemruf ioctl	4.3+BSD

Datei: fs/ioctl.c

```
#include <sys/ioctl.h>

int sys_ioctl(int d, int request, ...)
```

Das dritte Argument ist traditionell `char *argp` und wird im Code auch so verwendet.

Der `sys_ioctl()`-Aufruf manipuliert die Parameter eines Geräts. Benutzt wird dieser Aufruf hauptsächlich bei der Steuerung von Gerätetreibern. Der erste Parameter ist ein geöffneter Deskriptor der entsprechenden Datei.

Im Argument `request` wird die gewünschte Funktion angegeben. Makros und Definitionen für die Verwendung dieses Aufrufes sind in `<linux/ioctl.h>` zu finden.

Die meisten Aufrufe werden an die `ioctl`-Funktionen des Dateisystemes weitergegeben.

Fehler:

EBADF – wenn `d` ungültig ist.

ENOTTY – wenn `d` sich nicht auf ein zeichenorientiertes Gerät bezieht oder der benutzte `request` vom Gerät `d` nicht unterstützt wird.

EINVAL – wenn `request` oder `argp` ungültig sind.

Systemruf	link	unlink	POSIX
	rename	rmdir	
	symlink		

Datei: fs/namei.c

```
#include <unistd.h>

int sys_link(const char *oldname, const char *newname)
int sys_rename(const char *oldname, const char *newname)
int sys_rmdir(const char *name)
int sys_symlink(const char *oldname, const char *newname)
int sys_unlink(const char *name)
```

sys_link() und sys_symlink() erzeugen Verweise (Links) und symbolische Verweise (Softlinks) mit dem Namen newname, die auf oldname verweisen. sys_rename() arbeitet mit den selben Parametern wie sys_link(), aber es löscht die alte Datei. Der Aufruf sys_unlink() dekrementiert den zu name gehörigen Link-Zähler. Ist dieser gleich 0, wird die Datei gelöscht. sys_rmdir() arbeitet ähnlich wie sys_unlink(), entfernt aber das Verzeichnis. Der Systemaufruf wird intern immer auf die entsprechende Inode-Funktion umgesetzt.

Fehler:

EACCESS – wenn das Verzeichnis keine Ausführungsrechte hat.

ENOENT – wenn oldname nicht existiert oder der Pfadname ungültig ist.

ENOTDIR – wenn name bei sys_rmdir() kein Verzeichnis ist.

EPERM – wenn die Inode der Datei den Link nicht erlaubt, newname ungültig ist oder das Dateisystem die Operation nicht unterstützt.

EXDEV – wenn oldname und newname bei sys_link() auf verschiedenen Dateisystemen liegen.

Anhang A.2   Das Dateisystem

Systemruf lseek	POSIX

Datei: fs/read_write.c

```
#include <sys/types.h>
#include <unistd.h>

off_t sys_lseek(int filedes, off_t offset, int origin)
```

sys_lseek() setzt eine neue aktuelle Position der Datei relativ zu offset und origin. LINUX versucht erst die sys_lseek()-Funktion des Dateisystemes zu verwenden, zu dem die Datei gehört. Wenn dieses keine lseek-Funktion besitzt, wird die neue Position selbst berechnet. Allerdings gibt es noch kein Dateisystem, das diese Funktion zur Verfügung stellt. Die Werte für origin sind in <unistd.h> angegeben:

- SEEK_SET, dann gibt offset die absolute Position an.

- SEEK_CUR, dann ergibt sich die neue Position als Summe aus offset und aktueller Position.

- SEEK_END, sys_lseek() positioniert relativ zum Dateiende.

Die neue absolute Adresse wird zurückgegeben. Man kann die aktuelle Position einfach mit sys_lseek(filedes,0,SEEK_CUR) ermitteln. Die Größe einer Datei erhält man einfach mit sys_lseek(filedes,-1,SEEK_END).

Fehler:

EBADF – wenn filedes ungültig ist.

EINVAL – wenn offset größer 2 ist.

ESPIPE – wenn filedes auf eine Pipe zeigt.

Systemruf mount umount	SVR4

Datei: fs/super.c

```
#include <unistd.h>

int sys_mount(const char *devname, const char *dir, int rw_flag)
int sys_umount(const char *devname)
```

`sys_mount()` richtet das Dateisystem, das sich auf dem Blockgerät `devname` befindet, im Verzeichnis `dirname` ein. Die Funktionsweise ist in Abschnitt 6.2.1 beschrieben. `sys_umount()` entfernt das Gerät wieder.

Fehler:

EBUSY – wenn ein Prozeß im Verzeichnis arbeitet oder `sys_mount()` versucht, auf das Root-Verzeichnis zuzugreifen.

ENOENT – wenn das Gerät oder das Verzeichnis nicht existieren.

ENOTBLK – wenn versucht wird, `sys_umount()` auf ein Nicht-Blockgerät anzuwenden.

EPERM – wenn `devname` kein Blockgerät, `dir` kein Verzeichnis oder das Dateisystem schon gemountet ist.

Systemruf	creat	open	POSIX
	mkdir	mknod	4.3+BSD
			SVR4

Datei: fs/open.c
fs/namei.c

```
#include <sys/types.h>
#include <unistd.h>

int sys_creat(const char *file_name, mode_t mode)
int sys_mkdir(const char *file_name, mode_t mode)
int sys_mknod(const char *file_name,
   mode_t mode, dev_t dev)
int sys_open(const char *file_name, int flag, int mode)
```

`sys_open()` öffnet eine mit `file_name` angegebene Datei in der mit `flag` angegebenen Art.

Die möglichen Werte für `flag` sind in `<linux/fcntl.h>` definiert:

- O_RDONLY - Die Datei wird nur zum Lesen geöffnet.

- O_WRONLY - Die Datei wird nur zum Schreiben geöffnet.

- O_RDWR - Lesen und Schreiben ist möglich.

- O_CREAT - Die Datei wird angelegt, wenn sie nicht existiert. Dabei muß der dritte Parameter `mode` angegeben werden. `mode` wird dann mit `umask` verknüpft (~umask & mode).

- `O_EXCL` - Es wird ein Fehler zurückgegeben, wenn `O_CREAT` angegeben ist und die Datei schon existiert.
- `O_NOCTTY` - Ist nicht implementiert.
- `O_TRUNC` - Wenn die Datei existiert und schreibbar ist, wird sie auf die Größe 0 gesetzt.
- `O_APPEND` - Bei Schreiboperationen werden Daten an die Datei angehängt.
- `O_NONBLOCK` - Wenn `file_name` ein FIFO oder ein Special File ist, wird `sys_open()` nicht blockiert.
- `O_NDELAY` - Ist nicht implementiert.

`sys_creat()` ist mittels `sys_open()` implementiert.

```
asmlinkage int sys_creat(const char * pathname, int mode)
{
    return sys_open(pathname, O_CREAT | O_WRONLY | O_TRUNC, mode);
}
```

Trotzdem wird, im Gegensatz zu `sys_wait()`, ein eigener Systemaufruf und keine Bibliotheksfunktion verwendet.

`sys_mkdir()` arbeitet äquivalent zu `sys_creat()`, legt aber statt einer Datei ein Verzeichnis an. `sys_mknod()` legt eine Datei für ein Gerät an. Dabei gibt `dev` die Gerätenummer und `mode` den Gerätetyp und die Zugriffsrechte für den Dateinamen an. Dieser Aufruf ist nur für den Superuser zugelassen.

Fehler:

EACCESS – wenn das Verzeichnis keine Ausführungsrechte hat.

EINVAL – wenn keine freien Dateideskriptoren für das System oder den Prozeß zur Verfügung stehen. Beide Werte sind in `<linux/fs.h>` festgelegt.

EEXIST – wenn eine Datei angelegt werden soll, die schon als Verzeichnis existiert.

EISDIR – wenn ein Verzeichnis geöffnet werden soll, das nicht lesbar ist, oder bei `sys_open()` die Flags `O_CREATE` bzw. `O_TRUNC` gesetzt sind.

ENOENT – wenn der Pfadname ungültig ist.

EPERM – wenn die Inode der Datei die ausgeführte Operation nicht erlaubt.

Systemruf pipe	POSIX

Datei: fs/pipe.c

```
#include <unistd.h>

int sys_pipe(int filedes[2])
```

`sys_pipe()` erzeugt zwei Deskriptoren und schreibt sie in ein durch `filedes` adressiertes Feld. `filedes[0]` ist für Leseoperationen und `filedes[1]` für Schreiboperationen geöffnet.

Fehler:

EMFILE – wenn im System keine Deskriptoren mehr frei sind.

ENFILE – wenn für den Prozeß keine Deskriptoren mehr frei sind.

EINVAL – wenn `filedes` ungültig ist.

Systemruf write read	POSIX

Datei: fs/read_write.c

```
#include <sys/types.h>
#include <unistd.h>

int sys_read(int fildes, void *buf, unsigned int count)
int sys_write(int fildes, const void *buf, unsigned int count)
```

`sys_read()` versucht, `count` Bytes aus der Datei `fildes` zu lesen. Die Bytes werden im Speicher `buf` abgelegt. Der Systemaufruf `sys_write()` arbeitet mit denselben Parametern, nur daß die Bytes in den Deskriptor geschrieben werden. Zurückgegeben wird die Anzahl der tatsächlich gelesenen bzw. geschriebenen Bytes, 0 bei EOF und eine negative Zahl im Fehlerfall. Aufgerufen werden letztendlich die entsprechende File-Operationen.

Fehler:

EBADF – wenn der Deskriptor `fildes` ungültig ist, wenn die Datei beim Aufruf `sys_read()` nur zum Schreiben oder bei m Aufruf `sys_write()` nur zum Lesen geöffnet wurde.

EINVAL – wenn für die Datei keine Schreib- bzw. Leserechte gesetzt sind.

Systemruf readdir POSIX

Datei: fs/read_write.c

```
int sys_readdir(unsigned int fd, struct dirent *dirent,
   unsigned int count);
```

Der Aufruf `sys_readdir()` füllt die Struktur `dirent` mit den Daten des Verzeichnisses `fd`. Er gibt die Anzahl der gelesenen Zeichen zurück. Der Zähler `count` wird nicht benutzt. In Zukunft kann man damit angeben, wieviele Einträge gelesen werden sollen. LINUX gibt den Aufruf an die Operationen des Virtuellen Dateisystems weiter, indem er die entsprechende File-Operation aufruft (siehe Abschnitt 6.2.6).

Der Systemaufruf wird von der Bibliotheksfunktion `readdir(DIR *dirp)` verwendet. Sie setzt `count` auf 1, ruft den Systemaufruf auf und gibt einen Zeiger auf die gelesenen Daten zurück.

```
struct dirent *readdir(DIR * dir)

struct dirent {
   long             d_ino;
   off_t            d_off;
   unsigned short   d_reclen;
   char             d_name[NAME_MAX+1];
};

typedef struct {
   int dd_fd;
   int dd_loc;
   int dd_size;
   struct dirent *dd_buf;
} DIR;
```

Fehler:

EBADF – wenn `fd` ungültig ist.

ENOTDIR – wenn keine File-Operation `sys_readdir()` existiert.

Systemruf readlink   POSIX

Datei: fs/stat.c

```
#include <unistd.h>

int sys_readlink(const char *path, char *buf, int bufsize)
```

Wenn bei `sys_open()` keine Datei, sondern ein symbolischen Verweis angegeben wird, öffnet `sys_open()` die Datei, auf die der Verweis zeigt. Es wird dafür also eine eigene Funktion benötigt. Der Aufruf `sys_readlink()` liest `bufsize` Zeichen aus dem Verweis in den Puffer `buf`. Er liest aus der Datei, in der der Verweis eingetragen ist und nicht aus der Datei, auf die der Verweis zeigt.

Es wird kein Null-Bit an das Ende von `buf` angehängt. In LINUX führt dieser Aufruf erst die Parametertests durch und ruft dann die entsprechende Inode-Operation auf.

Fehler:

EINVAL – wenn `bufsize` negativ ist, der Aufruf vom Dateisystem nicht unterstützt wird oder `path` kein Verweis ist.

ENOENT – wenn `path` nicht existiert.

Systemruf select   4.3+BSD

Datei: fs/select.c

```
#include <sys/time.h>
#include <sys/types.h>
#include <unistd.h>

int sys_select(int numfds, fd_set *readfds,
    fd_set *writefds , fd_set *exceptfds,
    struct timeval * timeout);
```

Der Aufruf `sys_select()` erlaubt das Multiplexen von Ein- und Ausgabeoperationen. Der Prozeß schläft nach dem Aufruf, bis einer der Deskriptoren in `readfds`, `writefds` oder `exceptfds` verfügbar oder das Zeitintervall `timeout` abgelaufen ist. Die Deskriptoren sind dabei als Bitfelder angelegt, eine 1 bedeutet, daß die entsprechende Operation ohne Blockierung ausgeführt werden kann.

Die Funktion gibt die Anzahl der verfügbaren Deskriptoren zurück. Außerdem wird `timeout` aktualisiert.

Für die Verwendung sind mehrere Makros definiert:

Anhang A.2 Das Dateisystem

- FD_ZERO(fd_set * set) - Löscht alle Bits in fdset
- FD_CLR(int fd, fd_set *set) - Löscht den Deskriptor fd in set.
- FD_SET(int fd, fd_set *set) - Setzt den Deskriptor fd in set.
- FD_ISSET(int fd, fd_set *set) - Testet den Deskriptor fd in set. Gibt einen Wert ungleich 0 zurück, wenn fd gesetzt ist.

Fehler:

EBADF – wenn sich in einem der Felder ein ungültiger Deskriptor befindet.

EINTR – wenn ein nichtblockiertes Signal eintraf.

EINVAL – wenn fd negativ ist.

ENOMEM – wenn im Kern nicht genug Speicher für interne Tabellen frei ist.

Systemruf	stat
	fstat
	lstat

Datei: fs/stat.c

```
#include <sys/stat.h>
#include <unistd.h>

int stat (const char *file_name, struct stat *buf)
int fstat (int fd, struct stat *buf)
int lstat (const char *file_name, struct stat *buf)
```

sys_stat(), sys_fstat() und sys_lstat() geben eine gefüllte Datenstruktur zurück, die in <sys/stat.h> definiert ist:

```
struct stat {
    dev_t           st_dev;
    unsigned short  __pad1;
    ino_t           st_ino;
    umode_t         st_mode;
    nlink_t         st_nlink;
    uid_t           st_uid;
    gid_t           st_gid;
    dev_t           st_rdev;
    unsigned short  __pad2;
    off_t           st_size;
```

```
    unsigned long         st_blksize;
    unsigned long         st_blocks;
    time_t                st_atime;
    unsigned long         __unused1;
    time_t                st_mtime;
    unsigned long         __unused2;
    time_t                st_ctime;
    unsigned long         __unused3;
    unsigned long         __unused4;
    unsigned long         __unused5;
};
```

Diese Struktur hat eine Größe von 64 Byte.

sys_stat() gibt die Daten für die Datei file_name zurück. sys_lstat() arbeitet für Links; es gibt die Daten für den Link selbst zurück. sys_fstat() ist identisch mit sys_stat(), es verwendet jedoch statt des Namens einen Deskriptor fd.

Alle drei Aufrufe ermitteln die Inode des übergebenen Objekts und rufen die Kernfunktion cp_new_stat auf.

Die Funktion cp_new_stat() liest die meisten Daten einfach aus dem Inode. Wenn das Dateisystem st_blocks und st_blksize nicht unterstützt, werden sie mit Hilfe eines einfachen Algorithmus ermittelt.

Fehler:

EBADF – wenn fd ungültig ist.

ENOENT – wenn file_name nicht existiert.

| **Systemruf** | **statfs** | SVR4 |
| | **fstatfs** | |

Datei: fs/open.c

```
#include <sys/vfs.h>

int sys_statfs(const char *path, struct statfs *buf)
int sys_fstatfs(int fd, struct statfs *buf)
```

Die Aufrufe geben Informationen über ein Dateisystem zurück. path ist irgendeine Datei im Dateisystem. Die Struktur buf ist in <linux/vfs.h> definiert:

```
struct statfs {
    long    f_type;     /* Typ des Dateisystems              */
```

Anhang A.2   Das Dateisystem

```
    long     f_bsize;       /* optimale Blockgröße           */
    long     f_blocks;      /* Anzahl der Blöcke             */
    long     f_bfree;       /* Gesamtzahl der freien Blocke  */
    long     f_bavail;      /* freie Blöcke für Nutzer       */
    long     f_files;       /* Anzahl der Inodes             */
    long     f_ffree;       /* Anzahl der freien Inodes      */
    fsid_t   f_fsid;        /* ID des Dateisystems           */
    long     f_namelen;     /* max. Dateinamenlänge          */
    long     f_spare[6];    /* nicht benutzt                 */
};
```

Felder, die im aktuellen Dateisystem nicht definiert sind, werden auf -1 gesetzt. Die Daten werden über die Inode mit den Superblock-Operationen ausgelesen (siehe Abschnitt 6.2.2).

```
asmlinkage int sys_statfs(const char * path,
    struct statfs * buf)
{

    error=sys_namei(path,&inode);
    if (error) return error;
    inode->i_sb->s_op->sys_statfs(inode->i_sb, buf);
    return 0;
}
```

`sys_fstatfs()` liefert dieselben Informationen für einen Deskriptor `fd`.

Fehler:

EIO – wenn während des Lesens ein I/O-Fehler auftrat.

EBADF – wenn `fd` kein gültiger Deskriptor ist.

EFAULT – wenn `buf` auf eine ungültige Adresse zeigt.

Systemruf	sync	SVR4
	fsync	4.3BSD

Datei: fs/buffer.c

```
#include <unistd.h>

int  sys_sync(void)
int sys_fsync(int fd)
```

`sys_sync()` schreibt alle im Speicher gehaltenen Informationen über Puffer, Superblock und Inodes auf die Platte. Die Funktion gibt immer 0 zurück. Der Aufruf wird in zwei Stufen abgearbeitet.

```
void sync_dev(dev_t dev)
{
   sync_buffers(dev, 0);
   sync_supers(dev);
   sync_inodes(dev);
   sync_buffers(dev, 0);
}

asmlinkage int sys_sync(void)
{
   sync_dev(0);
   return 0;
}
```

Der Aufruf `sys_fsync()` schreibt die im Speicher gehaltenen Daten der Datei `fd` zurück. Dazu ermittelt er die Inode und ruft die File-Operationen auf.

Systemruf	truncate	4.3+BSD
	ftruncate	

Datei: fs/open.c

```
#include <unistd.h>

int sys_truncate(const char *path, size_t length)
int sys_ftruncate(int fd, size_t length)
```

`sys_truncate()` kürzt die Datei `path` auf die Größe `len` Bytes. Wenn die Datei größer ist, sind die Daten verloren. Es wird die entsprechende Inode-Operation ausgeführt und `ctime` sowie `atime` werden aktualisiert.

Anhang A.2 Das Dateisystem

sys_ftruncate() führt die gleiche Operation für die hinter fd stehende Datei durch.

Fehler:

EACCES – wenn die Datei path keine Schreibrechte hat.

EROFS – wenn die Datei sich in einem readonly-Dateisystem befindet.

EBADF – wenn bei sys_ftruncate() ein ungültiger Deskriptor verwendet wird.

ENOTDIR – wenn ein Bestandteil von path kein Verzeichnis ist.

ENOENT – wenn die Datei nicht existiert.

ETXTBSY – wenn die Datei gerade ausgeführt wird.

Systemruf uselib	LINUX

Datei: fs/exec.c

```
#include <unistd.h>

int sys_uselib(char *library)
```

sys_uselib() wählt eine Shared Library für den aktuellen Prozeß aus. Dabei wird in die Datenstruktur linux_binfmt (<linux/binfmts.h>) die neue Bibliothek eingetragen.

Fehler:

ENOEXEC – wenn library nicht ausführbar ist.

EACCES – wenn library nicht lesbar ist.

Systemruf umask	POSIX

Datei: kernel/sys.c

```
#include <unistd.h>

int sys_umask(mode_t mask)
```

sys_umask() setzt die Maske für die Zugriffsrechte einer Datei. Diese Maske wird in sys_open() bei der Erzeugung einer Datei verwendet. Der dort angegebene mode wird mit umask überlagert (mode &= 7777 & ~current->umask). Die alte Maske wird zurückgegeben.

Als neue Maske wird der Wert mask & S_IRWXUGO (0777) verwendet.

```
asmlinkage int sys_umask(int mask)
{
   int old = current->umask;
   current->umask = mask & S_IRWXUGO;
   return (old);
}
```

Systemruf   utime   POSIX

Datei: fs/open.c

```
#include <utime.h>
#include <unistd.h>

int sys_utime(const char *filename,
   const struct utimbuf *buf);
```

sys_utime() setzt die Zeitstempel der Datei filename auf die in buf angegebenen Werte. Wenn buf 0 ist, wird die aktuelle Zeit gesetzt. Die Struktur buf ist in der Header-Datei <linux/utime.h> definiert:

```
struct utimbuf {
   time_t actime;
   time_t modtime;
};
```

Beide Zeitangaben sind UNIX-Sekunden, entsprechend sys_time(). Der Zeitpunkt der letzten Änderung (st_ctime) wird bei Ausführung von sys_utime() automatisch gesetzt.

Fehler:

ENOENT – wenn die Datei filename nicht existiert.

Systemruf vhangup	LINUX

Datei: fs/open.c

```
#include <unistd.h>

int sys_vhangup(void)
```

sys_vhangup() führt ein hangup für das aktuelle Terminal durch. Der Aufruf wird z.B. von init() benutzt, um den Anwendern ein sauberes Login-Terminal zur Verfügung zu stellen, auf dem keine Prozesse mehr arbeiten.

Die aufgerufene Funktion sys_tty_vhangup() ist in drivers/tty_io.c implementiert. Darin werden alle Prozesse, die mit dem Terminal arbeiten, aufgeweckt, die laufende Sitzung abgebrochen und der entsprechende tty-Wert aller Prozesse auf -1 gesetzt.

Das v steht für *virtuell*. Das heißt aber nicht, daß das hangup nur simuliert wird, sondern daß dieser Aufruf für die virtuellen Terminals verwendet wird.

Fehler:

EPERM – wenn ein nichtprivilegierter Benutzer sys_vhangup() aufruft.

A.3 Die Kommunikation

Für die Kommunikation gibt es nur zwei Systemaufrufe. Das mag zwar auf den ersten Blick verwirren, aber es steht die volle Schönheit der gebräuchlichen Systemaufrufe als Bibliotheksfunktionen zur Verfügung.

Durch diese Zusammenfassung ist die Implementierung einfacher geworden, denn die gewünschte Funktionalität ist z.B bei `sys_ipc()` leicht zu definieren. Wenn es allerdings darum geht, die richtigen Parameter auf den Stack zu legen, wird es schnell undurchsichtig. Deshalb gibt es die gewohnten Rufe wie `semget()` als Bibliotheksfunktionen.

Systemruf ipc	LINUX

Datei: ipc/util.c

```
#include <unistd.h>
#include <sys/ipc.h>


int sys_ipc (uint call, int first, int second,
   int third, void *ptr)
```

Der Aufruf `sys_ipc()` erlaubt die vollständige Verwendung der SVR4-Prozeßkommunikation mit Hilfe eines Aufrufs.

Alle Aufrufe, die mit Messages, Shared Memory oder Semaphoren arbeiten, werden auf diesen Aufruf abgebildet. Der Parameter `call` legt die genaue Funktion fest.

Die Werte sind in `<linux/ipc.h>` definiert:

- SEMGET - Funktion entspricht `semget()`.

- SEMCTL - Funktion entspricht `semctl()`.

- MSGGET - Funktion entspricht `msgget()`.

- MSGSND - Funktion entspricht `msgsnd()`.

- MSGRCV - Funktion entspricht `msgrcv()`.

- MSGCTL - Funktion entspricht `msgctl()`.

- SHMGET - Funktion entspricht `shmget()`.

- SHMAT - Funktion entspricht `shmat()`.

Anhang A.3 Die Kommunikation 303

- SHMDT - Funktion entspricht `shmct()`.

- SHMCTL - Funktion entspricht `shmget()`.

Durch die Angabe von `call` werden die restlichen Parameter festgelegt. Die Bibliothek stellt natürlich die gewohnten Funktionen zur Verfügung. Sie werden, auf dem Umweg über `ipc()`, auf den Aufruf `sys_ipc()` abgebildet (Beispiel `semget()`).

```
int semget (key_t key, int nsems, int semflg)
{
   return ipc (SEMGET, key, nsems, semflg, NULL);
}
```

Fehler:

EINVAL – wenn für `call` ein ungültiger Wert angegeben wird.

Systemruf   socketcall   LINUX

Datei: net/socket.c

```
#include <unistd.h>
#include <sys/socketcall.h>

int sys_socketcall(int call, long int *args)
```

Genau wie es einen Aufruf für die SVR4-IPC gibt, gibt es einen Aufruf für die Socket-Programmierung. Der Aufruf `sys_socketcall()` erlaubt die vollständige Socket-Programmierung mit Hilfe eines Aufrufs.

Der Parameter `call` legt die genaue Funktionalität fest. Definiert sind folgende Makros in `<linux/net.h>`:

- SYS_SOCKET - Funktion entspricht `socket()`.

- SYS_BIND - Funktion entspricht `bind()`.

- SYS_CONNECT - Funktion entspricht `connect()`.

- SYS_LISTEN - Funktion entspricht `listen()`.

- SYS_ACCEPT - Funktion entspricht `accept()`.

- SYS_GETSOCKNAME - Funktion entspricht `getsockname()`.

- SYS_GETPEERNAME - Funktion entspricht `getpeername()`.
- SYS_SOCKETPAIR - Funktion entspricht `socketpair()`.
- SYS_SEND - Funktion entspricht `send()`.
- SYS_RECV - Funktion entspricht `recv()`.
- SYS_SENDTO - Funktion entspricht `sendto()`.
- SYS_RECVFROM - Funktion entspricht `recvfrom()`.
- SYS_SHUTDOWN - Funktion entspricht `shutdown()`.
- SYS_SETSOCKOPT - Funktion entspricht `setsockopt()`.
- SYS_GETSOCKOPT - Funktion entspricht `getsockopt()`.

Entsprechend der Angabe von `call` sind die restlichen Parameter zu setzen. Ebenso wie die IPC-Aufrufe werden auch die bekannten Socket-Funktionen über die C-Bibliothek aufgerufen. Als Beispiel soll `socket()` vorgestellt werden, die anderen Funktionen sind im Prinzip genauso implementiert.

```
int sys_socket(int family, int type, int protocol)
{
   unsigned long args[3];

   args[0] = family;
   args[1] = type;
   args[2] = protocol;
   return sys_socketcall(SYS_SOCKET, args);
}
```

Fehler:

EINVAL – wenn für `call` ein ungültiger Wert angegeben wird.

A.4 Die Speicherverwaltung

Als nächste Gruppe werden die Systemaufrufe zur Speicherverwaltung beschrieben. Hier gibt es nur zwei Aufrufe, obwohl dieses Gebiet eines der wichtigsten bei Multitasking-Systemen ist. Allerdings ist die mit der Verwaltung verbundenen Arbeit nicht ganz trivial, und je weniger (störende) Einflüße vorliegen, desto sicherer läuft das System.

Systemruf	mmap munmap	4.3+BSD

Datei: mm/mmap.c

```
#include <sys/types.h>
#include <sys/mman.h>

caddr_t  sys_mmap(caddr_t addr,  size_t len,
   int prot , int flags, int fd, off_t offset )
int sys_munmap(caddr_t addr, size_t len)
```

Der Aufruf `sys_mmap()` wird benutzt, um eine Datei in den Speicher einzublenden. Dabei beschreibt `fd` die Datei, `offset` den benutzten Offset und `len` die Größe des eingeblendeten Bereichs, `addr` ist die Adresse im Hauptspeicher. Wenn für `addr` 0 angegeben wird, wählt das System eine verfügbare Adresse aus. Zurückgegeben wird die tatsächlich benutzte Adresse.

Der Wert `prot` steuert den Zugriff auf die eingeblendeten Daten. Folgende Werte (aus `<linux/mmap.h>`) sind möglich:

- PROT_EXEC - Seiten können ausgeführt werden.

- PROT_READ - Seiten können gelesen werden.

- PROT_WRITE - Seiten können beschrieben werden.

Der Parameter `flags` gibt den Typ und die Behandlung der Speicherseiten an:

- MAP_FIXED - Es muß genu die angegebene Adresse benutzt werden. Dabei muß `addr` ein Vielfaches der Seitengröße sein.

- MAP_PRIVATE - Änderungen wirken sich nur im Speicher aus.

- MAP_SHARED - Änderungen im Speicher wirken sich entsprechend auf die Datei aus.

Dieser Aufruf ist nicht vollständig implementiert. Die Flags und Rechte werden nicht oder nur teilweise gesetzt. Eine Übersicht ist in Tabelle 4.5 zu finden. Der Aufruf `sys_munmap()` löscht den eingeblendeten Speicherbereich.

Fehler:

EACCES – wenn die in `flag` angegebenen Werte nicht mit den Rechten der Datei `fd` übereinstimmen.

EBADF – wenn `fd` keine geöffnete Datei ist.

EINVAL – wenn ein ungültiger Wert für `flag` angegeben wurde, oder die Summe aus `addr` und `len` größer als der erlaubte Prozeßspeicher ist, oder MAP_FIXED wurde angegeben und `addr` ist keine Seitengrenze.

ENOMEM – wenn die Adresse `addr` (bei MAP_FIXED) nicht verfügbar ist.

Systemruf	swapon swapoff	LINUX

Datei: mm/swap.c

```
#include <unistd.h>

int sys_swapon(const char *file)
int sys_swapoff(const char *file)
```

`sys_swapon()` schaltet den Auslagerungsspeicher (Swap) ein. Als Speicherplatz wird die Datei oder das Blockgerät `file` benutzt. `sys_swapoff()` schaltet ihn wieder aus.

Der Aufruf darf nur vom Superuser und für jedes `file` nur einmal ausgeführt werden. Bei Erfolg wird 0 zurückgegeben und eine `sys_printk()`-Nachricht auf die Konsole geschrieben. Interessanterweise kann man bei der Ausführung dieses Aufrufs die Meldung `Unable to start swapping: out of memory :-)` erhalten. Die Ursache liegt darin, daß der Kern vor der Initialisierung noch eine Seite alloziert.

Fehler:

EPERM – wenn ein nichtprivilegierter Benutzer die Funktion aufruft.

EINVAL – wenn `path` existiert, aber keine Swap-Datei oder kein Blockgerät ist.

EBUSY – wenn `path` schon als Swap benutzt wird.

ENOMEM – wenn kein Speicher frei ist. Bei `sys_swapon()` werden im Kern zwei Speicherseiten für die Initialisierung benötigt.

A.5 Die Initialisierung

Die Initialisierung sollte eigentlich ohne Systemaufrufe auskommen, da sie nur einmal, und zwar beim Booten, durchgeführt wird. Daß es hier trotzdem einen Aufruf gibt, hängt mit dem genauen Ablauf der Initialisierung zusammen.

Systemruf setup	LINUX

Datei: init/main.c
        drivers/block/genhd.c

```
#include <linux/sys.h>
#include <linux/config.h>

void sys_setup(void *BIOS);
```

Beim Starten benötigt das System eine Übersicht über die vorhandenen Festplatten. `sys_setup()` initialisiert die Festplattentreiber und die Partitionsparameter und kann nur einmal innerhalb `init/main.c` aufgerufen werden. Außerdem wird hier das Root-Dateisystem eingerichtet. Der Systemaufruf analysiert die darin angegebenen Platten auf vorhandene Partitionen und legt dafür die Geräte-Dateien an. Normale, erweiterte und Partitionen für Boot-Manager werden erkannt.

Obwohl es auf den ersten Blick nicht zu erkennen ist, muß diese Funktion ein Systemaufruf sein. Zum einen wird an dieser Stelle ein Prozeß benötigt, denn in `mount_root()` wird eine `read`-Funktion aufgerufen. Diese kann nun blockieren und der Prozeß muß die Steuerung an den Scheduler abgeben. Nun befindet sich der Prozeß aber im User Mode und kann von da aus nicht auf kerninterne Daten zugreifen. Also bleibt als letzte Möglichkeit nur ein Systemaufruf (siehe auch Abschnitt 6.2.1).

A.6 Und der ganze Rest

Hier finden sich die Systemaufrufe, die nicht implementiert sind. Um jedoch mit Programmen und Konfigurations-Scripten (wie dem aus der GNU-Welt bekannten `configure`) arbeiten zu können, wurde eine einheitliche Schnittstelle implementiert.

Systemruf	acct	break	ftime
	lock	mpx	phys
	prof	profil	stty
	gtty	ulimit	ustat

Datei: kernel/sys.c

Diese Systemaufrufe sind nicht implementiert. Bei Aufruf geben sie -ENOSYS zurück.

```
asmlinkage int sys_acct(void)
{
    return -ENOSYS
}
```

Systemruf	quotactl
	bdflush

Datei: kernel/sched.c

```
#include <unistd.h>

int sys_quotactl(void)
int sys_bdflush(void)
```

Diese Systemaufrufe sind noch nicht implementiert. Es gibt aber schon Projekte, die mit diesen Aufrufen arbeiten. Deshalb ist schon ein fester Platz in der Tabelle der Systemaufrufe dafür vorgesehen. Sie geben beim Aufruf ein -EINVAL zurück.

A.7 Nachbemerkungen

Bei der Implementation von Systemrufen gibt einige Aufgaben, die immer wieder erledigt werden müssen. Die folgenden Angaben bieten eine gewisse Übersicht über die bereits zur Verfügung stehenden Funktionen.

verify_area(flag,name,size) - überprüft, ob man eine Operation (flag) (write/read) auf den Speicherbereich name ausführen kann. size gibt die Größe von name an.

Implementiert in mm/memory.c - faszinierend.

namei(name,inode) - ermittelt die zu name gehörige Inode und füllt damit die Datenstruktur inode.

Implementiert in fs/namei.c - wo sonst.

Die folgenden vier Funktionen sind aus Laufzeitgründen in Assembler programmiert (<asm/segment.h>).

get_fs_byte(addr) - gibt das an der Adresse addr stehende Byte zurück.

get_fs_word(addr) - gibt das an der Adresse addr stehenden Wort zurück.

get_fs_long(addr) - gibt den an der Adresse addr stehenden Wert der Größe long int zurück.

Selbstverständlich sind auch die entsprechenden put- Funktionen implementiert.

suser() - überprüft, ob der aktuelle Prozeß Superuserrechte hat. Das ist ein einfaches Makro der Form #define suser() (current->euid==0) in der Header-Datei <linux/kernel.h>. Es gibt den Vorschlag, es in eine eigene Funktion zu stecken und zu protokollieren, wann welcher Prozeß mit Superuser-Rechten arbeitet. Deshalb sollte dieser Test immer als letztes aufgerufen werden.

iput(inode) - gibt die Inode inode frei.

Implementiert in fs/inode.c.

B

Kernnahe Kommandos

> *Viele sind berufen, aber nur wenige sind auserwählt.*
> Matthäus 20,16

Dieses Kapitel beschäftigt sich mit *kernnahen* Kommandos. Das sind Kommandos, die besondere Eigenschaften des LINUX-Kerns nutzen bzw. direkt mit dem Kern operieren. Da dies eine sehr dehnbare Definition ist, haben wir eine Auswahl getroffen und beschreiben nur die Kommandos, die in den vorherigen Kapiteln erwähnt wurden oder thematisch zu diesen gehören.

Von vielen Programmen gibt es aber verschiedene Versionen. Der Grund liegt in der großen Anzahl unterschiedlicher Distributionen und der weiten Verbreitung des frei verfügbaren LINUX. Wir haben im folgenden solche Programme ausgesucht, die besondere Eigenschaften von LINUX nutzen.

Von einigen Programmen gibt es Versionen, die mit dem *proc*-Filesystem zusammenarbeiten. Der Vorteil dieser Programme besteht in einer erhöhten Sicherheit sowie der Unabhängigkeit vom Kern. So bedarf es beispielsweise bei dem Kommando `ps` (eigentlich `procps`) nicht des Zugriffs auf den Kernspeicher (`/dev/kmem`).

B.1 free – Übersicht über den Systemspeicher

Das Programm `free` zeigt die Belegung des vorhandenen Speichers an. Dabei wird zwischen RAM- und Swap-Speicher unterschieden. Angezeigt wird die Gesamtgröße, die belegte Größe und der freie Teil. Zusätzlich gibt `free` für den RAM-Speicher den als Shared Memory und den als Puffer genutzten Teil an. Als

Optionen existieren die Schalter -k und -b. Bei -b erfolgt die Ausgabe der Werte in Byte und bei -k (der Standardwert) in Kilobyte.

```
$ free
             total      used       free     shared    buffers
Mem:          7332      6956        376       2672      3064
Swap:        16412         0      16412
```

Dieses Programm arbeitet mit dem *proc*-Filesystem (siehe Abschnitt 6.3). Es liest die Datei meminfo aus und formatiert das Ergebnis um.

```
$ cat /proc/meminfo
         total:     used:     free:   shared:   buffers:
Mem:   7282688   6418432    864256   1875968   2433024
Swap: 12947456         0  12947456
```

B.2 ps – Ausgabe der Prozeßstatistik

Der Befehl ps gibt einen Überblick über die im System laufenden Prozesse. Diese Übersicht ist nur eine Momentaufnahme, für eine dauernde Überwachung sollte top benutzt werden.

In LINUX liest das ps-Kommando seine Daten aus dem proc-Verzeichnis. Dadurch läuft es unabhängig von der Kernel-Version. Es braucht auch keine speziellen Rechte oder gesetzte s-Bits. Die Optionen können mit einem Minuszeichen (-) beginnen, müssen es aber nicht. Es gibt folgende Optionen:

l Es wird eine ausführliche Ausgabe erzeugt.

u Es werden der Nutzername und die Prozeßzeiten ausgegeben.

j Es erscheinen zusätzlich SID und PGID.

s Zusätzlich werden die gesetzten Signalmasken ausgegeben.

v Zusätzlich werden die virtuellen Speicherdaten ausgegeben.

m Es werden die Speicherdaten ausgegeben.

a Die Prozesse der anderen Nutzer werden auch angezeigt.

x Nur Prozesse ohne *Controlling Terminal* werden ausgegeben.

S Die CPU-Zeit und die *Page Faults* der Kindprozesse werden zusätzlich ausgegeben.

c Es wird der Kommandoname ausgegeben, der in der Task-Struktur steht.

w Es erfolgt eine vollständige Ausgabe der Kommandozeile des Prozesses. Fehlt diese Option, schneidet ps die Ausgabe ab, damit sie auf eine Zeile paßt.

h Es wird keine Titelzeile ausgegeben.

r Es werden nur laufende Prozesse ausgegeben.

n Für die Felder USER und WCHAN werden die numerischen Werte ausgegeben (UID und Adresse).

t*xx* Nur Prozesse, die mit dem Terminal *xx* verbunden sind, werden ausgegeben.

Je nach verwendeter Option liefert ps ein unterschiedliches Ausgabeformat. Tabelle B.1 gibt eine Übersicht über die Ausgabe der einzelnen Optionen. Dabei stellen die Spalten die angegebene Option und die Zeilen die ausgegebenen Daten dar. Der einfache Aufruf von ps ist die erste (leere) Spalte. Von den Optionen j, l, s, u, v, m und X kann nur jeweils eine angegeben werden. a, x, S, r und n arbeiten in Kombination mit den übrigen Optionen und ändern nicht das Format der Ausgabe. Nichtaufgeführt sind die Zeilen TTY, PID und COMMAND. Sie werden immer ausgegeben.

Die einzelnen Felder haben folgende Bedeutung:

ALARM der Alarmtimer des Prozesses

BLOCKED die Signale, die der Prozeß blockiert

CATCHED die Signale, für die der Prozeß eine eigene Behandlungsroutine definiert hat

COMMAND die Kommandozeile des Prozesses

%CPU das Verhältnis von Systemzeit (stime) und Nutzerzeit (utime)

DRS RSS des Datensegments

DSIZ Die Größe des Datensegments

DT Die Anzahl der Bibliotheksseiten, auf die zugegriffen wurde

EIP Das Register EIP

ESP Das Register ESP

F Die Flags des Prozesses

	u	j	s	v	m	l	X		u	j	s	v	m	l	X
ALARM						x		PPID		x				x	
BLOCKED		x						PRI						x	
CATCHED		x						RSS	x					x	x
%CPU	x							SHRD						x	
DRS					x			SIGNAL		x					
DSIZ			x					SID		x					
DT					x			SIZE	x					x	x
EIP						x		SWAP						x	
ESP						x		STACK							x
F				x				START	x						
IGNORED		x						STAT	x	x	x	x	x		x	x
LIB					x			TIME	x	x	x	x	x		x	x
LIM			x					TMOUT							x
MAJFLT					x			TPGID		x					
%MEM	x	x						TRS						x	
MINFLT					x			TSIZ					x		
NI				x				UID	x	x				x	
NR						x		USER	x						
PAGEIN			x					WCHAN						x	
PGID		x													

Tabelle B.1: Optionen des `ps`-Programms

IGNORED Die Signale, die der Prozeß ignoriert

LIB Die Speichergröße für verwendete Shared Libraries

LIM Das Speicherlimit des Prozesses; wenn kein Limit gesetzt ist, wird xx ausgegeben

MAJFLT Die Anzahl der Seitenzugriffsfehler, die dazu führen, daß die entsprechenden Seiten von der Festplatte geladen werden

%MEM Der vom Prozeß belegte Speicher (RSS) im Verhältnis zum vorhandenen Speicher (nur RAM-Speicher)

MINFLT Die Anzahl der Seitenzugriffsfehler, bei denen sich die angeforderte Seite schon im Speicher befindet

NI Der Standardwert für `nice`

NR siehe F

PAGEIN Die Anzahl der Seitenzugriffsfehler, die dazu führen, daß die entsprechenden Seiten von der Festplatte geladen werden (wie `MAJFLT`)

PGID Die Prozeßgruppe des Prozesses

PID Die PID des Prozesses

PPID Die PPID des Prozesses

PRI Das `count`-Feld der Task-Struktur. Es gibt die Größe der Zeitscheibe in HZ an

RSS Die Größe des Programms im Speicher in kB

SHRD Die Größe des Shared Memory

SIGNAL Das Signal, das der Prozeß erhält (`task->signal`)

SID Die SID des Prozesses

SIZE Virtuelle Speichergröße; die Summe aus Text-, Daten- und Stacksegment

STACK Die Startadresse des Stacks

SWAP Der benutzte Swap-Speicher in kB; mit der Option `-p` erhält man die Größe in Seiten

START Die Startzeit des Prozesses

STAT Der Status des Prozesses, dabei bedeutet

- **R** Der Prozeß ist aktiv.
- **S** Der Prozeß schläft, kann aber durch ein Signal geweckt werden.
- **D** Der Prozeß schläft und kann nicht durch ein Signal geweckt werden.
- **T** Der Prozeß ist gestoppt oder läuft mit `ptrace`.
- **Z** Der Prozeß ist im Zombie-Status.
- **W** Der Prozeß hat keine Seiten im Speicher (RSS=0).

TIME Die Laufzeit des Prozesses

TMOUT Das gesetzte Timeout des Prozesses

TPGID Die Prozeßgruppe des Prozesses, der das Terminal besitzt

TRS RSS des Textsegmentes

TSIZ Die Größe des Textsegmentes

TTY Das Terminal, mit dem der Prozeß verbunden ist

UID Die EUID des Prozesses

USER Der zur UID der Prozesses gehörende Name

WCHAN Die Kernroutine, in der sich der Prozeß gerade befindet. Normalerweise wird nur die Adresse ausgegeben. Um eine vernünftige Ausgabe für das Feld zu erhalten, ist es notwendig, das Programm psupdate aufzurufen. Dieses legt im Verzeichnis etc eine Datei psdatabase an. Sie enthält die Kernelfunktionen und ihre Adressen im Kern, dadurch kann ps den Namen der Funktion ausgeben und nicht nur die Adresse.

Für eine graphische Ausgabe des Prozeßbaumes gibt es noch das Programm pstree. Es gibt, ausgehend von init, alle Prozesse in Baumstruktur aus, z.B.:

```
init---bash
     |-crond
     |-[2]getty
     |-syslogd
     |-tcsh---tcsh---vi
     |-tcsh---startx---xinit---X
     |                        \-twm---xbiff
     |                              |-xclock
     |                              |-xload
     |                              |-xman
     |                              |-xterm---tcsh
     |                              \-xterm---tcsh---pstree
     |-tcsh---vi
     \-update
```

B.3 Nachträgliche Kernkonfiguration

`rdev` verwaltet die Parameter für das Root-Image, den Swap-Bereich, die Ramdisk und den Video-Modus.

```
rdev     [ -rsvh ] [ -o offset ] [ image [ value [ offset ] ] ]
rdev     [ -o offset ] [ image [ root_device [ offset ] ] ]
swapdev  [ -o offset ] [ image [ swap_device [ offset ] ] ]
ramsize  [ -o offset ] [ image [ size [ offset ] ] ]
vidmode  [ -o offset ] [ image [ mode [ offset ] ] ]
rootflags [ -o offset ] [ image [ flags [ offset ] ] ]
```

Wenn `rdev` ohne Argumente aufgerufen wird, gibt es das Root-Dateisystem aus. Im Bootimage des LINUX-Kerns gibt es Abschnitte, die das Root Image, die Größe der Ramdisk, den Swap-Bereich und den Video-Modus verwalten. Diese Informations-Bytes liegen im Kern ab Offset 504 (siehe Tabelle B.2). `rdev` ändert diese Werte.

Byte	Bedeutung
498	Root flags
500	Reserviert
502	Reserviert
504	RAM Disk Size
506	VGA Mode
508	Root Device
510	Boot Signature

Tabelle B.2: Positionen der Status-Bytes im Kern

Typische Werte für `image` sind `/vmlinuz` oder `/dev/fd0`. Für `root_device` oder `swap_device` kann z.B `/dev/hda[1-8]` bzw. `/dev/sda[1-8]` angegeben werden. Bei dem Kommando `ramsize` gibt der Parameter `size` die Größe der Ramdisk in KBytes an. Beim Kommando `rootflags` bestimmen die Flags die Art und Weise, wie das Root-Verzeichnis gemountet wird. Der `mode`-Parameter gibt beim Kommando `vidmode` den Videomode an.

Wenn kein Wert angegeben wird, liest `rdev` aus `image` den aktuellen Wert. Die Optionen haben folgende Bedeutung:

-s `rdev` arbeitet wie `swapdev`.

-r `rdev` arbeitet wie `ramsize`.

-R `rdev` arbeitet wie `ramsize`.

-v `rdev` arbeitet wie `vidmode`.

-h Gibt den Hilfetext aus.

Neuerdings lassen sich alle oben beschriebenen Parameter auch von LILO aus setzen (siehe Abschnitt D.2.5).

B.4 top – Die CPU-Charts

Das Programm `top` gibt, ähnlich wie `ps`, einen Überblick über den aktuellen Status des laufenden Systems. `top` läuft jedoch in einer Schleife und gibt alle 5 Sekunden eine neue Übersicht aus.

Der Aufruf mit der Option q veranlaßt `top`, die Ausgabe ohne Wartezeit zu wiederholen. Wenn der Benutzer Superuser ist, läuft das Programm mit der höchstmöglichen Priorität.

Das Programm kann während der Arbeit durch Eingabe von Kommandos gesteuert werden. Möglich sind folgende Eingaben:

[?] Gibt eine kurze Übersicht über die unterstützten Kommandos.

[k] Der Benutzer kann ein Signal an einen Prozeß versenden. Die PID des Prozesses und das Signal werden abgefragt.

[n] Die Anzahl der ausgegebenen Prozesse kann geändert werden.

[q] Das Programm wird beendet.

[r] Die Priorität eines Prozesses kann neu festgelegt werden.

[s] Der Benutzer kann die Zeitspanne des Update-Intervalls festlegen.

[^L] Der Bildschirminhalt wird neu gezeichnet.

Ausgegeben wird eine Mischung aus `uptime`, `free` und `ps`. Zusätzlich werden noch eine Übersicht über alle Prozesse und die CPU-Auslastung angezeigt. Die Ausgabe ist nach fallender Priorität sortiert.

```
9:45am  up 34 min,   6 users,   load average: 0.50, 0.19, 0.05
26 processes: 25 sleeping, 1 running, 0 zombie, 0 stopped
CPU states:   1.7% user,   0.0% nice, 10.5% system, 87.7% idle
Mem:    3100K av,   2984K used,    116K free,    756K shrd,     568 buff
Swap: 16568K av,   2164K used,  14404K free

PID USER      PRI NI SIZE RES SHRD STAT  %CPU %MEM  TIME COMMAND
158 root       16  0   88 304  324 R     12.3  9.8  0:00 top
  1 root        1  0   48   0  176 SW     0.0  0.0  0:00 (init)
```

```
58 magnus    1  0  356 324  344 S    0.0 10.4  0:00 -tcsh
18 root      1  0    7  28  200 S    0.0  0.9  0:00 /sbin/update
59 magnus    1  0  367 280  304 S    0.0  9.0  0:00 -tcsh
```

processes Die Anzahl der Prozesse; dabei werden die einzelnen Zustände unterschieden.

CPU states Die verbrauchte CPU-Zeit im user-Modus, für Prozesse mit einem negativen nice-Wert, im Kern und für den idle-Prozeß.

Die restlichen Felder entsprechen den gleichnamigen Feldern der Kommandos ps (siehe Anhang B.2) und free (siehe Anhang B.1) und werden deshalb nicht extra erläutert.

B.5 Init – Primus inter pares

Der *Init*-Prozeß mit der Prozeßnummer 1 wird meist als Vater aller Prozesse bezeichnet. Dies ist in LINUX zwar *nicht* der Fall, da diese Funktion vom *Idle*-Prozeß wahrgenommen wird, er wird aber aus Gewohnheit, wie auch in den Quellen, so bezeichnet.

Die hier beschriebenen Eigenschaften beziehen sich auf das Programm in der Version 2.5, das kompatibel zu System V ist. Seine Hauptaufgabe ist die kontrollierte Initialisierung des Systemes und der Verwaltung der *Getty*-Prozesse. Außerdem können von init auch die Systemdämonen gestartet werden. Die Konfiguration geschieht mit Hilfe der Datei /etc/inittab. Die Einstellung geschieht durch die Angabe verschiedener Runlevel. Ein Runlevel ist eine festgelegte Softwarekonfiguration des Systems.

Wenn Init aufgerufen wird, kontrolliert er zuerst seine Prozeßnummer. Ist diese ungleich 1, so läuft schon ein Init-Prozeß und es soll nur der Runlevel geändert werden. Auf diesen Fall gehen wir weiter unten ein. Ansonsten wird die Kommandozeile verschoben, und der Prozeß versucht, das eigentliche init-Programm nachzuladen. Dabei werden alle Argumente um eins nach rechts verschoben und in das jetzt freie erste Argument wird [booting] eingetragen.

```
if (getpid() == INITPID) {
   /* We re-execute ourselves to be able to set argv[1] */
   if (argv[0][0] != '+') {
          /* Going to.. */
          f = 0;
          args[f++] = "+nit";
          args[f++] = "xxxxxxxxxxxxxxxxx";
          for(; argv[f-1]; f++) args[f] = argv[f-1];
```

```
                args[f] = NULL;
                execv("/sbin/init", args);
                execv("/etc/init", args);
                execv("/bin/init", args);
                /* Failed. Ok, no panic. */
                argv1 = panicbuf;
        } else {
                /* We are re-executed. */
                strcpy(argv[0], "init");
                argv1 = argv[1];
                argv++;
                argc--;
        }
        /* Check command line arguments */
        for(f = 1; f < argc; f++) {
                if (!strcmp(argv[f], "single"))
                        dflLevel = 'S';
                else if (!strcmp(argv[f], "-a") ||
            !strcmp(argv[f], "auto"))
                        putenv("AUTOBOOT=YES");
                else if (strchr("0123456789sS", argv[f][0])
                        && strlen(argv[f]) == 1)
                        dflLevel = argv[f][0];
                /* Zero the original arguments. */
                memset(argv[f], 0, strlen(argv[f]));
        }

        /* Okay, reset all arguments. */
        argv[1] = NULL;
        strcpy(Argv1(), "[booting]");
        InitMain(dflLevel);
}
```

Der neue Prozeß erkennt die Verschiebung und wertet die Kommandozeile aus. Die Kommandozeile wird beim Starten des Kerns von LILO erstellt und enthält Bootparameter (siehe Abschnitt D.2.5). Als nächstes kann gegebenfalls das *Root*-Dateisystem neu gemountet und ein chroot() ausgeführt werden. Diesen Teil des Programms muß man dann bei der Übersetzung mit der Compileroption -DROOTFS einbinden.

```
#ifdef ROOTFS
if (mount(ROOTFS, "/root", "minix", 0, 0) < 0) {
   Warning("Cannot mount root file system.");
   while(1) pause();
}
```

Anhang B.5   Init – Primus inter pares

```
if (chroot("/root") < 0) {
   Warning("Cannot chroot to root file system.");
   while(1) pause();
}
chdir("/");
#endif
```

Danach gibt das Programm das Booten mit [CTRL]+[ALT]+[DEL] frei und trägt für die Signale ALARM, HUP, STOP, TSTP, CONT, CHLD, INT, QUIT sowie PWR eigene Behandlungsroutinen ein. Alle anderen Signale werden ignoriert.

Die Standardein- und -ausgabe sowie die Standardfehlerausgabe werden geschlossen und die Konsole wird mit `SetTerm(0)` initialisiert. Die Werte (Geschwindigkeit und Flags) werden aus der Datei `/etc/ioctl.save` ausgelesen, wenn sie existiert. Außerdem wird die *utmp*-Datei neu angelegt.

```
reboot(0xfeeldead, 672274793, 0);

for(f = 1; f <= _NSIG; f++)
   signal(f, SIG_IGN);

SETSIG(sa, SIGALRM, alrm_handler);
SETSIG(sa, SIGHUP,  hup_handler);
SETSIG(sa, SIGSTOP, stop_handler);
SETSIG(sa, SIGTSTP, stop_handler);
SETSIG(sa, SIGCONT, cont_handler);
SETSIG(sa, SIGCHLD, chld_handler);
SETSIG(sa, SIGINT,  int_handler);
SETSIG(sa, SIGQUIT, quit_handler);
SETSIG(sa, SIGPWR,  pwr_handler);

close(0); close(1); close(2);
SetTerm(0);

(void) close(open(UTMP_FILE, O_WRONLY|O_CREAT|O_TRUNC, 0644));
```

An dieser Stelle liest Init seine Konfigurationsdatei `inittab` ein und wertet sie aus.

```
ReadItab();
StartEmIfNeeded();
```

Darin stehen einzelne Zeilen, von denen jede eine Aktion für ein bestimmtes Ereignis auslöst. Eine Kommentarzeile beginnt mit einem #.

name : *level* : *aktion* : *kommando*

Die einzelnen Elemente haben folgende Bedeutung:

name Das ist ein meist zweibuchstabiger Bezeichner, der die Zeile eindeutig identifiziert.

level Einer oder mehrere *Runlevel* des Systems. Mögliche Werte sind die Zahlen 0 bis 9 und die Buchstaben S, Q, A, B und C. init unterscheidet nicht zwischen Groß- und Kleinschreibung. Die Werte S und Q haben eine Sonderbedeutung, S steht für Single User Modus und Q für das Neueinlesen der inittab. Fehlt diese Angabe, wird die aktion des Prozesses bei jedem Wechsel des Runlevels aktiviert.

aktion Diese Angabe sagt dem Prozeß, wann das mit *kommando* angegebene Programm ausgeführt werden soll.

Folgende Aktionen werden erkannt:

respawn Das Programm wird bei Beendigung neu gestartet, im allgemeinen getty.

wait Das Programm wird einmal zu Beginn des Levels gestartet, und init wartet auf seine Beendigung.

once Das Programm wird einmal zu Beginn des Levels gestartet.

bootwait Das Programm wird einmal beim Starten des Systems ausgeführt und Init wartet auf seine Beendigung; meist wird die Datei /etc/rc auf diese Art ausgeführt.

boot Das Programm wird einmal beim Starten des Systems ausgeführt. Der Prozeß wartet jedoch nicht auf die Beendigung, sondern wertet die Datei inittab weiter aus.

bootfail Wenn das Starten des Systems fehlschlägt, wird dieser Eintrag aktiviert.

powerwait Das Programm wird gestartet, wenn der Init-Prozeß das Signal SIGPWR erhält. Mit diesem Signal zeigen unterbrechungsfreie Stromversorgungen (UPS) einen Stromausfall an. Üblicherweise wird ein shutdown ausgeführt.

powerok Das Programm wird gestartet, wenn die Stromversorgung wieder hergestellt ist. Üblich ist der Aufruf von shutdown -c.

ctrlaltdel Das Programm wird gestartet, wenn [Ctrl]+[Alt]+[Del][1] betätigt wird.

off Es wird nichts ausgeführt.

ondemand Das Programm wird immer dann ausgeführt, wenn init in den entsprechenden Runlevel übergeht.

initdefault Das Level, das beim Starten des Systems verwendet wird. Wenn diese Zeile fehlt, fragt init das Level beim Starten des Systems an der Konsole ab.

sysinit Das Programm wird beim Starten des Systems ausgeführt. Diese Einträge werden noch vor boot und bootwait ausgeführt.

kommando Hier steht ein UNIX-Kommando. Eine Parameterangabe ist möglich. Wenn das Kommando mit einem Pluszeichen beginnt, wird es nicht in die Dateien wtmp und utmp eingetragen.

Die Einträge der Datei inittab werden in einer Liste abgespeichert, bei Zeilen mit gleichen Namen wird nur die erste berücksichtigt. Im nächsten Schritt wird diese Liste abgearbeitet, indem die Prozesse gestartet und in /etc/utmp und /usr/adm/wtmp eingetragen werden.

Nachdem alle erforderlichen Prozesse gestartet sind (im Englischen spricht man von „aufspannen", *spawn*), tritt init in eine Schleife ein. In dieser reagiert er auf folgende Ereignisse: im aktuellen Level laufen keine Prozesse mehr oder init erhält ein Signal.

```
while(1) {
 ...
   if (ch != NULL &&
      (got_int | got_pwr | got_chld |
       got_alrm | got_hup) == 0) pause();
 ...
```

Im ersten Fall wird zum nächsten Level gewechselt. Dabei müssen alle Prozesse, die noch laufen und im neuen Level nicht erlaubt sind, beendet werden. Den Prozessen wird das Signal SIGTERM und 20 Sekunden später SIGKILL gesendet. Dieses Beenden wird gleich nach dem Einlesen der inittab-Datei durchgeführt. Die Reihenfolge ist sysinit, boot, initdefault. Wenn sich init im Defaultlevel befindet und die Liste leer ist, ruft er pause() auf.

---

[1] Auch bekannt als Informatikerkralle oder *Three Finger Salute*.

Wenn `init` ein Signal erhält, werden je nach Art des Signals die in der `inittab` angegebenen Prozesse aktiviert. Da nur für einige Signale Handler eingetragen wurden, erfolgt auch nur für diese eine Reaktion.

SIGINT Das zu `ctrlaltdel` gehörende Programm wird aktiviert.

SIGPWR Die Datei `/etc/powerstatus` wird ausgelesen und je nach Ergebnis das zu POWEROKWAIT oder POWERFAIL bzw. POWERWAIT gehörende Programm aktiviert.

SIGCHLD Ein Kindprozeß ist beendet. Die Flags RUNNING, ZOMBIE und WAITING werden gelöscht und die Dateien `utmp` und `wtmp` aktualisiert.

SIGALRM Es passiert nichts.

SIGHUP `init` versucht, den neuen Runlevel aus der Datei `/etc/initrunlvl` zu lesen. Wenn sie nicht existiert, wird das alte Level weiterverwendet. Zusätzlich wird die Datei `inittab` neu gelesen.

Zum Schluß der Schleife werden die aktivierten Prozesse neu gestartet. Damit ist die oben erwähnte Schleife abgeschlossen.

```
    StartEmIfNeeded();
    sync();
}                           /* von while() */
```

Wenn `init` aufgerufen wird, um das Runlevel zu ändern, überprüft er die übergebenen Argumente, speichert in der Datei `/etc/initrunlvl` das neue Runlevel ab und sendet sich selbst ein SIGHUP. Wenn dabei in den Single User Modus gewechselt wird, verbindet `init` das Terminal, an dem das Kommando eingegeben wurde, mit `/dev/console`. Das Gerät `/dev/systty` ist die physische und `/dev/console` die logische Systemkonsole. Ein Terminal kann nur zu einer logischen Konsole werden, wenn es in der Datei `/etc/securetty` aufgeführt wird. Dadurch soll es in Zukunft möglich werden, auch serielle Terminals als Konsolen zu verwenden.

Das Programm `telinit` ist ein Link auf `init`. Es wird dazu benutzt, den Runlevel von der Kommandozeile aus zu ändern. Folgende Argumente können angegeben werden:

0-6 Es wird in den angegebenen Runlevel gewechselt.

a-c Es werden nur die Prozesse ausgeführt, die in der `inittab` den angegebenen Runlevel haben.

Qq Die Datei `inittab` wird neu gelesen.

Ss Das System geht in den *Single User Modus* über.

Mit der Hilfe der Option -t sec kann die Wartezeit zwischen den Signalen SIGTERM und SIGKILL geändert werden. Der Standard ist 20 Sekunden.

Wenn init feststellt, das ein Eintrag mehr als zehnmal innerhalb von zwei Minuten aufgerufen wird, nimmt es einen Fehler in Kommando *kommando* an. Es gibt eine Warnung aus und ruft diesen Eintrag fünf Minuten lang nicht auf. Dies verhindert eine unnötige Systembelastung aufgrund eines fehlerhaften inittab-Eintrages.

B.6 shutdown – Das Herunterfahren des Systems

Das Programm shutdown fährt das System sicher herunter. Alle Benutzer werden benachrichtigt und login wird blockiert.

shutdown [-*t sec*] [-*rkhncf*] time [*message*]

Folgende Optionen können verwendet werden:

- **-t sec** Das Programm wartet sec Sekunden zwischen dem Senden der Signale SIGTERM und SIGKILL.
- **-k** Das Herunterfahren wird simuliert, es werden nur die entsprechenden Meldungen ausgegeben.
- **-r** Nach dem Herunterfahren soll neu gestartet werden.
- **-h** Nach dem Herunterfahren hält das System an.
- **-n** Es wird kein sync durchgeführt. (Diese Option ist nicht implementiert!)
- **-f** Beim Hochfahren des Systems wird kein fsck durchgeführt (*fast reboot*).
- **-c** Ein laufendes shutdown wird abgebrochen. Dabei darf natürlich keine Zeit angegeben werden, eine Nachricht ist allerdings möglich.
- **time** Die Zeit, zu der shutdown das System herunterfährt.
- **message** Diese Nachricht wird beim Herunterfahren an alle Benutzer ausgegeben.

Das Argument time hat zwei unterschiedliche Formate. Es kann in der Form hh:mm angegeben werden. Dann steht hh für Stunden und mm für Minuten. Oder das Format ist +m, wobei m die Anzahl in Minuten ist. Die Angabe now entspricht einem +0.

Beim Aufruf setzt shutdown zuerst seine UID auf seine effektive UID. Wenn die UID danach nicht 0 ist, bricht das Programm ab. Es arbeitet nur mit Root-Rechten. Dann wird festgestellt, ob der Prozeß ein Terminal besitzt. Wenn dies nicht der Fall ist, wurde shutdown von *Init* aufgerufen. Nun stellt shutdown fest, welche Benutzer das System herunterfahren dürfen. Sie sind in /etc/shutdown.allow gespeichert. Fehlt diese Datei, ist nur Root berechtigt, das System herunterzufahren. Die Länge der Datei ist auf 32 Zeilen begrenzt. Es werden alle Benutzer ermittelt und mit den erlaubten Benutzern verglichen. Dabei werden Nutzer an virtuellen Konsolen (VC) ausgeschlossen. Erkannt werden die Benutzter an ihrem Loginnamen. Root ist implizit berechtigt (aber nicht an einer VC).

Jetzt wird die Kommandozeile eingelesen und verarbeitet. Außerdem wird versucht, aus der Datei /etc/shutdownpid die Prozeßnummer eines schon laufenden shutdown festzustellen. Läuft schon ein shutdown und ist die Option -c gesetzt, wird das laufende shutdown beendet, indem ihm ein SIGINT gesendet wird. Wenn die Option nicht gesetzt ist, bricht das Programm ab.

Nun wird diese Datei angelegt, die eigene PID gespeichert und alle Signale außer SIGINT blockiert. Wenn shutdown ein SIGINT erhält, löscht es alle angelegten Dateien und ruft exit(0) auf.

Das Programm wechselt in das Root-Verzeichnis. Wurde die Option -f angegeben, wird eine Datei /etc/fastboot angelegt. Als letzter Schritt wird die Zeit ausgewertet. Steht dort now oder +0, wird sofort die Funktion shutdown aufgerufen. Ansonsten wird gewartet und zwischenzeitlich Warnungen ausgegeben.

Die Funktion shutdown baut nur noch eine Parameterliste zusammen und ruft damit *Init* auf. Dabei gibt es möglicherweise eine böse Überraschung: normalerweise bedeutet Runlevel 6 einen Neustart des Systems. Allerdings enthalten manche inittab-Dateien die Zeile x1:6:wait:/etc/rc.d/rc.6. Damit landet nach shutdown -r vor einem X-Login, anstatt daß der Rechner bootet[2].

B.7 strace – Observierung eines Prozesses

Die Fehlersuche in Programmen ist ein mühseliges Geschäft. Oft taucht dabei der Wunsch auf, eine Übersicht über alle ausgeführten Systemrufe mit ihren Parametern zu bekommen. Und genau das bietet strace.

strace [-dtf] [-o *filename*] [-s *strsize*]   *command*

strace [-dtf] [-o *filename*] [-s *strsize*] -p *pid*

strace kontrolliert die Abarbeitung des Kommandos command. Es registriert die Systemrufe und Signale. Die Ausgabe erfolgt auf die Standardfehlerausgabe oder,

---
[2] Anmerkung: Zur Nachahmung nur bedingt empfohlen.

bei der Option -o, in eine Datei.

Jede Zeile der Ausgabe enthält einen Systemruf, seine Argumente (in Klammern) und den Rückgabewert. Bei Fehler (Rückgabewert = -1) ist der Grund mit angegeben (z.B. `Invalid Argument`). Signale werden mit ihrem Namen ausgegeben.

Die Argumente werden, wenn möglich, in lesbarer Form ausgegeben. Zeiger auf Strukturen werden dereferenziert und die Elemente als Zeichenketten angezeigt. Nichtdruckbare Zeichen sind als Escape-Sequenz angegeben.

Folgende Optionen sind möglich:

-t Jede Zeile beginnt mit der aktuellen Zeit.

-d strace arbeitet im Debugging-Modus und gibt selbst Informationen aus.

-o filename Die Ausgabe wird in die Datei `filename` umgeleitet.

-s strsize Bei Strings werden standardmäßig nur die ersten 32 Zeichen ausgegeben. Mit Hilfe dieser Option kann das geändert werden.

Zum Abschluß ein Beispiel:

```
# strace sync
uselib("/lib/libc.so.4") = 0
brk(0) = 0x4a4
sync() = 0
fstat(1, [dev 3 1 ino 21150 nlnks 1 ...]) = 0
brk(34a4) = 0x34a4
brk(4000) = 0x4000
brk(5000) = 0x5000
ioctl(1, TCGETS, 0xbffffc7c) = 0
exit(0) = ?
```

B.8 Konfiguration des Netzwerk-Interfaces

`ifconfig` konfiguriert die Schnittstelle des Netzwerkes. Normalerweise wird es beim Hochfahren des Systems ausgeführt und stellt die Parameter der Netzwerkgeräte ein.

ifconfig [*interface* [[*options* ...] *address*]]

Wird `ifconfig` ohne Parameter aufgerufen, wird die aktuelle Konfiguration des Netzwerkinterfaces ausgegeben. Ansonsten wird die Schnittstelle mit den angegebenen Parametern *options* auf die IP-Adresse *address* konfiguriert.

Folgende Parameter sind zulässig:

interface Der Name der Schnittstelle (z.B `lo` oder `ether0`).

up Das Interface wird aktiviert. Wenn eine neue Adresse angegeben wird (siehe unten), wird diese Option implizit gesetzt.

down Das Interface wird abgeschaltet.

metric *N* Der Parameter setzt die Interface-Metrik auf den Wert *N*. Hier sollte eine 0 eingetragen werden.

mtu *N* Der Parameter legt die maximale Paketgröße[3] fest. Für Ethernet-Karten ist ein Wert zwischen 1000–2000 günstig, für SLIP ein Wert zwischen 200–4096.

[-]arp Schaltet die Verwendung des ARP-Protokolls an oder aus. Steht ein Minuszeichen (-) davor, wird das Protokoll ausgeschaltet.

[-]trailer Diese Option wird von LINUX ignoriert.

broadcast *aa.bb.cc.dd* Setzt die Broadcast-Adresse für das Interface.

dstaddr *aa.bb.cc.dd* Setzt die angegebene Adresse bei einer Punkt-zu-Punkt-Verbindung (PPP) als das „anderes Ende". Diese Option wird zur Zeit nicht unterstützt.

netmask *aa.bb.cc.dd* Legt die Netzmaske für das Interface fest.

B.9 traceroute – Der Ariadnefaden im Internet

Das Internet ist ein weiträumiges Konglomerat aus unterschiedlichsten Netzen. Dadurch ist das Auftreten von Verbindungsproblemen unausweichlich. Um nun Problemen, wie `network unreachable`, auf den Grund zu gehen, gibt es das Programm `traceroute`.

`traceroute` verfolgt den Weg von UDP-Paketen von der Quelle zum Ziel. Die Zieladresse kann als Rechnername oder als IP-Adresse angegeben werden. Das Programm verwendet zwei Techniken, einen Zeitstempel (einen kleinen `ttl`-Wert[4]) und eine ungültige Port-Adresse, um den Weg der Pakete zu verfolgen.

Jedes Gateway, das ein Paket erhält, dekrementiert den `ttl`-Wert und schickt, wenn 0 erreicht ist, die Nachricht `Time Exceeded` zurück. Beim Start sendet `traceroute` Pakete mit einem `ttl`-Wert 1 und inkrementiert ihn mit jeder erhaltenen `Time Exceeded`-Nachricht. Zusätzlich gibt `traceroute` bei Erhalt der Nachricht eine Statuszeile für das Gateway aus:

---

[3] MTU - Maximal Transfer Unit
[4] `ttl` - time to life

```
8  bnl-pppl.es.net (134.55.9.33)    516 ms   687 ms   771 ms
```

Die Zeile enthält den `ttl`-Wert, den Rechnernamen, von dem die Nachricht stammt, seine IP-Adresse und die Übertragungszeiten (`traceroute` schickt jeweils 3 Pakete).

Wenn ein Paket das angegebene Ziel erreicht hat, sendet der Zielrechner die Nachricht `Unreachable Port` zurück. Der Grund liegt darin, daß `traceroute` einen ungültigen Port (33434) benutzt, um genau diesen Fehler zu erzeugen. Diese Nachricht wird aber vom Programm abgefangen und ist für den Anwender nicht sichtbar.

Das Programm verwendet folgende Optionen:

-m ttl Legt den maximalen Zeitstempel für `ttl` fest. Dadurch kann die Reichweite voreingestellt werden. Der Standardwert ist 30.

-n Das Programm gibt nur die IP-Adresse aus.

-p port Legt die verwendete Portnummer fest. Der Standardwert ist 33434.

-r `traceroute` versucht unter Umgehung der Route-Tabellen das Paket direkt zuzustellen. Wenn das Ziel nicht direkt erreichbar ist, wird ein Fehler zurückgegeben.

-s addr `addr` wird als IP-Adresse der Quelle verwendet. Wenn ein Rechner mehr als eine Adresse hat, kann dadurch die Sendeadresse geändert werden. Falls der angegebene Wert für die Maschine ungültig ist, wird ein Fehler zurückgegeben.

-v Alle empfangenen Pakete werden ausgeschrieben, nicht nur diejenigen, die mit `TIME_EXCEEDED` und `UNREACHABLE` zurückkommen.

-w n Setzt die Wartezeit für die Antwort auf n Sekunden. Der Standard liegt bei 5. Wenn innerhalb der festgelegten Wartezeit kein Paket eintrifft, wird ein Asterix (*) für diese Tests ausgegeben.

Ein Beispiel[5] für den Ablauf eines `traceroute`-Aufrufes:

```
# ./traceroute ice3.ori.u-tokyo.ac.jp
traceroute to ice3.ori.u-tokyo.ac.jp (157.82.132.65),
     30 hops max, 40 byte packets
 1 delta.informatik.hu-berlin.de (141.20.20.19)   6 ms   4 ms   4 ms
 2 141.20.20.9 (141.20.20.9)   4 ms   4 ms   4 ms
 3 192.2.6.2 (192.2.6.2)   98 ms   41 ms   33 ms
 4 Berlin1.WiN-IP.DFN.DE (188.1.132.250)   653 ms   549 ms   1037 ms
```

---

[5] Für Interessierte: 132.160.252.2 ist ein Rechner in Hawaii.

```
 5 ipgate2.WiN-IP.DFN.DE (188.1.133.62)   856 ms  669 ms  559 ms
 6 usgate.win-ip.dfn.de (193.174.74.65)   466 ms  392 ms  506 ms
 7 pppl-frg.es.net (192.188.33.9)        2288 ms 2964 ms 1057 ms
 8 umd2-pppl2.es.net (134.55.12.162)      361 ms 1375 ms 1441 ms
 9 umd1-e-umd2.es.net (134.55.13.33)     1669 ms 2334 ms *
10 pppl-umd.es.net (134.55.6.34)         1421 ms 1346 ms 1477 ms
11 llnl-pppl.es.net (134.55.5.97)        1970 ms 1440 ms *
12 * ames-llnl.es.net (134.55.4.161)     1255 ms 2781 ms
13 ARC5.NSN.NASA.GOV (192.203.230.12)    2499 ms 2353 ms 2223 ms
14 132.160.252.2 (132.160.252.2)         2417 ms 1798 ms *
15 tko3gw.tisn.ad.jp (133.11.208.3)      1738 ms 1141 ms 1053 ms
16 uts4gw.tisn.ad.jp (133.11.210.2)      1575 ms 1505 ms 1498 ms
17 ncgw.nc.u-tokyo.ac.jp (133.11.127.127) 1740 ms 1677 ms 1170 ms
18 hongogw.nc.u-tokyo.ac.jp (130.69.254.3) 1222 ms * *
19 nakanogw.nc.u-tokyo.ac.jp (157.82.128.2) 1380 ms 594 ms 680 ms
20 origw1.nc.u-tokyo.ac.jp (157.82.128.65) 1770 ms 2006 ms 1650 ms
21 origw3.nc.u-tokyo.ac.jp (157.82.129.3) 2669 ms 854 ms 1254 ms
22 * ice3.ori.u-tokyo.ac.jp (157.82.132.65) 1262 ms *
```

In Zeile 12 ist folgendes passiert: der Rechner hat den ttl-Wert des ankommenden Paketes als ttl-Wert der Antwort verwendet. Dadurch bekommen wir solange keine Antwort (TIMEOUT), bis wir ein Paket mit einem ttl absenden, der mindestens doppelt so groß wie die Länge des Weges ist. traceroute schreibt ein Ausrufezeichen (!) hinter die Ausgabe der Zeitdauer, wenn ttl≤ 1 ist, um auf solche Probleme hinzuweisen. Ein Stern (*) zeigt an, das für ein Paket keine Nachricht empfangen wurde. Andere mögliche Anmerkungen sind !H für einen nicht erreichbaren Rechner, !N für ein nicht erreichbares Netzwerk und !P für ein nicht verstandenes Protokoll.

B.10 Konfiguration einer seriellen Schnittstelle

Das Programm setserial setzt oder liest die Parameter einer seriellen Schnittstelle. Dabei können Portnummer und IRQ geändert werden. Wird ein schon belegter IRQ angegeben, gibt setserial die Fehlermeldung Device busy zurück.

setserial [-abgqvVW] device [opt1 [arg]] ...

Die folgenden Optionen können angegeben werden:

-a Alle Parameter des Gerätes werden ausgegeben.

-b Die Standardeinstellungen werden ausgegeben.

-g Eine Liste von Geräten kann angegeben werden.

-q Bei -W werden keine Ausgaben erzeugt.

-v Es werden zusätzliche Daten ausgegeben.

-V Das Programm gibt nur seine Version aus.

-W Gibt alle unbenutzten Interrupts aus.

port *number* Das Programm setzt den Port auf die angegebene Nummer. *number* ist dabei eine Zahl von 0 bis 65535.

irq *number* Das Programm setzt den IRQ auf die angegebene Nummer. *number* ist dabei eine Zahl von 0 bis 15.

uart *type* Der Parameter legt den verwendeten UART-Typ fest. Unterstützte Typen sind 8250, 16450, 16550, 16550A und none. Wenn FIFOs verwendet werden sollen, ist der Typ 16550A anzugeben, da die anderen Typen dies nicht bzw. nur fehlerhaft unterstützen. Die Angabe none schaltet den Port ab.

baud_base *baud_base* Diese Option setzt die Grundbaudrate.

divisor *divisor* Der Teiler für die Baudrate wird festgelegt. Der Teiler wird verwendet, wenn die Option spd_cust gesetzt ist und der Port auf 38,4 kBaud eingestellt ist.

autoconfigure Der Port wird automatisch konfiguriert.

fourport Konfiguriert den Port als AST Fourport.

-fourport Widerruft eine Konfiguration.

auto_irq Während der Selbstkonfiguration wird der verwendete IRQ festgestellt.

-auto_irq Die automatische IRQ-Erkennung wird abgeschaltet.

-skip_test Während der Selbstkonfiguration wird der UART-Typ nicht getestet.

sak Der Secure Attention Key wird verwendet.

-sak Der Secure Attention Key wird nicht verwendet.

session_lockout Nur eine Sitzungsgruppe kann auf den cua-Port zugreifen, andere werden blockiert.

pgrp_lockout Nur eine Prozeßgruppe kann auf den cua-Port zugreifen, andere werden blockiert.

termios_restore Die Terminal-Einstellungen werden nach dem Freigeben der Blockierung restauriert.

hup_notify getty wird bei hangup und close des Ports benachrichtigt.

spd_hi Die Baudrate wird auf 57,6 kBaud gesetzt, wenn die das Gerät benutzende Anwendung 38,4 kBaud verlangt.

spd_vhi Die Baudrate wird auf 115 kBaud gesetzt, wenn die das Gerät benutzende Anwendung 38,4 kBaud verlangt.

spd_cust Die Baudrate ergibt sich aus Baudrate=*baud_base/divisor*.

spd_normal Es wird die Standardbaudrate von 38,4 kBaud verwendet.

In LINUX ist es nicht möglich, daß sich mehrere Geräte einen IRQ teilen (spezielle Hardware, wie AST FourPort, unterstützen das). Standardmäßig werden die Ports ttyS0 bis ttyS3 mit folgenden Einstellungen initialisiert:

```
/dev/ttyS0  (COM1), port 0x3f8, irq 4
/dev/ttyS1  (COM2), port 0x2f8, irq 3
/dev/ttyS2  (COM3), port 0x3e8, irq 4
/dev/ttyS3  (COM4), port 0x2e8, irq 3
```

Wenn andere oder mehr Konfigurationen gewünscht werden, kann das durch den Aufruf von setserial in /etc/rc.local realisiert werden. Die Angabe eines neuen IRQ ist nicht ganz einfach, da die meisten IRQs schon belegt sind. Als günstig hat sich die Verwendung von IRQ 5 erwiesen, der normalerweise für LPT2 zuständig ist. Andere Möglichkeiten sind 3, 4 und 7, oder wenn die Karte 16 Bit unterstützt, die IRQs 10, 11, 12 und 15. Der IRQ 2 wird standardmäßig auf IRQ 9 abgebildet.

Um an die Daten zu kommen, wird mit Hilfe eines ioctl-Rufes das Gerät ausgelesen.

```
void getserial(char *device, int fd)
{
    struct serial_struct serinfo;

    if (ioctl(fd, TIOCGSERIAL, &serinfo) < 0) {
        perror("Cannot get serial info");
        exit(1);
    }
    printf("%s, Type: %s, Line: %d, Port: 0x%.4x, IRQ: %d\n",
        device, serial_type(serinfo.type),
        serinfo.line, serinfo.port, serinfo.irq);
}
```

Das Setzen der Portnummer oder des Interrupts geschieht mit einem ioctl()-Ruf. Er testet außerdem ab, ob der angegebene Port oder Interrupt schon belegt ist und gibt eine Fehlermeldung zurück. Bei der Angabe der Portnummer ist besondere Vorsicht geboten; die Angabe einer falschen Nummer kann den Computer stillegen.

B.11 Konfiguration einer parallelen Schnittstelle

Genauso wie für die Einstellung der seriellen Schnittstellen ein Programm existiert, gibt es auch eines für die parallelen Ports: tunelp. Verwendet wird es hauptsächlich für die Druckerkonfiguration. Als Parameter gibt es folgende Optionen:

tunelp *device* [-i *IRQ* | -t *TIME* | -c *CHARS* | -w *WAIT* | -a [*on*|*off*]]

- **-i IRQ** Der verwendete Interrupt wird festgelegt. Wenn der Port keinen Interrupt benutzt (Polling), bricht diese Angabe den Druckvorgang ab. tunelp -i 0 stellt das Polling wieder her und der Drucker sollte wieder arbeiten.

- **-t TIME** Hier wird angegeben, wieviel Zeit der Gerätetreiber nach CHARS Versuchen warten soll, wenn der Drucker ein Zeichen nicht quittiert. Als Standardwert ist 10 (das entspricht 0.1 Sekunden) eingetragen. Wenn so schnell wie möglich gedruckt werden soll und die Systembelastung keine Rolle spielt, kann dieser Wert auf 0 gesetzt werden. Wenn das Drucktempo keine Rolle spielt oder der Drucker langsam ist, ist 500 ein guter Wert. Außerdem wird das System kaum belastet.

- **-c CHARS** Der Wert CHARS gibt die Anzahl der Versuche an, dem Drucker ein Zeichen zu senden. 20 ist ein guter Wert für die meisten Drucker. Als Standard ist 250 eingestellt, da einige Drucker etwas länger brauchen. Für sehr schnelle Drucker (HP-Laserjet) ist ein Wert von 10 sinnvoller.

- **-w WAIT** Das ist die Wartezeit für das *strobe*-Signal. Die meisten Drucker kommen mit einem extrem kurzen Signal zurecht, deswegen ist dieser Wert mit 0 initialisiert. Eine Erhöhung macht, außer der Verwendung entsprechender Drucker, auch ein längeres Kabel möglich.

- **-a [on|off]** Hier kann angegeben werden, ob der Drucker beim Auftreten eines Fehlers abbrechen soll. Wenn man selbst am Drucker sitzt, ist das möglicherweise günstiger, da ein auftretender Fehler gleich behoben werden kann. Wenn das nicht der Fall ist, sollte sich der Druckerspooler darum kümmern, den Job selbst beenden und dem Benutzer eine Mail senden. Die (Qual der) Wahl ist freigestellt, der Standard ist off.

LINUX verwaltet Drucker in einer Tabelle. Das BIOS unterstützt bis zu vier Drucker, in der Realität wird das selten zu finden sein. Deswegen werden nur drei Einträge initialisiert.

```
struct lp_struct lp_table[] = {
{0x3bc,0,0,LP_INIT_CHAR,LP_INIT_TIME,LP_INIT_WAIT,NULL,NULL,},
{0x378,0,0,LP_INIT_CHAR,LP_INIT_TIME,LP_INIT_WAIT,NULL,NULL,},
{0x278,0,0,LP_INIT_CHAR,LP_INIT_TIME,LP_INIT_WAIT,NULL,NULL,},
};
```

Mit Hilfe `ioctl()` wird der entsprechenden Eintrag mit den übergebenen Daten gefüllt. Die Struktur sowie die obenstehende Initialisierung befindet sich in <linux/lp.h>:

```
struct lp_struct {
    int base;              /* Die IO-Adresse               */
    unsigned int irq;      /* Der Interrupt                */
    int flags;             /* Flags für busy, abort usw.   */
    unsigned int chars;    /* Anzahl der Wiederholungen    */
    unsigned int time;     /* Wartezeit                    */
    unsigned int wait;     /* Wartezeit für strobe-Signal  */
    struct wait_queue *lp_wait_q;
    char *lp_buffer;       /* Druckerpuffer                */
}
```

C

Das *proc*-Dateisystem

> *Der Computer redete und tickerte weiter, dreist und munter, als verkaufe er Waschpulver. »Nehmen Sie bitte zur Kenntnis, daß ich dazu da bin, Ihnen bei der Lösung Ihrer Probleme zu helfen, egal worum's dabei geht.«*
>
> Douglas Adams

Dieser Anhang beschreibt die einzelnen Komponenten des *proc*-Dateisystems, das in LINUX normalerweise unter /proc gemountet wird. Einige der System-Utilities, wie etwa ps, verlassen sich darauf, da dieser Pfad in ihren Quellen fest vorgegeben ist. Jeder existierende Prozeß besitzt im *proc*-Dateisystem ein Unterverzeichnis. Um eine eindeutige Zuordnung gewährleisten zu können, ist der Name dieses Unterverzeichnisses die Prozeß-ID.

Weitere Verzeichnisse und Dateien des *proc*-Dateisystems mit der dazugehörigen Inodenummer (in eckigen Klammern angegeben) sind:

loadavg [2] Beim Auslesen dieser Datei erhält man die durchschnittliche Systemauslastung für die letzten 1, 5 und 15 Minuten.

```
0.05 0.11 0.10
```

uptime [3] Diese Datei gibt die seit Systemstart verstrichene Zeit sowie die Zeit, die der *idle*-Prozeß verbrauchte, in Sekunden an.

```
501.05 344.11
```

meminfo [4] Diese Datei enthält die Anzahl der gesamten, benutzten und freien Bytes des Hauptspeichers und des Swapbereichs, die Größe des von mehreren Programmen geteilten Speichers sowie des Cachespeichers analog zum Kommando `free`. Im Unterschied zu `free` ist die jeweilige Größe in Byte und nicht in Kilobyte angegeben.

```
              total:     used:      free:  shared:   buffers:
Mem:        7233536   6852608     380928  2203648     659456
Swap:      12603392   1011712   11591680
```

kmsg [5] Diese Datei liefert beim Auslesen die noch nicht mit dem Systemruf `syslog()` (siehe Seite 276) gelesenen Kern-Meldungen. Der Log-Ringpuffer wird durch das Auslesen außerdem geleert. Deshalb sollte das Auslesen der Datei bei laufendem `syslogd`-Dämon unterbleiben.

version [6] Die Datei `version` enthält beim Auslesen den Inhalt der Kernvariable `linux_banner`. Dies ergibt zum Beispiel eine Ausgabe der Form:

```
Linux version 1.0 (root@hal) #42 Fri Apr 1 00:01:02 MET DST 1994
```

self/ [7] Dieses Verzeichnis enthält Informationen über den Prozeß, der auf das *proc*-Dateisystem zugreift. Es stimmt mit dem Verzeichnis überein, das die PID des Prozesses trägt.

Die Prozeßverzeichnisse und das Verzeichnis `self/` haben folgenden Aufbau. Dabei gilt für die entsprechende Inode *PID* << 16 + *angegeber Wert*.

mem [+3] Während das Gerät `/dev/mem` den physischen Speicher vor einer Adressenumsetzung repräsentiert, spiegelt diese Datei mem den linearen Adreßraum des entsprechenden Prozesses wider.

Im allgemeinen ist es nicht möglich, in diese Datei zu schreiben, da auf Grund fehlender Tests auch im Speicher des LINUX-Kerns geschrieben werden kann. In der Datei `fs/proc/mem.c` kann durch Entfernen der Makrodefinition von `mem_write` das Schreiben ermöglicht werden.

Das Abbilden dieser Datei in den virtuellen Speicher eines Prozesses mit Hilfe von `mmap()` wird momentan noch nicht unterstützt.

cwd [+4] Dies ist ein Verweis auf das aktuelle Verzeichnis des Prozesses.

root [+5] Dies ist ein Verweis auf das Wurzelverzeichnis des Prozesses (siehe auch `chroot()` auf Seite 284).

exe [+6] Dies ist ein Verweis auf die ausführbare Datei.

fd/ [+7] In diesem Verzeichnis befindet sich für jede vom Prozeß geöffnete Datei ein Eintrag mit dem Namen des Filedeskriptors.

Da sich hier auch die Standardeingabe (0) und die Standardausgabe (1) befinden, lassen sich Programme, die z.B. nicht von der Standardeingabe lesen wollen, über den Dateinamen `/proc/self/fd/0` dazu überreden, diese trotzdem zu nutzen.

Dies könnte jedoch unter Umständen zu Problemen führen, da in den Dateien dieses Verzeichnisses nicht positioniert werden kann.

mmap/ [+8] Für jeden nichtanonymen virtuellen Speicherbereich existiert in diesem Verzeichnis ein Link auf die entsprechende Datei.

environ [+9] Diese Datei enthält die aktuelle Umgebung (Environment) des Prozesses. Die einzelnen Einträge sind dabei durch ein Nullbyte getrennt. Ist der gesamte Prozeß ausgelagert oder ein Zombie, so ist die Datei leer.

cmdline [+10] Analog zur Datei `environ` enthält diese Datei die Kommandozeile des Prozesses.

stat [+11] Das Auslesen dieser Datei liefert genauere Informationen über den Prozeß, z.B.:

```
167 (tcsh) S 166 167 167 193 309 0 352 764 75 169 90 164 58
202 26 15 0 0 19544 395987 127 2147483647 0 196608 3221225228
3221222700 1610830124 0 2 2151170052 159457283 1133212
```

Die genaue Bedeutung der einzelnen Werte erfolgt weiter unten.

statm [+12] Hier sind Speicherinformationen des Prozesses abgelegt. Die Ermittlung dieser Werte ist mit einem gewissen Zeitaufwand verbunden, so daß sie deshalb nicht in der Datei `stat` zu finden sind. Auch sie werden weiter unten genauer beschrieben.

maps [+15] Hier kann man Informationen über die virtuellen Adreßbereiche (`vm_area`-Strukturen) des Prozesses finden. Dabei werden für jeden virtuellen Adreßbereich die Anfangs- und Endadresse, die Zugriffsrechte und der Offset in der eingeblendeten Datei, die durch Major- und Minornummer des Geräts sowie Inode gegeben ist, angegeben. Die Zugriffsrechte werden in der UNIX-üblichen Schreibweise (`rwxsp`) angegeben, wobei zusätzliche Flags anzeigen, ob der Bereich geteilt (`s`) beziehungsweise privat (`p`) ist. Ist ein virtueller Speicherbereich anonym eingeblendet, ist die Nummer der Inode null.

```
00000000-00030000 r-x-- 00000400 03:02 10149
00030000-00033000 rwx-p 00030400 03:02 10149
00033000-00058000 rwx-p 00000000 00:00 0
60000000-60098000 rwx-p 00000400 03:02 18118
60098000-600c7000 rwx-p 00000000 00:00 0
bfff8000-c0000000 rwx-p 00000000 00:00 0
```

net/ [8] Dieses Verzeichnis enthält einige Dateien, die den Zustand der LINUX-Netzwerkschicht beschreiben. Für genauere Informationen sei auf Kapitel 8 verwiesen.

Die einzelnen Dateien sind:

unix **[128]** Informationen zu jedem geöffneten UNIX-Domain-Socket, wie Pfad, Status, Typ, Flags, Protokoll und Referenzzähler.

arp **[129]** Inhalt der ARP-Tabelle.

route **[130]** Diese Datei enthält die Routing-Tabelle in ungewohnter Form. Das Programm route bezieht seine Informationen aus dieser Datei.

dev **[131]** Diese Datei enthält die vorhandenen Netzwerkgeräte sowie ihre Statistik.

raw **[132]** Informationen über geöffnete Sockets des Types *raw*.

tcp **[133]** Informationen über geöffnete *tcp*-Sockets.

udp **[134]** Informationen über *udp*-Sockets.

kcore [14] Durch Auslesen der Datei kcore erhält man einen Speicherabzug (Core) des Kerns. Somit ist ein Debuggen des Kerns während der Laufzeit des Systems möglich. Dies kann mit Hilfe von

```
# gdb /usr/src/linux/tools/zSystem /proc/kcore
```

geschehen. Desweiteren entspricht die Größe der Datei der Hauptspeichergröße plus der Page-Größe.

modules [16] Diese Datei enthält Informationen über einzelne geladene Module, deren Größe und Zustand.

stat [17] Diese Datei enthält die LINUX-Kern-Statistik.

Die Datei **/proc/*pid*/stat** gibt der Reihe nach einzelne Werte der Task-Struktur des Prozesses wieder und stellt dem Anwender somit eine vollständige Zustandsbeschreibung des Prozesses zur Verfügung.

Da die Auswertung der einzelnen Einträge meist in Programmen geschieht (siehe ps Anhang B.2) sind sie hier im scanf()-Format angegeben. Handelt es sich bei dem Eintrag um den Wert einer Komponente der Task-Struktur, so ist der Name der Komponente in Klammern angegeben. Die einzelnen Einträge der Datei sind:

- **%d** die Prozeß-Id,
- **(%s)** der Name der ausführbaren Datei in Klammern (auch sichtbar, wenn der Prozeß ausgelagert ist),
- **%c** der Prozeßstatus ('R' für *Running*, 'S' für *Interruptable Sleeping*, 'D' für *Uninterruptable Sleeping or Swapping*, 'Z' für *Zombie* und 'T' für *Traced or Stopped*),
- **%d** die PID des Vaterprozesses (p_pptr->pid),
- **%d** die Prozeßgruppe (pgrp),
- **%d** die SID des Prozesses (session),
- **%d** das vom Prozeß genutzte Terminal (tty),
- **%d** die Prozeßgruppe, die das vom Prozeß genutzte Terminal besitzt,
- **%lu** die Flags des Prozesses (flags),
- **%lu** die Anzahl der Minor Faults[1] (min_flt), die der Prozeß hatte,
- **%lu** die Anzahl der Minor Faults (cmin_flt), die der Prozeß und seine Söhne hatten,
- **%lu** die Anzahl der Major Faults[1] (maj_flt), die der Prozeß hatte,
- **%lu** die Anzahl der Major Faults (cmaj_flt), die der Prozeß und seine Söhne hatten,
- **%ld** die Anzahl der Jiffies (utime), die der Prozeß im Nutzermodus verbrachte,
- **%ld** die Anzahl der Jiffies (stime), die im Kernmodus verbracht wurden,
- **%ld** die Anzahl der Jiffies (cutime), die von dem Prozeß und seinen Söhnen im Nutzermodus verbracht wurde,
- **%ld** die Anzahl der Jiffies (cstime), die von dem Prozeß und seinen Söhnen im Kernmodus verbracht wurde,
- **%ld** die maximale Anzahl der Jiffies (counter), die der Prozeß in einer Zeitscheibe laufen kann,

---

[1] Ein *Minor Fault* ist ein Fehler beim Zugriff auf Speicherseiten, der ohne Zugriff auf ein externes Medium behandelt wird. Ein *Major Fault* dagegen muß durch einen Zugriff auf ein externes Medium behandelt werden.

%ld   der UNIX-nice-Wert, (priority), der zur Berechnung eines neuen Wertes für counter genutzt wird,

%lu   der Wert in Jiffies bis zum Auslösen eines Timeouts (timeout),

%lu   der Wert des Intervalltimers (it_real_value),

%ld   die Zeit des Prozeßstarts (start_time), in Jiffies seit Systemstart,

%u   die Größe des Speichers in Bytes, auf die der Prozeß zugreifen darf,

%u   die Anzahl (rss) der im physischen Speicher befindlichen Seiten des Prozesses,

%u   die maximale Anzahl (rlim[RLIMIT_RSS].rlim_cur) der Speicherseiten, die sich gleichzeitig für den Prozeß im Speicher befinden dürfen,

%lu   die Adresse (start_code) des Textsegmentanfangs,

%lu   die Adresse (end_code) des Textsegmentendes,

%lu   die Adresse (start_stack) des Stackbeginns,

%lu   der aktuelle Stackpointer[2] des Prozesses,

%lu   der aktuelle Befehlszeiger[2] des Prozesses,

%lu   der Signalvektor[3] (signal) der erhaltenen Signale,

%lu   der Signalvektor (blocked) der blockierten Signale,

%lu   der Signalvektor der ignorierten Signale,

%lu   der Signalvektor der mit eigenen Behandlungsroutinen versehenen Signale,

%lu   die Adresse der Kernfunktion, in der sich der Prozeß befindet.

Die Datei **/proc/pid/statm** enthält weitergehende Informationen über den Prozeß. Dies sind:

%d   die Gesamtanzahl der genutzten Speicherseiten (*size*),

%d   die Anzahl der Speicherseiten (*resident*), die sich gerade im physischen Speicher befinden,

%d   die Anzahl der Speicherseiten (*share*), die der Prozeß mit anderen Prozessen teilt,

%d   die Anzahl der Textseiten (*trs*), die sich gerade im physikalischen Speicher befinden,

---

[2] Während der Ermittlung der Parameter befindet sich der Prozeß gerade im Kernmodus, so daß die aktuellen Werte *esp* und *eip* zusätzlich umgerechnet werden und in das Nutzersegment zeigen. Als *eip* erhält man dann meist eine Adresse in der *libc*.

[3] Der Signalvektor ist eine 32-Bit-Zahl, bei der jedes Signal durch je ein Bit repräsentiert wird.

%d die Anzahl der Bibliotheksseiten (*lrs*), die sich gerade im physikalischen Speicher befinden,

%d die Anzahl der Datenseiten (*drs*) einschließlich beschriebener Bibliotheksseiten und des Stacks, die sich gerade im physikalischen Speicher befinden, und

%d die Anzahl der Bibliotheksseiten (*dt*), auf die zugegriffen wurde.

D

Der Bootprozeß

> *Den Computer neu booten geht schneller als erst einen genialen Trick zu versuchen, um anschließend aus- und wieder einschalten zu müssen.*
>
> Murphys Computergesetze

Das ordentliche „Hochfahren" des LINUX-Kerns wurde in Kapitel 2 und Kapitel 3 schon beschrieben. Nun gibt es aber mehrere Möglichkeiten, den Kern zum Starten zu veranlassen. Die Einfachste ist, den kompletten Kern mit Hilfe von

```
# dd if=zImage of=/dev/fd0
```

ab Sektor 0 auf Diskette zu schreiben und später von Diskette zu booten. Eine wesentlich elegantere Art ist das Booten von LINUX durch den LINUX-Lader *(linux loader* – LILO).

D.1 Ablauf des Bootens

Das Booten wird im PC vom BIOS übernommen. Nach dem Abschluß des *Power-On SelfTests* (POST) versucht das BIOS, den ersten Sektor der ersten Diskette, den Bootsektor zu lesen. Schlägt dies fehl, versucht das BIOS, den Bootsektor von der ersten Festplatte zu lesen. Neuere BIOS-Versionen können diese Reihenfolge auch umdrehen und gleich von der Festplatte booten. Da die meisten BIOS keinen SCSI-Support besitzen, müssen deshalb SCSI-Adapter ein eigenes BIOS mitbringen, wenn von SCSI-Platten gebootet werden soll. Kann kein gültiger Bootsektor gefunden werden, startet der UR-PC sein eingebautes ROM-BASIC, bzw. erhält man die Meldung „NO ROM-BASIC".

Das Booten eines Betriebssystems verläuft dann meist in mehreren Schritten. Da im Bootsektor sehr wenig Platz für Code ist, lädt dieser meist einen zweiten Lader nach usw., bis dann endgültig der eigentliche Betriebssystemkern geladen ist.

Wie Abbildung D.1 zeigt, ist der Aufbau eines Bootsektors relativ einfach; seine Länge beträgt stets 512 Bytes (so daß er sich sowohl auf einer Diskette als auch auf einer Festplatte befinden kann).

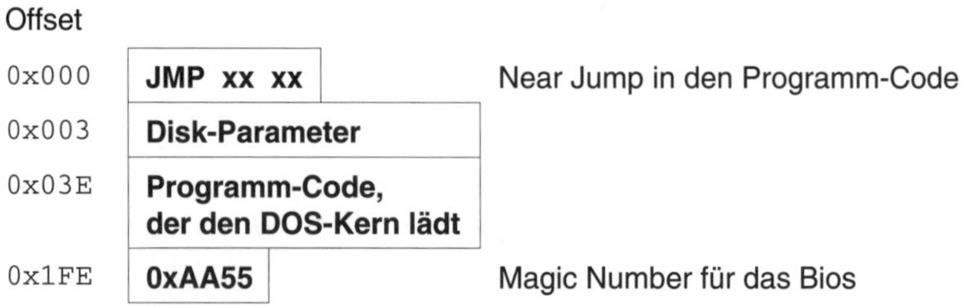

```
Offset
0x000    | JMP xx xx              |   Near Jump in den Programm-Code
0x003    | Disk-Parameter         |
0x03E    | Programm-Code,         |
         | der den DOS-Kern lädt  |
0x1FE    | 0xAA55                 |   Magic Number für das Bios
```

Abbildung D.1: Der MS-DOS-Bootsektor

Dabei spielen die Disk-Parameter nur für MS-DOS eine Rolle. Wichtig ist, daß der Code bei Offset 0 beginnt und der Bootsektor mit der *Magic-Number* beendet wird.

Das Booten von Diskette ist jetzt relativ einfach, da jede Diskette genau einen Bootsektor hat. Dies ist der erste Sektor. Danach folgen beliebige Daten. Das Booten von Festplatte ist etwas schwieriger, da diese in Partitionen unterteilt ist. Davon weiß das BIOS aber nichts, folglich lädt es ebenso wie von Diskette den ersten Sektor, der *Master Boot Record* (MBR) genannt wird.

Der MBR muß also auch denselben Aufbau besitzen, d.h. ab Offset 0 beginnt Code, auf Offset 0x1FE steht die Magic Number 0xAA55. Am Ende des MBR ist die Partitions-Tabelle untergebracht. Diese hat stets 4 Einträge, wie in Abbildung D.2 gezeigt. Ein Eintrag in der Partitions-Tabelle besteht dabei aus 16 Byte. Sein Aufbau wird in Abbildung D.3 gezeigt.

Eine Festplatte kann also in 4 Partitionen unterteilt sein, sie werden *Primäre Partitionen* genannt. Sollte das nicht ausreichen, können sogenannte *Erweiterte Partitionen* angelegt werden. Eine erweiterte Partition enthält wiederum bis zu vier *Logische Laufwerke*. Da man hier aber offensichtlich keine weitere Struktur einführen wollte, entspricht der Aufbau des ersten Sektors einer erweiterten Partition einfach dem des MBR. Es ist also auch möglich, eine Festplatte in bis zu 16 logische Partitionen zu unterteilen.

Anhang D.1 Ablauf des Bootens

Offset	Länge	
0x000	0x1BE	Code, der den Bootsektor der aktiven Partition lädt und startet
0x1BE	0x010	Partition 1
0x1CE	0x010	Partition 2
0x1DE	0x010	Partition 3
0x1EE	0x010	Partition 4
0x1FE	0x002	0xAA55

Abbildung D.2: Aufbau des Master-Boot-Records

Größe			
1	Boot		Bootflag: 0 = nicht aktiv, 0x80 aktiv
1	HD		Beginn: Kopfnummer
2	SEC	CYL	Beginn: Sektor und Zylindernummer des Bootsektors
1	SYS		System Code: 0x83 Linux, 0x82 Linux Swap usw.
1	HD		Ende: Kopfnummer
2	SEC	CYL	Ende: Sektor und Zylindernummer des letzten Sektors
4	low Byte	high Byte	Relative Sektornummer des Startsektors
4	low Byte	high Byte	Anzahl der Sektoren in der Partition

Abbildung D.3: Struktur eines Partitionseintrags

Der erste Sektor einer jeden primären oder erweiterten Partition enthält einen Bootsektor mit dem bereits beschriebenen Aufbau. Da nur von einer dieser Partitionen gebootet werden kann, bestimmt das Bootflag die *aktive Partition*.

Ursprünglich gab es nur primäre Partitionen, darum kann fdisk unter MS-DOS und auch die meisten ähnlichen Programme nur diese Partitionen aktivieren. Der Code im MBR braucht demnach nur folgende Operationen durchzuführen:

- die aktive Partition bestimmen,
- den Bootsektor der aktiven Partition mit Hilfe des BIOS laden,
- in den Bootsektor ab Offset 0 springen.

Dazu genügen die im MBR vorhandenen Bytes völlig. Da sich, wie oben beschrieben, im Prinzip in jeder Partition ein Bootsektor befindet und außerdem der Aufbau einer möglicherweise vorhandenen zweiten Festplatte dem der ersten gleicht, gibt es mittlerweile eine Vielzahl von Ersetzungen für den Standard-MS-DOS-MBR, sogenannte *Bootmanager*. Allen gemein ist, daß sie entweder den MBR mit eigenem Code ersetzen oder den Bootsektor einer aktiven Partition okkupieren. Zum Booten von LINUX werden wohl die meisten den LINUX-Lader LILO verwenden.

D.2 LILO – der Linux-Lader

Der LILO-Bootsektor enthält Platz für eine Partitionstabelle. Deshalb kann LILO sowohl in eine Partition als auch in den MBR installiert werden. LILO besitzt die volle Funktionalität des Standard-MS-DOS-Bootsektors, zusätzlich kann er auch logische Partitionen oder Partitionen auf der zweiten Festplatte booten. LILO kann auch in Kombination mit einem anderen Bootmanager benutzt werden, so daß viele Varianten der Installation denkbar sind.

D.2.1 MS-DOS-MBR startet LILO

Befindet sich wenigstens eine primäre LINUX-Partition[1] auf der ersten Festplatte, so kann LILO dort installiert werden. Nach Aktivierung dieser Partition verläuft der Bootvorgang wie folgt:

- das BIOS lädt den MBR,

- der MBR lädt den Bootsektor der aktiven Partition, den LILO-Bootsektor,

- der Lader bootet LINUX oder ein anderes Betriebssystem.

Auch eine Deinstallation verläuft denkbar einfach: eine andere Partition wird aktiviert.

Da außerhalb der LINUX-Partition keine Daten (bis auf das Bootflag) verändert werden, ist dies die „sicherste" Variante.

D.2.2 LILO wird von einem Bootmanager gestartet

Ein solcher Ansatz empfiehlt sich, wenn man auf seinen alten Bootmanager nicht verzichten will oder LILO nicht in der Lage ist, ein fremdes Betriebssystem zu booten. Je nach Fähigkeit des anderen Bootmanagers bieten sich aber noch andere „Plätze" für die LILO-Installation.

- Kann der Bootmanager erweiterte Partitionen booten, bieten sich diese als idealer Platz für LILO an.

---

[1] Keine Swap-Partition, da in dieser auch der erste Sektor benutzt wird!

- Kann der Bootmanager Partitionen der zweiten Festplatte booten, so läßt sich LILO auch dort installieren.

- Manche Bootmanager können sogar logische Partitionen booten, dann kann man LILO dort installieren.

Bei dieser Vorgehensweise sollte man jedoch folgendes beachten:

- Die Installationsprogramme einiger Betriebssysteme[2] schreiben ihren eigenen MBR ohne Nachfrage auf die Platte, dabei könnte der andere Bootmanager zerstört werden.

- Eine Repartitionierung könnte auch den Bootsektor der erweiterten Partition zerstören; in diesem Falle müßte LILO erneut installiert werden.

Die Deinstallation hängt stark vom verwendeten Bootmanager ab, entweder muß man die verwendete LILO-Bootpartition abmelden, oder der Bootmanager bietet selbst an, jede vorhandene Partition zu booten. Dann entfernt eine Repartitionierung oder ein Formatieren der Partitionen sowohl LINUX als auch LILO.

D.2.3 LILO im Master-Boot-Record

Befindet sich LINUX komplett auf der zweiten Festplatte und gibt es auf der ersten keine erweiterte Partition, so muß LILO in den MBR installiert werden. Dabei wird der ehemalige MBR überschrieben. Man sollte also vor einer solchen Installation vom alten MBR (in dem sich auch die Partitionstabelle befindet) ein Backup machen. Dazu bieten sich diverse DOS-Utilities an. Unter LINUX kann ein Backup einfach durchgeführt werden:

```
# dd if=/dev/hda of=/backup/MBR bs=512 count=1
```

Mit Hilfe von

```
# dd if=/backup/MBR of=/dev/hda bs=446 count=1
```

wird der MBR ohne die Partitionstabelle wieder zurückgeschrieben. Soll die alte Partitionstabelle ebenfalls restauriert werden, ist der Parameter bs=512 zu substituieren. **Vorsicht!** Dabei kann man leicht seine Partitionstabelle zerstören!

D.2.4 LILO-Dateien

Die LILO-Dateien befinden sich normalerweise in Verzeichnis /boot/[3], die Konfigurationsdatei in /etc/. Die Map-Datei enthält dabei die eigentlichen Informationen, die zum Booten des Kerns benötigt werden, und wird vom Map-Installer

---

[2] Als unrühmliches Beispiel seien hier die Installationen einiger MS-DOS-Versionen genannt.
[3] in älteren LILO-Versionen auch in /etc/lilo/.

`/sbin/lilo` angelegt. Zur Installation des LILO muß die Konfigurationsdatei an die persönlichen Bedürfnisse angepaßt werden.

Die Konfigurationsdatei

Die Konfigurationsdatei besteht im Prinzip aus Variablenzuweisungen. Auf jeder Zeile befindet sich entweder eine Flag-Variable oder eine Variablenzuweisung. Flag-Variablen sind einfache Bezeichner, Variablenzuweisungen bestehen aus dem Namen der Variable, gefolgt von einem Gleichheitszeichen und dem Variablenwert. Zusätzlich ist die Konfigurationsdatei durch spezielle Variablenzuweisungen in Bootkonfigurationen geteilt, jede Bootkonfiguration bootet entweder einen Kern oder ein anderes Betriebssystem. Die folgenden Variablen sind global für alle LILO-Konfigurationen.

boot=*Gerät* gibt an, welches Gerät (bzw. Disk-Partition) den Bootsektor enthalten soll. Fehlt `boot`, wird der Bootsektor auf das aktuelle Root-Gerät gelegt.

compact schaltet einen Modus ein, indem LILO Lese-Anforderungen von benachbarten Sektoren mit Hilfe einer einzelnen Anfrage an das BIOS durchzuführen versucht. Dies reduziert die Ladezeit drastisch, insbesondere beim Booten von Diskette.

delay=*Zehntel* gibt die Zeit in Zehntelsekunden an, die LILO auf einen Tastendruck warten soll, bevor die erste Bootkonfiguration gebootet wird. Ohne Angabe von `delay` bootet LILO sofort.

linear läßt LILO lineare statt der üblichen Sektor/Kopf/Zylinder-Adressen erzeugen. Lineare Adressen hängen nicht von der Geometrie des Geräts ab.

install=*Bootsektor* installiert statt des Standard-Bootsektors `/boot/boot.b` den angegebenen Bootsektor.

disktab=*Disktab* gibt den Pfad der *Disktab*-Datei (enthält die Geometriedaten besonderer Platten) an, falls sich diese nicht in `/boot/disktab` befindet.

map=*Map-Datei* spezifiziert den Pfad der Map-Datei.

message=*Datei* gibt den Pfad einer Datei an, deren Inhalt als Startmeldung beim Booten angegeben werden soll. Wird kein `message` angegeben, erscheint die Meldung „LILO". Da diese Startmeldung in die Map-Datei eingefügt wird, muß nach jeder Änderung der Map-Installer `/sbin/lilo` gestartet werden.

verbose=*Stufe* stellt die *Debug*-Stufe für LILO ein. Dabei sind die Stufen 0 (keine Meldungen) bis 5 (alle Statusmeldungen) möglich.

backup=*Backup-Datei* gibt den Namen der Datei an, in der der ehemalige Bootsektor gespeichert wird. Sonst wird /boot/boot.*Gerätenummer* gewählt.

force-backup=*Backup-Datei* wie backup, die Datei wird jedoch überschrieben, falls sie schon existiert.

prompt erzwingt die Eingabe einer Bootkonfiguration per Tastatur, d.h. LILO bootet nicht mehr automatisch die erste angegebene Konfiguration.

timeout=*Zehntel* setzt einen Timeout-Wert, nachdem eine Eingabe von Tastatur erfolgt sein muß, ansonsten wird die erste Konfiguration gebootet. Analog dazu wird die Eingabe eines Paßwortes ungültig, wenn zwischen zwei Eingaben zuviel Zeit verstreicht. Standardmäßig ist dieser Wert unendlich.

serial=*Port, Bps Parität Bits* stellt die Parameter für die serielle Schnittstelle ein, falls LILO auch Eingaben von dieser akzeptieren soll. Falls eine der Komponenten *Bps*, *Parität* oder *Bits* weggelassen wird, müssen auch die folgenden entfallen. *Port* wählt eine der vier (Standard) seriellen Schnittstellen, 0 entspricht COM1 bzw. /dev/ttyS0. Es werden Baudraten von 100 bis 9600 bps unterstützt; 2400 bps ist die Standardeinstellung. Alle Paritätseinstellungen (n keine, e gerade und o ungerade) werden unterstützt, sowie 7 oder 8 Bit. Die Standardeinstellung ist also serial=0,2400n8.

ignore-table weist LILO an, korrupte Partitionstabellen zu ignorieren.

fix-table erlaubt LILO, die (Sektor/Kopf/Zylinder)-Adressen den linearen Adressen in jeder Partition anzupassen. Normalerweise beginnt jede Partition auf einer Zylindergrenze, manche anderen Betriebssysteme könnten dies jedoch ändern. Da LILO seinen Bootsektor nur auf Partitionen schreiben kann, bei denen beide Adressen gleich sind, lassen sich falsche 3D-Adressen mit Hilfe von fix-table korrigieren. Dieses garantiert jedoch nicht, daß diese Korrekturen erhalten bleiben, deshalb ist eine Neupartitionierung, die sich an Zylindergrenzen hält, dem vorzuziehen.

password=*Paßwort* setzt ein Paßwort für alle Boot-Konfigurationen.

restricted lockert die Paßwort-Beschränkung. Paßwörter müssen nur dann angegeben werden, wenn man dem Kern zusätzlich Bootparameter übergeben will.

optional erlaubt das Fehlen eines der in einer Bootkonfiguration angegebenen Kerne. Ohne Angabe von optional bricht der Map-Installer mit einer Fehlermeldung ab.

Jede Bootkonfiguration für einen LINUX-Kern wird mit den Zuweisungen

```
image=Kern
   label=Name
```

eingeleitet. `image` muß den Pfad des zu bootenden Kerns enthalten, `label` den Namen, unter dem der Kern von LILO-Prompt aus ausgewählt werden kann. Ist als `image` ein Gerät wie z.B. `/dev/fd0` angegeben, muß zudem noch der Bereich, auf dem sich der Kern befindet, mittels

```
range=Bereich
```

angegeben werden. Der Bereich ist entweder als `Startsektor-Endsektor` oder `Startsektor+Länge` anzugeben, z.B.

```
image=/dev/fd0
   label=floppy
   range=1+512
```

Variablenzuweisungen innerhalb einer Boot-Konfiguration wirken gewissermaßen lokal. Folgende Zuweisungen sind möglich:

append=_String_ übergibt die Zeichenkette _String_ dem Kern als Bootparameter. Auf diese Weise lassen sich z.B. Hardware-Parameter an die LINUX-Gerätetreiber übergeben (siehe Abschnitt 7.4.1).

literal=_String_ wie append, die Zeichenkette wird aber ausschließlich übergeben! Weil dabei auch lebenswichtige Einstellungen verloren gehen könnten, kann `literal` nicht global angegeben werden.

ramdisk=_Größe_ überschreibt die Standardeinstellung des Kerns für die Größe der RAM-Disk.

read-only gibt an, daß das Root-Dateisystem read-only gemountet werden soll.

read-write analog.

root=_Gerät_ gibt den Namen des Geräts an, auf dem sich das Root-Dateisystem befindet.

vga=_Modus_ überschreibt den Standardvideomodus des Kerns. Als Einstellungen sind `normal`, `extended` und `ask` möglich. Zusätzlich kann auch die Nummer des Videomodus angegeben werden.

Die **Bootkonfigurationen anderer Betriebssysteme** werden mit

```
other=Gerät
   label=Name
```

Anhang D.2 LILO – der Linux-Lader

eingeleitet. `other` beschreibt das Gerät (bzw. die Partition), auf der sich der Bootsektor des fremden Betriebssystems befindet. Für fremde Betriebssysteme können folgende Variablen eingestellt werden.

loader=*Lader* gibt den Pfad des Laders an, der zum Booten des Betriebssystems benutzt werden soll. Standardmäßig wird `/boot/chain.b` gewählt. Zusätzlich enthält die LILO-Distribution folgende Lader.
`os2_d.b` kann OS/2 von der zweiten Festplatte booten.
`any_d.b` versucht, vor dem Booten des Betriebssystems die erste und die zweite Festplatte zu vertauschen um so Betriebssysteme von der zweiten Festplatte zu booten.

table=*Gerät* gibt das Gerät an, auf dem sich die Partitionstabelle für das zu bootende Betriebssystem befindet. Fehlt die Angabe von `table`, reicht LILO keine Informationen über die Partitionstabelle an den Bootsektor des fremden Betriebssystems weiter.

unsafe schaltet die Überprüfung des zu bootenden Betriebssystems ab. Dieser Schalter sollte nur verwendet werden, wenn eine Konfiguration von Diskette booten soll. Ohne diesen Schalter müßte sonst bei jedem Start des Map-Installers die Bootdiskette in das Laufwerk eingelegt werden.

Die Disktab-Datei

Die Disktab-Datei enthält Informationen über die Geometrie des Geräts, von dem LILO booten soll. Normalerweise können diese Informationen vom Gerätetreiber angefordert werden; eine Disktab-Datei ist also nur nötig, falls dies nicht funktioniert. LILO gibt dann die Fehlermeldung

```
geo_query_dev HDIO_GETGEO (dev ...)
```

oder

```
HDIO_REQ not supported for your SCSI controller.
Please use /boot/disktab
```

aus. In diesem Fall müssen die Geometrie-Daten per Hand eingegeben werden.

```
# /boot/disktab - LILO Parametertabelle
#
# Diese Tabelle enthält die Geometrie-Parameter für SCSI und
# IDE-Disks, die nicht automatisch erkannt werden können.
# Einträge in dieser Datei überschreiben erkannte Parameter!
#
```

```
# Dev.    BIOS    Secs/   Heads/   Cylin-   Part.
# num.    code    track   cylin.   ders     offset
#                                           (optional)

#0x800    0x80    32      64       202      0          # /dev/sda
```

Dabei bedeuten die einzelnen Felder:

0x800 Die Gerätenummer als Kombination der Major- und Minor-Nummer.

0x80 Der BIOS-Code für dieses Laufwerk. 0x80 ist die erste Festplatte im System, 0x81 die zweite usw. Als Einheit wird dabei das gesamte physische Gerät und nicht einzelne Partitionen betrachtet!

32, 64, 202 Die Geometrie-Daten: Anzahl der Sektoren pro Spur, Anzahl der Köpfe und Zylinder.

0 Der Beginn der Partition in relativen Sektoren von Sektor 0 der Festplatte an. Da diese Information auch aus der Partitionstabelle gelesen werden kann, ist ihre Angabe optional.

D.2.5 LILO-Boot-Parameter

Wird beim Booten des LILO eine der Tasten Ctrl, Shift oder Alt gedrückt, war CapsLock oder ScrollLock gesetzt oder die Direktive prompt angegeben, so geht LILO in den interaktiven Modus über. Um eine Bootkonfiguration auszuwählen, muß der als *label* definierte Name eingegeben werden. Durch Drücken der Taste Tab werden alle verfügbaren Bootkonfigurationen angezeigt. Zusätzlich können, ähnlich dem Start eines Programms aus der Shell, Parameter übergeben werden. Diese Parameter ergeben zusammengesetzt die Kommandozeile, die LILO dem Kern beim Start übergibt. Manche der Parameter werden vom Kern und den Gerätetreibern ausgewertet. Später werden Parameter, die ein Gleichheitszeichen „=" enthalten, in das Environment des Init-Programms aufgenommen, die anderen als Parameter übergeben.

Folgende Bootparameter werden vom Kern bzw. Init-Programm erkannt:

root=*Gerät*

ro und rw mountet das Root-Dateisystem explizit read-only oder read/write.

debug alle Meldungen des Kerns werden auf der System-Konsole ausgegeben.

no387 schaltet die FPU ab und den FPU-Emulator an.

vga=*Videomodus* wählt den Standard-Videomodus des Kerns.

single teilt dem Init-Programm mit, daß LINUX im Single-User-Mode zu starten ist.

reserve=*Portadresse, Bereich, ...* verbietet Hardware-Erkennung auf den I/O-Adressen von *Portadresse* bis *Portadresse+Bereich*. Meist wird Hardware von den Treibern durch Schreiben und Lesen von magischen Werten auf Portadressen erkannt. Dies kann bei Hardware, die zufällig dieselben Ports belegt zu undefiniertem Verhalten bis hin zum Absturz des Systems führen[4]. reserve=0x300,8 verbietet also dem Kern, auf diesen Adressen nach Hardware zu suchen (siehe Abschnitt 7.3.1).

ether=*IRQ, Port, Mem_start, Mem_end, Name* setzt die Parameter Basisadresse, IRQ, und den eingeblendeten Speicherbereich für das Netzwerkgerät *Name*.

    ether=5, 0x280, 0xD800, 0xDFFF, eth0

setzt die Parameter der ersten Ethernet-Karte auf IRQ 5, Basisport 0x280, eingeblendeter Speicher von 0xD800-0xDFFF.

bmouse=*IRQ* stellt den IRQ-Kanal für die Logitech Bus Mouse ein.

hd=*Zylinder, Köpfe, Sektoren* stellt die Parameter der IDE-Festplatte ein. Die Parameter für die zweite Platte müssen mit einem weiteren hd=.. übergeben werden, also z.B.

    hd=721,13,51 hd=1010,12,55

xd=*Type, IRQ, Port, DMA* stellt die Basisportadresse, IRQ und DMA-Kanal sowie die Identifikationsnummer des XT Harddiskcontrollers ein. Die unterstützten Typen sind dem Feld xd_sigs[] zu entnehmen. Dieses Feld ist in der Datei drivers/block/xd.c definiert ist.

mcd=*Port, IRQ* stellt die Basisportadresse und den verwendeten IRQ-Kanal für den Mitsumi-CD-Rom-Treiber ein.

sound=*0xKKPPPID, ...* teilt dem Soundkartentreiber die Art und die Parameter aller installierten Soundkarten mit. Ein Soundkartenparameter ist eine 7-stellige Hexadezimalzahl. Dabei bedeutet *KK* die Identifikationsnummer der Soundkarte, die in <linux/soundcard.h> definiert ist. *PPP* bestimmt die die Basisportadresse der Soundkarte, *I* den IRQ und *D* den DMA-Kanal.
sound=0x0222051 definiert also einen Soundblaster auf der Basisadresse 0x220, IRQ 5, DMA 1.

---

[4] Insbesondere bei der ISA-Architektur, bei der nur 10 Bit der Portadresse auf dem Bus liegen, kann es so zu „ungewollten" Überschneidungen kommen. Dies ist auch der Grund dafür, warum S3-Karten scheinbar die Portadresse der vierten seriellen Schnittstelle belegen ...

sbpcd=*Port, Interface* stellt die Parameter für den Soundblaster CD-Rom-Treiber ein. *Port* definiert die Basisportadresse, *Interface* eine der unterstützten Interfacekarten (SoundBlaster oder LaserMate).

Die folgenden Bootparameter sind für die einzelnen SCSI-Controller gedacht, sie stellen jeweils den Controllertyp (durch ihren Namen) sowie dessen Parameter (Startadresse des eingeblendeten Speichers und verwendeter IRQ) ein.

st0x=*Adresse, IRQ* Seagate Controller

tmc8xx=*Adresse, IRQ* TMC-8xx oder TMC-950 Controller

t128=*Adresse, IRQ* Trantor T128/T128F/T228

ncr5380=*Adresse, IRQ* Generischer NCR5380

aha152x=*Port, IRQ, SCSI-Id, Reconnect*   Adaptec AHA-1520/1522 Parameter, und zwar Basisportadresse, IRQ, SCSI-ID des AIC-6260 (0-7, Standard 7) sowie ein Flag, das angibt, ob der Reconnection-Mode einer SCSI-Platte benutzt werden soll.

Zusätzlich fügt LILO der Kommandozeile stets den Parameter BOOT_IMAGE=*label* hinzu, sowie das Wort auto, falls automatisch die erste Bootkonfiguration gebootet wurde.

Die Übergabe der Kommandozeile an den Kern geschieht auf sehr einfache Weise. LILO schreibt die magische Zahl 0xA33F auf die physische Adresse 0x9000:20 und den Offset der Adresse der Kommandozeile relativ zu 0x9000:0 nach 0x9000:22.

D.2.6 LILO-Startmeldungen

Während des Bootprozesses gibt der Lader die Meldung „LILO" aus. Falls der Ladeprozeß abgebrochen wurde, können die bis dahin ausgegebenen Zeichen zur Fehlerdiagnose dienen. Einige dieser Fehlermeldungen sollten jedoch nicht auftreten, da sie nur durch eine Zerstörung des LILO oder ein fehlerhaftes Bios hervorgerufen werden könnten.

keine Ausgabe Kein Teil von LILO wurde geladen. LILO wurde nicht installiert oder die Partition, die LILO enthält, ist nicht aktiv.

L*Nummer* Die erste Stufe des Laders wurde geladen und gestartet, er kann aber die zweite Stufe nicht laden. Die zweistellige Fehlernummer charakterisiert das Problem (siehe Abschnitt D.2.7). Dies kann durch einen physikalischen Fehler auf der Festplatte oder Diskette oder durch eine falsche Geometrie (falsche Parameter in disktab) hervorgerufen werden.

LI Die erste Stufe des Laders konnte zwar die zweite Stufe laden, aber deren Abarbeitung schlug fehl. Dies kann durch eine falsche Geometrie oder durch Verschieben der Datei boot.b ohne Neuinstallation des Laders hervorgerufen werden.

LIL Die zweite Stufe des Laders wurde gestartet, sie kann jedoch die Deskriptor-Tabelle nicht aus der Map-Datei lesen. Dieser Fehler deutet auf einen physikalischen Defekt oder auf eine falsche Geometrie hin.

LIL? Die zweite Stufe des Laders wurde an eine falsche Adresse geladen. Dieses Verhalten resultiert aus denselben Gründen wie **LI**.

LIL− Die Deskriptor-Tabelle ist fehlerhaft. Dieser Fehler deutet auf eine falsche Geometrie oder auf ein Verschieben der Datei map ohne eine Neuinstallation des Laders hin.

LILO Alle Teile des Laders wurden geladen.

D.2.7 Fehlermeldungen

Meldet das BIOS einen Fehler, während LILO einen Kern lädt, so wird die Fehlernummer angezeigt.

0x00 *Interner Fehler*
Dieser Fehler wird von der Sektor-Lese-Routine erzeugt, wenn eine interne Inkonsistenz festgestellt wird. Die wahrscheinliche Fehlerursache ist eine falsche Map-Datei.

0x01 *Illegaler Befehl*
Diese Fehlermeldung sollte nicht auftreten.

0x02 *Adreßmarke nicht gefunden*
Beim Lesen des Mediums trat ein Fehler auf.

0x03 *Diskette ist schreibgeschützt*
Diese Fehlermeldung sollte nicht auftreten.

0x04 *Sektor nicht gefunden*
Dieser Fehler wird von falschen Geometriedaten erzeugt. Falls von einer SCSI-Platte gebootet wird, erkennt der Kern die Geometriedaten nicht bzw. die Disktab-Datei ist falsch. Das Flag compact erzeugt in seltenen Fällen ebenfalls diesen Fehler.

0x06 *Change line aktiv*
Dieser Fehler wird normalerweise durch ein Öffnen und Schließen der Laufwerksklappe während des Bootens verursacht.

0x08 *DMA Überlauf*
Diese Fehlermeldung sollte nicht auftreten.

0x09 *DMA-Transfer über 64K Grenze*
Diese Fehlermeldung sollte nicht auftreten.

0x0C *Ungültiges Medium*
Diese Fehlermeldung wird durch ein defektes Medium erzeugt. Sie sollte aber nicht auftreten.

0x10 *CRC-Fehler*
Die Daten auf dem Medium sind fehlerhaft. Eine Neuinstallation von LILO könnte helfen (um den Sektor neu zu schreiben). Falls dieser Fehler beim Booten von Festplatten auftritt, sollte mittels `fsck` die Liste der fehlerhaften Sektoren ergänzt werden.

0x20 *Controller Fehler*
Diese Fehlermeldung sollte nicht auftreten.

0x40 *Seek Fehler*
Diese Fehlermeldung zeugt von einem Medium-Problem.

0x80 *Timeout*
Das Laufwerk ist nicht bereit. Die Laufwerksklappe könnte offen sein.

Generell ist, besonders beim Booten von einem Diskettenlaufwerk, eine Wiederholung des Bootversuches eine gute Idee, falls nicht explizit eine andere mögliche Fehlerursache angegeben ist.

L

Literaturverzeichnis

[Bac86]   Maurice J. Bach. *The Design of the UNIX(R) Operating System*. Prentice Hall International, INC., London, 1986.

   Bach beschreibt den Aufbau und die Funktionsweise von UNIX System V. Dies ist zusammen mit [LMKQ89] die Standardliteratur zum Thema Unix-Betriebssystemimplementation.

[Cla90]   Ludwig Claßen. *Programmierhandbuch 80386/80486*. Verlag Technik, Berlin, 1990.

   Sehr kompakte Einführung in die Programmierung des 80386. Teilweise sind Bezüge auf [CW90] vorhanden.

[CO87]   Ludwig Claßen und Ulrich Oefler. *UNIX und C – Ein Anwenderhandbuch*. Verlag Technik, Berlin, 2. Auflage, 1987.

   Eine Einführung in Unix und die Programmiersprache C. Da sich das Buch auf Unix Version 7 bezieht, ist es vielleicht nicht mehr ganz aktuell, aber immer noch lesbar.

[Com91]   Douglas E. Comer. *Internetworking With TCP/IP*, Volume I – Principles, Protocols and Architecture. Prentice Hall International, INC., London, second edition, 1991.

   Dies ist das Standardwerk zu TCP/IP. Es werden alle Basis-Protokolle u.a. ARP, TCP, IP, RIP erläutert.

[CS91]   Douglas E. Comer and David L. Stevens. *Internetworking With TCP/IP*, Volume II - Design, Implementation, and Internals. Prentice Hall International, INC., London, first edition, 1991.

Hier wird die TCP/IP-Implementierung des Xinu-Systems erläutert. Das Xinu-System ist eine freie Implementierung eines UNIX-kompatiblen Systems.

[CW90] Ludwig Claßen und Ulrich Wiesner. *Wissenspeicher 80286-Programmierung*. Verlag Technik, Berlin, 1990.

[Fei93] Sidnie Feit. *TCP/IP – Architecture, Protocols, and Implementation*. McGraw-Hill INC., New York, 1993.

Eines der vielen Bücher zum TCP/IP. Allerdings ist die Darstellung in [Com91] umfassender.

[FTP] ftp.informatik.hu-berlin.de:/pub/os/linux.

Das ist der Heimat-FTP-Server der Autoren. Hier befinden sich neben den wichtigsten Daten anderer LINUX-FTP-Server auch der in diesem Buch beschriebene PC-Speaker-Treiber (im Verzeichnis hu-sound/) sowie einige ältere Texte der Autoren zum Thema *Linux Kernel Hacking* (im Verzeichnis HU-Seminar/).

[HHa94] Sebastian Hetze, Dirk Hohndel, und andere. *Linux Anwenderhandbuch*. LunetIX Softfair, 3. erweiterte und aktualisierte Auflage, 1994.

Für den angehenden LINUX-Nutzer ein gutes Nachschlagewerk zum Thema Installation und Wartung des LINUX-Systems.

[Joh93] Michael K. Johnson. *Linux Kernel Hacker's Guide*. Linux Document Project, draft 0.5 edition, 1993.

Das sollte eigentlich einmal das Standardwerk zum LINUX-Kern werden. Leider läßt eine aktuelle Version auf sich warten. Die letzte erschienene Version ist vom September 1993 und trägt den Kommentar: „*Rough draft, Not Authoritative, Incomplete and Inaccurate, Use at your own risk*" Wie alle anderen Dokumentationen des LINUX-*Document-Projects* ist der Text dieses Buches auf jedem guten LINUX-FTP-Server vorhanden. Beispielsweise auf ftp.informatik.hu-berlin.de im Verzeichnis /pub/os/linux/docs/LDP.

[Lew91] Donald Lewine. *POSIX Programmers Guide*. O'Reilly & Associates, Inc., 1991.

Wer schon nicht den POSIX-Standard auf seinem Schreibtisch zu liegen hat (und wer hat das schon), der sollte sich dieses Buch zumindest ansehen.

[LMKQ89] S.J. Leffler, M.K. McKusick, M.J. Karels, and J.S. Quaterman. *The Design and Implementation of the 4.3BSD Unix Operating System*. Addison-Wesley Publishing, Reading, 1989.

Im Gegensatz zu [Bac86] geht es hier um die Implementation der BSD Variante von UNIX. Ebenfalls ein Standardwerk zum Thema: „Wie schreibe ich mein eigenes UNIX-System?"

[PT+91] Rob Pike, Ken Thomson, et al. *Plan 9: The early papers*, July 1991.

Die sehr interessante Zusammenfassung einiger älterer Arbeiten zum experimentellen Betriebssystem Plan 9. Wem die Namen der Autoren bekannt vorkommen, der liegt richtig. Dieselben Leute haben von 20 Jahren auch die ersten UNIX-Systeme geschrieben. Hier kann man nachlesen, wie sie heute zu den Konzepten von UNIX stehen. Diese Reports sind auch im Internet veröffentlicht worden und auf vielen guten FTP-Servern vorhanden.

[San93] Michael Santifaller. *TCP/IP und ONC/NFS in Theorie und Praxis*. Addison-Wesley, Bonn, 2. aktualisierte und erweiterte Auflage, 1993.

Einführung in Thematik, deren Schwerpunkt bei der Benutzung liegt.

[Sta94] Stefan Stapelberg. *UNIX System V.4 für Einsteiger und Fortgeschrittene*. Addison-Wesley, Bonn, 1994.

[Ste92a] W. Richard Stevens. *Advanced Programming in the UNIX(R) Environment*. Addison-Wesley Publishing, Reading, 1992.

Das ist das ultimative Buch zum Programmieren unter UNIX. Stevens beschreibt hier auf über 700 Seiten die gesammte Breite der Systemrufe von BSD 4.3 über System V Release 4 bis zum POSIX-Standard – inklusive der Anwendung der Systemrufe an *sinnvollen* Beispielen.

[Ste92b] W. Richard Stevens. *Programmieren von UNIX-Netzen*. Coedition Verlage Carl Hanser und Prentice-Hall, München und London, 1992.

Wem das Kapitel über Netzwerke im [Ste92a] zu kurz ist, der findet hier alles über die Programmierung von UNIX-Netzen. Ebenfalls ein sehr empfehlenswertes Buch.

[Ste94] W. Richard Stevens. *TCP/IP Illustrated: The Protocols*, Volume 1. Addison-Wesley Publishing, Reading, 1994.

Das ist definitiv das Buch, mit dem man sich mit TCP/IP bekannt machen sollte. Es beschreibt die Materie so, wie sie dem UNIX-Anwender entgegentritt. Eine Reihe von frei verfügbaren Tools helfen dabei, das Netz zu erkunden.

[Tan86] Andrew S. Tanenbaum. *Modern Operating Systems*. Prentice Hall International, INC., London, 1986.

Im Gegensatz zu [Tan90] geht es hier nicht um Minix. Das Buch beschreibt grundlegende Prinzipien der Arbeitsweise von klassischen und verteilten Betriebssystemen. Diese werden anschließend an jeweils zwei konkreten Beispielen (MS-DOS, Unix sowie Amoeba und Mach) erläutert. Uns ist allerdings immer noch unklar, wie die Beschreibung von MS-DOS in ein Buch mit dem Titel „Moderne Betriebssysteme" gekommen ist.

[Tan90] Andrew S. Tanenbaum. *Betriebssysteme – Entwurf und Realisierung – Teil 1 Lehrbuch.* Coedition Verlage Carl Hanser und Prentice-Hall, Berlin und London, 1990.

Tanenbaum beschreibt hier den Aufbau und die Funktion seines Minix Systems. Minix (*Mi*ni U*nix*) wurde von Tanenbaum für Ausbildungszwecke geschrieben. Es verdeutlicht schön die Konzepte der Implementation von Unix-Systemen, ist aber durch seine Beschränkungen nicht unbedingt praxistauglich. Minix war das erste Unix-System, dessen Quelltexte man relativ preiswert bekommen konnte. Deswegen war es bei Informatik-Studenten relativ beliebt. Die Entwicklung von LINUX begann unter Minix.

[WE94] Kevin Washburn und Jim Evans. *TCP/IP.* Addison-Wesley, Bonn, 1994.

Dies ist eine weitere umfassende Einführung zur Thematik TCP/IP. Der Schwerpunkt liegt eindeutig bei der Beschreibung der Protokolle und Ihrer Anwendung.

Index

!

`__get_free_page()`, 32, 33
`__iget()`, 158, 161
`_exit` – Systemruf, 258
`_namei()`, 162
`_syscall*()`, 48
`_syscall1()`, 65
`_system_call` – Assemblerroutine, 48, 89

A

`a.out`-Format, 82
`accept()`, 145
`access` – Systemruf, 282
`acct` – Systemruf, 308
`ACK()`, 39, 40
`add_timer()`, 36
`add_wait_queue()`, 34, 35, 110
`adjtimex` – Systemruf, 256
Adjust On Exit, 127
Adresse
   lineare, 69, 71, 74, 77
   logische, 68, 69, 71, 77
   physische, 69, 74, 77
Adreßraum
   linearer, 69–71
   logischer, 68–70, 80
   Segmentierung, 70
   physischer, 69, 70
   virtueller, *siehe* Adreßraum, logischer
`AF_INET`, 210
`alarm` – Systemruf, 27, 257
Aliassegment, 74
Architektur
   allgemeine, 18
   Micro-Kernel, 18
   monolitisch, 18
ARP, 234
`arp_find()`, 235
`arp_rcv()`, 235
`arp_table` – Struktur, 234
Auslagerungsbereich, 99

B

`bdflush` – Systemruf, 308
`bh_struct`, 184
`block_input()`, 213
Blockgerät, 179
`bmap()`, 165
Bootblock, 153
Booten, 343–346
Booten von Linux, 40
Bootmanager, 346

Bootparameter, 14
Bootsektor, 343
    MS-DOS, 344
bootsetups[], 195
Bottom Half, 44, 184
bread(), 96
bread_page(), 97
break – Systemruf, 308
brelse(), 96
brk – Systemruf, 257
BSD, 4
BSD-Socket, 5, 210, 216
Buddy-System, 91
buff_init(), 80
buffer_head – Struktur, 94

C
Cache, 3
Caching
    der Blockgeräte, 93
Call-Out-Gerät, 178
CD-ROM, 4
chdir – Systemruf, 26, 282
chmod – Systemruf, 283
chown – Systemruf, 283
chrdev_open(), 171
chrdevs[], 171
chroot – Systemruf, 26, 284
cli(), 111
Clock-Algorithmus, 103
clone – Systemruf, 53, 81, 258
close – Systemruf, 30
Codesegment, 77
COFF-Format, 4, 82
config.in, 11
CONFIG_AUTO_IRQ, 13
CONFIG_IP_FORWARD, 239
Configure – Programm, 11
conflict(), 117
connect(), 145
Copy On Write, 3, 52, 122

CPL, 71
creat – Systemruf, 113, 290
create(), 163
create_module – Systemruf, 264
current, 29, 35, 51, 56, 59, 64

D
data_ready(), 214, 221
datagram_select(), 245
Dateiarten, 153
Dateideskriptor, *siehe* Filedeskriptor
Dateisystem, 9–10, 180
    Aufbau, 153
    ext2, 4
    Grundlagen, 152–154
    ISO-9660, 4
    Mounten, 154–157
    MS-DOS, 4
    NFS, 4
    Repräsentation, 154–171
    Virtuelles, 151
Dateizugiffssperrung, 113
Dateizugriffssperrung, 118
Datensegment, 73, 77
ddi_init(), 227
Deadlocks, 117
del_timer(), 36
delete_module – Systemruf, 264
delete_timer(), 246
Demand Load Executables, 3
Demand Paging, 98
Deskriptorprivilegierungsstufe, *siehe* DPL
Deskriptortabelle
    Globale, 73, 77
    Interrupt-, 73
    Lokale, 73, 77
dev_add_pack(), 253
dev_init(), 228
device – Struktur, 227–232
Dial-In-Gerät, 178

Digital-Analog-Wandler, 190
`dir_namei()`, 162, 169
DMA, 80, 186
`do_bottom_half()`, 213
`do_botton_half()`, 49
`do_execve()`, 56
`do_exit()`, 60
`do_fast_IRQ()`, 40
`do_IRQ()`, 39
`do_mmap()`, 59, 87, 98
`do_no_page()`, 105, 137
`do_page_fault()`, 105
`do_signal()`, 38
`do_timer()`, 42–44
`do_wp_page()`, 105
`down()`, 112
DPL, 71
dup – Systemruf, 30, 284
dup2 – Systemruf, 284

E
`EFLAGS` – Register, 111
`ei_interupt()`, 213
`ei_receive()`, 213
`ei_start_xmit()`, 212
ELF-Format, 4, 82
Elternprozeß, 23
`error_report()`, 222
eth0, 232
Ethernet, 232
exec – Systemruf, 26, 30
execve – Systemruf, 82, 118, 123, 285
`execve()`, 56–59
exit – Systemruf, 30, 60, 65, 127
`exit()`, 60–61
Extended Memory, 78

F
`F_EXLCK`, 115
`F_GETLK`, 114
`F_RDLCK`, 115
`F_SETLK`, 114
`F_SETLKW`, 114
`F_SHLCK`, 115
`F_UNLCK`, 115
`F_WRLCK`, 115
fchdir – Systemruf, 282
fchmod – Systemruf, 283
fchown – Systemruf, 283
fcntl – Systemruf, 114, 285
FIFO, 118–120
`file`, 30–31
`file` – Struktur, 166
File-Tabelle, 166
`file_lock` – Struktur, 116
`file_operations` – Struktur, 167
`file_systems[]`, 155, 172
Filedeskriptor, 25
Filestruktur, 30, 166–169
Filesystem, *siehe* Dateisystem
`flock` – Struktur, 115
`flock()` – Bibliotheksfunktion, 114
`follow_link()`, 165
`for_each_task()`, 29, 47
fork – Systemruf, 3, 23, 30, 41, 52, 81, 118, 123, 137, 258
`fork()`, 52–56
free – Programm, 311
`free_page()`, 33
fstat – Systemruf, 295
fstatfs – Systemruf, 158, 296
fsync – Systemruf, 298
`fsync()`, 169
ftime – Systemruf, 308
ftruncate – Systemruf, 298

G
Gatedeskriptor, 70
gdb – Programm, 120
GDT, 73
Gerät, 177–205
    anlegen, 180

blockorientiertes, 179
Call-Out-, 178
Dial-In-, 178
zeichenorientiertes, 180
get_empty_inode(), 161
get_free_page, 101
get_free_page(), 32, 33, 91
get_fs_byte(), 90
get_kernel_syms – Systemruf, 264
GET_LK, 117
get_sock(), 243
get_user_byte(), 90
getdomainname – Systemruf, 268
getegid – Systemruf, 258
geteuid – Systemruf, 258
getgid – Systemruf, 258
getgroups – Systemruf, 268
gethostname – Systemruf, 269
getitimer – Systemruf, 270
getpgid – Systemruf, 258
getpgrp – Systemruf, 258
getpid – Systemruf, 50, 258
getppid – Systemruf, 258
getpriority – Systemruf, 260
getrlimit – Systemruf, 27, 271
getrusage – Systemruf, 271, 280
gettimeofday – Systemruf, 277
getuid – Systemruf, 258
GFP_ATOMIC, 32, 101
GFP_BUFFER, 32, 101
GFP_KERNEL, 33, 101
GFP_USER, 33, 101
GNU Public License, 1, 2
gtty – Systemruf, 308

H
hard_start_xmit(), 212

I
idle – Systemruf, 41, 261
idle(), 41

Idle-Prozeß, 28
IDT, 73
ifconfig – Programm, 327
iget(), 161
INET-Socket, 210, 219
inet_bh(), 213
inet_create(), 253
inet_proto_init(), 228
inet_read(), 214
inet_write(), 211
init – Programm, 319
init(), 41, 154
Init-Prozeß, 29, 154
init_module – Systemruf, 264
init_proc, 41
init_task, 23, 28, 29, 47, 50
inode, 31–32
inode – Struktur, 160
Inode, 30, 153, 159–166
inode_operations – Struktur, 162
INT3 – Maschinenbefehl, 124
Interprozeßkommunikation, 68, 107
 System V, 5
Interrupt, 38–40, 182–186, 202
 0x80, 48
 Hardware-, 39
 langsamer, 23, 39–40, 49, 182
 nichtmaskierbarer, 110
 schneller, 39–40, 183
 Software-, 39
interruptible_sleep_on(), 34
interruptible_wake_up(), 35
Interruptkanal, 182
Interruptserviceroutine, 182
Intervall-Timer, 43
intr_count, 39, 40, 49
ioctl – Systemruf, 287
ioctl(), 168
ioperm – Systemruf, 262
iopl – Systemruf, 262
IP

INDEX

Defragmentierung, 240
Forwarding, 239
Fragmetierung, 240
Routen, 241
Subnet, 241
ttl, 237
`ip_build_header()`, 212, 238
`ip_defrag()`, 240
`ip_do_retransmit()`, 239
`ip_forward()`, 239
`ip_fragment()`, 240
`ip_packet_type`, 233
`ip_queue_xmit()`, 212, 239
`ip_rcv()`, 213, 239
`ip_retransmit()`, 239
`ipc` – Systemruf, 302
IPC, *siehe* Interprozeßkommunikation
`IPC_INFO`, 133, 138
`IPC_NOWAIT`, 129, 132, 133
`ipc_perm` – Struktur, 135
`IPC_PRIVATE`, 125
`IPC_RMID`, 129, 134, 139
`IPC_SET`, 129, 134, 139
`IPC_STAT`, 129, 134, 138
`ipcperms()`, 126
`ipcrm` – Programm, 139–140
`ipcs` – Programm, 129, 133, 139–140
`ipq` – Struktur, 240
`iput()`, 161
IRQ, 13
`irqaction()`, 183
`itimer_next`, 44, 45
`ITIMER_PROF`, 43
`itimer_ticks`, 44, 45

J
`jiffies`, 35, 36, 42, 44, 46

K
Kernelcodesegment, 89
Kerneldatensegment, 89
Kernelsegment, 89–90
`kfree()`, 33, 90
`kfree_s()`, 91
`kill` – Systemruf, 262
`kmalloc()`, 33, 90, 101
Konfiguration, 11, 13–15
    Kern, 317
    Netzwerk, 14
    Schnittstelle, 13
Koprozessor
    numerischer, 4

L
`last_task_used_math`, 55
Latin1, 4
LDT, 73
LILO, 346–356
    Installation, 12
`link` – Systemruf, 113, 288
`link()`, 163
`listen()`, 145
`ll_rw_block()`, 96
`lnamei()`, 162
`load_binary()`, 58
`lock` – Systemruf, 308
`lock_super()`, 157
`lookup()`, 163
Loopback-Gerät, 234
`lost_ticks`, 44
`lp_char_polled()`, 181
`lp_interrupt()`, 182
`lp_table[]`, 14
`lp_write_polled()`, 199
`lseek` – Systemruf, 30, 31, 289
`lseek()`, 167
LST-Distribution, 6
`lstat` – Systemruf, 295

M
Major-Nummer, 178, 179

malloc() – Bibliotheksfunktion, 83
MAP_ANON, 88
MAP_FIXED, 87
MAP_PRIVATE, 87, 88
MAP_SHARED, 87, 88
mark_bh(), 44
Master Boot Record, 344
    Aufbau, 345
    retten, 347
MAX_SECONDARY_PAGES, 102
MAX_SWAPFILES, 99
mem_init(), 78
Memory Management Unit, 68, 98
Memory Mapping, 84
Messagequeue, 130–134
Messagequeues, 125
Minor-Nummer, 178
mkdir – Systemruf, 290
mkdir(), 164
mknod – Systemruf, 290
mknod(), 164
mmap – Systemruf, 76, 88, 305
mmap(), 169
MMU, *siehe* Memory Management Unit
modify_ldt – Systemruf, 263
mount – Systemruf, 154, 289
Mount-Flags, 155
Mount-Point, 154, 157, 159
mount_root(), 154, 156
mouse_select(), 203
move_to_user_mode(), 41
mpx – Systemruf, 308
MS-DOS-Dateisystem, 4
msg – Struktur, 132
MSG_EXCEPT, 133
MSG_INFO, 133
MSG_NOERROR, 133
MSG_STAT, 134
msgbuf – Struktur, 132
msginfo – Struktur, 133
MSGMAX, 132

MSGMNB, 134
msqid_ds – Struktur, 130
Multiprocessing, 5
Multitasking, 2
Multithreading, 5
munmap – Systemruf, 305

N

Nachrichtenwarteschlange, *siehe* Messagequeue
Named Pipe, *siehe* FIFO
namei(), 162
need_resched, 42, 44, 45, 49
net_timer(), 246
netif_rx(), 213
Netzwerkgeräte, 226
    abstrakte, 226
    echte, 226
    Konfiguration, 14
Netzwerkschichten, 210
NFS-Dateisystem, 4
NGROUPS, 25
nice – Systemruf, 51, 265
NMI, *siehe* Interrupt, nichtmaskierbarer
NOGROUP, 25
notify_change(), 159
NR_IHASH, 161
NR_LAST_FREE_PAGES, 102
NR_OPEN, 14, 26
NR_SUPER, 14, 155
NR_TASKS, 15, 28

O

O_SYNC, 93
open – Systemruf, 114, 169, 290
open(), 169
open() – Systemruf, 93
open_namei(), 57, 163, 169, 170
Oversampling, 190

P

INDEX 367

Packet-Schnittstelle, 252
`packet_init()`, 253
`packet_rcv()`, 253
`packet_sendto()`, 253
`packet_type` – Struktur, 233
`packet_type` – Benutztung, 253
Page, *siehe* Speicherseite
Page-Tabelle, 74
    Eintrag, 76
Page-Übersetzung, 69, 74
Pagedirectory, 74
    Eintrag, 74
Paging, 3, 74–76
    unter Linux, 98–100
`paging_init()`, 77
Partition, 344
    aktive, 345
Partitions-Tabelle, 344
`pause` – Systemruf, 51, 266
PC-Speaker, 187
Pentium, 69
`perm` – Struktur, 125
`permission()`, 166
PF_PTRACED, 121
PF_TRACED, 23, 123
PF_TRACESYS, 23, 48, 123
`phys` – Systemruf, 308
`pipe` – Systemruf, 119, 292
Pipe, 118–120
    benannte, *siehe* FIFO
`pipe_inode_info` – Struktur, 119
PLIP, 5, 233
Polling, 181
POSIX, 3
primärer Speicher, 68, 98
Priorität
    dynamische, 22, 46
    statische, 47
Privilegierungsstufe, *siehe* CPL, 81
`proc_lookuproot()`, 174
`proc_read_super()`, 172

`proc_sops`, 172
`prof` – Systemruf, 308
`profil` – Systemruf, 308
PROT_READ, 88
Protected Mode, 2, 73, 77
`proto` – Struktur, 222–225
Prozeß, 19
Prozeßtabelle, 28
`ps` – Programm, 312
`pstree` – Programm, 316
`psupdate` – Programm, 312
`ptrace` – Systemruf, 22, 23, 266
`ptrace()` – Systemruf, 120
PTRACE_ATTACH, 121, 123
PTRACE_CONT, 123, 124
PTRACE_DETACH, 123
PTRACE_KILL, 121, 123
PTRACE_PEEKDATA, 121
PTRACE_PEEKTEXT, 121
PTRACE_PEEKUSR, 121
PTRACE_POKEDATA, 122
PTRACE_POKETEXT, 122
PTRACE_POKEUSR, 123
PTRACE_SINGLESTEP, 123
PTRACE_SYSCALL, 123, 124
PTRACE_TRACEME, 121, 123
`put_fs_byte()`, 90
`put_inode()`, 159
`put_super()`, 158
`put_user_byte()`, 90

Q
`quotactl` – Systemruf, 308

R
Race Condition, *siehe* Wettbewerbs-
    bedingung
`rdev` – Programm, 317
`read` – Systemruf, 214, 292
`read()`, 167
`read_exec()`, 57

read_inode(), 158
read_super(), 155–157
readdir – Systemruf, 293
readdir(), 168
readlink – Systemruf, 294
readlink(), 164
Real Mode, 77
reboot – Systemruf, 267
Record Locking, 114
recvfrom(), 145
release(), 169
remount_fs(), 158
remove_wait_queue(), 34, 35, 110
rename – Systemruf, 288
rename(), 164
request_irq(), 182
reset_timer(), 246
RESTORE_ALL, 50
restore_flags(), 111
RESTORE_MOST, 40
ret_from_sys_call – Assembler-
    routine, 38–40, 45, 49
rmalloc(), 222
rmdir – Systemruf, 288
rmdir(), 164
root_dir[], 173
RPL, 71
rs_table[], 13
rt_add(), 242
rt_base, 241
rt_flush(), 242
rt_ioctl(), 242
rt_route(), 242
rtable – Struktur, 241–242

S

S_IFSOC, 149
SAVE_ALL, 39, 40, 48
SAVE_MOST, 40
schedule(), 35, 45, 49
Scheduler, 35, 38, 44–47, 51

Schnittstelle
    parallele, 13, 181–184
    serielle, 13, 178
Second-Chance-Algorithmus, 104
SEEK_CUR, 116
SEEK_END, 116
SEEK_SET, 115
Segment, 69, 70
Segmentdeskriptor, 70, 71
Segmentdeskriptorcache, 70
Segmentselektor, 69, 70
Segmentübersetzung, 69
sekundärer Speicher, 68, 98
select – Systemruf, 294
select(), 168
sem – Struktur, 127
SEM_INFO, 129
SEM_STAT, 129
sem_undo – Struktur, 127
SEM_UNDO, 129
Semaphor, 125–129
semaphore – Struktur, 112
sembuf – Struktur, 128
semid_ds – Struktur, 126
seminfo – Struktur, 129
semun – Union, 129
send_sig(), 37, 43, 46
sendto(), 145
Sequenznummer, 219, 251
setdomainname – Systemruf, 268
setgid – Systemruf, 258
setgroups – Systemruf, 268
sethostname – Systemruf, 269
setitimer – Systemruf, 270
setpriority – Systemruf, 260
setregid – Systemruf, 258
setreuid – Systemruf, 258
setrlimit – Systemruf, 27, 271
setserial – Programm, 330
setsid – Systemruf, 258
settimeofday – Systemruf, 277

INDEX

setuid – Systemruf, 258
setup – Systemruf, 41, 154, 307
Shared Libraries, 3, 82, 84
Shared Memory, 68, 125, 134–139
shm_desc – Struktur, 135
SHM_DEST, 135, 139
shm_exit(), 136
shm_fork(), 137
SHM_INFO, 138
SHM_LOCK, 139
SHM_LOCKED, 135
shm_no_page(), 106, 137, 138
SHM_RANGE_END, 136
SHM_RANGE_START, 136
SHM_RDONLY, 136
SHM_REMAP, 136
SHM_RND, 136
SHM_STAT, 138
shm_swap(), 137
SHM_SWP_TYPE, 137
SHM_UNLOCK, 139
shmid_ds – Struktur, 134
shminfo – Struktur, 138
shrink_buffers(), 103
shutdown – Programm, 325
sigaction – Systemruf, 273
SIGALRM – Signal, 43, 46
SIGCHLD – Signal, 62, 123
SIGKILL – Signal, 114, 123
signal – Systemruf, 273
Signalbehandlung, 45
Signale, 37–38
sigpending – Systemruf, 273
SIGPIPE – Signal, 148
sigprocmask – Systemruf, 273
SIGPROF – Signal, 43
sigreturn – Systemruf, 38
SIGSTOP – Signal, 121, 123
sigsuspend – Systemruf, 273
SIGTRAP – Signal, 48, 123
SIGVTALRM – Signal, 43

sk_buff – Struktur, 216–218
Slackware, 5
sleep() – Bibliotheksfunktion, 114
sleep_on(), 34, 35, 45
SLIP, 5, 233
sock – Struktur, 219–222
sock_accept(), 147
sock_bind(), 146
sock_close(), 149
sock_connect(), 147
SOCK_DGRAM, 216
sock_getpeername(), 147
sock_getsockname(), 147
sock_init(), 227
sock_ioctl(), 149
sock_listen(), 147
SOCK_RAW, 216
sock_read(), 148, 214
sock_recv, 148
sock_rmalloc(), 222
sock_select(), 148
sock_send, 148
sock_socket(), 146, 253
sock_socketpair(), 147
SOCK_STREAM, 216
sock_wmalloc(), 222
sock_write(), 148, 211
sockaddr – Struktur, 225
sockaddr_in – Struktur, 226
socket – Struktur, 216
Socket, 5
socketcall – Systemruf, 303
Sockets, 140–149
Speicher
    physischer, 69
Speichermodell
    FLAT, 70
    PAGED, 70
    SEGMENTED, 70
    SEGMENTED & PAGED, 70
Speicherseite, 69

Speicherverwaltung, 32
SS_CONNECTED, 216
SS_UNCONNECTED, 216
Stacksegment, 73
start – Assemblerroutine, 41
start_kernel(), 7, 41, 77
startup_32 – Assemblerroutine, 41
stat – Systemruf, 31, 295
statfs – Systemruf, 158, 296
statfs(), 158
Stereo-on-One, 197
sti(), 39, 111
stime – Systemruf, 277
strace – Programm, 124
strace – Programm, 326
stty – Systemruf, 308
super_block – Struktur, 156
super_blocks[], 155
super_operations – Struktur, 157, 172
Superblock, 153, 155–159
suser(), 51
swap_free(), 106
swap_in(), 105, 137
swap_info_struct – Struktur, 100
SWAP_MAX, 104
SWAP_MIN, 104
swap_out(), 103
SWAP_RATIO, 104
Swapdatei, 99
Swapgerät, 99
swapoff – Systemruf, 306
swapon – Systemruf, 306
Swapping, 3, 98
switch_to(), 47
symlink(), 164
sync – Systemruf, 298
sync_buffers(), 97
sys_access(), 282
sys_acct(), 308
sys_adjtimex(), 256

sys_alarm(), 27, 257
sys_bdflush(), 308
sys_break(), 308
sys_brk – Systemruf, 83
sys_brk(), 59, 257
sys_call_table[], 48, 65
sys_chdir(), 26, 282
sys_chmod(), 283
sys_chown(), 283
sys_chroot(), 26, 284
sys_clone(), 53, 81, 258
sys_close(), 30
sys_creat(), 113, 290
sys_create_module(), 264
sys_delete_module(), 264
sys_dup(), 30, 284
sys_dup2(), 284
sys_exec(), 26, 30
sys_execve(), 56–59, 82, 118, 123, 285
sys_exit(), 30, 60, 65, 127, 258
sys_fchdir(), 282
sys_fchmod(), 283
sys_fchown(), 283
sys_fcntl(), 114, 285
sys_fork(), 3, 23, 30, 41, 52, 53, 81, 118, 123, 137, 258
sys_fstat(), 295
sys_fstatfs(), 158, 296
sys_fsync(), 93, 298
sys_ftime(), 308
sys_ftruncate(), 298
sys_get_kernel_syms(), 264
sys_getdomainname(), 268
sys_getegid(), 258
sys_geteuid(), 258
sys_getgid(), 258
sys_getgroups(), 268
sys_gethostname(), 269
sys_getitimer(), 270
sys_getpgid(), 258

INDEX 371

sys_getpgrp(), 258
sys_getpid(), 50, 258
sys_getppid(), 258
sys_getpriority(), 260
sys_getrlimit(), 27, 271
sys_getrusage(), 271, 280
sys_gettimeofday(), 277
sys_getuid(), 258
sys_gtty(), 308
sys_idle(), 41, 261
sys_init_module(), 264
sys_ioctl(), 287
sys_ioperm(), 262
sys_iopl(), 262
sys_ipc(), 128, 132, 302
sys_kill(), 262
sys_link(), 113, 288
sys_lock(), 308
sys_lseek(), 30, 31, 289
sys_lstat(), 295
sys_mkdir(), 290
sys_mknod(), 290
sys_mmap(), 76, 88, 305
sys_modify_ldt(), 263
sys_mount(), 154, 289
sys_mpx(), 308
sys_msgctl, 133
sys_msgget(), 132
sys_msgrcv(), 132
sys_msgsend(), 132
sys_munmap(), 305
sys_nice(), 51, 265
sys_open(), 114, 169, 290
sys_open()(), 93
sys_pause(), 51, 52, 266
sys_phys(), 308
sys_pipe(), 119, 292
sys_prof(), 308
sys_profil(), 308
sys_ptrace(), 22, 23, 121, 266
sys_ptrace()(), 120

sys_quotactl(), 308
sys_read(), 214, 292
sys_readdir(), 293
sys_readlink(), 294
sys_reboot(), 267
sys_rename(), 288
sys_rmdir(), 288
sys_select(), 294
sys_semctl(), 128
sys_semget(), 128
sys_semop(), 128
sys_setdomainname(), 268
sys_setgid(), 258
sys_setgroups(), 268
sys_sethostname(), 269
sys_setitimer(), 270
sys_setpriority(), 260
sys_setregid(), 258
sys_setreuid(), 258
sys_setrlimit(), 27, 271
sys_setsid(), 258
sys_settimeofday(), 277
sys_setuid(), 258
sys_setup(), 41, 154, 307
sys_shmat(), 136, 137
sys_shmctl(), 138
sys_shmdt(), 138
sys_shmget(), 136
sys_sigaction(), 273
sys_signal(), 273
sys_sigpending(), 273
sys_sigprocmask(), 273
sys_sigreturn(), 38
sys_sigsuspend(), 273
sys_socketcall(), 252, 303
sys_stat(), 31, 295
sys_statfs(), 158, 296
sys_stime(), 277
sys_stty(), 308
sys_swapoff(), 100, 306
sys_swapon(), 99, 306

sys_sync(), 93, 97, 298
sys_sys_brk(), 83
sys_sysinfo(), 275
sys_syslink(), 288
sys_syslog(), 276
sys_time(), 277
sys_times(), 27, 278
sys_trace(), 23
sys_truncate(), 298
sys_ulimit(), 308
sys_umask(), 26, 299
sys_umount(), 289
sys_uname(), 278
sys_unlink(), 288
sys_uselib(), 299
sys_ustat(), 308
sys_utime(), 300
sys_vhangup(), 301
sys_vm86(), 279
sys_wait(), 60, 61
sys_wait4(), 27, 280
sys_waitpid(), 280
sys_write(), 211, 292
syscall_trace(), 48
sysinfo – Systemruf, 275
syslink – Systemruf, 288
syslog – Systemruf, 276
system_call(), 48–50
Systemaufrufe
    Beispiele, 50–63
    Implementation, 47
Systemsegmentdeskriptor, 71
Systemzeit, 35

T
Task, 19
    aktuelle, 29
Task-State-Segment, 71
Task-Struktur, 22–28, 339
task[0], 29, 42
task[1], 29

task[], 28
TASK_INTERRUPTIBLE, 22, 27, 35, 46, 51
TASK_RUNNING, 22, 35, 38, 45, 46, 110
TASK_STOPPED, 22
task_struct – Struktur, 22–28
TASK_SWAPPING, 22
TASK_UNINTERRUPTIBLE, 22, 35, 90
TASK_ZOMBIE, 22, 61
tcp_accept(), 251
tcp_build_header(), 212
tcp_close(), 249
tcp_connect(), 251
tcp_connected(), 249
tcp_data(), 214, 249
tcp_err(), 249
tcp_getsockopt(), 252
tcp_ioctl(), 251
tcp_protocol – Struktur, 248
tcp_rcv(), 214, 248
tcp_read(), 214, 250
tcp_read_urg(), 250
tcp_read_wakeup(), 251
tcp_recvfrom(), 250
tcp_retransmit(), 251
tcp_select(), 251
tcp_send_skb(), 212
tcp_sendto(), 250
tcp_setsockopt(), 252
tcp_shutdown(), 252
tcp_urg(), 249
tcp_write(), 212, 250
telinit – Programm, 319
Terminal, 178
    Pseudo-, 178
Threads, 53
Tick, 35, 42
time – Systemruf, 277
Timeout, 199
Timer, 35, 187–190
    Intervall, 43

INDEX

`timer_list` – Struktur, 36
`timer_struct` – Struktur, 36
`timer_table[]`, 36, 44
Timerinterrupt, 42, 45, 182, 189
`times` – Systemruf, 27, 278
TLB, 76
TLI, 109
`top` – Programm, 318
`trace` – Systemruf, 23
`traceroute` – Programm, 328
Translation-Lookaside-Puffer, *siehe* TLB
Trapgatedeskriptor, 89
`truncate` – Systemruf, 298
`truncate()`, 165
`try_to_free_page()`, 102
`try_to_swap_out()`, 104
`tunelp` – Programm, 333

U

`udp_close()`, 245
`udp_connect()`, 245
`udp_err()`, 245
`udp_ioctl()`, 244
`udp_rcv()`, 243
`udp_send()`, 244
`udp_sendto()`, 244
`udp_write()`, 244
`ulimit` – Systemruf, 308
`umask` – Systemruf, 26, 299
`umount` – Systemruf, 289
`uname` – Systemruf, 278
`UNBLK()`, 39, 40
UNIX System V, 4
    IPC, 5, 125–140
        Messagequeue, 130–134
        Semaphor, 126–129
        Shared Memory, 134–139
    Transport Library Interface, 109
UNIX-Domain-Sockets, 140–149
`unlink` – Systemruf, 288
`unlink()`, 163

`unlock_super()`, 157
`up()`, 112
`uselib` – Systemruf, 299
`user` – Struktur, 122
`ustat` – Systemruf, 308
`utime` – Systemruf, 300

V

Validflag, 158
`verify_area()`, 90
VERIFY_READ, 90
VERIFY_WRITE, 90
Verzeichnisstruktur, 7
`vfork` – BSD-Systemruf, 52
`vfree()`, 34, 91
VFS, *siehe* Virtuelles Dateisystem
`vhangup` – Systemruf, 301
Virtual Filesystem Switch, *siehe* Virtuelles Dateisystem
Virtuelle Konsolen, 4
Virtueller Speicherbereich, 84
Virtuelles Dateisystem, 151
`vm86` – Systemruf, 279
`vm_area_struct` – Struktur, 85
`vm_operations_struct` – Struktur, 86
`vmalloc()`, 33, 91, 101

W

`wait` – Systemruf, 60
`wait()`, 61
`wait4` – Systemruf, 27, 280
`wait_queue` – Struktur, 34, 35, 110
`waitpid` – Systemruf, 280
`wake_up()`, 35, 64
Warteschlange, 34–35, 110, 220
`wd_block_input()`, 213
Wettbewerbsbedingung, 107
WINE, 4, 80
`wmalloc()`, 222
`write` – Systemruf, 211, 292

write(), 167
write_inode(), 159
write_space(), 221
write_super(), 158

X
xtime, 42

Z
Zeichengerät, 180
Zeitgeber, 35
Zugriffsprivilegierungsstufe, *siehe* RPL

0-9
80386, 69
80486, 69

Dateiformate

Referenzhandbuch Dateiformate

Günter Born

Das Buch richtet sich in erster Linie an den professionellen Software-Entwickler, der Informationen über die Verarbeitung bzw. Einbindung von Fremdformaten verfügbar haben muß. Er erhält dadurch wertvolles Insiderwissen und ein detailliertes Nachschlagewerk. Für den Kreis der semiprofessionellen und Hobby-Programmierer bieten die im Text enthaltenen Beispielausdrucke solcher Dateien die Möglichkeit, die Informationen in einigen Programmen zu verwerten.

830 Seiten, 2. überarb. Auflage 1992, 89,90 DM
ISBN 3-89319-446-0

Dateiformate Programmierhandbuch

Günter Born

Das Buch dient als Ergänzung zum Hauptband ´Referenzhandbuch Dateiformate´. Es enthält die Beschreibung von verschiedenen Fileformaten und Programmen, die in Turbo Pascal bzw. in Turbo C realisiert sind.

Die Begleitdiskette enthält alle Quellcodes der Programme sowie die Grafikkonverter PaintShop Pro, Graphic Workshop und Image Alchemy.

ca. 300 Seiten, 1993
ca. 99,90 DM, geb. mit Diskette
ISBN 3-89319-477-0

Sachbuch

Virtuelle Gemeinschaft
Soziale Beziehungen im Zeitalter des Computers

Howard Rheingold

Wie wird die Zukunft dieser vielfältigen Gemeinschaft aussehen, besonders heute, im Zeitalter der zunehmenden Kommerzialisierung der „elektronischen Daten-Highways"?

Aus der Sicht des Insiders schildert Rheingold die Intensität menschlicher Beziehungen, die Stärke elektronischer Demokratie und die Bildungschancen, die ein vielfältig verknüpftes Kommunikationsnetz eröffnet. Doch er warnt auch vor den dunkleren Seiten. Sind wir erst einmal alle im Netz verkabelt, können all unsere Aktivitäten elektronisch übermittelt und aufgezeichnet werden.

Virtuelle Gemeinschaft ist ein Muß für jeden, der die nächste Welle menschlicher Kulturentwicklung, die sich online abspielen wird, verstehen möchte.
350 Seiten, 1994, 48,– DM, geb., ISBN 3-89319-671-4

Scannen

Scannen und Drucken

Peter und Anton Kammermeier

Scannen, Bildbearbeitung und Drucken vor allem eingescannter Fotos gelten bislang als Problembereiche des Desktop Publishing. Obwohl weitgehend ausgereifte Hardware zur Verfügung steht, sind die Arbeitsergebnisse nur selten überzeugend. Das „gewußt wie" ist von entscheidender Bedeutung. Das Anliegen dieses sehr anschaulich geschriebenen und ansprechend aufgemachten Buchs ist, Ihnen alle wesentlichen Informationen über Scan-Techniken, Grafik-Formate, Speicherbedarfs-Minimierung, Rasterweiten, Belichtung und Druckverfahren nahezubringen.

352 Seiten, 1991, gebunden
89,– DM, ISBN 3-89319-217-4

Scannen und optische Zeichenerkennung

Mathias Petri / Christian Klitscher

Die Autoren beschreiben die Grundlagen der Technik und erklären anhand zahlreicher konkreter Beispiele den Umgang mit OCR-Programmen.
Das Buch versetzt den Leser in die Lage, selbständig Scanner und OCR-Software mit guten Ergebnissen einzusetzen.

296 Seiten, 1993, gebunden
79,90 DM, ISBN 3-89319-416-9